郑方辉　魏红征　主编

政府绩效评价法制化研究

曹小华　何志强　著

新 华 出 版 社

2017. 北京

图书在版编目（CIP）数据

政府绩效评价法制化研究 ／ 曹小华，何志强著.
— 北京 ：新华出版社，2017.5
ISBN 978 - 7 - 5166 - 3280 - 2

Ⅰ．①政… Ⅱ．①曹… ②何… Ⅲ．①国家行政机关
－行政管理－评价－法制－研究－中国 Ⅳ.
①D922.114.4

中国版本图书馆 CIP 数据核字（2017）第 133209 号

政府绩效评价法制化研究

作　　者：曹小华　何志强

责任编辑：雒　悦　　　　　　　封面设计：博克思文化

出版发行：新华出版社

地　　址：北京石景山区京原路 8 号　　邮　编：100040

网　　址：http：//www.xinhuapub.com　http：//press.xinhuanet.com

经　　销：新华书店

购书热线：010 - 63077122　　**中国新闻书店购书电话：010 - 63072012**

照　　排：博克思文化

印　　刷：三河市华东印刷有限公司

开　　本：787×1092mm

印　　张：17　　　　　　　　　　字　　数：336 千字

版　　次：2018 年 1 月第一版　　印　　次：2018 年 1 月北京第一次印刷

书　　号：ISBN 978 - 7 - 5166 - 3280 - 2

定　　价：68.00 元

图书如有印装问题，请与印刷厂联系调换　　电话：010 - 52860926

华南理工大学法治评价与研究中心
华南理工大学政府绩效评价中心 简介

华南理工大学法治评价与研究中心成立于 2015 年，为广东省法学会"法治研究基地"；华南理工大学政府绩效评价中心成立于 2007 年，为广东省普通高校重点研究基地及广东省重点培育智库。

基本目标

围绕法治评价和政府绩效评价及其理论方法研究，立足广东，面向全国，将中心打造成为全国第三方评价的重要基地、知名品牌和民间智库，亦为跨学科、跨学界的协同创新基地。

主导方向

一是法治评价。包括"法治社会"评价、法治政府（绩效）评价、《政府信息公开条例》绩效评价、司法透明度及公信力满意度评价等。

二是政府绩效评价。包括地方政府（部门）整体绩效评价、财政绩效评价、公共政策绩效评价、政府监管质量安全绩效评价等。

三是相关评价的理论方法研究及专题咨询等。

研究基础

一是学科资源。依托华南理工大学法学院、公共管理学院、经贸学院及广东省地方立法与服务咨询基地、广东省地方法治研究中心、广东省政府绩效管理研究会、原点市场研究等机构的研究资源，及法学、公共管理、应用经济学等学科博士点、硕士点平台。

二是协同合作。与广东省法学会、广东省人大法工委、省依法治省办、省综治办、省政府法制办、省统计局签订战略框架协议，与广东省人大常委会、广东省人民政府、中国行政管理学会、广东省财政厅，以及深圳市、佛山市、珠海市等地方政府或部门展开持续性合作，提供决策咨询服务。

三是科研项目与成果。在《中国社会科学》、《政治学研究》、《中国行政管理》、《公共管理学报》等重要学术刊物发表论文 100 余篇；由新华出版社出版《中国政府绩效评价报告》、《法治政府绩效评价》、《财政专项资金绩效评价》等著作；完成国家社科基金重大项目及教育部、广东省人大常委会、广东省人民政府委托的一系列重大课题 90 余项；获有第二届、第三届、第五届、第七届广东省哲学社会科学优秀成果一等奖或二等奖，第五届、第六届高等学校科学研究优秀成果奖，及其他一系列科研奖励。

四是研究咨询成果得到政府采用及领导批示。如：2015 年，中共中央政治局委员、广东省委书记胡春华等对"广东省战略性新兴产业发展专项资金绩效第三方评价报告"及"行政许可绩效第三方评价报告"给予高度重视，做出重要批示；"幸福指数导向的我国政府绩效评价体系研究"报告内容被中国行政管理学会研究课题采纳，该课题报告由国务院杨晶秘书长批转相关部门；2016 年 7 月，中央政法委孟建柱书记对《法治政府绩效评价实证研究》一书做出肯定性批示；2016 年 9 月，由中心协助完成的《广东省人大常委会开展预算资金支出绩效第三方评价实施办法》正式颁布实施，等等。

研究团队

汇集法学、管理学、经济学等领域的研究团队 20 余人，其中教授 8 人。中心主任郑方辉教授为国内政府绩效管理研究领域及第三方评价的重要专家。管理学博士，华南理工大学公共管理学院二级教授，博士生导师，兼任法治评价与研究中心执行主任，及全国政府绩效管理研究会副会长，广东省政府绩效管理研究会会长，广东省人民政府决策咨询顾问委员会专家委员，广东省第十二届人大常委会财经咨询专家，广东省绩效管理顾问，广东经济学会副会长，全国政策科学研究会常务理事，中国行政管理学会理事，国家行政学院兼职教授等。另为国家社会科学基金重大项目首席专家，国务院特殊津贴专家，教育部新世纪优秀人才等。

社会影响

作为独立第三方评价的专业研究机构，中心以"评价主体独立、理论体系完善、方法流程规范、评价结果公开"受到国内外高度关注。其中：始于 2007 年的独立第三方评地方政府整体绩效，被称之为"破冰之举"及"广东试验"，该项目在 2015 年南洋理工大学对中国大陆 11 家评估机构再评价中位居首位；2011 年中标的国家社科基金重大项目（公众"幸福指数"导向的我国政府绩效评价体系研究）为该基金首次资助政府绩效研究领域的重大课题；2014 年在全国率先由省人大常委会委托的两项财政专项资金绩效评价开"全国先河"，评价报告受到中央领导的高度肯定，等等。上述领域研究在国内处于领先地位，具有广泛影响。

以法治评价推进法治建设

梁伟发

改革开放以来，法治一直是我国法学理论研究的核心命题，对法治的研究已产生了丰硕的成果。"法治评价"是法治研究的逻辑使然，也是法治实践的客观要求。随着"法治入宪"和《国务院关于印发全面推进依法行政实施纲要的通知》（2004）、《国务院关于加强法治政府建设的意见》（2010）、《中共中央关于全面推进依法治国若干重大问题的决定》（2014）、《法治政府建设实施纲要（2015—2020 年）》（2015）等一系列重要文件的颁布实施，以评价推进法治建设成为党和政府的要求及全社会共识。在此背景下，华南理工大学在全国率先成立了法治评价与研究中心，被广东省法学会授予"法治研究基地"。中心旨在打造成为全国第三方评价法治绩效的协同研究基地和智库，其意义重大深远。

法治评价涉及跨学科领域的研究，是法治政府建设与政府管理创新的前沿课题。党的十八届三中、四中、五中全会提出将法治建设成效纳入到政绩考核评价体系中，并要求引入第三方评价，扩大公众参与。通过评价，可以更好地强化政府的公共责任，确保公平正义，保障公民权利，提升政府形象，维护政府公信力，促进法治国家、法治政府、法治社会建设目标的最终实现，对推进法治中国建设具有重要的作用和意义。

通过构建科学的评价模型及指标体系，将法治状况转化为具体、直观的指数，评判特定对象的法治水平，分析结构特点，发现问题，一般可分为中央与地方两个层面。在体制内部，中央对地方法治工作的考评重点在于监测、调控地方法治建设；地方省市考评以国家立法和地方法治发展纲要为基本依据，把地方法治建设工作按照机构职能进行分解，并以此建立地方法治工作绩效和考核指标体系，推进地方法治工作。评价的重点,既包括各职能部门依法办事的情况,也包括各职能部门的法治推进工作。为了切实提高领导干部法治思维和依法办事能力,还应当把法治建设成效作为衡量地方各级领导干部工作实绩的重要内容,纳入政绩考核指标体系。

为了推动法治评价从专项评价转向系统评估,从立法评价转向司法和执法的社会认同性评价,从事后评价转向全过程评价,从官方评价转向社会民意测量,从内部考评转向社会效果评价,法治指数体系应具有开放性,指标设计须兼容国家与社会的测评,并强调其社会性,同时,法治发展指数要注重其对全面推进依法治国的贡献程度,形成法治建设的倒逼机制。

我国法治评价需要在实践中总结归纳,夯实理论基础;尤其要强化指标体系设计,确保评价的公正性和科学性,也需要加强政府信息公开,保障评价数据的可获得性和客观性;要总结中国各地法治评价实践的特征和经验,在中国语境下探索法治评价方法和技术的普适性,同时也要注意各地的特殊性,使评价具有针对性和可操作性,保障评价结果的可比性。法治评价刚刚起步,需要全社会集思广益,群策群力。

本书为华南理工大学法治评价与研究中心编辑出版的《法治评价》第二辑,这是有关法治政府绩效评价及政府绩效评价法制化研究领域的最新成果,对推进我国地方法治政府建设具有很好的指导意义。希望该中心在现有的研究基础上,进一步发挥第三方的优势,为推动广东乃至全国的法治建设和法治评价的发展做出更大贡献。

是为序。

（作者系广东省法学会会长）

目　录

上篇

地方政府绩效管理制度化与法律化实证研究

曹小华

内容提要

党的十八大报告提出要创新行政管理方式,提高政府公信力和执行力,推进政府绩效管理。2015 年颁布的《法治政府建设实施纲要(2015—2020)》,明确提出法治政府建设目标,强化监督考核,推进"以考促建"和"以管促建"。这种部署及做法与政府绩效管理及评价法律化的理念与经验具有一致性。同时,党的十八大以来,道路自信、理论自信、制度自信、文化自信这"四个自信"成为历史和时代赋予我们应有的精神状态,因为它来源于中国革命、建设和改革的伟大实践。坚持"四个自信"为依法治国提供了强大精神动力。事实上,作为政府管理创新的手段,政府绩效管理体现价值理性与工具理性,实现国家治理现代化,推进地方政府绩效管理法律化符合依法治国及深化行政体制改革的要求,具有重要的现实意义和理论价值。

"法律化是一种特殊形式的制度化"。政府绩效管理法律化是指将对地方政府组织的管理过程和结果进行考核和评价的方法、标准、程序与流程、权利义务、申诉救济以及结果应用等制度机制用法律的形式固定下来,转化为法律制度的过程,并为政府绩效管理及评价工作提供法律依据和法律保障。我国政府绩效管理因缺乏相应的法律依据而导致评价权力不明确、评价执行困难、绩效沟通缺乏、公信力不足、结果得不到有效应用等问题,主要原因在于立法缺失。政府绩效管理立法涉及宪法、行政法学和公共管理学。本书运用公共管理学与法学的分析方法,在总结国内外政府绩效管理及其法律化历程和经验的基础上,以现状为逻辑起点,基于佛山市的实践样本,依据政府绩效管理理论、法治政府理论和地方立法理论,探讨地方政府绩效管理制度化及法律化的核心问题,包括法律化的必然性,法律的文本内容,关联主体的权利义务,法律化的路径与对策,等等。

本项研究结论:第一,政府绩效管理的发展与法治建设息息相关,法律化是地方政府绩效管理的现实需求及必经之路;第二,地方政府绩效管理立法涉及内容中,核心在于明确领导体制、功能定位、指标体系、绩效目标、评价流程、结果应用和申诉救济制度;第三,地方政府绩效管理法律化应以建立绩效推进型法治政府为目标定位,以"良法之治"为理念导向,以立法先行、试点先行、地方先行的路径为依托;第四,制定地方政府绩效管理条例的过程中,应正确处理绩效立法与其他人事制度、立法内容统一性和差异性、绩效立法与公共政策,以及绩效管理地方性法规与上位法等关系。

本项研究的特色与创新在于:理论上,围绕政府绩效管理法律化需求,融合政府绩效管理理论、法治政府理论与地方立法理论,提出政府绩效管理为绩效导向下的目标管理的主张,法律化是建立法治政府及实现国家治理体系与能力现代化的具体体现;方法上,本书案例分析的功能,以佛山市为样本,结合法学规范分析方法与公共管理学量化分析手段,事实上,置于全面依法治国与五大发展理念的背景下,以佛山在中国社会经济发展中的地位,佛山绩效管理法律化实践具有前瞻性与示范性,是地方法治政府建设的样本。

第一章　导　论

第一节　研究背景与意义

一、研究背景

新世纪以来,社会深度转型要求政府管理创新向纵深发展,绩效管理与评价成为政府管理创新的主旋律和突破口。10 余年来,在制度安排层面,我国各级政府高度重视政府绩效评价体系的建立与评价工作的开展。2011 年,国务院绩效管理部际联席会议部署在全国开展政府绩效管理试点工作,并批准由监察部牵头建立政府绩效管理工作部际联席会议制度,选择发展改革委等 6 个部门和北京等 8 个地区开展绩效管理试点工作,为在全国全面推行政府绩效管理制度探索与积累经验。2012 年,党的十八大报告提出要"创新行政管理方式,提高政府公信力、执行力,推进政府绩效管理";2013 年,党的十八届三中全会做出的《中共中央关于全面深化改革若干重大问题的决定》明确指出,要"完善发展成果考核评价体系,纠正单纯以经济增长速度评定政绩的偏向"。实践层面,一些地方政府尝试性地开展了一系列的实践探索,例如:以珠海市"万人评政府"、南京市"万人评价机关"等为代表的公众评议政府模式;以福建省效能建设考核、甘肃省"效能风暴"为代表的机关效能建设考核模式;以广东省的科学发展水平考核评价模式;以及深圳市、杭州市、北京市、四川省、吉林省等试点政府绩效管理与评价模式。我国政府绩效管理在探索中不断总结经验,取得了较好的成效。

与此同时,法治政府建设被提上日程。1997 年党的十五大提出"依法治国,是党领导人民治理国家的基本方略";1999 年,法治"入宪":九届全国人大二次会议通过的宪法修正案规定"中华人民共和国实行依法治国,建设社会主义法治国家";2004 年,国务院发布《全面推进依法行政实施纲要》,提出"全面推进依法行政,建设法治政府";2010 年,国务院发布《关于加强法治政府建设的意见》,要求"进一步加强法治政府建设";2012 年,党的十八大把法治政府基本建成确立为到 2020 年全面建成小康社会的重要目标之一;2014 年,十八届四中全会将"依法治国"作为会议主题,做出《中共中央关于全面推进依法治国若干重大问题的决定》明确提出全面推进诊法治国,加快建设法治中国。开启了中国特色社会主义法治道路的新征程。在"四个全面"战略布局中,全面依法治国是实现党和国家长治久安的重要保障;2015 年 12 月,中共中央、国务院印发《法治政府建设实施纲要(2015—2020 年)》,进一步确定"到 2020 年基本建成法治政府"的总体目标、衡量标准、主要任务、具体措施和时间表。梳理改革开放以来,尤其是新世纪以来的发展脉络,依法治国引领法治政府建设实现了三方面的跨越。即:从"法制"到"法治",从"治民"到"治官",实现从注重静态的法律制度、法律文本到强调动态的法制治理的转变;从"法律体系"到"法治体系",即从重视立法到重视法律实施的效果;从"依法治国"到"全面推进依法治国",标志着依法治国基本方略向完善和具体任务落实的跨越①。

从历史来看,我国的法治政府建设与政府绩效管理大致同步,经历相同的发展期:一是初创阶段(1949年至1978年),法治政府建设开始起步,干部考评逐步步入制度化进程;二是发展阶段(1978年至1999年),考评法规体系建设因政府职能的转变以及"依法治国"基本方略的确立而得以规范发展;三是成形阶段(1999年至今),自依法治国基本方略提出并入宪以来,法治政府建设得以较快发展,并落实到党和政府的组织管理中,考评作为法治政府建设的重要工具,更加强调规范化、制度化建设,并力图纳入法律化的发展轨道。

另一个不得不提的背景:2015年3月15日,《立法法》的修改为地方政府绩效管理法律化带来了契机。新《立法法》第72条第二款规定:"设区的市的人民代表大会及其常务委员会根据本市的具体情况和实际需要,在不同宪法、法律、行政法规和本省、自治区的地方性法规相抵触的前提下,可以对城乡建设与管理、环境保护、历史文化保护等方面的事项制定地方性法规,法律对设区的市制定地方性法规的事项另有规定的,从其规定。"目前我国49个"较大的市"、235个设区的市均享有地方立法权。地方拥有立法权是本书研究的一个重要的基础和前提。

事实上,党政内部考评及政府绩效评价工作逐渐制度化与法律化已有探索。2009年,哈尔滨市率先颁布了地方性法规《哈尔滨市政府绩效管理条例》;2013年,福建省在原有《福建省机关效能建设工作暂行条例(草案)》的基础上,发布了《福建省机关效能建设工作条例》。目前国内大多数省级以及一些市级地方政府都发布了组织考评的法律性文件。据不完全统计,截止到2015年,全国一半以上省(市、自治区)出台了绩效考核评价的相关办法,如《北京市市级国家行政机关绩效管理暂行办法》、《江苏省人民政府部门绩效管理办法(试行)》、《杭州市绩效管理条例》、《深圳市政府绩效评估与管理暂行办法》、《佛山市绩效管理暂行办法》等。从这些已出台的规章制度、文件来看,目前我国政府绩效管理法律化建设虽起步不久,但越来越多的地区具备或基本具备立法的水平与条件。政府绩效管理制度化、法律化成为法治政府建设的重要内容。

二、问题提出

绩效管理的价值理性与工具理性是对目标管理及考评的延伸,既提供管理创新的导向,又注入管理创新的动力,是政府管理的指挥棒和助推器。目前我国绩效管理虽已试

---

① 王立民.中国在依法治国中实现跨越的法治意义[J].学术月刊,2015,09:86-93.

点并初见成效,但在理论上和实践中存在诸多矛盾:第一,在制度层面,存在立法内容与标准的差异性与统一性冲突、上位法与下位法冲突、制度规范与相关立法冲突、立法科学性与立法可操作性冲突等一系列矛盾,以及评价权力不明确、绩效管理执行力不强、绩效沟通严重缺乏、绩效考核公信力欠佳、绩效评价结果得不到有效应用等问题;第二,在运行层面,存在绩效管理与目标管理并存的矛盾、绩效目标与政府履职现实的矛盾、"一把手工程"与法治的矛盾、公众参与与信息公开的不对称的矛盾,以及指标统一与灵活调整的矛盾等。这些矛盾与问题容易导致地方政府绩效管理效果不尽人意,甚至半途而废。

产生上述矛盾及问题的原因具有多样性,但显然与立法缺失,缺乏具有权威性的相应的法律依据密切相关,因为本质上,政府绩效管理涉及权责的分配与监督,推进法律化是解决目前政府绩效管理的根本出路。我国宪法明确规定:"中华人民共和国实行依法治国,建设社会主义法治国家。""一切国家机关和武装力量、各政党和各社会团体、各企业事业组织都必须遵守宪法和法律。一切违反宪法和法律的行为必须予以追究。"根据行政法的职权法定原则,行政主体实施行政行为必须依照和遵守行政法律法规,行政主体的行政行为违法无效,而且要承担相应的法律责任,也就是要"依法行政"。但在没有专门的法律或地方性法规具体规定行政机关绩效管理及评价的情况下,行政机关缺乏履行绩效管理之义务,与政府绩效管理的初衷相悖,不利于法治政府建设。因此,加快绩效管理制度化与法律化进程是当前政府管理创新的当务之急①,也是本书研究的问题由来。

本选题另一个原因是本人工作感受所致。2012 年,广东省确定佛山市为地级市政府绩效管理试点单位,作为时任的市绩效办主任,本人有幸参与此项工作。佛山是中国改革开放的前沿重镇,30 多年来以"敢为天下先"的气魄,在政府管理创新方面始终走在全国前列,几年来绩效管理试点初具自身特色。在目前经济发展水平、社会转型面对各种深刻矛盾以及深化体制改革的迫切需求的背景下,佛山市绩效管理提出"三个统一"的要求,即"统一评价组织、统一技术体系、统一结果应用",直指评价管理权及评价组织权的再平衡。佛山市初步构建了绩效管理的体系与制度机制,取得了显著成效。但同时也面临一系列亟待解决的深层难题,尤其是绩效管理因缺乏法律依据而导致评价权力不明确、绩效沟通缺乏、执行力不足等问题。基于全面推进依法治国与法治政府建设的宏观背景,政府绩效管理存在的上述问题以及本人在对相关文献梳理与思考的基础上,逐渐形成选题,即如何将政府绩效管理与评价上升到制度化、法律化的高度,纳入国家以及地方立法,以提高政府绩效管理的合法化地位,及其权威性、稳定性、科学性和有效性。

三、研究意义

(一)理论意义

本书涉及法学、公共管理学等交叉学科研究。理论上,本书试图通过对地方政府绩

---

① 胡税根,金玲玲.我国政府绩效管理和评估法制化问题研究[J].公共管理学报,2007,01:104 - 109 + 127.

效管理法律化的有关内容体系、立法程序的实证研究，促进学科理论交流与融合。本书总结了国内外政府绩效管理及其法律化的历程和经验，基于我国政府绩效管理试点、法治政府建设、地方拥有立法权等背景，以佛山市绩效管理制度化经验为样本，以政府绩效管理理论、法治政府理论和地方立法理论为理论基础，研究政府绩效管理制度化上升为法律化的必要性和可行性，着重从宪法学、行政法学的角度讨论我国政府绩效管理的法律化体系构建，包括关联主体、法律制度内容框架、地方立法路径、申诉与救济制度以及法律化思路对策，并对关键性机制进行规范与实证分析。尤其是探讨构建一套包括绩效管理目标原则、领导体制、关联主体、程序流程、指标体系、结果运用、申诉与救济制度等内容的法律制度体系。本书对完善政府绩效管理和法治政府建设理论提供新的视角，有助于支撑地方政府绩效管理的法律化的理论探索。同时，本书对地方政府绩效管理法律化的现实路径和实体与程序层面的法律制度的探讨，希望能够吸引不同学科的专家与学者对该领域的关注。

（二）实践意义

从实践而言，本研究成果将满足当前地方政府绩效管理制度化与法律化实践的迫切需求，推进政府绩效管理工作有法可依，增强该项工作稳定性和合法性，为全国范围内开展相关的立法工作提供理论依据、内容框架和法律范本。本书结合国内外绩效管理及评价的经验，选择地处珠三角的工业重镇佛山市为样本。2012 年，佛山市开展绩效管理工作试点，提出"三个统一"，为深化行政体制改革，清理重复考评，减轻基层负担，建设服务型政府提供新的思路。长期以来，基于复杂原因，我国实行的自上而下的体制内考核评价，缺失对责任主体的有效监督和约束，不少考评逐渐沦为形式主义。地方政府在新背景下产生的一系列问题，无不与这种考评机制有关。佛山试点收到明显效果的同时，地方绩效管理制度化的安排在一定程度上仍缺乏权威性、公信力、稳定性。因此，需要法律法规的强力保障，将绩效管理工作从制度层面上升到法律层面，使得既有的规范制度持续、长效、有序地运作，是我国社会经济转型及政府管理创新的客观要求，也是法治建设及国家治理现代化的必由之路。本项实证性研究，有助于更加明确我国政府绩效管理试点工作的定位和功能，为全国其他地方开展绩效管理及评价提供参考依据，亦有助于改善当前我国地方政府绩效管理试点工作的困境。

第二节　主要概念界定

一、政府绩效管理

将绩效置于管理学的理论体系和实践中，产生了新领域——绩效管理。20 世纪 70 年代，以政府职能定位为标杆，以新制度经济学、公共选择理论、公共行政学等学说作为理论支撑,政府绩效管理被视为重塑政府的另一版本,具有强烈的价值和技术取向①。一般认为,政府绩效管理是指改进政府管理组织和管理项目的生产力、质量、实效性、响应性以及有效性的综合系统②。笔者认为,政府绩效管理(Government Performance Management),是指以提高政府绩效、完善政府管理为目的,运用科学的方法、标准和程序,结合个人绩效和组织绩效并以考核和评价政府组织的管理过程和结果为手段,对政府组织进行目标管理的一个综合性范畴,包括绩效计划、绩效执行、绩效评价与绩效回馈四个环节。从体制改革到职能优化,政府绩效管理以"政府应该管什么"和"怎么管"作为中心,致力于寻求新的治理方式和管理机制的完善。从运行机制上来看,政府绩效管理更加注重管理方法和技术的应用,如领导、沟通协调等管理技术方法;更加突出可操作性和回应性,如操作标准化和公众参与等。

二、政府绩效评价

西方学术界对绩效评价的研究始于20世纪40年代,克莱伦斯·雷德和赫伯特·西蒙合著的《政府工作衡量——行政管理评估标准的调查》被认为是"开山之作",但作为一个学科领域的系统研究始于20世纪70年代③。政府绩效评价,是指对一定时期内特定政府的成绩和效益的测量和评析。政府绩效评价在绩效管理体系中起核心和主体作用,它可以调试新的目标导向,凸显绩效管理的价值取向,是绩效管理的基础工程和推动管理的约束机制。由于政府的管理目标复杂、政府的产品形态特殊、政府的产品标准多维、政府的价格机制缺乏和政府的生产要素独特因素,因此,政府绩效评价被视为"世界难题"。建构评价的指标体系是评价工作的核心问题,某种程度上决定评价的科学性、合理性和有效性。同时,评价的有效性还依赖于良好的环境支撑。组织环境是绩效评价环境建设中的制度保障。绩效评价是绩效管理的核心,有效的评价依赖其他管理技术与管理方法的积极互动。

① 郑方辉,张文方,李文彬.中国地方政府整体绩效评价理论方法与"广东试验"[M].北京:中国经济出版社,2008:4.

② 美国国家绩效评估中的绩效评价小组给出绩效管理的经典定义是"利用绩效信息协助设定同意的绩效指针,进行资源配置于优先级的安排,已告知管理者维持或改变既定目标计划,并且报告成功符合目标的管理过程";中国行政管理学会联合课题组的研究成果表明,"绩效管理就是运用科学的方法、标准和程序,对政府机关的业绩、成就和实际工作做出尽可能准确的评价,在此基础上对政府绩效进行改善和提高"。参见:王谦.政府绩效评估方法及应用研究[D].西南交通大学博士论文,2006:5.

③ 1993年,美国《国家绩效评论》把政府绩效评估界定为政府官员对结果负责,而不仅仅是对过程负责;其目的在于充分发挥公务员的积极性和主动性;1997年出版的《美国标杆管理研究报告》将政府绩效评估定义为:"绩效评估是评价达到预定目标的过程,包括以下信息:资源转化为物品和服务(输出)的效率,输出的质量(提供给顾客的效果,顾客满意程度)和结果(与所期望目的相比项目活动的后果),政府在对项目目标特定贡献方面运作的有效性。"参见:范柏乃,政府绩效评估的理论与实务[M].北京:人民出版社,2005.

三、制度化

"制度"是社会思想和理论中古老及高频度的概念之一，并且在随时代变迁不断展现出新的含义①。对于制度有不同的理解，②概而言之，制度就是规范和约束人们行为的制度规范、行为模式、组织及其结构体系。制度化是这些状态或特征的形成过程。笔者认为，制度化是指对人类的行为及其社会关系加以约束和控制的社会规范系统，是一个从特殊的、不固定的方式向被普遍认可的、固定化的模式转化的过程。从过程来看，制度化是相关的社会准则、社会规则或社会规范对规范对象实际发生作用的一个过程；从结果来看，制度客观而存在，并因得到规范对象的普遍认同而稳定、持续地使制度发挥本身作用。地方政府绩效管理制度化，是指行政机关将在实践探索中证明行之有效的地方政府绩效管理的理念、原则、规则和组织流程、具体措施等通过党委政府文件的形式加以规范化、固定化的过程，其结果在于建立规范、系统的制度机制。本书所研究的地方政府绩效管理制度，在文本形式上是指与绩效管理相关的党委政府文件，不包括法律、法规、规章等法律制度。

四、法律化

"法律化"（Legalization），是立法的表现形式，一般是指将特定内容转化为法律制度的过程，是特定主体依据相应的职权和程序，将已有的、特定的行为模式、制度规范以立法的方式上升为受国家强制力保证实施的法律的转化过程。"法律化是一种特殊形式的制度化"③。政府绩效管理法律化是指将对地方政府组织的管理过程和结果进行考核和评价的方法、标准、程序，组织流程、权利义务、救济途径以及结果应用等用法律的形式固定下来，转化为法律制度的过程，并为政府绩效管理与评价工作提供法律依据和法律保障。"法律化"有别于"法制化"与"法治化"，尽管英文表达都可使用"Legalization"，都强调转变的过程，但有如下区别：

"法制（Legal System）"④是静态与动态的有机统一。"法制化"是指国家基本活动和社会的基本关系由法律制度规范、调整和保护，并通过立法、执法、司法、守法、法律监督等各环节构成一个健全完备的有机体系，纳入法制的轨道使之运行并向法治化迈进的状态。"法制化"是一个动态的过程或状态，是实现法价值的能动实践，具有三层含义：第一，把零散、不系统的法规、规章、办法等，经过立、改、废，创制成规范化的、稳定的法律制

---

① ［美］W·理查德·斯科特：制度与组织——思想观念与物质利益（第3版）［M］，姚伟，王黎芳译，北京：中国人民大学出版社，2010：3.

② 辛鸣指出，制度是一种规则，制度是一种习惯或惯例，制度是一种组织，制度是一种行为模式，制度是一个社会系统。参见：辛鸣.制度论——关于制度哲学的理论建构［M］.北京：人民出版社，2005：39－45.

③ 田野.贸易自由化、国内否决者与国际贸易体系的法律化——美国贸易政治的国际逻辑［J］.世界经济与政治，2013，06：47－76＋157－158.

④ 参见：公丕祥.法制现代化的概念架构［J］.法律科学（西北政法学院学报），1998，04：2－11.

度;第二,法律由普遍性规范经过执法、司法、守法、法律监督转化为生活中的法律制度;第三,完成人治到法治的转变,最终实现法的价值①。政府绩效管理的法制化,是指在宪法的基础上,制定完备的绩效管理法律规范,把整个绩效管理与评价体系置于法律的调整和支配状态,并得到严格的遵守和执行,使这种制度和法律具有稳定性、连续性和极大的权威性。

"法治化"②是指国家治理理念从人治向法治过度转型的过程,也是法治的价值理念从理念层面向实践层面转变的过程,从"建设法制"到"实现法治"的转变过程,目的在于建设法治国家,使公共权力的运行合法化、合理化,通过规范和约束公权力来尊重和保障私权利。政府绩效管理法治化是指以法治理念引领绩效评价工作,使政府绩效管理的公权力在法律体系中运行而得以合法化,实现"良法之治",其目标在于形成一套党政组织及社会公众认可并遵守的政府绩效管理长效运行机制,实现政府绩效管理的良性发展。

"法律化"与"法制化"、"法治化"三者的区别,简单来说就是,法律化强调立法的过程,法制化强调立法、执法、司法、守法、法律监督等法的运行的全过程,法治化则为更高的层面,强调实现以法治的方式治理国家的过程或状态。

五、地方政府

地方政府③由英文"Local Government"翻译而来,在英美国家地方政府多采用"权力合一"制,立法、行政分权不明显,所以在英美国家的地方政府是广义语。而在中国常常是狭义语,仅指地方国家行政机关。根据我国宪法,地方政府是专指地方国家行政机关。1982 年宪法规定"地方各级人民政府是地方各级国家权力机关的执行机关,是地方各级国家行政机关"。笔者认为,地方政府是指中央政府直接管辖下的,治理国家的某一地区或地域的社会公共事务的国家行政机关。我国是单一制国家,地方政府指的是除了中央国家机关及其所属机构以外的所有行政机关,具体包括省级、地市级、县级、乡镇级人民政府机关及其所属职能部门。同时,地方政府具有双重性质,既是地方各级人民代表大会的执行机关,又都是国务院统一领导下的国家行政机关。从国家结构来看,"地方政府"是指由中央政府设置的管理国家部分地域的政府④。我国是社会主义国家,所谓地方政府泛指地方党委、政府组织,甚至包括党委、人大、政协、行政机关、司法机关、群团机关

---

① 姚迪.我国政府绩效评估法制化问题研究[D].吉林大学,2007:10.

② 法治,较为权威的解释是张文显教授的观点:(1)"法治"表征治国方略或社会调控方式,法治是与人治对立的治国方略;(2)"法治"表征一种行为方式,其基本含义是依法办事;(3)"法治"表征一种良好的秩序状态,表现为法律规范实行和实现的结果——法律秩序;(4)"法治"是融汇多重含义的综合观念,这个意义上的法治是一个内涵民主、自由、平等、人权、理性、文明、秩序、正义、效益与合法性等诸社会价值的综合观念。参见:张文显.法哲学范畴研究(修订版)[M].北京:中国政法大学出版社,2001:150-156.

③ 英国《布莱克维尔政治学百科全书》认为,地方政府是"权力或管辖范围被限定在国家的一部分地区内的政治机构。[英]戴维·米勒,韦农·波格丹.布莱克维尔政治学百科全书[M].北京:中国政法大学出版社,1992:421.

④ 郑方辉,张文方,李文彬.中国地方政府整体绩效评价:理论方法与"广东试验"[M].北京:中国经济出版社,2008,113-114.

等以及其他公权力组织。在本书的概念体系中，依据现实情况，一般将政府绩效管理中的"政府"外延扩大，包含党委等公权力组织或部门，如在佛山就称之为"佛山市绩效管理"，没有"政府"二字，需特别说明。

第三节　文献综述

一、关于政府绩效管理及评价研究

（一）国内研究现状

第一，关于评价主体。国内大多数学者均认为，政府绩效的评价主体应当实现多元化。卓越（2004）认为，评价主体的多元结构是保证公共部门绩效评价有效性的一个基本原则[1]。付红梅（2006）将政府绩效评价主体划分为内部评价主体和外部主体，前者包括被评价政府、上级政府和同级政府，后者则包括公民、企业、立法机关和专门评价组织[2]。吴建南和阎波（2006）从利益相关者理论入手，对四类绩效评价主体，即公众、政府组织、人大和学术研究组织，进行了详细分析，认为相对的最佳评价者是学术研究组织[3]。

第二，关于价值取向。蔡立辉（2003）认为，现代政府管理在社会公平的基础上对公共责任和民主参与的强调，使效率、秩序、公平和民主成为政府绩效评估的基本价值取向[4]。包国宪（2007）认为，"不同的评价主体所追求不同的价值取向"[5]，基于此，唐兴霖、唐琪（2010）提出：政府作为评价主体，是"政府本位"价值的体现，即政治权力的统治性和管理性作用的体现；公众作为评价主体，是"民众本位"价值的体现，即"主权在民"价值判断的体现；企业作为评价主体，是政府对于市场经济主体企业服务的体现[6]。

第三，关于指标体系。原国家人事部《中国政府绩效评估研究》课题组制定了一套由职能指标、影响指标和潜力指标3个一级指标，11个二级指标以及33个三级指标构成的指标体系，适用于评估中国地方各级政府，特别是市县级政府的绩效和业绩状况，为我国政府绩效评估的制度化、标准化奠定了基础；唐任伍（2004）提出测度中国省级地方政府效率的指标体系，由政府公共服务、公共物品、政府规模和居民经济福利4个因素及其子因素组成，共计47个指标[7]；卓越（2005）构建了包含思想建设、组织建设、政风建设、制度建设、一票否决、依法行政、举止文明、环境规范等15个方面、54项指标的绩效评价指标

---

① 卓越.公共部门绩效评估的主体建构[J].中国行政管理,2004,05:17-20.

② 付红梅.论政府绩效评估主体多元化[J].科教文汇(上半月),2006,07:109-110.

③ 吴建南,阎波.谁是"最佳"的价值判断者:区县政府绩效评价机制的利益相关主体分析[J].管理评论,2006,04:46-53+58+64.

④ 蔡立辉.西方国家政府绩效评估的理念及其启示[J].清华大学学报(哲学社会科学版),2003,01:76-84.

⑤ 包国宪,冉敏.政府绩效评价中不同主体的价值取向[J].甘肃社会科学,2007,01:103-105.

⑥ 唐兴霖,唐琪.中国政府绩效评估研究综述[J].学术研究,2010,11:75-80.

⑦ 唐任伍,唐天伟.2002年中国省级地方政府效率测度[J].中国行政管理,2004,6:64-68.

体系①;兰州大学中国地方政府绩效评价中心(2005)指出,地方政府绩效评价指标体系应由职能履行、依法行政、管理效率、廉政勤政、政府创新等5项一级指标、14项二级指标以及40项三级指标构成②。

第四,有关政府绩效管理的理论基础研究。臧乃康(2007)认为,地方政府绩效的价值在于对地方政府行为最终目标的一种价值判断以及随之而来的选择。新公共管理运动兴起以来,地方政府绩效的价值在于实现公共责任、顾客至上及投入产出的理念。他认为,新公共管理所倡导的政府绩效价值理念,对修正我国地方政府绩效中所存在的偏差和误区有着重要的启示意义;韦有日(2014)提出地方政府绩效的理论基础涉及国家治理现代化理论、委托——代理理论、成本——收益理论和新公共管理理论③;张璋(2000)提出了政府绩效评估的元设计理论,认为克服目前政府绩效评估的困难,根本途径在于发展综合的元设计哲学④。

(二)国外研究现状

第一,关于政府绩效管理与评价的内涵。Joseph S. Wholey(1989)等认为,绩效管理是改进公共管理组织和公共管理项目的生产力、质量、时效性、响应性以及有效性的综合系统。Sheldon Silver、Marty Luster认为,"政府绩效评估是一个适用于为评价政府活动,增强为进展和结果负责的一切有系统的努力的术语"⑤。政府绩效评估是政府决定是否以某一合理的成本提供一定质量公共产品的方式,也是评价达到预定目标的过程,包括资源转化为物品和服务(输出)的效率,输出的质量和结果信息⑥。

第二,关于评价主体及对象。Bititci等学者认为,政府绩效评价必须有利益相关者的参与,并且是一个"连续监测、反馈、传播和学习"的结果,其制度不是静止不变的,而是随着管理风格和组织的发展逐渐走向成熟的⑦。Freeman(1984)认为,利益相关者是能够影响组织决策、政策、行为、活动或目标的人或团体,或是受组织决策、政策、行为、活动或目标影响的人或团体,组织管理能够给它们带来显在或潜在的利益。此后 Clarkson(1995)、Phillips 等(2003)、Dun-ham 等(2006)和 Pajunen(2006)等学者在此基础上对利益相关者的内涵和外延进行了更深入的探讨⑧。

---

① 卓越.政府绩效评估的模式建构[J].政治学研究,2005,2:88-95.

② 兰州大学中国地方政府绩效评价中心课题组.兰州试验:第三方政府绩效评价新探索[J].上海城市管理职业技术学院学报,2005,3:22-25.

③ 韦有日.中国地方政府绩效研究[D].辽宁大学,2014:25-29.

④ 张璋.政府绩效评估的元设计理论:两种模式及其批判[J].中国行政管理,2000,6:46-49.

⑤ Sheldon Silver, Marty Luster. Reinventing Government Series: Performance Measurement and Budgeting[J]. World Policy Journal, 1995,6(2):127.

⑥ Serving the American Public: Best Practice in Performance Management [M]. Benchmarking Study Report, June, 1997.

⑦ Bititci, Mendibil, Nudurupati, Garengo and Turner," Dynamics of performance measurement and organizational culture"[J]. International Journal of Operations & Production Management, 2006:1325-50. 2006.

⑧ 阎波,吴建南,刘佳.基于利益相关者理论的政府绩效评估与问责[J].经济管理,2011,07:174-181.

第三，有关评价的价值取向。效率曾为某个时期绩效评价的价值取向。赫伯特·西蒙（Herbert A. Simon）认为："行政官员解决问题的标准之一就是效率。"[①]米勒德认为："公共管理中产生的所有问题都与绩效有关；绩效的意义在于如何改善和提高纳税人所要求的效率。"[②]之后，欧文·E·休斯（Owen E·Hughes）提出了政府管理的"3E"目标，颠覆了传统政府强调的"效率取向"，演化成为著名的"3E绩效评估模式"。在此基础上，哈里（Harry P. Hatry）等人将公平指标纳入其中，形成了"4E"指标，并逐步成为绩效评价的价值标准。1992年，戴维·奥斯本和特德·盖布勒提出了一系列反映公众价值的理念，认为政府行为应受顾客导向驱动来提高政府责任意识与服务质量[③]。阿尔蒙德在《发展中的政治经济》一文中认为，政府绩效评价的价值取向应包括政府能力（权力）、人民参政情况（民主化）、经济增长（财富）和分配（福利）四个变量。

二、关于政府绩效管理及评价制度化与法律化研究

（一）国内研究现状

第一，关于制度化研究。刘旭涛（2003）指出，实施政府绩效管理背后必然有着相关制度基础支撑，否则，就必然会遇到"制度瓶颈"问题[④]；彭国甫（2004）认为，地方政府绩效评价制度安排的主要任务是科学规范评价程序、建立健全信息保真制度和结果运用制度[⑤]；杨寅（2004）提出，从建立责任政府、服务政府与透明政府的要求出发，应推进政府绩效评价制度法治化，通过立法，能更为有力地推动评价制度的建立，改变政府行政观念，强化行政法治和行政民主[⑥]。

第二，关于法律化的必要性。单国俊（2010）认为，我国在政府绩效管理领域的立法缺失，已经成为阻碍政府绩效管理深入、有效开展的瓶颈[⑦]；朱立言（2008）认为，将绩效管理的目的、原则、方法、程序和步骤以法律形式固定下来是推进我国政府绩效管理的根本出路[⑧]；范柏乃（2012）认为，"政府绩效管理与评价"法制化的意义在于：一是从法律层面解决评估权的问题，使绩效考评工作切实"有法可依"；二是规范参与者的行为，将经济监督与行政管理相结合；三是逐步完善考评主体，不断推动考评主体多元化[⑨]；蒋云根（2006）认为，法制化是依法治国、市场经济发展、政府职能转化和政府目标责任制的实施

① 颜昌武.作为行政科学的公共行政学——西蒙行政思想述评[J].公共管理研究,2009,00:135-162.

② 米勒德·J·艾利克森.后现代主义的承诺与危险[M].北京:北京大学出版社,2006:173.

③ 戴维·奥斯本,特德·盖布勒,等.改革政府:企业家精神如何改革着公共部门[M].上海:上海译文出版社,2006.

④ 刘旭涛.政府绩效管理—制度、战略与方法[M].北京:北京机械工业出版社,2003:136-148.

⑤ 彭国甫.地方政府绩效评估程序的制度安排[J].求索,2004,10:63-65.

⑥ 杨寅,黄萍.政府绩效评估的法律制度构建[J].现代法学,2004,03:14-19.

⑦ 单国俊.政府绩效管理地方立法探析——兼评《哈尔滨市政府绩效管理条例》立法特色[J].中国行政管理,2010,03:29-31.

⑧ 朱立言.从绩效评估走向绩效管理——美国经验和中国实践[J].行政论坛,2008,02:37-41.

⑨ 范柏乃,段忠贤.政府绩效评估[M].北京:中国人民大学出版社,2012:328-330.

的必然要求和趋势①;齐宁、周实(2009)从行政法律体系的角度出发,认为政府绩效考评的法制化的实质是行政权的复归与控制,是多元主体时代回应行政法兴起的体现②。

第三,关于法律化现状和存在问题。从实践而言,我国地方政府绩效管理总体来说存在评价管理薄弱、法制建设滞后、规范保障不足等问题。许多学者为此有着广泛的讨论,较为代表性的观点包括:一是绩效评价缺乏政府部门的统一规划和权威指导(包国宪、石富覃,2011)③;二是理论研究和实践重技术化,轻法律化,未能形成对政府具有强制约束力的规则系统,以致"沦为了干部人事调整的工具",绩效评价缺乏一套法制化、系统化、科学化的制度体系(陶清德,2014)④;三是缺乏经费保障(蒋云根,2006)⑤;四是法制的实施环境有待改善(姚迪,2007)⑥;五是政府相关信息公开内容的随意性大(陈丽琴,2004)⑦;六是绩效评价主体、评价组织和评价对象的行为缺乏法制规范,评价利益相关者的权利与责任缺乏法治保障。

第四,关于法律化的影响因素。石富覃、包国宪(2011)从法律视角分析了我国政府绩效评价法制化、制度化、规范化程度与发达国家的差距,而政府法制制度供给不足是存在上述问题的症结。究其原因,一是绩效评价社会实践比较落后;二是政府部门重视不够;三是学界对绩效评价法律问题的关注不够⑧。陶清德(2014)认为,当前阻碍我国政府绩效评价法制化的因素包括:我国政府绩效评价缘起于干部人事制度,缺乏统一的政府绩效评价规范性文件;政府控制评价的主导权及单向评价降低了评价的公正性以及技术化程度高、法律化程度低⑨。

第五,关于推进法律化的路径。杨寅、黄萍(2004)从行政法学的角度讨论了政府绩效评价法律制度的立法宗旨和基本原则,这是学术界首次从法学的角度来研究政府绩效的立法问题,是对单一从行政学角度研究的一种有效补充⑩;蒋云根(2006)论述了推进我国政府绩效管理法制化的途径,包括:加强绩效管理立法工作,从法律上确立绩效管理的地位、权威性、目标取向和制度规范,并建立规范的、合法的、真实的统计数据系统;完备绩效审计法律体系,推进绩效审计执法工作,确保财政投资在制度上公开透明,接受社会监督;推行绩效预算管理;完善绩效责任制度;加强申诉制度建设,完善法律问责制度⑪。胡税根(2007)认为,法制化途径:一是制定政府绩效评价的基本法,将立法目的建立在追

① 蒋云根.略论政府绩效管理及其法制化建设[J].广东行政学院学报,2006,8:5-10.
② 齐宁,周实.政府绩效评估法制化研究[J].社会科学辑刊,2009,5:62-65.
③ 石富覃,包国宪.我国政府绩效评价监管法制体系建设问题研究[J].甘肃社会科学,2011,03:109-112.
④ 陶清德.法制化:当前我国政府绩效评价制度化的关键步骤[J].甘肃理论学刊,2014,01:116-122.
⑤ 蒋云根.略论政府绩效管理及其法制化建设[J].广东行政学院学报,2006,8:5-10.
⑥ 姚迪.我国政府绩效评估法制化问题研究[D].吉林大学,2007.
⑦ 陈丽琴.论我国政府信息公开法制化建设[D].华中师范大学,2004.
⑧ 石富覃,包国宪.我国政府绩效评价监管法制体系建设问题研究[J].甘肃社会科学,2011,03:109-112.
⑨ 陶清德.法制化:当前我国政府绩效评价制度化的关键步骤[J].甘肃理论学刊,2014,01:116-122.
⑩ 杨寅,黄萍.政府绩效评估的法律制度构建[J].现代法学,2004,03:14-19.
⑪ 蒋云根.略论政府绩效管理及其法制化建设[J].广东行政学院学报,2006,04:5-10.

求结果、政府服务质量和公众满意度的基础上，各地通过制定地方性法规、规章弥补基本法具体适用时的漏洞（自上而下）；二是明确政府部门在评价工作中的职责，特别在监督职责方面要予以规范，发挥公众监督的作用；三是确立事后救济制度，《行政复议法》先行救济与《行政诉讼法》最终救济的方式相结合。①

第六，关于推进立法的模式。学者普遍认为，政府绩效管理工作需专门立法，但采用何种模式立法观点不一。一是自下而上。如石富覃、包国宪（2011）认为，在中央立法和地方立法的问题上，应遵循地方立法先行，以地方立法推动中央立法的途径，遵循地方性法规——部门规章——行政法规——国家立法的路径②；陶清德（2014）认为，政府绩效评价法制化应从"底层"做起，先由人民政府制定地方性规章，再经实践检验修订上升为地方性法规，由地方立法逐步上升到中央立法③。二是自上而下。如方振邦等人（2012）认为，自上而下的立法途径顺应世界趋势，可加快绩效管理法制化的进程，也可减少法律冲突的现象，提高立法工作的效率④。三是从完善现有的法律法规体系入手。如中国行政管理学会课题组（2006）认为，目前进行立法的时机还不成熟，但可以先行制定统一的政策措施，并建议由国务院制定《指导意见》引导各地开展政府绩效考评⑤。针对立法内容，张红（2009）提出了政府绩效评价立法构想，内容包括立法的调整对象、基本原则、评价主体、评价程序指标体系、结果运用等⑥。

（二）国外研究现状

20世纪中期，政府绩效管理作为新公共管理改革运动的重要措施先后在英国、新西兰、美国、荷兰、澳大利亚、丹麦、芬兰、挪威等国家发展起来。它不仅是现代政府完善治理体系及提升治理能力的重要手段，也是新公共服务理念和法治国家所倡导的基本方向。总体上，发达国家已形成了较为完善的法律规范和制度体系，主要研究成果有：

一是美国率先实施政府绩效管理立法。1993年《政府绩效与结果法案》首次以立法的形式确立了对政府管理进行绩效评价的法律制度。法案规定了各联邦机构的绩效计划、报告内容和提交时间、程序等内容，达到及时反映政府相关的绩效信息和工作情况，为制定政策、改进政府工作的绩效提供依据。美国立法内容有五点值得关注：成立了绩效评估的核心领导机构；在操作层面上留有较大灵活空间；强调结果，以结果为导向；制定战略规划，使政策制定更加合理；从试点开始步步推进，但每年都会有新的改革措施。

二是欧盟和英国逐步完善评估指标体系和评价制度。欧洲联盟条约中专门有一章

---

① 胡税根，金玲玲.我国政府绩效管理和评估法制化问题研究[J].公共管理学报，2007,01：104－109＋127.

② 石富覃，包国宪.我国政府绩效评价监管法制体系建设问题研究[J].甘肃社会科学，2011,03：109－112.

③ 陶清德.法制化：当前我国政府绩效评价制度化的关键步骤[J].甘肃理论学刊，2014,01：116－122.

④ 方振邦，葛蕾蕾，李俊昊.韩国政府绩效管理的发展及对我国的启示[J].烟台大学学报（社会科学版），2012,3：90－97.

⑤ 中国行政管理学会课题组.政府部门绩效评估研究报告[J].中国行政管理，2006,5：11－16.

⑥ 张红.我国政府绩效评估立法构想[J].当代法学，2009,01：88－93.

关于管理和控制欧盟政府机构和各成员国工作绩效的条款,并由欧洲议会负责颁布相关规章制度。评价方法由经验性评估逐渐发展到科学评价,重点由经济、效率转为效益、质量指标,分析方法由定性转向定性与定量相结合。

三是澳大利亚绩效评价从审计入手,注重公众参与。1984 年《财务管理新方案》(主要内容与美国《政府绩效与结果法案》类似)、1994 年《公共服务法》和 1997 年《审计长法》、《财务管理与责任法案》等法律逐步完善了政府部门绩效的责任管理机制,提高了政府的工作效率和可信度。

四是日本侧重于政策评价,提高政策可操作性和实效性。2001 年 6 月,日本制定了《关于行政机关时事政策评价的法律》,2002 年 4 月 1 日起正式施行,标志着日本政策评价制度的成熟。目前日本已建成了全方位的绩效评估体系,比较重要的法案有《会计检察院法》和《政府政策评估法》。

三、简要评析

新世纪以后,国内学界对政府绩效管理的研究日趋重视,并取得了一系列成果,近几年来,在法治政府建设的背景下,有关政府绩效管理的制度化与法律化的研究也已经起步。纵观国内外文献,有几个明显的特点:一是国外政府绩效管理与评价一开始即步入法制化的轨道,因此,这方面的学术研究文献不多;二是国内对于地方政府绩效管理与评价及其法律化的研究散见于政府绩效评价的一些研究成果之中,既有文献在深度与广度上还存在明显的不足,未能涉及具备现实性、完整性、全面性、可操作性的法律化路径;三是现有文献大多基于公共管理的学科视角,法学领域对此研究较少,学科之间交流融合较弱,缺乏整体视野的系统研究;四是尽管西方政府绩效管理的法律化路径有许多值得借鉴的地方,但鉴于我国国情及组织管理的内部属性,西方的经验不能全盘照搬。本土的法律化路径研究缺失,本领域研究有着重要的现实需求及学术价值。

第四节　研究思路

从法学的视角,政府绩效管理法律化作为公共行政问题,是行政法学研究的新方向。本书基于法治政府建设、政府绩效管理的实践探索与地方立法权扩容等宏观背景,聚焦地方政府绩效管理制度化与法律化涉及的问题。具体而言,即探讨如何将地方政府绩效管理制度安排上升到法律化的高度,纳入地方立法,制定地方政府绩效管理条例,以提高政府绩效管理的法律权威,达到逐步实现法律化的目的。研究思路如图 1－1 所示。

同时,本书以佛山市为研究样本,运用法治政府理论、政府绩效管理理论和地方立法理论构成的理论体系,从实证的视角,结合公共管理方法论和法学规范分析的研究方法,在总结国内外政府绩效管理及其法律化历程和经验的基础上,以佛山市绩效管理制度化现状为逻辑起点,解析地方政府绩效管理制度化上升至法律化的必然性,重点探究地方政府绩效管理法律化的关联主体、内容框架、立法探索和救济渠道，并提出实现地方政府绩效管理法律化的路径与思路。本书研究涉及法律内容的核心问题有：功能定位、管理主体、管理对象、指标体系、结果应用等。政府绩效管理的发展是一个历经制度化、法律化、法制化和法治化呈递进发展、不断推进、不断完善和实践而得以持续、健康、有效运行的过程。法律化是地方政府绩效管理的现实需求。实现地方政府绩效管理法律化必须走"立法先行、试点先行、地方先行"的路径，以法治政府为目标定位，以"良法之治"为理念导向，制定地方政府绩效管理条例。

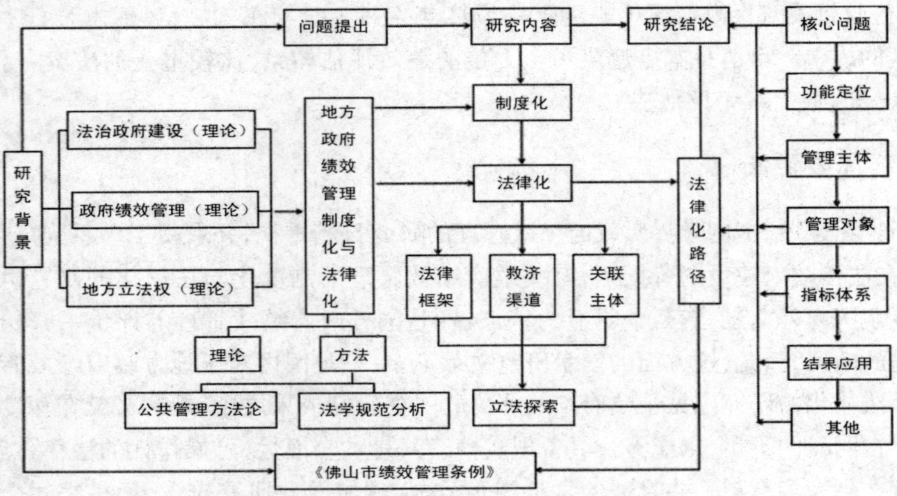

图 1-1　本书的研究思路

第二章　政府绩效管理制度化和法律化:理论与经验

　　理论是行动的指南。政府绩效管理法律化探讨涉及管理学与法学领域。从理论需求出发,政府绩效管理理论、法治政府理论和地方立法理论构成支撑本书研究的理论基础。实践经验是研究不可或缺的宝贵财富,以美、英、日为代表的西方国家绩效管理法律制度,以及哈尔滨等地方立法探索、深圳等地方政府绩效管理的制度化做法为本书的研究提供了良好的素材。

第一节　政府绩效管理制度化与法律化的内在逻辑

　　政府绩效管理法律化以制度和法律为一切行为的基础和框架,再上升至法制与法治。制度化与法律化是政府绩效管理发展的必经阶段,同时也是政府绩效管理最终实现"法治"的基本前提。在我国,建设社会主义法治国家的目标决定了政府绩效管理的发展必然要经历制度化、法律化、法制化并最终实现法治化的历程。概括来说,首先,"从行政规制的角度分析,政府绩效评价作为一种制度安排,要实现规范化、制度化"①的初级阶段,如佛山市绩效管理目前已基本达成制度化的目标;其次,制度安排需要法律的强力保障,制度化的实践要法律化来"保驾护航",前期的地方立法不可或缺,这是绩效管理发展的第二阶段,也是政府绩效管理实现"有法可依"的现实需求;再次,政府绩效管理法制化旨在推动我国地方政府管理方式的创新,并且有能够依托的、较为健全的法律体系,服务于法治政府建设以及"法治化"的目标,属于优化政府绩效管理的第三阶段;最后,实现法治化是政府绩效管理的最终目标,也是法治社会对政府管理方式的必然要求。"无须法律的秩序"难以维护绩效管理持续有效的运作。政府绩效管理与评价纳入国家以及地方立法,以提高政府绩效管理的合法化地位,通过法律化来提高政府绩效管理的权威性、稳定性、科学性和有效性。

一、制度化是政府绩效管理法治化的基础

　　政府绩效评价作为衡量政府工作绩效的运转机制,关系到被评价对象工作效能的优劣,所以要尽量克服随意性、主观性和不确定性,凸显其规范化运作②。制度化是政府绩效管理的运行基本要求,也是佛山市绩效管理的现状。过去几年来,佛山市的探索形成

---

　　① 石富覃,包国宪.我国政府绩效评价监管法制体系建设问题研究[J].甘肃社会科学,2011,03:109-112.
　　② 章群,牛忠江.政府绩效评估法治化的制度逻辑——基于美国经验与本土资源整合的考察[J].现代人才,2009,06:19-22.

了"佛山模式"，即以提升地方党委和政府执行力与公信力为目标，以"三个统一"（统一组织体系，统一技术体系，统一结果应用）为路径，以绩效导向的目标管理为定位，以绩效评价统筹各项考评为方向，旨在解决长期以来组织管理的动力机制和奖罚机制问题，并成为深化改革的一部分①。2013 年 3 月，佛山市下发《关于印发＜佛山市绩效管理暂行办法＞及＜佛山市绩效管理暂行办法实施细则＞的通知》（以下简称《暂行办法》、《实施细则》），明确了绩效管理工作在政府管理过程中的地位和作用，对绩效管理有关的组织体系、技术体系等做出了明确的规定，从而为绩效管理试点工作提供了制度保障。

二、法律化是政府绩效管理的现实需求

从制度本体论来看，政府绩效管理及评价若丧失其中立性，则有违现代社会制度化中"任何人不得为自己事件之推事"的原则，因为，"内部单向性使评价关系失去了上升为权利义务关系的可能性，至多不过是一种对评价对象不产生实质影响的行政指导关系。"②因此，法律化是政府绩效管理"脱困"的根本出路。从法的本体论来看，政府绩效管理与评价是一个包含价值判断的"应然"模式，亦是一个通过强制性法律制度指引和约束"政府应该干什么"的规则体系。地方政府绩效管理对绩效管理立法、实现法律化存在迫切的需求。就佛山而言，立足于解决问题，出台符合实际、突出特色、有效保障政府绩效管理和评价工作的地方性法规是绕不开的议题。构建和完善政府绩效管理的法律化基础，提供权威的"法律保障与制度平台"，实现绩效管理"有法可依"，才能改变"内部控制型"管理，走向"外部责任型"管理模式。

三、由制度化到法律化是推进政府绩效管理法治化的必然趋势

西方国家的政府绩效评价实践以近代人类社会的文明共识即法制化为先导，诸如美国立法先行，制定《政府绩效与结果法案》。法制是追求新公共管理有效价值的良好形式与有效程序③。没有立法就谈不上法治，法律化是实现法治必然的逻辑前提与先决条件。因此，政府绩效管理制度化与法律化是实现政府绩效管理法治化的过程推进，不断健全和完善政府绩效管理法律体系，以服务于"法治化"目标。推进政府绩效管理法治的过程，起点是政府绩效管理的制度化，即规范化、常态化的运行，进而上升至出台相应的地方立法与法规的"法律化"状态，在此基础上，通过把零散、不系统的法规、规章、办法等经过立、改、废、释等方式形成一套规范、稳定、权威、持续、专门的法律制度体系来调整和规范政府绩效管理工作，并经过执法、司法、守法、法律监督等方式，实现绩效管理的"有法可依、有法必依、执法必严、违法必究"，使政府绩效管理成为政府日常管理的常态化运行机制。

---

① 参见张子兴，曹小华，贾伟. 佛山绩效管理——模式与实务[M]. 北京：新华出版社，2014：56.
② 陶清德. 法制化：当前我国政府绩效评价制度化的关键步骤[J]. 甘肃理论学刊，2014，01：116－122.
③ 迈克尔·塔格特. 行政法的范围[M]. 北京：中国人民大学出版社，2006：155－160.

政府绩效管理法治化具有三层含义：其一，破除政府绩效管理"人治"现象，向实现政府绩效管理的"良法之治"转型。地方政府管理常常受制于领导意志，"以言兴事，以言废事"成为绩效管理的常态，而本应秉承公开、公正、公平原则的绩效评价体系也随领导意志的改变而改变，使管理活动缺失权威性和公信力。政府绩效管理的"良法之治"要求具备健全和完善的绩效管理法制体系，保证党政组织及社会公众无阻碍的行使自身的评价权利与权力并积极履行相应的义务，绩效争议因完备的救济渠道、纠错机制而得以处理；其二，以法治精神引领绩效管理工作，在绩效管理过程中渗透、整合制约公权力和保障私权利、"公平、公开、公正"、崇尚法律权威、权责统一、服务意识等法治价值理念，使政府绩效管理的公共权力在法律体系中运行而得以规范化、合理化、科学化；其三，形成一套党政组织及社会公众认可并遵守的政府绩效管理长效运行机制和一种理想的政府绩效管理模式，能公正合理有效地检验政府行为的效果、效率、效益，实现政府绩效管理更高层次的目标和政府的良性发展，并进一步推动法治政府建设的进程，实现法治国家、法治政府和法治社会建设"三位一体"有机统一。

第二节　政府绩效管理法律化的理论体系

政府绩效管理法律化研究涉及法学、政治学、管理学、经济学、系统论和马克思主义理论等多学科交叉的知识理论体系，围绕"为谁管理、谁来管理、管理对象、如何管理"等基本问题，政府绩效管理理论、法治政府理论和地方立法理论构成政府绩效管理法律化理论基础。

一、政府绩效管理理论

"绩效"源自于英文"Performance"，意为"履行"、"表现"、"行为"等，可引申为"成就"、"业绩"、"成果"等[①]。绩效起初理论主要应用于投资项目管理，随后逐渐发展至人力资源和组织管理等领域。政府绩效管理理论主要涉及以下三方面的内容：

（一）政府绩效评价"4E"标准理论

政府绩效在西方称之为"公共生产力"、"政府业绩"等，是指政府在行使其职能、实施其意志过程的社会经济管治能力，体现为成绩、效率、效果、效益和效能。政府绩效具有层次性。宏观层次指向政治民主、经济发展、行政管理、社会公正稳定、国家安全、生活质量、生态环境、文化文明等；微观层次以特定的政府机构为对象，体现其经济性与效率性、服务质量与服务效果以及服务对象的满意度等。政府管理引入绩效的理论是价值回归，因为绩效是与效率既有联系又有区别的概念，相对而言，绩效包含了效率，但又比效率内涵更丰富，外延更广泛，绩效作为技术标准体现民主价值。

---

① 中国行政管理学会课题组，参见范柏乃.政府绩效评估的理论与实务[M].北京:人民出版社,2005.

民主是政府绩效评价的逻辑起点。一般认为，政府绩效以业绩、效率、效益、成本和公众满意为标准①。政府绩效管理有着深刻的社会背景及内置的价值导向，它贯穿了公共责任的管理理念，强化公共服务的结果导向，在追求经济、效率、效果的基础上，全面回应公民诉求，凸显"公平性"。② 因此，经济性（Economy）、效率性（Efficiency）、效果性（Effectiveness）、公平性（Equality），即"4E"标准成了政府绩效"评价什么"的新范式，也是政府绩效管理及评价的核心理念。

（二）提升政府绩效的理论诠释

1. 公共受托责任理论与建立政府责任机制

受托责任（Accountability）是受托人在委托—受托关系中就其行为、程序、产出和结果等对委托人所负有的责任。政府权力的行使因公共受托责任的要求而合法③。当今社会、政府、企业等的运行都处在公共受托责任中。本书关注"政府受托责任"④，它是政府绩效评价的理论基石。Ranson 和 Stewart（1994）认为，绩效评价是体现受托责任的基本构成部分，若是没有一个有用工具来对受托责任履行情况做出评价，公共组织就失去了权威的合法性基础，而绩效被视为"公共受托责任度量的工具"。政府绩效评价体现公众满意导向，公众作为终极委托人，通过纳税等方式将自有的部分资源转移给政府，委托政府管理公共资源，行使管理公共事务的职权，亦需要对政府部门进行有效的监管，因此，对受托责任提出要求，希望通过绩效管理和评价来测量受托责任履行程度。为此，强化政府对公众的受托责任，应在绩效管理制度化的基础上，通过绩效立法立规的途径建立持续有效的政府绩效评价常态机制，明确权利义务关系；同时，政府信息公开是政府绩效评价的前提，应加强政府信息公开程度，保障公众的知情权；创建对政府向社会报告其受托责任履行状态的监督机制，保障公众的监督权。

2. 政府失灵理论与提升政府公信力

政府失灵（Government Failure）又称为政府失败，是长期以来经济学界、政治学界讨论的热点话题，"社会科学至今还没有提出一种和市场失灵理论一样全面或能被广泛接

---

① 参见郑方辉，张文方，李文彬.中国地方政府整体绩效评价理论方法与"广东试验"[M].北京：中国经济出版社，2008：51.

② 郑方辉，廖鹏洲.政府绩效管理：目标、定位与顶层设计[J].中国行政管理，2013，05：15－20.

③ Stewart J. D, The role of information in public accountability, in issues in public sector accounting[M], Oxford: Philip All an Publishers Ltd, 1984：13－34.

④ 美国审计总署（GAO）将政府受托责任定义为：受托管理并提出有权使用公共资源的政府和机构有向公众说明它们的全部活动情况的义务。政府的公共受托责任产生于公众和政府之间的委托代理关系，即政府接受公众的委托，管理社会资源并履行公共事务的管理职能并向公众解释并说明其责任履行的情况。政府的公共受托责任具体包括行为和报告两个层面：一方面，政府应当从公众的公共利益出发，管理好公众托付的公共财产，履行好国家和社会公共事务管理职能；另一方面，政府应当向公众及其代表（尤其是立法机构）报告其受托责任的履行情况。参见：刘笑霞.政府公共受托责任与国家审计[J].审计与经济研究，2010，02：23－31.

受的政府失灵理论"①。布坎南、缪勒等人采用个体主义方法论,从新政治经济学的视角分析政府失灵,假设政府部门及其工作人员在政府管理过程中同样是"经济人"。他们把追求自身利益放在首位,而非公共利益——基于缺乏约束机制与竞争机制两方面来论述政府失灵的原因,并分为四种类型,即:公共政策的失误、低效率的公共产品供给、政府扩张或膨胀以及政府的寻租活动。政府失灵必然导致政府公信力下降,进而影响政府行政效率。此种情形下,政府绩效评价是重塑和再造政府职能、优化政府规模、提升政府机构效率、降低政府运行成本以及提升政府公信力的基本途径。

3. 顾客导向理论与重塑政民关系

顾客导向(Customer Orientation)本是企业组织管理中的一种战略理念,最早由莱维特(Levitt)提出,之后引入到行政管理领域,20 世纪 70 年代后期顾客满意标准在西方国度兴起的新公共管理运动中付诸实践。顾客导向将公众视为顾客,将政府视为提供公共产品和公共服务的提供者。对于政府而言,顾客是指受政府政策与政府管理行为影响的人,要求"组织及其组织成员站在顾客的立场上,评价组织管理的绩效,以求顾客满意为根本目标"②,以及促使"政府公共部门与公众之间的关系由治理者与被治理者之间的关系转变为公共服务的提供者与消费者、顾客之间的关系"③。在重塑政府与公民关系的基础上,政府绩效评价以顾客(公众)满意为评价标准,强调政府管理必须以顾客(公众)的需求为行为导向。

(三)从目标管理到绩效管理

1954 年,美国管理学家彼得·德鲁克提出了"目标管理"理论(Management by Objective, MBO)。相比较传统管理方式,目标管理理论强调:第一,厘清权责关系。目标管理通过自上而下(或自下而上)层层分解制定目标,明确权力与责任关系,在组织内部构建起层层对应的目标体系。第二,关注员工参与。在确定了通过上下级协商一致达成的目标后,上级应放权让员工自行完成个人目标。第三,追求结果导向。工作成效是衡量目标实现情况的标准,也是目标考核和绩效评价的重要根据。政府绩效管理立足于目标管理吻合体制内自上而下的管理属性。层级体制下,完成上级政府制定的目标是本级政府的使命所然④。可以说,目标管理也是政府绩效管理的内在要求,目标指向经济、效率、效果与公平。

目标管理与绩效管理都强调结果导向(Results Orientation)。20 世纪 90 年代,随着新公共管理运动的深入发展,"为结果而管理"(Managing for Results)成为的美国联邦、州与

---

① 戴维·L·韦默,艾丹·R·维宁.政策分析——理论与实践[M].戴星翼,董骁,张宏艳译.上海:上海译文出版社,2003:151.

② 张成福,党秀云.公共管理学[M].中国人民大学出版社,2001:314.

③ 蔡立辉.西方国家政府绩效评估的理念及其启示[J].清华大学学报(哲学社会科学版),2003,01:76 - 84.

④ 郑方辉,廖鹏洲.政府绩效管理:目标、定位与顶层设计[J].中国行政管理,2013,05:15 - 20.

地方政府开展公共管理改革及创新的潮流，1993 年美国《政府业绩和结果法案》（GPRA）进一步推动了"政府能够对结果负责"理念的完善，美国学者 Donald Moynihan 对"结果导向"的政府绩效管理有深入论述，他认为绩效管理应关注政府的目标特征，目标应清晰、具体并与战略目标一致，绩效信息应准确；政府应对下授权，包括自由裁量权、对资源的充分使用权和受益权以及对管理流程的再造权①（图 2 – 1 所示）。但目标管理假定目标本身的正确性，政府绩效管理的理念并非如此，它在某种程度上是对目标的纠错。

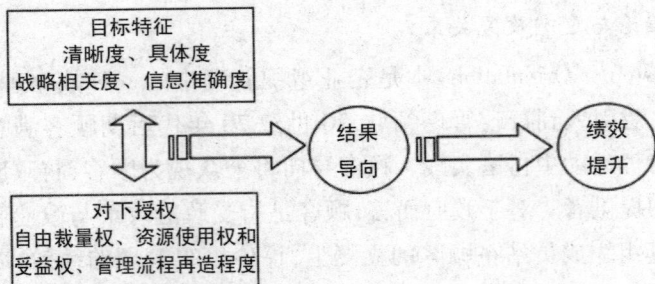

图 2 – 1　"结果导向"到"绩效提升"的理论模型

在政府绩效管理中，还涉及其他理论体系，如 20 世纪中期引入管理学领域的系统管理理论（System Management Theory，SMT），是指应用系统论与控制论的理论方法，分析和探究组织管理活动和管理过程，通过建立起系统模型对组织结构和组织模式的分析，以系统解决管理问题的理论体系。作为方法论科学，系统管理理论的基本思想是将研究和处理的对象视为系统整体来加以考察，遵循系统性、目标性、层次性、结构性和相关性原则。政府绩效具有复杂的内在结构，评价政府绩效更是一个复杂的系统，它是由评价主体、组织模式、指标体系、评价方法、评价流程、结果应用等方面组成的有机系统。系统模型涉及"评价体系的程序，各个环节的功能，控制节点设计与安排，评价路径是否合理，指标体系是否周全，获取信息是否全面等"②。

二、法治政府理论

（一）约束公权与保障私权的"法治"

"法治"（Rule of Law）即是制定良好的法律，全社会共同遵守。亚里士多德最早提出法治思想，即"法治应当优于一人之治"③的法治国主张。在他看来，法治包含两重含义：

---

① Moynihan D P. Managing for Results in State Government：Evaluating a Decade of Reform[J]. Public Administration Review，2006，66，6：77 – 89.

② 郑方辉，张文方，李文彬. 中国地方政府整体绩效评价理论方法与"广东试验"[M]. 北京：中国经济出版社，2008：57.

③ [古希腊]亚里士多德. 政治学[M]. 吴寿彭译，北京：商务印书馆，1965：167 – 168.

"一是已成立的法律获得普遍的服从；二是大家所服从的法本身应该是良好的法律。"①在此基础上，霍布斯、洛克、哈林顿、休谟、边沁、斯密、哈耶克、戴雪、拉兹和哈特等思想家不断地丰富和发展法治思想，形成了洋洋大观的法治理论。

现代主张的法治是市场经济的内在需求，民主政治的改革目标，亦是现代文明的普遍准则，还涵盖了实质层面的"法律至上"、"权力制约"、"权利保障"等法律价值理念。法治强调实质意义上的法治与形式意义上的法治二者的统一：不仅包括形式法治的议会制度、政党制度、政权组织制度等，以及"依法治国"、"依法办事"的治国方略与运行机制，还涵盖了实质法治强调的"法律至上"、"法律主治"、"权力限制"、"保障自由"、"权利保障"的法律价值理念与基本原则精神。实践中，形式法治与实质法治二者不可或缺，后者必须通过形式化的法律制度体系与运行机制才能予以实现。

法治的根本目的是制约国家权力，保障公民权利。法治与国家权力结构具有密切关系，法治内在要求国家权力进行合理分工和有效限制，由谁来掌握一个国家的统治权，如何组织政府机构，如何分配和制约权力，以什么原则和规制来运转和行使权力，社会其他力量如何参与政治生活等问题，是法治对国家权力制约要考虑的基本问题。通过法治，利用法律制度的刚性特征来实现"规则之治"，防止国家权力私人滥用，维护社会的稳定、透明、公平、公正和可预期，实现依法治国。法治另一个重要原则是保障公民的基本权利和自由，法治的最高价值是保障公民的自由，对国家权力的法律限制，其实质是对人权的有力保障。人的权利和自由发展也是法律至上性的最终目标。法律面前人人平等，现代意义上的法治要求法律在适用上的平等，对一切主体权利义务的平等要求，对违法行为平等地追究相应的责任，没有无义务的权利，也没有无权利的义务。

（二）政府的法治主张

1.法治政府原理

2004年，国务院发布《全面推行依法行政实施纲要》，提出了"法治政府"概念。一般意义上，法治政府是指政府行使一切职权必须遵循法治的原则，按照法律规定严格依法行政。全体社会成员中，最应该遵守法律制度的是政府。政府与法律的关系体现为法律至上，政府必须在法律规定的范围内行动。根据国际上通行的称谓，狭义的法治与法治政府相等同，在英文中，Rule of Law（法治）、Governance of Law（政府法治）、Government by Law（法治政府）都蕴含了相似的价值观和制度。尽管不同学者表述有所不同，但"法治"的内涵基本一致。法治政府体现了现代政府的价值理念、权力运行模式和制度安排的根本性转变，它意味着现代政府是责任政府、服务政府、有限政府、阳光政府、诚信政府、便民政府以及依法行政、依法治理的政府的有机统一。依法行政是法治政府的核心内涵，以确保行政主体、行政内容和行政程序的合法性；权从法出、权责法定是法治政府的根本

---

① ［古希腊］亚里士多德.政治学［M］.吴寿彭译，北京:商务印书馆，1965:199.

要求;"透明廉洁、诚信负责和便民高效是法治政府的运行状态及具体表现形式"①。

法治政府在某种意义上是法治得以实现的重要基础,可以说,法治政府本身就是法治的重要组成部分。法治政府的核心在于规范政府权力,以尊重和保障人权。正如学界普遍的观点:法治"不但是指政府要维护和执行法律和秩序,而且政府本身也要服从法律规则,它本身不能漠视法律或为自己的需要而重新制定法律"②。法治政府是具有合法性的政府,包含三个层面的指向:制度合法性、执政合法性、行为合法性③。因此,作为行政活动的政府绩效管理必须有法律的授权,依据相关法律依据来进行绩效管理。

2.法治是政府的合法性基础

合法性基础也称合法性来源,即是指政权赖以获得大多数社会公众认同、支持和服从的资源和依据。关于政府合法性的思想渊源最早可追溯至古希腊的亚里士多德,他认为:"最好的政府就是法律统治的政府"。在中世纪,"合法性的基础与自然法的同意相结合",使得合法性理论有了新发展。到近代,政府合法性之法治角度受到社会契约论的影响,卢梭最早从理论上提出合法性的概念,认为合法性的基础是公意。马克斯·韦伯系统地论述了传统型、魅力型、合法型三种类型的合法性理论④:其中,法理型合法性被马克斯·韦伯认为是最具理性、最适用于现代社会的理论。

笔者认为,法治是政府的合法性基础。法理型合法性是建立在大多数社会公众认同、支持和服从统治者制定出来的制度规则的基础上:其一,制度规则为法治政府提供了合法的权力来源;其二,制度规则是政府及社会公众的行为规范。法治政府构建和依法行政原则的确立,规制和约束了政府权力,为政府行为提供法律范围内的指引,为避免政府错位、越位、侵权奠定了法律基础。在这个层面的意义上,法治政府建设是为了确保政治合法性。

(三)绩效推进型的法治政府建设

2014年,十八届三中全会提出"法治国家、法治政府、法治社会一体建设"的战略构想,将"建立科学的法治建设指标体系和考核标准"作为推进法治建设的重要举措;2015年12月颁布的《法治政府建设实施纲要(2015—2020年)》中,进一步要求强化考核评价,把法治建设成效作为衡量各级领导班子和领导干部工作实绩的重要内容,纳入政绩考核指标体系。很显然,以绩效评价的方式推进法治政府建设已成为党和政府的要求,也是社会共识。从某种意义上说,法治政府建设在于建设绩效型法治政府,以绩效评价推进法治政府的发展。首先,政府绩效评价有助于提升政府合法性,促进法治政府建设

① 马怀德.法治政府特征及建设途径[J].国家行政学院学报,2008,02:36-39.

② 戴维·M·沃克.牛津法律大辞典,李双元等译,北京:法律出版社,2003:991.

③ 王继.法治政府:中国政府建设的目标[D].吉林大学,2012:70.

④ 参见[德]马克斯·韦伯.经济与社会(上)[M].林荣远译,北京:商务印书馆,2004:241.王继.法治政府:中国政府建设的目标[D].吉林大学,2012:72.

最终目标的实现。在某种程度上,政府合法性依赖于"政绩合法性";其次,政府绩效评价强化了公共责任,确保法治政府建设的方向;最后,政府绩效评价有助于保障法治保障。政府绩效评价的一个功能在于夯实政治监督,通过行政权之间的监督、立法权对行政权的监督以及社会公众和第三方组织对政府的监督,保障了法治建设成效①。

三、地方立法理论

本书研究试图为地级市先行对地方政府绩效管理与评价立法提供参考依据。关于地方立法的概念与内涵,国内法学著作中有众多界说。一般认为,地方立法,是指特定的地方政权机关,依据一定职权和程序,运用一定技术,制定、认可、修改、补充和废止效力不超出本行政区域范围的规范性法律文件的活动②。基于当前我国《立法法》的修订情况,笔者对地方立法的内涵做出进一步的界定:第一,"特定的地方政权机关",是指在《宪法》、《地方组织法》、《立法法》等规定的有权制定规范性法律文件的地方政权机关,包括省、自治区、直辖市的人民代表大会及其常务委员会和人民政府,省、自治区的人民政府所在地的市,经济特区所在地的市和国务院已经批准的较大的市以及设区的市的人民代表大会及其常务委员会和人民政府;第二,"依据一定职权",指有关法律、法规的授权行使的职权以及有权机关所委托或授权行使的职权;第三,"依据一定程序",指"提出法案—审议法案—表决和通过法案—公布法规或规章"的法定程序;"运用一定技术",指制定和变动规范性法律文件活动中的操作技巧和方法;"制定、认可、修改、补充和废止":制定法指立法主体进行的直接立法活动,认可法指立法主体进行的旨在赋予某些习惯、判例、法理以法的效力的活动,修改、补充、废止法指立法主体变更现行法的活动③;第四,"不超出本行政区域范围"是指效力在本行政区域的全部或部分范围都有效;第五,"规范性法律文件"在形式上包括地方性法规、地方政府规章、自治条例、单行条例等其他规范性法律文件。

地方立法在社会、国家和公民生活中具有重要作用,一般而言,主要体现在以下四个方面:第一,使宪法、法律、行政法规以及党委政府的方针政策在本行政区域得以有效实施;第二,解决暂时不宜由中央立法解决或中央立法不能独立解决的问题;第三,自主解决应当由地方立法解决的各种地方问题,特别是各地一些重大、特殊的问题;第四,促使我国社会由人治转向法治④。我国是统一的多民族国家,各地方经济、文化、社会发展很不平衡,完善地方立法工作,能够充分体现宪法规定的"在中央统一领导下,充分发挥地方的主动性、积极性"的精神,目的在于运用法律手段促进各个地方协调发展、共同发展,实现国家的经济发展和社会全面进步⑤。有关地方立法的理论在第六章做进一步讨论。

---

① 参见郑方辉,冯健鹏.法治政府绩效评价[M].北京:新华出版.2014:53-54.
② 周旺生.关于地方立法的几个理论问题[J].行政法学研究,1994,04:30-35+15.
③ 张文显.法理学(第四版)[M].北京:高等教育出版社,北京大学出版社,2012:191-196.
④ 周旺生.关于地方立法的几个理论问题[J].行政法学研究,1994,04:30-35+15.
⑤ 杨景宇.加强地方立法工作,提高地方立法质量[J].求实,2005,14:5-7.

四、政府绩效管理法律化与法治政府建设的关系

（一）政府法律人格理论与权利义务责任一致性

人格本是一个抽象的概念，"人格脱离了人，自然就是一个抽象"①。但在法律中，通常赋予人和"虚拟人"以主体资格，赋予其权利能力、行为能力和责任能力以及受法律保护的利益等多重内涵。这意味着在法律上赋予人格法律性，人格就上升为"法律人格"②。罗马法中的法律人格概念是对自然人法律地位以及法律关系主体的资格的高度概括，它是法律技术的产物，亦是一种制度拟制的结果③。

政府法律人格是指法律赋予政府法律地位和法律关系主体的资格，这就意味着政府是权利（权力）主体和义务（责任）主体，应当遵循"法治政府"的价值理念与基本思想。政府法律人格论源于罗马法的法律人格说，从最早的"自然人法律人格"演进到"团体法律人格以及国家法律人格"。政府法律人格理论是构建法治政府的逻辑前提与理论基础，它涵盖责任政府、有限政府、人道政府等法治性命题，政府法律人格的关键是对行政权力有效实施的法律控制④。建设法治政府，核心在于政府依法行政，前提是承认政府是一个权力、义务和责任三者统一的主体。首先，要求权责法定。包括权责的主体法定、内容法定、程序法定、适用法定等，政府的职权必须依法取得，有法律依据。必须以法律的形式将科学设定的政府"权利能力"固定下来，使其成为政府必需遵守的强制性法律规范。其次，要求依法行政，即政府必须依照法律的规定行使和支配权力。政府职能的履行应以法治为边界，政府的一切活动都要在宪法和法律的范围内进行，"法无授权不可为、法定职责必须为"。因此，政府法律人格论是建立法治政府的逻辑前提与理论基础，也是政府绩效管理法律化的逻辑起点和理论支撑。

政府绩效管理法律化的关键在于科学界定绩效管理的关联主体的权利能力、义务能力和责任能力的边界，从法律上明确关联主体的权利、义务和责任。政府作为绩效管理的申诉、复核主体一方，实质上也是个人人格与政府法律人格或者政府法律人格之间的对话。因此，承认政府法律人格是分析、论述绩效管理主体及对象的权利义务的逻辑前提，亦是构建政府绩效管理法律内容体系及复核、申诉等救济渠道体系的关键所在。

（二）分权管理与平衡政府利益

分权管理本质上就是通过政府管理中的放松规制，充分授权给下级组织或执行人员，

---

① 中共中央马克思恩格斯列宁斯大林著作编译局编.马克思恩格斯全集（第一卷）[M].北京：人民出版社，1995：277.

② "法律人格"一词来源于拉丁语"persona"。根据罗马法，"persona"广义上指所有具有血肉之躯的人；在狭义上仅指自由人，即最起码拥有自由权的人。正是由于近现代私法意义上的"法律人格"（平等人格）仅对应于罗马法中含有市民权的自由人地位，"persona"才经过演化，转变为"personality"，即"法律人格".

③ 张作华.论我国国家法律人格的双重性——兼谈国家所有权实现的私法路径[J].私法，2004，01：268－303.

④ 李玉璧，马春婷.法治政府构建的理论逻辑[J].甘肃省经济管理干部学院学报，2007，01：40－41＋46.

使他们直接对结果负责。通过组织内部分权管理,有利于各公共部门及公共服务机构之间的竞争,进而改进政府管理的效益①。实际上,这是一种"以权力制约权力"的约束机制,是对传统模式下重"过程"而轻"结果"导向的管理机制的摒弃,是新公共管理运动的产物。分权管理是绩效管理理论及其实践创新的"顶层设计",需要处理分配绩效管理组织领导权力的问题。政府部门必须先明确各个分权部门的权力、义务和责任范围,构建以工作目标为指引、以结果为导向的绩效评价体系,保证政府权力的各个组成部分在运行过程中保持总体平衡。各主体通过行使自身的权力,相互间形成一种权、责、利清晰对称的制衡机制,以此保证政府绩效评价的常态运行。分权化管理既为政府绩效评价的实施奠定了制度支撑,同时有助于政府权力的制衡的实现,有助于平衡政府各部门的相关利益。

(三)政府绩效管理法律化对于法治政府建设的意义

推进政府绩效管理法律化是全面贯彻落实依法治国基本方略的必然要求,也是法治政府建设的重要组成部分,有助于推动法治政府的建设进程和保障法治政府建设成效。依法合理地界定政府绩效管理关联主体的权责义务关系,建立制度化的绩效管理工作机制,保证政府工作人员能够各尽其责、依法履行职务,是建设法治国家的关键内容。绩效管理的价值理性与工具理性是对目标考评的延伸,既提供管理创新的导向,又构造管理创新的动力,法律化确保绩效管理工作的公开性、公正性、公平性、科学性和规范性,是实现法治目标的指挥棒和助推器。

第三节 政府绩效管理的制度化与法律化历程

梳理国内外的政府绩效管理发展及其制度化与法律化历程,总结法律化的相关经验对于推进政府绩效管理的发展十分必要。

一、国内历程:绩效管理是法治政府建设的内在要求

某种意义上说,我国的政府绩效管理萌芽于新中国成立初期,政府绩效管理的前身被称之为"党政组织考评",这一时期的干部考核制度和作风建设制度体现了绩效考核的一些思想。而我国学术界以及地方政府开始使用"绩效评估"、"绩效评价"或者"绩效管理"的概念则始于 20 世纪 90 年代初期。因此,笔者将自 20 世纪 90 年代初至今的政府绩效管理发展及其制度化与法律化历程,根据每个阶段的特征,可以将其归纳为四种类型,即机关效能建设考核、公众评议政府、科学发展水平考核评价和政府绩效管理与评价。同时,新世纪以来,在依法治国与法治政府建设的时代大背景下,政府绩效管理正式成为我国政府的管理模式,并且制度化与法律化进程得到了较大程度上的推进,这可以说是

---

① 盛明科,段玉玲.美国联邦政府绩效评估的制度基础及其效用分析——兼论对我国政府绩效评估实践的启示[J].云梦学刊,2011,02:75-80.

法治政府建设对政府管理方式的内在要求。归结而言，新中国成立以来，我国的政府绩效管理及其制度化、法律化探索经历了三个发展阶段。

（一）初创阶段：1949 年至 1978 年

从新中国成立至改革开放前，可视为是我国的法治政府建设及党政考评制度化与法律化的初创阶段。党政组织（包括领导班子）考评法规起源于我国早期的干部管理法规与干部考评制度。这个阶段的特点主要有：第一，法治政府建设开始起步，行政机关能够维持正常运转，"文革"期间陷于停顿；第二，考评对象局限于领导干部，基本不涉及党政组织；第三，考评标准的主观性明显，内容较为粗放，以定性为主；第四，考评导向具有较浓的政治色彩，服务于当时的政治需要和政治任务；第五，干部考评逐步被写入法律规定[①]。

（二）发展阶段：1978 年至 1999 年

1978 年十一届三中全会后，我国逐步修复、重建"文革"时期被破坏的法律秩序，法治建设不断适应市场经济模式转变，同时，政府职能由以政治职能为主转向以经济职能为主。进入 90 年代后，政府建设更加注重经济职能、管理职能实现。随着市场经济发展，进一步建设"有限政府"、"诚信政府"、"透明政府"[②]。在此阶段，政府绩效管理因政府职能的转变以及依法治国基本方略的确立而得以规范发展。具体表现为：

第一，确立法律的地位与权威，及依法行政原则，提出依法治国的基本方略。1982 年颁布的宪法是我国现行宪法，要求国家行政机关必须在法律的范围内履行职权，这项规定为绩效管理法律化提供了立法立规依据。1990 年 10 月 1 日，《行政诉讼法》正式施行，依法行政的观念与制度正式形成。这是我国法治建设历程中新的里程碑。依法行政是法治政府的核心，《行政诉讼法》的施行有力推进了有限政府、责任政府、便民政府建设，也为之后依法治国基本方略的提出以及法治政府建设目标的设立打下了坚实的基础。1999 年，依法治国基本方略被写入宪法，它既是法治政府建设最根本的理论依据，也是绩效管理法律化所遵循的根本原则，更是一项强有力的制度保障。

第二，"目标责任制"兴起盛行，考评形式多样化，一些地区开始探索绩效管理制度化与法律化建设。1982 年宪法明确提出"工作责任制"，凸显针对"组织"为基本单位及对象的内部考评，具有典型的目标管理特征。可以说，"工作责任制"是"目标责任制"的前身。90 年代以来，在"目标责任制"的基础上，国内许多地方都开展具有地方特色的考评实践，如运城的"新工作效率法"、烟台的"社会承诺制"、福建省的"机关效能建设"、珠海的"万人评议政府"等。多样化考评形式的出现，一方面使传统的目标考评逐渐体现出绩效考评的特征，契合时代发展；另一方面，为规范考评工作，各地在实践中相应制定了一些规范性文件，如福建省的《关于开展机关效能建设工作的决定》、青岛市的《关于加强目

---

① 廖鹏洲.地方党政组织考评体系及其法制化研究——以广东为例[D].华南理工大学,2015,79-80.
② 姜明安.中国行政法治发展进程回顾——经验与教训[J].政法论坛,2005,5:10-19.

标责任制管理的意见》等,成为考评工作制度化与法律化的前奏,虽然它们的位阶较低,也存在一些明显缺陷,但无论从内容还是形式而言,均为日后全国各地政府绩效管理制度化与法律化建设奠定了基础。

(三)成形阶段:1999 年至今

自 1999 年依法治国基本方略提出并入宪以来,法治政府建设得以较快发展,同时,政府绩效管理因自身的属性要求强化规范化、制度化、法律化建设。2004 年,国务院发布的《全面推进依法行政实施纲要》,提出了十年左右时间基本实现建设法治政府的目标以及依法行政的六大基本原则。2008 年,国务院发布了《关于加强市县政府依法行政的决定》,将法治政府的建设工作细化到了县一级的政府部门,明确了各项工作的具体开展方式;2010 年,国务院发布了《关于加强法治政府建设的意见》,指出建设法治政府是党治国理政从理念到方式的革命性变化;2012 年,党的十八大将法治政府基本建成确立为全面建成小康社会的重要标志,并确立了 2020 年基本建成法治政府的目标[①]。2014 年,十八届三中全会提出了法治政府建设的"24 字目标与标准"[②]和法治国家、法治政府、法治社会一体建设战略构想,将"建立科学的法治建设指标体系和考核标准"作为推进法治建设的重要举措;2015 年 12 月颁布的《法治政府建设实施纲要(2015—2020 年)》中,进一步要求强化考核评价,把法治建设成效作为衡量各级领导班子和领导干部工作实绩的重要内容,纳入政绩考核指标体系。显然,建设绩效推进型的法治政府成为必然趋势,而政府绩效管理制度化、法律化是法治政府建设的内在要求。同时,也从侧面证明了对于法治政府建设而言,政府绩效管理是最适合、最科学的政府管理模式。

在此背景下,党政内部考评及政府绩效评价工作逐渐制度化与法律化,考评法规体系逐渐规范化。进入新世纪,许多地区出台了相应的规章制度,丰富了考评法规体系,加快了政府绩效管理工作的法律化进程。2009 年,哈尔滨市率先颁布了地方性法规《哈尔滨市政府绩效管理条例》;2013 年,福建省在原有《福建省机关效能建设工作暂行条例(草案)》的基础上,发布了《福建省机关效能建设工作条例》。目前国内大多数省级以及一些市级地方政府都发布了组织考评的法律性文件,据不完全统计,截止到 2015 年,全国内地共 31 个省(自治区、直辖市)中,已经有半数以上出台了相关办法,如《北京市市级国家行政机关绩效管理暂行办法》、《江苏省人民政府部门绩效管理办法(试行)》、《杭州市绩效管理条例》、《佛山市绩效管理暂行办法》、《深圳市政府绩效管理办法》等。从这些已出台的地方性法规、规章、官方文件来看,目前我国的法规体系建设虽然尚有缺陷,但越来越多的地区已经具备了或基本具备立法的水平与条件,地方政府绩效管理法律化进程稳步推进。

---

① 廖鹏洲,罗骁.地方党政组织考评法制化:现状与对策[J].华南理工大学学报(社会科学版),2015,1:80 - 86.

② 法治政府建设的"24 字目标和标准"是指"职能科学、权责法定、执法严明、公开公正、廉洁高效、守法诚信"。参考新华社.中共中央关于全面深化改革若干重大问题的决定[J].中国法学,2014,6:5 - 19.

二、国外历程：立法先行是政府绩效管理的发展路径

自 20 世纪初以来，在效率、节约（预算控制）、公平等公众诉求的影响下，西方国家的政府绩效评价大体经历了"效率（1900—1940）、预算（1940—1970）、管理（1970—1980）、民营化（1980—1992）和政府再造（1992 年至今）"①的发展历程。总体来说，西方国家的政府绩效管理基本上遵循"立法先行"的发展路径，已经达到了较高的法律化程度。以美国和英国为代表的西方发达国家开展政府绩效管理的实践起步早，探索多为其他国家发展政府绩效管理提供了借鉴。

（一）英国政府绩效管理法律化

早期的英国绩效管理针对公共部门，尚处在初步发展、不成熟的阶段，为配合推动公共部门机构改革，它只是被用来描述公共部门职能履行状态。但自 1979 年撒切尔夫人上台之后，英国公共部门绩效管理逐步向规范化、系统化和常态化发展。英国绩效评价法治化是一个从无到有、从粗糙到精细的发展历程。从发展现状来看，英国较为健全、完善的政府绩效管理法律法规体系，赋予了政府绩效评价强大的生命力。英国政府绩效管理与评价的法律制度体系的形成与发展，根据每一阶段的评价目标不同，分为效率优位阶段和质量优位阶段。

一是效率优位阶段。这一阶段的重要措施包括雷纳评审、部长管理信息系统和财务管理新方案。雷纳评审虽然拉开了英国前期政府绩效评价的序幕，但其取得的效果是有限的，这些做法没有触及体制问题，"他们只是在花园中一小块一小块地除去杂草，却没有创建出花园中杂草无处可生的制度"②。而 1980 年推出的"部长管理信息系统"和 1982 年颁布的《财务管理新方案》提出了绩效评价的"3E"标准（经济、效率、效益），积极探索绩效评价体系。通过《财务管理新方案》的实施，加上 1982 年的《地方政府法》明确规定地方政府必须实行绩效评价制度，绩效评价已在政府部门得到广泛推广应用，评价工作也逐步规范化。

二是质量优位阶段。这一阶段的重要举措包括下一步行动方案、公民宪章运动、竞争求质量运动和政府现代化运动。1988 年，首相效率顾问伊布斯领导的评审小组提交了《改进政府管理：下一步行动方案》的报告（简称为：《伊布斯报告》）。报告总结了调查结果并指出绩效改进应当遵循的基本原则和具体建议③。1989 年发行了《中央政府产出与绩效评估技术指南》。1991 年，自"公民宪章运动"之后，政府颁布了诸如《公民宪章指南》、《1992 年公民宪章首次报告》、《病人服务宪章》、《竞争求质量白皮书》和《绩效审计

---

① ［美］尼古拉斯·亨利.公共行政与公共事务[M].项龙译,中国人民大学出版社,2002:286.
② 戴维·奥斯本,彼德·普拉斯特里克.摒弃官僚制:政府再造的五项战略[M].北京:中国人民大学出版社,2002:24.
③ 黄良进,曹立锋.英国政府绩效评估法治化历程对我国的启示[J].福建论坛（人文社会科学版）,2008,11:143-145.

手册》等一系列相关的法律性文件。1999 年布莱尔政府发表《政府现代化白皮书》,提出政府改革方案,以实现三个目标。1999 年 7 月布莱尔政府又颁布新的《地方政府法》,推出了最佳评价制度,以改革地方财政制度和地方政府程序。2003 年颁布了新的《绩效手册》,标志着英国绩效评价工作得到进一步规范化、制度化、常态化和科学化①。

多年绩效管理实践发展,英国建立了一套横向与纵向结合、运行与监督结合,以最佳价值绩效评价制度、全面绩效评价制度(CPA 体系)、全面地区评价制度(CAA 体系)等为代表的政府绩效评价制度体系与法律法规体系。

(二)美国政府绩效管理法律化

美国的政府绩效管理始于 20 世纪 70 年代。总体来看,美国的政府绩效管理不像英国那样有着明确的阶段主题,它只是一个随着时间逐渐规范化的实践过程。1973 年,尼克松政府颁布了《联邦政府生产率测定方案》,力图使政府机构绩效评估系统化,规范化,常态化。但由于受水门事件的影响,绩效评估未能真正施行②。1976 年,美国科罗拉多州通过"日落法案",提出定期、定时审查有关机构方案之后,全国相继有 36 个州先后通过该法案,这标志着美国政府绩效评价逐渐步入法制化阶段③。1979 年通过了《关于行政部门管理改革和绩效评价工作》,则标志着美国正式、全面开展政府绩效评价工作④。1993 年 7 月,美国政府出台了受到世界各国借鉴的《政府绩效与结果法案》(GPRA),用立法的形式来完善政府绩效评价制度,这是美国绩效评价最具有代表性的法案,标志着美国正式开启政府绩效评价法制化。同年 9 月,国家绩效审查委员会发布了国家政府绩效管理的指南书即《戈尔报告》,以及《国家绩效评论》(NPR),首次提出建设以顾客为导向的电子政府目标。2003 年 9 月,美国政府颁布《政策规定绩效分析》,用以指导公共政策评价工作,它以评价制定公共政策必要性和公共政策选择、分析公共政策绩效为主要内容。2010 年,通过了《政府绩效与结果现代化法案》(GPRAM),优先绩效目标成为奥巴马政府的核心绩效工具,并被写入法案而得以推行。目前,美国联邦机构已基本形成了联邦机构绩效评价的制度体系和法律框架,由《政府绩效与结果法案》及其一系列配套的法律制度组成的一套系统、灵活的法律制度体系,以及项目评价→部门评价→跨部门评价分层的层级式绩效评价体系,共同推动了美国联邦政府绩效评价实践的成功⑤。

除英美国家外,有众多国家广泛应用政府绩效管理并逐步建立起相关的制度与法律。比如,荷兰《新市政管理法》要求评价地方政府的工作绩效,以提高政府效率和服务质量;澳大利

---

① 黄良进,曹立锋.英国政府绩效评估法治化历程对我国的启示[J].福建论坛(人文社会科学版),2008,11:143 – 145.

② 章群,牛忠江.政府绩效评估法治化的制度逻辑——基于美国经验与本土资源整合的考察[J].现代人才,2009,06:19 – 22.

③ 廖鹏洲.地方党政组织考评体系及其法制化研究——以广东为例[D].华南理工大学,2015,136.

④ 景彦勤.政府绩效评价体系的中外比较[J].会计之友(上旬刊),2010,01:44 – 45.

⑤ 廖鹏洲.地方党政组织考评体系及其法制化研究——以广东为例[D].华南理工大学,2015,137.

亚仿效英国制定了《财务管理新方案》,其内容与美国的 GPRA 的基本一致,旨在提高管理效率,改善财务状况;日本出台了《关于行政机关实施政策评价的法律》(简称《政府政策评价法》),建立了全方位的政府绩效评价体系——行政评价制度(GPEA);韩国颁布了《政府业务评价基本法》,更为详尽地规定了政府绩效评价的主体对象、内容标准、流程程序等。

第四节　政府绩效管理及评价的法治经验

由于在基本国情、文化传统、现有法律体系等方面存在着差异,各国绩效评价立法的侧重点也不尽相同,英国侧重于构建指标体系,美国侧重于以结果为导向和制定战略规划,澳大利亚侧重于绩效审计,韩国侧重保障评价主体的多元化。笔者总结了以美、英、日为代表的西方国家绩效管理法律制度,与以哈尔滨、江苏、北京为代表的中国政府绩效管理规范性文件进行对比,参见表 2 - 1,总结政府绩效管理的法治经验,①对比中西方地方政府绩效管理的异同。

表 2 - 1　中国与西方国家绩效管理部分法律性文件对照表

文件名称	西方政府绩效管理文件			中国政府绩效管理文件		
	美国《政府绩效与结果法案》1993 年	英国《地方政府法》1999 年	日本《政府政策评价法》2002 年	《哈尔滨市政府绩效管理条例》2009 年	《江苏省人民政府部门绩效管理办法》2011 年	《北京市市级国家行政机关绩效管理暂行办法》2009 年
文件性质	国家法律	国家法律	国家法律	地方性法规	政府规章	政府规章
制定机关	参议院和众议院	议会	参议院	哈尔滨市人大	江苏省人民政府	北京市人民政府
内容框架	立法目的;具体内容;管理责任和机动权;试点方案;GPRA 与其他机构关系。	规定地方政府必须实行最佳绩效评价制度,各部门每年都要进行绩效评估工作,要有专门的机构和人员及固定的程序。	立法目的和宗旨;评价对象;评价原则;评价方式与措施;价值标准;评价主体及实施流程;评价机制;政策评价理论与队伍建设。	总则:目的与原则、适用范围、机构职责;绩效计划;绩效评估;绩效信息;绩效结果;法律责任。	总则、目标规划、过程监管、绩效评估、持续改进、组织保障、附则。	总则、绩效管理内容、绩效管理实施、绩效管理考评及奖惩、附则。

一、中西方模式共性分析

目前,西方国家形成了较为成熟的政府绩效管理制度机制,我国处于导入期,尽管各国政府在实践中力求体现本国特色,但总体上看,共性特点比较明显,主要表现为:

---

①　目前我国出台绩效管理相关规定的地区还有杭州、深圳、佛山等,同样是当前我国具有代表性的政府绩效管理规范性文件,本书的其他章节会有进一步的介绍.

第一,在评价主体方面,中西方的绩效评价主体均包括政府部门,政府均参与主导绩效管理(西方是政府部门,我国还包括党委)。日本的组织实施机构是总务省,美国的组织实施机构是管理和预算局,中国的组织实施机构是机构编制委员会办公室。

第二,在运行层面,政府绩效管理的实践运行都重视绩效管理规划。《政府绩效与结果法案》《政府政策评价法》《哈尔滨市政府绩效管理条例》都对制定绩效计划做出了规定。《政府绩效与结果法案》专门规定了战略规划、绩效规划和年度报告。《哈尔滨市政府绩效管理条例》规定,政府及部门应当根据本地区经济社会发展规划,制定中长期绩效管理计划,中长期绩效管理计划期限一般为三至五年。江苏省与北京市的文件中也对绩效管理的目标规划做出了相应的规定。

第三,在结果应用方面,政府绩效评价都需提交相应的结果报告。《政府绩效与结果法案》要求各部门负责人每年都要向总统和国会提交上一年度的绩效报告。《哈尔滨市政府绩效管理条例》规定,年度绩效评估报告由绩效管理机构组织相关人员撰写,并提交绩效管理机构的本级人民政府审定。《北京市市级国家行政机关绩效管理暂行办法》规定,年度考评结果将提交市委组织部门,作为考核领导班子职责绩效的重要依据。

二、中西方模式个性比较

第一,绩效管理规范程度不同。在西方,政府绩效管理较为注重"顶层设计",各个环节也更加规范。如在英国,绩效管理与评价被前首相撒切尔夫人视为政府提高行政效率、摒弃官僚主义的重要方式,1991 年梅杰政府更是重视绩效评价,并通过开展"公民宪章"和"质量竞争"运动将其系统化、规范化、普遍化和科学化;在美国,优先绩效目标成为奥巴马政府的核心绩效工具,并将其写入 GPRAM 法案;在日本,《政府政策评价法》规定政府各部门均建立起相应的领导机制,设立由大臣或政务次官为首的政策评价会议等,对相关重要事项进行审议[①]。在中国,在"大政府、小社会"的背景下,我国政府部门承载过多的社会管理职能,往往是该管的管不好,不该管的又要管,导致政府部门在社会管理过程中容易出现越位与缺位的问题。加上我国的政府绩效管理"顶层设计"并不完善,尚未达到法律化的程度,能否顺利实施归根结底取决于地方政府主要领导的态度。

第二,绩效评价结果应用程度不同。在美国、日本等国家,政府绩效评价的结果都需要报告国会,且更强调政府绩效评价结果的运用和公开。例如,美国《政府绩效与评估法案》指出,绩效评价结果应用于"改进国会的政策制定",并提出了"改进联邦项目的效果和公开性"的要求;日本的《政府政策评价法》明确提出"将评价结果准确体现在政策中"以及"公布关于政策评价的信息"的要求[②]。但在中国,大多数的考评项目的评价结果仅在政府内部公开,缺乏社会公众的有效监督,从而影响考评的客观性和公正性。于是长此以来,关于保

① 徐璐.我国行政评价法探析[D].山东大学,2008:32.
② 袁娟,沙磊.美国和日本政府绩效评估相关法律比较研究[J].行政与法,2009,10:39-42.

障公众知情权、提高公众参政议政的意识与能力，落实改进效果并不十分理想。

第三，政府绩效管理的理念导向不同。国外的政府绩效管理法律制度充分体现了政府绩效评价的公民导向。例如，日本的《政府政策评价法》指出"尽职尽责地向国民报告各项政府活动"是政府绩效评价的目的之一；美国的《政府绩效与结果法案》提出"重点关注成果、服务质量和用户的满意度"，"以提高国民对联邦政府的信心"①。在我国，党的十七大报告提出要建立以公共服务为取向的政府绩效评价体系及机制，但总体来看，目前刚进入探索期，尤其是在结果应用方面，虽强调以奖优治庸罚劣为导向，但缺乏配套制度，实际往往难以操作，评价结果理想时关联为自身政绩，不理想时则推卸于各种客观原因，有些地区甚至出现流于形式、敷衍应付的现象。

三、西方政府绩效管理法治经验借鉴

第一，转变政府管理理念，建立绩效管理文化。转变政府管理理念是推动政府绩效管理发展的先决条件。正如有学者所言，一是要实现将计划经济条件下的重过程轻结果、重效率轻公平、重程序轻内容的传统管制理念向适应现代民主政治与市场经济的绩效责任理念转变；二是要实现政府管理模式从管制型向服务型转变，从管理模式向治理模式转变，从效率型政府向绩效政府、责任政府、法治政府转型②。建立绩效管理文化是推动政府绩效管理发展的文化动力。绩效文化作为一种行政文化，以公共服务、公共责任、公众满意和公共利益为基本理念，其实施途径包括：一是营造绩效文化的氛围；二是吸取传统行政文化的精华；三是突出当代绩效文明的特色③。

第二，加快建立符合国情的绩效管理体制。传统集权压力型体制障碍是目前绩效管理发展的重大阻碍之一。而绩效管理体制是政府绩效管理的基石。具体而言，一是要建立多重绩效管理体制，构建一套内部评价与外部评价相结合的绩效管理体制。美国的GPRA和日本的GPEA均采用了内部评价与外部评价相结合的评价方式，构建了一套包括政府部门的自我评价、上级评价、专家评价、公民评价等方式的全方位评价主体体系④。二是要建立专门的、独立的、权威的政府绩效管理机构，配备专业的工作人员，明确各自权责。以美国为例，对政府绩效的最终评价权属于国会，国家绩效评审委员会负责全面推动联邦政府的绩效改革，OMB则具体负责绩效改革推进过程中的协调工作⑤，各联邦机构各司其职，分别承担各自权责。三是要融入公众参与，依托多元评价主体。英、美、澳、韩、日等国家都非常重视公众参与，积极探索第三方评价制度，不仅有利于保证政府

---

① 袁娟，沙磊.美国和日本政府绩效评估相关法律比较研究[J].行政与法，2009，10：39－42.

② 盛明科，段玉玲.美国联邦政府绩效评估的制度基础及其效用分析——兼论对我国政府绩效评估实践的启示[J].云梦学刊，2011，02：75－80.

③ 杨畅，刘贵忠，邓琼.绩效文化：政府绩效管理之魂[J].湖南社会科学，2004，03：177－179.

④ 廖鹏洲.地方党政组织考评体系及其法制化研究——以广东为例[D].华南理工大学，2015，148.

⑤ 林鸿潮.美国《政府绩效与结果法》述评[J].行政法学研究，2005，02：100－106.

绩效评价结果的信度与效度、公正与公平、可靠性和客观性,更有利于树立公众满意导向的服务型政府的价值理念,提高政府的管理水平、行政效率与服务能力。

第三,加强政府绩效管理法律化建设。从西方政府绩效管理的成功经验可得知,成熟、完善的法律制度是绩效管理持续健康发展的关键。借鉴以美国、英国、日本等为代表的发达国家政府绩效管理制度化、法律化的经验,以推动地方政府制定并实施一套能以绩效管理目标与原则、诸多关联主体的权利义务责任关系、评价内容与指标体系、组织流程与实施程序、救济渠道与结果应用等融入为框架的、具有权威性的、专门的地方性法规,是我国政府绩效管理发展的一般性规律。地方政府绩效管理必须坚持依法管理、依法评估,依靠法律的力量,并辅之以加强对政府绩效管理的中央政策支持;坚持"立法先行、试点先行、地方先行"的原则,先进行地方立法、再进行中央立法,先进行下位法立法、再进行上位法立法,循序渐进,逐步将政府绩效评价制度纳入法制化轨道①。

第四,开展政府绩效管理与推进法治政府建设相结合。其一,政府绩效管理法律化是建设法治政府和全面贯彻落实依法治国基本方略的必然要求。当前,打造中国的法治政府出路在于建立一个绩效型法治政府,在法治政府建设过程中引入绩效管理和评价,以绩效评价的方式推进法治政府的发展。此外,依法合理地界定政府绩效管理关联主体的权责义务关系,建立法律化的绩效管理工作机制,保证政府工作人员能够依法履职、各尽其责,是建设法治国家的关键内容。其二,政府绩效管理法律化是构建和完善法治政府建设的重要内容,亦是依法行政的根本要求。作为行政活动之一的政府绩效管理也必须有法律的授权,依据相关法律依据来进行绩效管理。其三,政府绩效管理法律化是法治政府建设的重要组成部分,有助于推动法治政府的建设进程和保障法治政府建设成效。绩效管理的价值理性与工具理性是对目标考评的延伸,既提供管理创新的导向,又构造管理创新的动力,是实现法治目标的指挥棒和助推器。

第五,经验借鉴应注意的问题。其一,背景文化的差异。背景文化是影响和制约政府绩效管理内涵定义、功能定位、评价标准、内容程序等的基本要素,对绩效评价具有很强的渗透力和影响力。中西方文化存在着较大差异,意味着中国在借鉴西方绩效管理理论时不能犯"拿来主义"的错误,必须结合中国文化背景进行本土化改造。其二,政治体制的差异。中西方的政府绩效管理因政治体制的不同而造成内涵的差异性,我国是社会主义国家,从本质上看,服务于组织管理的我国政府绩效管理是在党领导下,多部门协同参与的绩效导向下的目标管理,因此,借鉴西方绩效管理经验,不能背离我国的政治体制。其三,国外的政府绩效管理法律制度也存在着众多不足,借鉴过程中应注意本土化。我国幅员辽阔、各地区经济社会发展不平衡,对绩效的需求差异性较大等因素,决定了我国的政府绩效管理法律化建设,必须实事求是、因地制宜,走上符合本国国情的政府绩效管理法律化道路。

---

① 廖鹏洲.地方党政组织考评体系及其法制化研究——以广东为例[D].华南理工大学,2015,148.

第三章 地方政府绩效管理法律化起点:制度化

政府绩效管理作为政府管理的价值追求和技术工具,是政府内部权责分配及调整,以及政府与公众关系调整的治理体系及机制。制度化是政府绩效管理得以运行的基础,也是法律化的起点。本书所言的政府绩效管理制度化为狭义所指,在文本形式上主要体现为党委政府的规范性文件,及其运行机制。本章以"佛山模式"为例,探讨政府绩效管理与制度化建设关系。

第一节 地方政府绩效管理制度化的必要性

一、制度化是政府绩效管理的基础

政府绩效管理是对政府行为的约束和促进,以使政府能够为社会提供更优质的公共产品和服务,自身性质决定了必须制度化。首先,本质上,政府权力源于人民的授权,行使职权需受约束,从而要求政府行为必须规范化,符合人民的意愿,不违背人民授权。规范化是制度化的最低要求,通过制度载体,使政府行为依事先设定好的程序、范围规范行事。其次,政府绩效管理以结果和公众满意为导向,体现经济性、效率性、效益性和公平性,进而需要一套完整的规则引导和规范政府行为,即政府绩效管理的制度体系。制度化亦是社会公众参与绩效管理中的知情权、监督权等权利实现的重要保障。再次,政府绩效管理涉及的一系列问题诸如绩效计划制定、绩效评价、绩效改进及绩效评价的主体对象、内容流程、评价指标等,须有相应制度加以强化和引导。最后,从历史渊源看,政府绩效管理强调社会公众监督,因而其对制度化的需求也随之而生。我国政府绩效管理基于现实需要,是政府的自我改革的结果,本身体现了制度化安排和制度创新。总之,政府绩效管理具有鲜明的政治意图和价值导向,必须突出制度的导向性功能①。

二、制度化是界定政府绩效管理主体关系的需要

管理的主体是管理的核心问题,涉及权力的分配,如学界普遍关注的"管理权、组织权、评价权"。我国政府管理体系在纵向上是等级清晰的金字塔结构,横向上专业化的职能部门各自为政,部门存在扩张权力的冲动,热衷于提高本部门的权威②,拥有管理权意

---

① 石富章,包国宪.我国政府绩效评价监管法制体系建设问题研究[J].甘肃社会科学,2011,03:109－112.
② 曹小华,张兴.立足于"解决问题"的佛山绩效管理[J].中国行政管理,2014,08:53－56.

味着拥有主导权。"考核评价权是最直接、有效的行政权,在现行体制下,评价组织权意味评价主动权。事实上,围绕评价组织权的博弈,争取部门权力最大化已成为绩效管理的现实矛盾"①。实践中,各地绩效管理的牵头部门没有统一的模式。诚然,政府绩效管理及评价领导体制受国家或地区社会制度、价值理念、治理模式的影响,不同的治理模式导致不同的评价组织体系安排,但不管做何种安排,均需要从制度上确定各主体角色,明确权责内容和范围,以制度的规范性强化政府绩效管理的权威性。从我国范围看,各种"模式"具有很大差异,这也恰恰是因为在国家层面的制度调整程度不足的原因造成的。为体现全国地方政府绩效管理的"模式"的相对统一性,对所涉及的主体职责进行制度设计和安排是客观要求,制度化保障势在必行。

三、制度化是深化体制改革的要求

加强政府绩效管理,引领政府职能转变,提升政府管理水平、创新管理方式和构建公民满意的服务型政府是深化体制改革重要内容和要求。从这个层面看,政府绩效管理内含的价值导向和工具理性,对深化体制改革有着积极的意义。强化政府绩效管理的制度化建设对深化体制改革的作用体现为:一是为政府管理创新提供制度供给。通过制度规范保证绩效管理的结果导向和公众满意导向,在制度设计上摒弃以往的以 GDP 为唯一标准的局面,以规范化、具有权威性与多样性的绩效指标为引导,使得政府更加注重行政行为的经济性、效率性、效果性和公平性,形成兼顾效率与公平、发展与效益的局面,进而使政府由传统的管理转向治理和服务。二是以制度提升政府管理水平。政府绩效管理是对传统行政管理的革命,必须自上而下的通过制度的强制性加以推行。以引导政府树立绩效意识,降低行政成本,改进服务态度、提升管理能力,提高行政效能,促进政务公开,回归以民为本,为社会及公众提供更优质的服务。三是以制度保障政府公信力提升。关键就是要畅通社会公众参与政府管理的渠道,而其前提基础是通过制度的形式对社会公众的参与加以明示和保障,以获得社会公众的支持和认可和提升公众对政府工作满意度及政府公信力。进一步的,政府深化行政体制改革,并通过政府绩效管理推动改革,是政府权力源之于民的体现,是对服务人民这一价值的追求。

第二节　佛山市绩效管理内容特征

一、绩效导向的目标管理

《佛山市绩效管理暂行办法》第四条明确指出"绩效管理的定位是绩效导向下的目标管理"。绩效管理以结果为导向,结果导向需要目标管理。正如彼得·德鲁克(Peter F.

---

① 郑方辉,廖鹏洲.政府绩效管理:目标、定位与顶层设计[J].中国行政管理,2013,05:15-20.

Drucker）所言"任何一个其绩效和结果对企业的生存和兴旺有着直接和举足轻重的领域，都需要有目标"①。企业管理与绩效管理有异曲同工之处，即都注重绩效的改善。虽然政府目标是多元的，但各项目标的实现却是地方党委和政府执行力的体现和公信力的来源。在这个层面上，政府绩效管理和目标管理是吻合的，具体表现在"体制内自上而下的管理属性，层级体制下，完成上级政府制定的目标是本级政府的使命所然，绩效管理倘若无助于目标实现，必然与内部管理的刚性需求相脱节，从而丧失存在的前提，尤其是各级政府中心及重大工作完成关系到主要官员的政治前途，目标管理因权、责、利清晰对称而成为最有效的管理方法"②。

二、实现"三个统一"

佛山市绩效管理实现"三个统一"。在此之前，政府各部门共同参与，表面上体现了管理的具体细致，充分实现各项职能的共同推进，但在实际操作中所凸显的是绩效管理考核指标繁杂，重复考评现象突出等问题，原因在于责任政府建设的缺位，其背后更深层次的原因是部门利益的相互交错和各个部门间相互牵制，形成一种"惰性"。2012年佛山市承接省级政府绩效管理试点后，积极推行"三个统一"，在"三个统一"总体构架下，遵循"结果导向、标杆管理、持续提升、公众满意"的原则，定位于"绩效导向下的目标管理"。"三个统一"是佛山市绩效管理的最大特色，具体来说：第一，核心是统一组织评价权，理顺评价主体与评价对象的关系，改变目前各自为政的重复考评，或表面上管理及评价主体是统一的，但组织权分割与不同部门，体现不同部门的意志；第二，统一技术体系（周期、指标、权重、指标评分）关键是处理好技术体系统一性与被管理对象差异性矛盾；第三，统一结果应用是统一评价组织体系的客观要求③。"三个统一"是对"权力部门化"与"利益部门化"现象的重大突破，是政府责任担当的体现。正如有的学者所言："本质上，我国政府绩效管理试点工作属于体制内管理创新，统一管理及评价权，由此统一技术体系与结果应用是体制性要求，有利于提高权威性，降低内耗，提升效率。同时，'三个统一'是对各自为政的校正，切中了目前重复考核的现实问题"④。

三、全覆盖党政群团机构

管理对象的确定是实施绩效管理及考评的前提。在我国，政府绩效管理及考评的对象比较复杂。基于我国的制度背景，广义上的地方政府实际上指的是地方党委政府组

① ［美］彼得·德鲁克著，齐若兰译.管理的实践（珍藏版）［M］.北京：机械工业出版社，2009：49－50.他对目标的设置提出了具体的要求：目标设置要浅显易懂，能够在实践中接受检验和评估，并根据评估的结果来分析自己的实践，以此来改善企业的绩效.
② 郑方辉，廖鹏洲.政府绩效管理：目标、定位与顶层设计［J］.中国行政管理，2013，05：15－20.
③ 张子兴，曹小华，贾伟.佛山绩效管理——模式与实务［M］.新华出版社，2014：46.
④ 郑方辉，廖鹏洲.政府绩效管理：目标、定位与顶层设计［J］.中国行政管理，2013，05：15－20.

织,包括党委、人大、政协、行政机关、司法机关、群团机关等以及其他公权力组织。就此而言,佛山绩效管理的对象是广义的政府,为了避免对"政府"仅作狭义理解,佛山市的绩效管理并没有冠以"政府"二字,同时突出"全覆盖"的特点。佛山市绩效管理将市级党、政、群各部门及五区全部纳入试点范围,各区、各部门将绩效管理及其考评的对象范围逐级延伸至内设机构及个人,从而实现绩效管理的全覆盖。佛山的做法有着深层次的体制考虑,横向来看,中国党政关系现状是"国家权力机关、行政机关、司法机关、大众传媒以及各种企事业单位和社会团体,都自觉接受党的领导。党管大政方针,政府负责执行"[1]。绩效管理及评价如果仅针对政府部门,忽略党委部门,显然不符合中国的实际。同时,绩效管理覆盖党政群,更能体现绩效奖惩的公平公正。纵向来看,宪法规定上级政府领导下级政府,下级政府对上级政府负责。地方政府间的领导体制决定了绩效管理从市到区(县)逐级向下延伸。佛山市全覆盖的绩效管理模式体现出佛山市高标准、高起点、宽领域实施绩效管理的内在要求[2]。

四、内容范畴全方位推行

内容和范围是实施绩效管理及考评的风向标,组织绩效评估的内容和侧重点必须严格围绕组织使命和法定职责[3]。为改变以往政绩考核以 GDP 论英雄、一刀切的追求 GDP 指标的局面,回归政府的使命,佛山市绩效管理凸显公众满意的结果导向,遵循分类管理的原则,根据区域功能定位和地区实际、部门职责,确定各有侧重、各具特色的绩效管理内容,突出不同区域、不同部门的考评要求和考评重点,全方位推行绩效管理与评价。具体而言,对各区绩效评价的内容包括经济建设、城市建设、社会建设、政府建设和社会评价;对市级各单位绩效评价的内容包括工作业绩、工作效率、依法办事、行政成本和服务满意度。从一级政府及其有关部门到公共政策、公共项目再到财政专项资金等[4]。概括而言,佛山市绩效管理并未让突出重点工作与覆盖全局相互矛盾,而是纲举目张,有的放矢。绩效评价内容侧重以下四个方面:一是评价政府及其部门推动全面发展的实绩,尤其是调结构、转方式、稳增长、深化改革、统筹区域协调发展等各项政策措施,实化、细化为绩效管理的重要内容;二是评价关系人民群众切身利益的政策措施、工作任务以及群众反映强烈问题,即公众对政府工作的满意度;三是评价政府及其部门履行法定职责、勤政廉政、完成工作任务以及自身建设等情况;四是评价公共政策的实施效果,如政府投资项目及财政专项资金的使用效果[5]。

---

① 杨宏山.试论中国党政关系的演进与发展[J].云南行政学院学报,2000,01:9 – 14.
② 曹小华,张兴.立足于"解决问题"的佛山绩效管理[J].中国行政管理,2014,08:53 – 56.
③ 周志忍.公共组织绩效评估:中国实践的回顾与反思[J].兰州大学学报(社会科学版),2007,01:26 – 33.
④ 张子兴,曹小华,贾伟.佛山绩效管理——模式与实务[M].新华出版社,2014:143.
⑤ 曹小华,张兴.立足于"解决问题"的佛山绩效管理[J].中国行政管理,2014,08:53 – 56.

第三节 佛山市绩效管理制度体系

政府绩效管理本质上是对管理活动中相关主体的权责的调整与分配。2012年佛山市绩效管理试点工作伊始，便十分重视配套的制度建设。在深入调研、广泛征求专家学者及有关单位的意见基础上，2013年佛山市下发《关于印发＜佛山市绩效管理暂行办法＞及＜佛山市绩效管理暂行办法实施细则＞的通知》（以下简称《暂行办法》、《实施细则》），明确了绩效管理工作在政府管理过程中的地位和作用，对绩效管理有关的组织体系、技术体系等内容做出了较为明确的规定。《暂行办法》和《实施细则》是未来佛山市绩效管理立法的基础，是近几年佛山市开展绩效管理工作的主要依据和制度保障。在此基础上，经过几年的发展，佛山市绩效管理形成了较为健全的制度体系①。

在笔者对佛山市绩效管理进行的深度访谈中，关于应当如何处理未来的地方立法与现行有关制度规定的关系问题，佛山市绩效办的一位参与制定《暂行办法》与《实施细则》的负责同志提出了下述看法具有代表性，笔者认为这些看法触及未来法律涉及的基本问题，符合佛山市的现实需求，是较为可行的：

"佛山市的《暂行办法》和《实施细则》从出台到现在，实施了将近3年，期间佛山市绩效管理持续稳步推进。从我们了解到的情况来看，通过近年的实践，佛山市各级党政机关领导以及工作人员已经基本熟悉、接纳了这两部文件的主要内容，基本认可了目前的考评方式，可以说实施效果不错，影响比较广泛。出于对绩效管理政策的路径依赖，同时也避免绩效管理受到过多人为因素的干扰，保障绩效管理的持续性和稳定性这几方面的考虑，我们认为未来佛山市绩效管理立法应当是在这两部文件的基础上加以适当的修正和完善，没有大问题，无须大变动，而不是盲目仿照外部的经验、重新设计与现状不相吻合的地方性法规草案，这样既有利于降低立法工作的难度和立法出台后执行的阻力，也可以避免舍近求远、推倒重来造成的资源浪费。"

一、佛山市绩效管理暂行办法

《佛山市绩效管理暂行办法》以下简称《暂行办法》共七章，分别为第一章总则、第二章机构与职能、第三章范围与对象、第四章内容与方法、第五章工作流程、第六章结果运用、第七章附则。具体来看，《暂行办法》体现了以下两个特点：

---

① 佛山市绩效管理制度体系包括了《中共中央、国务院印发〈关于深化行政管理体制改革的意见〉的通知》、广东省《关于开展政府绩效管理试点工作的通知》、《佛山市绩效管理试点工作实施方案》、《佛山市绩效管理暂行办法》、《佛山市绩效管理暂行办法实施细则》、《佛山市XX年度绩效管理工作实施方案》、《佛山市区级绩效考评指标体系框架及权重》、《佛山市各有关单位绩效考评指标体系框架及权重》、《佛山市绩效管理考评指标体系评分标准操作规程》等制度文件．

(一)党委政府联合主导

《暂行办法》、《实施细则》经市委、市政府批准同意,由市委办公室与市政府办公室联合发文。根据前文提及的我国"政府"的概念,一般被理解为广义的政府,在普通老百姓看来党委与政府的关系是同一概念。事实上,在我国的政治体制中,任何行政工作都离不开党委的领导与参与,"政府绩效管理"亦是如此。从实践看,佛山绩效管理之所以能够实现"三个统一"和管理对象党政群全覆盖,离不开发挥党委领导作用,依托党委的权威性。

与此形成对照的是《哈尔滨市政府绩效管理条例》和《深圳市政府绩效评估与管理暂行办法》(2013年修订为《深圳市政府绩效管理办法》)。前者属于经哈尔滨市人大常委会通过的地方性法规,其规定绩效管理的对象是"市人民政府所属工作部门以及区、县(市)人民政府及其所属工作部门";后者是市政府颁布的规范性文件,其规定绩效管理的对象为"市政府直属单位和区政府(功能区)"。从《立法法》的角度看,前者是地方性法规,后者由市政府颁发的政府规章,都具有规范性。

(二)注重顶层设计

《暂行办法》明确规定了佛山市绩效管理的价值导向、基本原则和定位,绩效管理的组织体系、技术体系、保障体系以及运行机制,成为佛山市绩效管理的"母法"。特别确定的两项制度机制,为保障佛山市政府绩效管理试点工作的顺利开展奠定了坚实基础:一是党委政府联动机制,保障了绩效管理的权威性,并使管理对象的全覆盖成为可能,在深受"不患寡而患不均"的思想影响下,管理对象全覆盖对处于试点探索阶段的佛山市绩效管理无疑有着积极的影响;二是"三个统一"特色的确立,解决了一直以来对政府绩效管理影响深刻的管理主体、组织考评权和结果运用的问题。其中《暂行办法》第五条特别规定"以绩效管理为平台统筹各类考核评价工作,全市各类考核评价工作原则上均应纳入绩效管理统一组织实施。今后各单位提出新的考核项目须报佛山市绩效管理试点工作领导小组批准后方可实施,避免多头考评、重复考评。"这对于解决各类考评"爆炸",政府部门权力"膨胀"等问题,具有非常重要的意义。

二、佛山市绩效管理暂行办法实施细则

《实施细则》是对《暂行办法》原则性规定的分解细化,进一步明确佛山市绩效管理的内容、方法、程序以及操作方法等。《实施细则》分为五个部分:第一,明确了绩效管理的对象,对《暂行办法》所确定的"分类管理"原则进行了具体落实;第二,明确了绩效管理的主要内容及指标体系设置,分别就各辖区及市级各单位的管理内容(主要是对绩效考评的一级指标的内涵)进行了解读,一级指标作为评价维度和工作目标,引导各类管理单位的作为;第三,明确了绩效管理的主要流程,对绩效申报、绩效监测、绩效考评、绩效提升等环节进行了说明,提出了相关时间节点的安排,并就绩效目标申报、目标审核、目

标下达与公布、目标实施与过程监控、单位自评、绩效评价、结果运用和绩效改进与提高等关键环节的具体内容进行了说明；第四，详细介绍绩效管理的办法，包括专家评审、社会评价、机关评价、指标评价、过程评价和察访核验等方法，是对全过程、全方位的绩效管理和客观评价与主观评价相结合原则的深入解释说明。最后，对绩效考评的评分方法、等次确定及结果运用等关键内容作了详细解读，使考评结果得以付诸应用，是对标杆管理与目标管理的结合原则的具体落实。

总的来说，《实施细则》是对《暂行办法》具有较强可操作性的辅助性规定，也是《暂行办法》得以实施和落地的重要保障。《实施细则》既有对佛山市绩效管理所追求的价值的进一步解读，又在技术层面上进行了细化和补充，使得管理主体、管理对象以及社会公众对绩效管理有更清晰明确的认识，当然，也是实施绩效管理的操作指南，在佛山市绩效管理制度体系中具有非常重要的作用。

第四节　佛山市绩效管理运行机制

徒"法"不足以自行。运行机制是政府绩效管理制度得以实施落地的关键因素。其中重要是建立起良好的领导机制、协调机制、激励机制、申诉救济机制和外部保障机制。

一、构建强有力的领导和协调机制

绩效管理是针对原有考评方式的一次彻底变革，原有考评格局背后涉及纵横交织的权力和利益关系，绩效管理试图突破原有的利益格局。就当前的实践情况看，强有力的领导机制是保证政府绩效管理有效开展的前提和基础①。佛山市作为广东省试点城市，一开始即构建了健全的领导机制，成立了佛山市绩效管理试点工作领导小组（简称：市绩效领导小组），组长由市长挂帅，成为"一把手工程"，市委副书记、市纪委书记、市委组织部部长、常务副市长、分管监察工作的副市长任副组长，成员单位包括市纪委监察局等15个部门。市绩效领导小组是佛山市绩效管理试点工作和佛山市绩效管理的领导机构，根据《佛山市绩效管理暂行办法》规定，市绩效领导小组"负责统筹规划、统一部署全市绩效管理工作"，拥有绩效管理的管理权（包括考评权）。市绩效领导小组下设办公室（简称：市绩效办）。市绩效办原设在市纪委监察局，2014年后，市绩效办改为设在机构编制委员会办公室（简称：编制办或市编办）。市绩效办在市绩效领导小组的领导下，具体组织绩效管理日常工作和绩效考评工作，也就是说市绩效办具有绩效管理的组织权②。

---

　　①　国内政治结构部门分割管理，部门间分工较细，每个部门的权力和资源有限，如遇涉及面广的事务，必须多部门统筹协调，所以具有协调议事功能的领导机制不可或缺。各地的实践经验也表明，要成功推进绩效管理工作并取得成效，必须实施"一把手工程"，加强组织领导，构建权威的、高效的领导机制．

　　②　《佛山市绩效管理暂行办法》规定市绩效办"是开展绩效管理工作的专门机构，承担全市绩效管理的日常工作。市绩效领导小组成员单位按照职责分工落实具体工作任务"．

政府绩效管理及其考评涉及主体和对象,以及内部关系和外部关系,对这些关系进行协调是管理及其考评运行顺畅的条件,包括多元主体间的协调、主体与被考评对象间的协调、被考评对象内部(政府及其组成部门内部)间的协调、被考评对象与社会外部的协调等等。良好的协调会产生"1+1>2"的效果,如何彼此间的协调不顺畅、不和谐,则有可能是"1+1<2",甚至为零或小于零的效果。领导小组从性质上来说是临时性的协调议事机构,具有协调的功能:从纵向上看,协调上级部门及下级机构的关系,保障现行的行政管理体制中自上而下的制度贯穿性、工作协调性;从横向上看,协调本级各个部门之间的利益关系,明确各个部门的分工和责任,保障相互之间的协调配合。绩效管理试点工作领导小组的成立打破了原有条块分割的部门框架,有利于统筹资源配置,协调纵向各级政府间、横向各个部门间的权责与利益关系,以推进佛山市绩效管理改革①。

二、充分发挥绩效管理的激励功能

激励是动力,从另一个角度而言也是约束。一方面是绩效考评的结果对管理对象的激励和约束,主要体现在绩效考评结果运用方面。《暂行办法》规定:"绩效考评结果作为党委、政府决策、财政预算编制、干部选拔任用、机构编制调整以及奖励问责等的参考依据",《实施细则》进一步明确绩效考核结果与年终奖金挂钩,即实行"精神奖励与物质奖励相结合"的激励约束机制。在政绩与物质双重激励约束下,佛山市绩效管理制度的作用得以有效发挥。另一方面,与考评结果无关,而与实施绩效管理及其考评工作相关的部门和参与相关环节工作的人员(如参与考评的普通社会公众)有关,也就是说要对具体负责该项工作部门及其工作人员有一定的激励措施,奖优罚劣治庸。

三、建立绩效管理申诉救济机制

法谚有言"无救济即无权利",在政府绩效管理中也同样适用。服务于法治政府建设的政府绩效评价对申诉救济机制应当发挥的作用提出了更高的要求。管理主体与对象是相"对立"的,主体对对象的管理、考评是对管理对象的监督和约束。若无良好的申诉救济机制,势必会导致管理主体对管理对象权利的侵犯或应有的权利无法实现。为此,佛山市绩效管理构建了申诉救济机制。《暂行办法》规定:"各区和市各有关单位对考评意见有异议的,须在3个工作日内提出书面申诉,市绩效办核实后,报市绩效领导小组审定。"也就是说考评对象可以通过申诉渠道,使自身的权利得到救济保障,又可以反作用于管理主体,对管理主体的权力得到约束。因而申诉救济机制具有纠错和监督的双重作用。在佛山市绩效管理实践中,这一机制有力促进了试点工作的推进。

四、确保绩效管理外部保障实现

良好的制度和机制本身是政府绩效管理目标得以实现的保证,此外还需要足够的外

---

① 张子兴,曹小华,贾伟.佛山绩效管理——模式与实务[M].新华出版社,2014:141.

部条件予以支持才能够使制度运转顺畅。为保障良好的绩效文化氛围,树立良好的绩效意识与正确的绩效观念,佛山市组织开展了多次各级各部门领导动员会和全市性的动员大会,并多次邀请全国绩效管理方面的著名专家学者为各区、市直单位主要领导作专题报告、介绍绩效管理前沿的理论与经验,在佛山召开全国绩效管理年会等,努力营造支持绩效管理工作的良好氛围。此外,佛山市自试点工作之初便积极筹划开发绩效管理信息系统,借助现代信息技术和网络技术实现绩效管理工作的信息化,以绩效管理信息系统为平台逐步搭建起完善的信息交流和沟通机制,满足绩效管理工作对信息流通的需求,越来越多的工作逐渐实现了以技术手段代替人工,极大程度地提高了绩效管理工作的效率与准确性[①]。

第五节　佛山市绩效管理制度化评析

制度建设是佛山市绩效管理取得成效的保障。在制度化建设方面,各类制度机制比较完善,特色鲜明,其中"绩效申报"和"绩效监测"两个环节中所形成的制度机制独具特色。但不可否认,当前佛山市绩效管理及其制度化也存在一定的问题。

一、制度化的两个特色

(一)绩效申报——"蓝、红皮书"申报制度

《暂行办法》和《实施细则》对绩效申报进行了详细的规定。要求各单位每年年初自行制定绩效目标责任书,细化本单位的年度工作目标及实施计划,经审核后实施;年终报送年度绩效自评报告,对各项工作完成情况进行分析和总结,开展自查自评。因两份材料须分别用蓝色封皮和红色封皮装订,故被大家称为蓝皮书、红皮书。蓝皮书的内容包括职能介绍、衡量职能实现的量化指标、年度绩效目标汇总、实现绩效目标的主要困难及拟采取的措施、上级党委政府及其他部门部署的工作任务、年度拟解决的社会热点难点问题及工作目标、年度拟开展的改革创新工作及目标。红皮书的内容包括绩效目标实现情况、改革创新成效、年度主要绩效、存在问题、改进措施等。"蓝皮书、红皮书"制度与绩效导向的目标管理相适应。既具有绩效管理的价值导向,又具有目标管理的工具理性,使得各单位年初制定的年度绩效目标责任书(蓝皮书)不能只凭借部门的喜好或拈轻怕重,避免年终递交的年度绩效自评报告(红皮书)"王婆卖瓜自卖自夸"。自佛山市绩效管理试点以来,管理对象每年递交"蓝皮书"与"红皮书",接受询问答辩,如同一次"大考",从而达到了"以评促建"、"以评促管"的效果。

(二)绩效监测——"动态监测和反馈"机制

绩效监测旨在检查发现被管理对象实施绩效目标过程中存在的各种问题,监督管理

① 张子兴,曹小华,贾伟.佛山绩效管理——模式与实务[M].新华出版社,2014:85-86.

对象按要求实施绩效计划完成绩效目标。佛山市对被管理对象的绩效目标进度完成情况进行动态监测和反馈,为此,制定了相关制度对绩效监测作较为具体的规定:《暂行办法》规定被管理对象要"及时报送阶段目标完成情况的数据,并加强节点控制,保证各阶段的绩效目标如期完成";市绩效办要加强监督检查,"加强对各区和市各有关单位绩效目标进度的监控,及时督促改进存在问题"。《实施细则》更详细地规定了关于绩效监测的程序,包括数据报送、督促检查、部门自查和监测通报四个环节。为规范绩效材料和数据的报送,出台了《佛山市绩效管理数据和材料报送管理办法》对被考评单位、数源单位的数据、材料报送工作做了具体详细的规定,并制定了数据报送评价标准,把数据、材料报送工作列入绩效考评。为加强绩效管理过程的监督管理工作,出台了《佛山市绩效管理督促查验实施办法》,对督促查验组织主体、督促查验流程及督促查验内容与形式等做了详细规定,并将督促查验中发现的问题,与年度绩效考评分数挂钩。

二、制度化存在的问题

(一)绩效管理与目标管理并存的矛盾

从现实出发,《暂行办法》明确将佛山市绩效管理定位为"绩效导向下的目标管理",以绩效管理统筹体制内的各项考核,整合体制内原有的五花八门、繁杂低效的各项考评,降低重复考核的成本,减轻基层部门负担。实践数年来,确实达到了预期效果。但绩效管理与目标管理并存,有着现实矛盾冲突:一是过程控制与结果导向的矛盾,二是"以考代管"的矛盾。这些制度性矛盾在具体实践中已凸显出来。佛山的绩效管理指标体系实行动态调整机制,根据每年的实际情况,适当调整评价指标及其权重。因而每年制定具体方案时,各个部门都争取设立相应的指标、调整部分指标的权重等。这样的调整使得每年的指引会有所差异,导致每年各考评对象的工作都会随指标体系的变化而发生变动,让考评对象无所适从。事实上这样的问题并不仅仅存在于佛山,国内其他一些地区也有不同程度的体现,如深圳市的绩效管理中除了存在上述矛盾外,还存在党委部门、履行公共职能的群团组织不列入考评的情况使得各部门、组织都有工作,却有些被考评有些不被考评,因而显现不公平之处。

(二)绩效目标与政府履职现实的矛盾

绩效管理通过对政府履职情况的系统管理来提升政府的工作业绩和社会效能,关注的是政府应该做什么、做得怎么样及如何改进的问题。佛山市绩效管理正是在这一目标驱动下组织实施并加以制度化的。

从绩效管理的实际操作来看,还存在部门之间职能交叉、权责不清,多临时性工作部署,工作目标不易量化,价值多元化等问题。首先,政府部门职能交叉。于是对于那些容易做出成绩的工作,各有关部门在申报绩效目标时必然是竞相争夺,而对于那些解决起来难度较大的"烫手山芋",或是一些持续性、长效性的工作,各部门则常常避而不谈、互相推诿。其次,绩效目标动态调整。考评对象的绩效目标多是在年初申报,无论是一级政府还是某个部门,年度职能工作都会存在变动。实行动态调整机制,根据每年的实际情况,适当调整评价指标及其权重。因而存在每年的指引会有所差异,导致每年各考评对象的工作都会因指标体系的变化而发生变动。再次,绩效目标难以量化。绩效考评为了凸显公平公正应当以定量为主、定性为辅。但是,政府部门类型众多,工作内容存在较大差异,许多政府部门的工作显而易见没有办法量化,全部采用定性指标也难免有失偏颇。最后,价值多元且存在内在冲突。政府管理的重要职责之一是对社会价值进行权威性分配,政府工作的最终目标是实现公共利益的最优化①,但多元的社会利益和价值使得政府必须在相互冲突的利益和价值之间做出平衡和抉择,因此,如何将政府多元化的绩效目标进行加权平衡是绩效管理面临的难题之一。

(三)公众参与与信息公开程度不足的矛盾

本质上,绩效管理并不单纯是一种管理工具,体现了现代民主的价值理性。政府绩效管理内置了公众满意度导向,是公众表达利益主张和参与地方政府管理的重要途径。公众参与是重塑政府的重要推动力,也是政府改革的重要目标。在地方政府绩效管理制度化建设中,各地都十分重视社会公众的参与,但仅限于表面化的制度设计,在实践中并未根本性深入,表现为:一是普通社会公众参与度低。实践中,公众满意度调查的对象一般是"两代表一委员"等具有一定政治身份的"社会公众代表",而且公众满意度所占总分的比例一般较低,为20%左右。二是政府信息公开程度不足阻碍公众参与。公众参与的质量与政府信息公开紧密相连,从现实看,我国各级政府信息化及开放化程度仍然较低,导致了公众与政府掌握信息的严重不对称,给政府绩效管理带来沟通和交流的障碍。即使由第三方参与绩效评价,这种不对称关系也是很明显。三是绩效考评结果不公开或不完全公开降低了公众参与的积极性。从历年考评结果来看,往往只是笼统地公布各单位考评的等次,但对涉及绩效目标达成和绩效评价结果及运用等公众重点关注的信息则公开力度不足。佛山和深圳的相关制度规定关于绩效目标、绩效考评结果等等,都只是规定经审核批准后"在一定范围内公布",也就是说绝大部分社会公众是无法看到的。

(四)指标统一与灵活调整的矛盾

"指标体系决定评价的科学性"②。政府绩效评价指标体系的构建面临三个难题:一是统一性和差异性矛盾。政府绩效评价本质上是比较性评价,采用相同的评价指标体系方能保障评价结果的可比性,但基于客观原因,或者说被评价政府不可作为的因素,即使是同级政府所在区域,社会经济及行政文化等亦迥然不同③,造成评价对象的明显差异,而不同政府部门间职能也不同,这一矛盾成为影响政府绩效评价指标体系科学性、公正

---

① 周义程.政府绩效评估的勃兴:制约因素及其排解措施[J].福州党校学报,2016,2004,8:32-35.
② 郑方辉,邱佛梅.法治政府绩效评价:目标定位与指标体系[J].政治学研究,2016,2.
③ 郑方辉,廖鹏洲.政府绩效管理:目标、定位与顶层设计[J].中国行政管理,2013,05:15-20.

性的关键。二是部分指标不易量化。政府部门的产品或服务通常是一些"非商品性"的产出,它们进入市场的交易体系后很难形成一个反映其生产成本的货币价格,从而造成对其进行准确测量的技术上的难度①。三是指标和指标权重设置的随意性较强。权重代表指标的相对重要性,表明一定时间内所关注问题的优先顺序②。虽在技术上采用德尔菲法(专家意见法)和层次分析法(AHP法)相结合的方法,但这种方法操作起来较为复杂,专家意见终究也是主观判断,许多地方评价指标的权重确定并没有严格按照此方法操作。此外,指标增量得分与存量得分的权重的确定同样存在疑问。

总体来说,上述现象的存在,与多种因素息息相关,但最根本的原因是我国尚无统一、权威的政府绩效管理立法,也就是说政府绩效管理尚未实现法律化。一方面,法律法规的缺失,导致地方政府的权力在地方政府绩效管理中难以受到足够的约束,因而才有各种以绩效管理为名的过程监控、以评代管的目标分解和责任推卸,使得部门利益指标化、指标和指标权重设置的随意化等现象的产生。没有统一的法律法规的规制,地方政府绩效管理容易逐渐偏离其根本价值,沦落为单纯的地方政府领导管理下级政府部门、干部的工具,甚至是彰显政绩与摆弄权术的工具,有悖于依法行政、建设法治政府的目标。另一方面,法律法规的缺失,导致被考评对象的权利得不到合理保障、社会公众监督政府的权利得不到应有保护,使得被考评对象的权利屈从于行政权力,社会公众监督政府的权利成为空中楼阁。尽管地方政府绩效管理制度化已取得显著成效,但进一步深化地方政府绩效管理,建设绩效推进型法治政府,使地方政府绩效管理从制度化走向法律化,依旧非常有必要。

三、从制度化走向法律化

通过政府绩效管理立法,依靠法律的力量来规范政府绩效管理及其考评,做到依法管理、依法考评,为政府绩效管理提供法律保障,把政府公共管理活动与对法律负责、对行为结果负责统一起来③,将政府绩效管理上升至法律层面,以法律法规的形式对政府绩效管理的原则、制度和办法等方面进行规范,以完善的法律体系保障政府绩效管理的有效实施,有助于推进政府绩效管理的科学化与规范化④。

(一)政府绩效管理制度化是法律化的起点

政府绩效管理的内在要求决定了我国的政府绩效管理法律化应源于制度化的探索实践。首先,制度化将人们所普遍遵守的准则加以固定化,形成政府及其公务人员行为所必须遵循的规则,探索在制度强制下所具有的效果。这是在我国处于转型时期,推进法治政府建设的大背景下的一种制度实践,即在原来没有的基础上,先行探索相关的制度供给,检验这一外来管理价值和技术工具的有效性。其次,与法律相比较,制度既具有

---

①　周义程.政府绩效评估的勃兴:制约因素及其排解措施[J].福州党校学报,2004,8:32－35.
②　马君,黄强.商业银行分支机构绩效评价系统的设计与实证分析[J].金融论坛,2006,8:7－13.
③　范柏乃,段忠贤.政府绩效评估[M].北京:中国人民大学出版社,2012:328.
④　陈巍.国外政府绩效管理法制化的经验及启示[J].湖南社会科学,2015,05:104－107.

与法律相一致的规范性和在一定范围内的强制性，又具有一定的灵活性，可以在实践过程中对不合理的、不适宜的规定及时予以调整，使相关技术及内容规范更加科学合理。从各地政府绩效管理制度化实践看，政府绩效管理由无到有，由自发转向规范，就是制度不断调整适应的过程，也是人们不断适应制度以规范自我行为的过程。使得政府绩效管理逐步走向成熟，成为政府行为的价值导向和政府管理的理性工具。再次，从后行性立法的视角，这些都是为政府绩效管理法律化在进行必要的实践探索，形成共识，为最终的立法及法律化做前期的准备。因此，制度化的实践成了法律化的起点。

（二）法律化是制度化的应然逻辑

把比较成熟的政府绩效管理制度予以法律化，有其应然逻辑。一方面，各地开展的政府绩效管理，最早源于政府的自觉行为，历经实践取得一定成效后为上级政府直至中央政府所认可和积极推行，但中央层面至今没有统一的制度规定，因而仍属于地方自主行为，各地实践存在很大的差异性。这种自觉自主行为，往往以"红头文件"的形式推行，而红头文件的层级效力不高，权威性弱，质量难以保证，效果不容乐观，又往往因为"一把手"的喜好或变动而有所变化。这就决定了绩效管理走向法律化的必然趋势。另一方面，法律化必须遵守严格的程序，获得普遍的认同，因而更具稳定性和强制性，使已经比较成熟的政府绩效管理的成果得以更加巩固和推行。作为约束政府行为的一项制度，立法亦是法治政府建设希望达到的效果。同时，法律是外向的，面向全体人民群众，通过法律的约束，使得政府绩效管理不再囿于内部的自我监督，也更符合政府绩效管理的本质内涵。政府绩效管理的深入发展，需要法律赋予制度更高权威、更普遍的效力。所以说，从制度化走向法律化，这是二者内在逻辑决定的。

（三）法治政府建设不断推动地方政府绩效管理法律化

加快地方政府绩效管理制度化建设进而实现法律化，是推进法治政府建设的趋势使然。具体而言，政府绩效管理法律化，首先要从法律层面保证其与法治政府建设同向而行，要明确绩效管理的法律地位，提高政府绩效管理的权威，从而有助于减少政府绩效管理工作的阻力。进一步说，政府绩效管理与法治政府建设有着内在的目标一致性，即约束政府行为使之为社会公众提供更优质的公共产品和服务。其次，依法实施政府绩效管理及其考评，有助于形成良好法治氛围。绩效管理法律化建设有赖于中央和地方政府的共同努力。从佛山市来看，应当尽早制定专门的绩效管理地方性法规，通过地方立法巩固已有成果，使之走上规范化、科学化和常态化的轨道，避免绩效管理流于形式、人走政息。而这一切其实都是法治政府建设的应有之意。再者，从立法基础来看，政府绩效管理法律化亦有立法条件①。因此，确有必要通过立法的形式将政府绩效管理制度化上升到法律化的高度，通过法律来促进政府绩效管理的规范化、科学化、常态化。

---

① 《立法法》第七十三条规定属于地方性事务需要的事项可以制定地方性法规："省、自治区、直辖市和设区的市、自治州根据本地方的具体情况和实际需要，可以先制定地方性法规"。

第四章　地方政府绩效管理制度化与法律化的基础:关联主体

政府绩效管理与评价作为民主导向的价值工具,同时也是监督政府的机制,管理及评价的主体、对象涉及(党委)政府、社会组织与公众等。构建以正确政绩观为导向的政府绩效管理模式,必须清晰界定参与主体的权力及义务①。不同类型的关联主体由于权利与义务存在差异导致参与的动机、途径和方式、发挥的作用等方面大不相同。地方政府绩效管理法律化即是将参与主体的权责关系规范化。地方政府绩效管理的关联主体及内部的权利、权力关系无论对现有的制度、规章还是对未来出台的法规、法律而言,都是这些法律文件直接作用的对象,所以这些与关联主体相关的问题是地方政府绩效管理制度化与法律化的基础问题。

第一节　地方政府绩效管理制度化与法律化中的关联主体

一、关联主体的不断完善催生了对法律化的需求

法律化是地方政府绩效管理发展过程中的必然阶段。从关联主体的角度来看,地方政府绩效管理的发展历程与地方政府绩效管理的主体和对象日益完善与成熟的过程大致相同,并且地方政府绩效管理向法律化的方向发展,同时也是关联主体不断成熟带来的需求。本书的第二章介绍了我国地方政府绩效管理的发展历程,从中可以看出,地方政府绩效管理发展始终离不开关联主体的发展,而关联主体的不断完善亦对法律与制度体系的构建提出了新的需求。

1949年至1977年,是我国的法治政府建设及党政组织考评法规体系的初创阶段。这个时期我国很少有针对党政组织的考评工作,管理及考评主体、客体局限于仅能维持正常运转、各方面都不够健全的行政机关(即单位),考评对象基本局限于干部,法律依据局限于1954年的宪法以及中共中央组织部颁布的《关于干部鉴定工作的规定》等少数的法律、法规与规章。在这段时期,考评主体与对象单一,法律与制度上的依据比较匮乏。

1978年至1988年,改革开放初期,考评的形式开始多样化。这段时期,我国的考评主体仍以行政机关为主,但对象发生了较大变化。随着政府职能开始转变,政府机构迎来新中国成立以来的首轮改革,考评对象已经不再只局限于个人。"目标责任制"的兴起

---

① 鲍静,解亚红.政府绩效管理理论与实践[M].北京:社会科学文献出版社,2012:19.

使政府管理显现出目标管理的特征,中央出台了《关于逐步推进机关工作岗位责任制的通知》等法律性文件与规范性文件。

1989年至1999年,行政管理的方式在目标管理的基础上,出现绩效管理的某些特征,由此进一步丰富了考评工作主体与对象,地方党政组织考评实践开始呈现多样化。在主体方面引入社会公众参与;在对象方面,组织考评与干部考评适当分离,地方政府目标管理基本成型。青岛、河北、福建等地在这段时期出台了一些法律性文件与规范性文件,可以说是我国地方政府绩效管理地方立法探索的萌芽,同时也体现出由于关联主体的进一步多样化,地方政府管理出现了新的需求。

2000年至今,地方政府绩效管理不断探索。管理模式的变革必然带来关联主体的进一步成熟与完善。在管理主体方面,社会公众参与地方政府绩效管理得到了越发重视,逐渐常态化,社会公众成为地方政府绩效管理不可或缺的参与主体。在管理对象方面,以佛山市为代表的一些地区体现出了"内部与外部双重多样化"的表现①。关联主体日益多样化、成熟化同样推动了地方立法工作的发展,特别是针对社会公众参与,越来越多的地区都出台了相应的法律性文件与规范性文件,将社会公众确立为地方政府绩效管理的相关主体之一。

二、法律化是对关联主体的权益保障

我国地方政府绩效管理已出台的法律性文件与规范性文件,事实上已经对地方政府绩效管理提供了一定保障,主体多元化在许多地区已得到制度上的确认。法律化在某种程度上可视为制度化的"升级",因此法律化的实现必然能够为地方政府绩效管理关联主体的不断完善提供必要的制度与法律保障。一个组织良好的社会就是制度安排的结果②。地方政府绩效管理的不断发展,制度化与法律化是必然的途径,立法保障是地方政府绩效管理各项工作开展的前提与基础,国内外研究绩效管理的学者们对此已有共识。

在一些政府绩效管理法律化程度较高的国家,主体多元化都能得到立法上的确认。美国通过地方立法保障政府绩效管理参与主体多元化。美国不仅已经出台了中央层面的立法《政府绩效与结果法案》,也同样有高质量的地方立法,许多情况下联邦政府并不干涉各州政府在事务上的独立性与自主性,各州政府基本上都是在各自颁布的法律法规框架之内开展具体的地方政府绩效管理工作③,从而在地方层面赋予了各州充分的自主权,保障了多元主体特别是外部主体参与地方政府绩效管理;政府绩效管理主体多元化因为在各州都得到了实现,因此在国家层面,绩效管理主体多元化的难题也得以迎刃而

---

① 一方面,佛山市绩效管理涵盖了党、政、群各部门及所辖五区,实现了绩效管理的"全覆盖";另一方面,佛山市对管理对象进一步分类,并对指标体系按照类别加以区分,最大限度地客观反映考评对象的绩效状况。此部分内容会在本章后文详述。

② [美]约翰·罗尔斯.正义论[M].何怀宏,何包钢,廖申白译.北京:中国社会科学出版社,1988:8-9.

③ 马佳铮,包国宪.美国地方政府绩效评价实践进展评述[J].理论与改革,155-160.

解。除美国之外,英国、法国、日本、加拿大、荷兰等国家关于多元主体参与政府绩效管理与评价都出台了位阶不等的法律、法规。

目前我国已出台的关于地方政府绩效管理工作的法规、规章、官方文件中,对关联主体多样化(特别是社会公众和第三方评价机构参与地方政府绩效管理)都做出了明文规定,也能够体现出地方政府绩效管理由制度化向法律化发展的过程中对主体多样化的重视,并为之提供必要的保障。典型的如《哈尔滨市政府绩效管理条例》第二十九条规定:"绩效管理机构、政府及部门可以委托高等院校、科研机构、社会中介组织等第三方对政府及部门开展绩效评估;高等院校、科研机构或者社会中介组织等也可以在未受委托的情况下,独立开展对政府及部门的绩效评估。"《北京市市级国家行政机关绩效管理暂行办法》第十八条第五款"公众评价"规定:"由市政府绩效办负责委托调查机构通过对居民、企事业单位等进行调查,测评公众对市级国家行政机关工作的感知和满意度情况。"《江苏省人民政府部门绩效管理办法》将公众参与作为绩效管理工作的一项原则,并对外部评估主体做出了专门的规定。《杭州市绩效管理条例》对公众参与绩效管理规划的拟定及绩效评价工作做出了专门的规定。《佛山市绩效管理暂行办法》相比于其他地区的立法,除了规定可以引入第三方机构、社会公众等外部主体参与绩效管理之外,同时扩大了绩效管理对象的范围,并提出绩效管理实行分类管理。可以看出,为地方政府绩效管理的关联主体多样化提供必要的法律保障,已经成为地方政府绩效管理法律化需要考虑的一项十分重要的问题。

第二节　地方政府绩效管理及评价主体

一般来说,地方政府绩效管理的主体可以分为内部主体与外部主体,具体包括党委政府、私人机构、专业研究机构、其他公共部门、志愿者以及公民等。实践中,可以有不同的管理与评价主体,不同主体往往会有不同的结论,因此,为了确保地方政府绩效管理的公正性、科学性,以及得到客观、真实的评价结果,在考评工作的实践中必须将明确管理主体视为重要的一环[①]。

一、党委和权力机关

在我国地方政府绩效管理中,党委和权力机关属于较为特殊的管理主体,一方面,这两类评价主体不能简单用"内部主体"或"外部主体"进行区分,另一方面,党委和权力机关与政府的关系又十分密切,政府部门的工作人员绝大部分都是共产党员,也有相当一部分的政府部门工作人员担任着人大代表的角色。党委以及权力机关与行政机关的这

---

① 郑方辉,张文方,李文彬.中国地方政府整体绩效评价:理论方法与"广东试验"[M].北京:中国经济出版社,2008:62.

种特殊的关系决定了二者在地方政府绩效管理中较为特别的地位。在我国政府的层级设置中，各级地方行政机关既要服从上级行政机关的领导，同时也要接受同级或上级党委与人民代表大会的领导与监督。对于党委与权力机关而言，对同级的地方政府实施绩效管理，是党领导人民依法治国、建设法治政府的一项具体工作，同时也是党委与权力机关对同级的地方政府履行监督职责的有效方式与有力体现。

党委对政府工作进行绩效评价，既是赋予执政党的权利，同时也是执政党属性要求的义务。权力机关，也称为民意机关，是人民意志的代表。我国的权力机关是全国人民代表大会和地方各级人民代表大会，对政府具有行使监督制约的权力。权力机关参与政府绩效管理的方式是对政府履行自身职责的情况进行评价。

二、行政机关

行政机关被认为是地方政府绩效管理中最重要的角色，是地方政府绩效管理工作任何环节都无法回避的角色。由于我国地方政府绩效管理工作的实质是绩效导向下的目标管理，体制内评价仍居于主导地位，因此行政机关自身作为地方政府绩效管理的主体的角色无法被取代。体制内评价，也可以视为是行政机关的内部评价。体制内评价有多种类型，综合学者们对体制内评价的具体分类，大致可以分为一般评价、同级评价、自我评价、主管评价与专门评价等。

（一）一般评价

一般评价被称为纵向评价或双向评价，是政府绩效评价在实践中最主要、最常用、最直接、最易于被接受的评价方式。一般评价指的是依法享有一般行政权限的各级行政机关按照上下层级的隶属关系，以及对本级政府所属职能部门的绩效自上而下或自下而上进行的评价工作，从政府层级设置与正常运行的角度来看，存在隶属关系的上下级行政机关都应当进行这样的双向评价。

上级评价，即自上而下的评价方式，是目前世界各国主流的政府考评模式。从我国地方政府绩效管理的发展历程来看，自20世纪80年代"目标责任制"兴起，上级评价就成为体制内评价最主要的方式。事实上，上级行政机关在绩效管理工作中作为管理主体具有明显的优势与合理性。首先，我国行政机关的层级式制度，决定行政机关自上而下垂直领导的方式，上级政府组织和主管部门基于对下级的了解，通过对下级进行绩效管理，可以把一些在其他的考评指标中难以精确反映的工作绩效体现出来，有利于提高政府绩效评价的有效性和准确性。其次，地方政府绩效评价作为地方政府绩效管理的核心，可以为上级政府组织、主管部门或领导提供一种引导、激励和监督下级行为与绩效的重要手段，从而有利于帮助下级促进和推动工作计划的有效实施以及绩效目标的顺利实现[①]。

---

① 方振邦，葛蕾蕾.政府绩效管理[M].北京：中国人民大学出版社，2012：132.

　　下级评价是一般评价的另一种方式。下级评价通常通过匿名的方式进行,在提高整个组织系统的凝聚力、改善上级的管理方式、形成上下级良好的沟通状态方面,具有一定的优势①。与上级评价下级不同的是,下级行政机关自下而上的评价体现的更多是逆向监督与反馈的作用,并不能对上级设立的工作目标产生影响。尽管在实践中,下级评价所占的比重比较低,也有相当多的地区并未将下级评价视为绩效管理的固定环节,但并不影响下级行政机关能够成为地方政府绩效管理的主体,作为正常发挥行政机关职能以及监督约束机制的一种方式,下级评价始终是这种双向评价方式不可缺少的一部分。

（二）同级评价

　　同级评价也被称为横向评价,有的地区称之为"机关互评"或"部门互评",指的是相关的政府组织、部门或公务员个体对与其相对应的同一层级的政府组织、部门或公务员个体的绩效情况进行评价的过程。同级评价在实践中多体现为"职能评价"的方式,政府以及各个职能部门根据各自主管的工作,在自己的职权范围内对其他有关部门的绩效进行评价,评价重点通常在于被评价的部门、组织在与评价主体部门相关的业务领域内的绩效表现。在同级评价中,与评价对象同等级的行政机关或部门是评价的主体。同级评价中的评价权是基于同一层级的部门或人员间在工作中形成的工作关系与合作关系产生的,相比于上下级之间的上传下达,同级之间在一些情况下相互的交流与联系要比上下级之间更加密切。因此在目前我国地方政府绩效管理工作中,以"部门互评"等方式为代表的同级评价方式得到了比较广泛的认同。但值得注意的是,在实践中,同级评价往往不会单独进行,而是经常作为纵向评价中的一部分实施,同级评价的主体往往也是作为评价的参与主体而不是执行主体的形式出现的②。

（三）自我评价

　　自我评价指的是行政机关自身作为评价主体,对自身的工作绩效进行评价的方式。行政机关应当如何履行职权,通过行使行政权应当以及期望达到何种效果,行政机关自身比谁都更清楚③。自我评价的优点十分突出,主要包括以下三个方面:第一,行政机关本身作为评价主体,能够直接了解评价目的、评价指标、评价内容与评价标准,与其他各种形式的体制内评价相比,都能够最大限度地简化评价程序与节约评价成本,从而大幅提高评价的效率;第二,行政机关通过自我评价,能够使行政机关及工作人员直接发现工作绩效相较目标的差距,从而形成一种自我教育的机制,通过不断认识不足,使行政机关的工作得到不断的完善与发展;第三,在理想状况下,行政机关自身全程参与评价的各个

①　范柏乃,段忠贤.政府绩效评估[M].北京:中国人民大学出版社,2012:273.
②　郑方辉,张文方,李文彬.中国地方政府整体绩效评价:理论方法与"广东试验"[M].北京:中国经济出版社,2008:64.
③　廖鹏洲,罗骁.地方党政组织考评法制化:现状与对策[J].华南理工大学学报(社会科学版),2015,1:81-86.

环节,自己对自己负责,能够增强行政机关及工作人员的主人翁意识和工作热情,提高行政机关参与绩效评价工作的积极性与主动性——为了得到更好的评价结果而不断完善日常工作,为了客观、真实地反映工作质量而注重评价工作的质量,从而形成良性循环,评价工作与日常工作都能得到很好的开展。

行政机关自身作为主体开展自我评价所具有的上述优势都是其他类型的评价所没有的,因此在地方政府绩效管理工作中,每个部门都十分重视自我评价,并且自我评价的结果也常常会作为纵向评价、横向评价甚至体制外评价的重要参考,其重要性不言而喻。如佛山市通过递交"红皮书"(年度绩效自评报告)的方式开展管理对象的自我评价,"红皮书"也是后续进行的专家评审、机关互评、两代表一委员评审的重要参考材料。然而同优势一样鲜明的是自我评价固有的缺陷,即前文所述的自我评价的优势要在"理想状况下"才能充分发挥。在具体的实践过程中,自我评价在体制内评价中的角色与体制内评价在政府绩效评价中的角色类似,都面临着评价对象"既当运动员,又当裁判员"的角色冲突问题,所谓的"理想状况下"即是指进行自我评价的行政机关能够妥善处理好这样的角色冲突,对本部门的绩效做出客观的评价。然而在现实中,一方面,自我评价的环境是相对封闭的,自我评价缺乏应有的外部监督,这是自我评价的"先天不足";另一方面,行政机关常常会"扬长避短",更加倾向于突出政绩,不愿意轻易主动暴露工作中的不足。这两方面的问题会严重影响到自我评价的专业性、客观性与公正性,评价结果会打折扣。事实上,也正是考虑到了自我评价的这些固有的缺陷,在具体实践中,各地往往采用控制自我评价所占比重的方式,尽可能降低这些缺陷的负面作用,使自我评价更好地发挥介绍部门自身、并为其他评价方式提供有效参考的功能。

(四)主管评价与专门评价

前文提到的三种体制内评价方式是学者们对体制内评价最常用的分类,对于主管评价与专门评价,学者们在分类上的意见略有差别。

主管评价有两种表现形式,一种是国务院各部委和直属机构对地方各级人民政府相应的工作部门、上级地方人民政府工作部门对下级地方人民政府相应的工作部门的绩效所进行的评价。另一种也被称为"行业绩效评价",指的是由政府主管部门对所属的企事业单位的绩效进行的一种行业性与专项性较强的评价。

专门评价也被称为行政机关内部专门评价或专职评价,指的是由政府组织内部专门的政府绩效评价机构开展的绩效评价过程。由审计部门进行的政府绩效审计已经成为以英、美等西方发达国家政府绩效管理工作的重要组成部分。在我国,专门评价主要由政府组织内部的审计部门、监察部门、人力资源部门或效能办来完成。专门评价目前已经成为一种比较常用的、较为成熟的评价方式,虽然评价内容与范围具有局限性,但由于其在反映政府工作绩效重点难点问题上具有很强的针对性,因此得到越来越广泛的重视,并且已经成为现阶段地方政府绩效管理不可缺少的组成部分。

第三节　地方政府绩效管理的客体

作为关联主体的组成部分,相对于管理主体而言,地方政府绩效管理的客体被称为管理对象(评价客体,对象)。通常意义下政府绩效管理的客体主要有一级政府、政府部门以及其他政府关联机构。需要注意的是,由于一级政府包括了国务院,因此一级政府并不等同于地方政府,不能将一级政府视为地方政府绩效管理的客体。

一、地方政府

从国家结构与政府的含义来看,所谓"地方政府"指的是在中央的管辖下,由中央政府设置的管理国家部分地域的政府。地方政府由中央政府依据宪法和法律设置,地方政府的存在方式与权限范围的变化,取决于中央政府。我国的地方政府层级设置因地域不同而存在"两级制"、"三级制"、"四级制"几种不同的体制,但作为地方政府绩效管理对象之一的"地方政府",通常可以概括为省级、地市级、县级、乡镇级政府。

一个地区的地方政府只有一个,政府部门数量很多,但并不妨碍地方政府被视为政府绩效管理的核心对象。原因有二:第一,地方政府绩效管理以"绩效"作为评价导向,指向的是职权及职能的履行,地方行政机关的法定职权及职能都严格契合我国行政机关纵向垂直领导的特征。地方政府的职权与职能履行,一方面体现行政权力的集中性,地方政府应当在法定职责下运用地方权力,实现地方政府的职责与功能,实质是中央政府的职权与职能在所属行政区域的落实与延伸;另一方面,地方政府的职权与职能履行同样可以体现出"分权",直接的表现就是政府部门的存在,由于政府部门要接受同级地方政府领导,独立承担某一方面的政府职能,因此可以视为是地方政府职权与职能实际履行过程中的再一次"分流",这同样可以体现出地方政府相对于政府部门,在地方行政机关中处于相对中心位置。第二,从我国的政治体制的角度来看,地方政府既是地方各级人民代表大会的执行机关,需要接受同级权力机关的领导,同时在政府系统内部,地方政府需要接受上级人民政府以及国务院的垂直领导。这种特性实质上是中央与地方关系在地方行政机关的实际体现。地方政府履行职责直接或间接地包含了法治化的目标,而从法治政府建设的角度而言,地方政府履行职权及职能法治化的实现,正是法治政府整体目标实现的表现之一,因此地方政府的职权和职能的本身就形成了对地方政府绩效评价的指标体系的基础,地方政府作为地方政府绩效管理的核心对象具有必然性和必要性。

二、地方政府部门

地方政府部门是指县级以上各级地方人民政府下设的多种具有独立行使行政职权的部门,包括政府的组成部门、直属特设机构和直属机构等。前文已经提到,地方政府部门需要接受同级地方政府的领导,独立承担某一方面的政府职能,实质是地方政府职权及职能履行的具体化。此外,地方政府部门由于履行职权与职能,也依法承担一定的对外责任。因此在地方政府绩效管理中,地方政府部门由于同样具备了相对独立的权责体系,也理应成为一类独立的管理对象。地方政府部门行使的职权、履行的职能往往更加贴近社会与民生,与社会稳定、经济发展、环境保护等直接相关,且地方政府部门数量较多,因此评价地方政府部门与评价地方政府的重要性不相上下,前者在实践中甚至更容易受到重视。

三、地方政府关联机构

地方政府关联机构主要包括两种情况,一种是派出机关与派出机构,另一种是法律法规授权的组织。根据我国《地方各级人民代表大会和地方各级人民政府组织法》的规定,派出机关指的是由县级以上的地方人民政府经过有关机关批准,在特定的行政区域内设立的、形式相当于一级人民政府管理职权的行政机关,能够以自己的名义行使行政职权、实施行政行为,独立承担行政责任,是独立的行政主体,对设立它的人民政府负责。我国的派出机关分为行政公署、区公所和街道办事处三类,前两类随着社会的发展逐渐被淘汰。派出机构指的是作为某一级人民政府职能工作部门的行政机关根据实际需要、针对某项特定行政事务而设置的工作机构,是国家行政机关依法在一定区域内设立的分支机构或代表机构,有权代表国家行政机关从事某种专门的业务或执行某种特定的任务,其行政职能具有单一性,并与设置其的行政机关相同。

法律法规授权的组织具体指的是通过法律、行政法规的授权而拥有一定政府职能的非国家机关的组织,常见的包括事业单位(如高等院校)、社会团体(如行业协会)、基层群众性自治组织(如居委会与村委会)、技术检验和鉴定机构(如卫生防疫站)等,这些组织的共同特点是:当它们行使法律法规授予的职权时,享有与行政机关相同的行政主体地位,并且独立承担行政责任,而在授权范围之外时就不享有任何行政权力①。

四、佛山市绩效管理对象

前文提到的是目前我国地方政府绩效管理实践中最常见的三类对象。佛山市绩效管理做到了"统一评价的组织体系",在绩效管理的关联主体方面相较于国内其他地区更加多样化。特别在绩效管理对象方面,佛山市绩效管理将市级党、政、群各部门及五区全部纳入评价范围,各区、各部门,将实施范围逐级延伸至内设机构及个人,从而实现绩效管理的全覆盖②。将诸多对象"统一管理,分类考评",并且通过管理对象的多样化助力关联主体的多样化,成了佛山市绩效管理的鲜明特色。

(一)对绩效管理对象的分类

佛山市绩效管理的对象被正式列入《佛山市绩效管理暂行办法》中(单独一章,"范

---

① 郑方辉,冯健鹏.法治政府绩效评价[M].北京:新华出版社,2014:114.
② 曹小华,张兴.立足于"解决问题"的佛山绩效管理[J].中国行政管理,2014,8:53-56.

围与对象"),体现出管理对象在绩效管理中的重要地位。《暂行办法》的相关内容为:第一,绩效管理的范围覆盖各区、市各有关单位以及公共政策、政府投资项目、财政专项资金、市委、市政府重点工作等,市绩效领导小组可根据发展需要调整绩效管理的范围;第二,纳入绩效管理对象的单位包括各区、市各有关单位;第三,绩效管理实行分类管理,根据工作特点的不同分为四类——各区、经济管理类单位、社会管理类单位与综合管理类单位。与《暂行办法》同时发布的《实施细则》在第一部分更加详细地规定了佛山市绩效管理的对象及分类,具体包括:各区(佛山市下辖的5区)、21个经济管理类单位、21个社会管理类单位与25个综合管理类单位。详见表4-2。

表4-2　佛山市《暂行办法》与《实施细则》对绩效管理对象的分类

类别名称	涵盖的政府、部门、单位、组织
区(5个)	禅城区、顺德区、南海区、三水区、高明区
经济管理类 (21个)	市发展改革局、市经济和信息化局、市科技局、市财政局、市国土规划局、市环境保护局、市住建管理局、市交通运输局、市公路局、市水务局、市农业局、市外经贸局、市审计局、市国资委、市统计局、市安全监管局、市旅游局、佛山新城管委会、市供销社、市农林技术管理办公室、市贸促会
社会管理类 (21个)	市委政法委、市社工委、市中级人民法院、市检察院、市教育局、市民族宗教局、市公安局、市民政局、市司法局、市人力资源社会保障局、市社保基金管理局、市文广新局、市卫生局、市人口计生局、市外事侨务局、市体育局、市法制局、市食品药品监管局、市人防办、市行政服务中心、市地震局
综合管理类 (25个)	市纪委(监察局)、市委办、市人大办、市府办、市政协办、市委组织部、市委宣传部、市委统战部、市委政研室、市直机关工委、市委台办、市编办、市委老干部局、市委党校、市委党史研究室、市委市政府接待处、市档案局、市总工会、团市委、市妇联、市工商联、市科协、市侨联、市文联、市残联

(二)佛山市绩效管理的分类考评

佛山市针对不同类别的管理对象,设计了不同的管理内容与指标体系。《实施细则》第二部分规定:对各区绩效管理的内容包括经济建设、城市建设、社会建设、政府建设与社会评价5个一级指标,下设15个二级指标、33个三级指标和若干四级指标,其中一级指标、二级指标、三级指标相对固定。为体现考评的个性化与差异化,三级指标中的"产业结构优化指数"和"政府管理创新综合指数"由各区制定四级指标并报批,其余四级指标由市统一制定,各区填报数据。对市各有关单位绩效管理的内容均包括工作业绩、工作效率、依法办事、行政成本与服务满意度5个一级指标,其中经济管理类与社会管理类单位共用一套指标体系,综合管理类单位单独适用一套指标体系。

(三)佛山市绩效管理关联主体多元化

管理对象的多元化是佛山市绩效管理的一大特色,可以看出,佛山市绩效管理对象除所辖五区的地方政府、政府部门两类传统的地方政府绩效管理对象之外,还包括派出机关（如佛山新城管委会等）、派出机构（如国家统计局佛山调查队）、党的机关（如市委办、市委组织部、宣传部等）、权力机关（如市人大办）、司法机关（如市检察院、法院）、法律法规授权的组织（如市工商联、市文联等），对于一些职能指向性较强、不便完全适用三类指标体系的单位（如市国税局、市地税局、市邮政管理局等），允许适用特殊的方式进行考评。这些管理对象在绩效管理工作中，也基本上都能够参与机关互评，从而实现由管理对象至管理主体的自然转化。从整个佛山市绩效管理工作的角度来看，这样的"全覆盖"通过管理对象的多元化，带动了管理主体的多元化，从而极大程度促进了佛山市绩效管理关联主体的多元化。

第四节　社会公众与组织在地方政府绩效管理中的作用

一、将社会公众纳入地方政府绩效管理主体结构的必要性

地方政府绩效管理将社会公众纳入到主体结构中，从依法治国、依法行政的要求、科学发展观的要求以及公权力来源的角度来说都是必然的。

将社会公众纳入地方政府绩效管理主体的范畴，不仅为了更好地保障地方政府绩效评价的公正性、全面性与科学性，也体现了公共部门绩效管理的核心准则，适应新公共管理运动所倡导的顾客导向的要求，是新公共管理运动的一个基本特征[①]，更是自法治政府的概念及依法行政基本原则提出之后，建立社会主义法治政府、进而建立社会主义法治体系的必然要求。社会公众对地方政府进行绩效评价的过程，就是地方政府与社会公众进行政治沟通和充分交流的过程，社会公众通过行使评价权，可以更加了解政府行政的过程，在客观上增加了社会公众对政府的了解及认同，从而使政府的合法性和公信力得到增强。与此同时，社会公众行使评价权，充分体现了人民当家做主的社会主义民主政治的本质，有利于政府更全面、深入地了解公众的需求，更好地为人民提供高质量的公共服务，并时刻将社会公众的利益作为首要追求，将公众满意作为政府行为的最高标准，不断增加社会公共利益。

二、以社会公众为关联主体的政府绩效管理与评价模式

（一）第三方评价

第三方评价，指的是由与政府没有隶属关系及利益关系的第三方专业评价机构或组织实施的评价政府及其部门绩效的工作。第三方评价并不完全等同于简单的社会组织评价，在实践中，第三方评价更加侧重评价组织的专业性。由于地方政府绩效管理是严谨、复杂、专业性与科学性很强、需要一定资金成本才能完成的工作，因此只有具备这些必要条件的社会组织或单位——如专业的评价机构、高校研究评价机构、专家委员会等

---

① 卓越.公共部门绩效评估的主体建构[J].中国行政管理,2004,5:17-20.

在专业人员构成、理论与技术储备丰富以及有一定经济基础的第三方评价机构才有能力胜任评价工作。与其他类型的政府绩效评价相比较,第三方评价在专业性、独立性、公开性、公正性、客观性等方面具有明显的优势。

(二)专家评价

专家评价是指由政府部门聘请多位专家成立政府绩效评价小组,根据一定的指标体系及评价标准对多个被评价的对象进行绩效评价,然后按照一定方法将每位专家的个人评价意见综合为整体评价,最终根据整体评价的情况得出被评价对象的优先次序的评价方法[①]。专家评价既具备科学的绩效评价技术与方法,同时能够保持中立立场,这是专家评价与第三方评价的共同特点。但另一方面,在专家评价中,各位专家彼此都有自己的评价理念、评价标准与评价方式,彼此相对独立,因此对每位专家得出的评价结果,需要采用一定方法进行整合处理形成统一意见,这是专家评价与第三方评价的根本区别。

(三)大众传媒评价

在国外,大众传媒是政府绩效评价的一类重要的关联主体。大众传媒的主要任务是调查、收集与发布信息,最大限度地满足社会公众获取政府、社会信息的需要。大众传媒是政府部门与社会公众之间的桥梁与纽带,一方面,大众传媒将有关政府绩效的信息传递给社会公众,一定程度上满足社会公众对政府信息的知情权;另一方面,大众传媒可通过多种渠道与方法收集社会公众对政府部门的意见与建议,并将它们反馈给政府。事实上,社会舆论力量对政府能形成有力的监督与约束,并成为社会公众监督政府的主要形式之一。与此同时,大众传媒相较于社会公众,更便于接近政府部门,更容易、更快速地获取有用的信息,从而在地方政府绩效管理中发挥作用。随着信息时代的发展以及大数据时代的到来,大众传媒对于政府行为、政策制定以及项目执行的监督与评价力度越来越大,质量也越来越高,其所提供的信息不仅影响或引导着政府部门的注意力,而且能够在某种程度上决定政府决策的轻重缓急。因此,大众传媒在地方政府绩效管理的作用是其他关联主体无法替代的。

三、以第三方评价推动绩效管理发展

在推进社会主义民主建设的过程中,不能忽略社会公众参与地方政府绩效管理。政府绩效管理不能只通过内部考评一种方式进行,应该由包括第三方评价机构及其他社会公众在内的多元考评主体进行综合考评。当然,社会公众参与考评也有其不足之处,主要体现在公众的能力和知识水平参差不齐,面对知识性、技术性较高的政府绩效管理及其考评,社会公众往往不能做出理性的判断。为此,各地在实践中引入了第三方专业机构参与政府绩效评价。笔者认为,第三方评价有效弥补党政组织内部考评缺陷,既是政

---

① 范柏乃,段忠贤.政府绩效评估[M].北京:中国人民大学出版社,2012:275 – 276.

府管理创新发展的重要方向，又是加强民主社会建设的重大举措，应积极发展第三方评价，推动政府绩效管理发展。

（一）第三方评价在国外的实践

西方发达国家第三方专业评价机构参与政府绩效管理与评价的实践中，最早开展、影响力最大的是美国哈佛大学肯尼迪学院、锡拉丘兹学院的坎贝尔研究所从 20 世纪八九十年代开始对美国政府的行为进行的识别与评价，它曾对全美 50 个州政府多次开展大规模的绩效评价活动，引起社会较大的反响，其评价结果得到了地方政府和民众广泛的认同。国外第三方评价得以蓬勃发展最主要的原因是政府绩效管理法律化的实现，确立了第三方评价组织主体的法律地位。例如，美国政府在 1993 年推出了《政府绩效与结果法案》以及《以绩效为基础的组织典范法》，从法律上明确了第三方专业评价机构的主体地位①。当前第三方评价缺乏政策与法律的支持而面对发展困难，为第三方评价的开展提供国家政策和法律制度保证是不可回避的事实，因此，通过绩效立法确立第三方评价的法律地位势在必行。

（二）第三方评价在国内的发展

我国第三方政府绩效评价起步较晚，但发展迅速。近年来，政府绩效管理中第三方评价的研究与实践的数量和程度均呈不断上升趋势，体现为两种不同的形式：其一，委托第三方评价，以"兰州试验"为代表，指的是政府部门委托第三方评价机构对政府的绩效进行评价，实践中多体现为第三方评价机构受上级政府的委托，对下级政府开展绩效评价，也有政府部门委托第三方评价机构对自身的工作情况开展评价的例子。其二，独立第三方评价，以"广东试验"为代表。独立第三方评价由第三方评价机构自行组织实施、独立操作地评价政府部门的绩效，纯粹从外部视角审视政府工作成效，近年在国内受到广泛重视。虽然目前大多数地方政府仍偏向于选择委托第三方评价的方式，但独立第三方评价方式越发成熟，并已经开始在我国法治政府建设工作中扮演越发重要的角色。

四、社会公众与第三方在佛山市绩效管理中的作用

在佛山市绩效管理工作中，社会公众与第三方专业评价机构都承担了重要的工作，同时也进一步丰富了佛山市绩效管理的关联主体。《暂行办法》第八条规定："绩效管理工作可引入第三方机构，有序组织服务对象、管理相对人、社会公众以及党代表、人大代表、政协委员等人员参与，不断提高绩效管理的科学化和民主化水平。"《实施细则》以及指标体系中，对各区的考评设立了"社会评价"一级指标，对单位考评设立了"社会满意度"二级指标（属于一级指标"服务满意度"），将社会评价规定为绩效管理流程中的固定环节，规定社会评价是"市绩效办牵头组织公众对各区和市各有关单位工作进行满意度评价，可由服务对

---

① 段红梅.我国政府绩效第三方评估的研究[J].河南师范大学学报(哲学社会科学版),2009,6:47-51.

象、市民代表、企业代表、党代表、人大代表和政协委员代表、基层代表评价组成。"在近两年的具体实践中,社会评价基本上与专家评审和部门互评同时进行,时间在每年3月至4月。

佛山市绩效管理采用委托第三方评价的方式,第三方专业评价机构能够有效参与由市绩效领导小组领导的绩效管理组织机构的工作,充分发挥外部主体的重要作用。在每年度的绩效管理工作中,各区的绩效办、市直各单位的绩效科负责收集原始数据,数源单位按照《暂行办法》、《实施细则》以及每年的具体规定汇总数据并上报汇总至市绩效办,市绩效办协同第三方专业评价机构根据数据、依照流程进行绩效评价,评价结果上报至市绩效领导小组之后,提交党政联席会议审议。

第五节　地方政府绩效管理关联主体的权力关系

在地方政府绩效管理工作中,"考核评价权是最直接、有效的行政权,在现行体制下,评价组织权意味着评价主动权。事实上,围绕评价组织权的博弈,争取部门权力最大化已经成为绩效管理的现实矛盾"①。评价组织权是绩效管理工作的核心环节,直接决定了绩效评价是"政出多门",还是"统筹评价",或者是兼而有之。理顺评价组织权体系最重要的目的,是为了解决由"谁来评价"的问题,其实质是解决评价权力如何分配的问题。从世界各国绩效管理实践的情况来看,总体趋势是评价组织权趋向于同一主体实施。只有统一评价组织权,才能进一步统一评价技术体系与结果应用,将目前各类纷繁复杂的考评整合进一套绩效评价体系中②。佛山市注重绩效管理的"顶层设计",以绩效管理统筹各项考评,重新理顺了绩效管理过程中涉及的组织权、评价权、管理权等多重权力关系,由市绩效领导小组统一行使评价组织权,从而建立起权责明确、运转协调、精简高效的考评组织体系,顺应并推动了行政管理体制改革的进程。本质上,佛山市绩效管理是对全市各项考评的组织权、评价权与管理权的优化调整,同时亦很好地协调与保障了绩效管理关联主体的具体权力与权利。

一、地方政府绩效管理关联主体的权力与权利

(一)绩效管理的基本权力——评价权与评价组织权

理论上,任何方式的评价,其本身即代表一种权力,评价权指向的是在地方政府绩效管理工作中评价主体有权评价的问题。对于体制内评价,评价权代表上级政府拥有的对下级政府评价的权力;对于体制外评价,由于公众作为评价主体,评价权即体现出人民与政府的关系,一定程度上伸张了人民评价政府的权力。评价权一般由知情权、监督权、主导权、选择权等具体的权利构成。知情权也被称为"公民知情权",是指公民可以获取政

① 郑方辉,廖鹏洲.政府绩效管理:目标、定位与顶层设计[J].中国行政管理,2013,5:15-20.
② 曹小华,张兴.立足于"解决问题"的佛山绩效管理[J].中国行政管理,2014,8:53-56.

府相关信息而不受公权力妨碍与干涉的权利；监督权是指公民有权对政府行政权力进行监督，既是公民的权利，同时也是公民在法治社会下应尽的义务；主导权是指主导绩效管理及考评工作的权利，除了主导考评流程、考评方式之外，更重要的是强调对利益取向的主导，对体制内评价与体制外评价而言，主导权的归属是不同的，由此所导致的绩效管理利益取向也会不同，前者必将更加侧重政府自身，而后者会更多地考虑到社会公众的需求；选择权的价值理念借鉴于公共选择理论，政府绩效评价相当于公共选择手段，第三方对政府绩效的评价结果是公民对政府意愿的综合反映，同时可以被视为赋予了公众一项选择政府的权力①。

评价组织权指的是组织评价工作的权力。在传统的组织与人事考评中，评价组织权一般由政府（党委）委托具体的职能部门承担，各省、自治区、直辖市依据本地区实情的需要设立管理机构、办事机构的牵头单位（如纪委、组织部等），这些牵头单位实际拥有评价工作的组织权。典型地区的组织情况如表4－3所示。而对于体制外评价，由于评价主体的不同，评价权与评价组织权的关系会发生变化，如委托第三方评价中，评价组织权由委托方承担，第三方仅负责实施具体的评价工作；独立第三方评价中，评价组织权由第三方独立承担。

表4－3 部分地区有关政府绩效评价的组织情况

省市	管理机构、领导机构	评价权	牵头单位、实施单位（评价组织权）
北京	北京市人民政府绩效管理办公室	北京市人民政府	北京市市委组织部、市政府督查室
福建	福建省机关效能建设领导小组	福建省委、省人民政府	福建省委、省政府办公厅
江苏	江苏省绩效管理领导小组	江苏省人民政府	江苏省绩效管理领导小组办公室
四川	四川省人民政府目标绩效管理委员会	四川省人民政府	四川省政府办公厅
广东	广东省考核评价工作领导小组	广东省委	广东省委组织部
吉林	吉林省人民政府绩效评价委员会	吉林省人民政府	吉林省公务员局
湖南	湖南省绩效评价委员会	湖南省人民政府	湖南省政府人事厅
广西	广西壮族自治区绩效考评领导小组	广西壮族自治区区委	广西壮族自治区纪委、党委组织部
哈尔滨	哈尔滨市政府绩效管理和评估工作委员会	哈尔滨市人民政府	哈尔滨市政府绩效管理和评估工作办公室
杭州	杭州市绩效管理委员会	杭州市委、市政府	杭州市绩效管理委员会办公室
深圳	深圳市政府绩效评估与管理委员会	深圳市人民政府	深圳市政府绩效评估与管理委员会办公室
佛山	佛山市绩效管理试点工作领导小组	佛山市委、市人民政府	佛山市绩效管理试点工作领导小组办公室

注：本表根据有关地区绩效管理办法整理。

（二）我国地方政府绩效管理的党委、权力机关与行政机关关系

党委与权力机关参与地方政府绩效管理是我国与西方国家政府绩效管理的一大差异，这是由我国党委、权力机关与行政机关的权力关系决定的。执政党对行政机关行使

---

① 郑方辉,冯健鹏.法治政府绩效评价[M].北京:新华出版社,2014,102－103.

监督的权利是政治学与法学的必然要求。对于任何一个国家来说,一个现代政治社会通常都会由公民、公共权力与政党三个要素构成。政党是沟通公民与公共权力之间相互联系的桥梁,特别是执政党,一方面在收集、整理与表达公民意见的过程中发挥着重要的作用,另一方面,也为政府合理、正确地行使公共权力提供依托,因此也有学者总结为:"政党就是公民控制公共权力之手的延伸"①。地方政府绩效管理作为客观反映政府职能运行状况的有效手段,其管理权(或者说考评权、评价权)本身即带有管理主体考评地方政府的内涵,党委能够"必然"地领导政府,就必然掌握监督政府运行的权力,党委的监督权在绩效管理工作中因此会有比较明显的体现。

权力机关与行政机关之间的关系体现为监督与被监督的关系。在我国体现为"人大监督"。按照我国的宪政体制,全国和地方各级人民代表大会是国家和地方的权力机关,根据民主集中制的原则,人民通过自己代表机关的人大行使立法权、决定权、任免权和监督权,行政、检察、审判机关只是人大的执行机关,这些机关的组成人员由人大决定产生,对人大负责,受人大监督,人大监督是法律监督,有效发挥这种监督作用,是解决人治与法治、实现民主的法制化的关键②。我国的权力机关对行政机关的监督有充分的法律依据,人大监督的权利是宪法赋予的③。

在地方政府绩效管理的过程中,权力机关主要参与是对政府履行自身法定职责情况进行的考评,如全国和地方各级人民代表大会每年对政府工作报告进行审查,这样的工作既是权力机关切实履行自身职责与法定权力的过程,同时也是对行政机关在过去一年内的工作绩效进行考核评价的过程④。权力机关通过一系列对政府工作、人事任免等工作的审查与评价,履行了监督政府行为的职能与权力,并对行政机关的具体行为及时做出评价,从而推进政府更加高效、便民地处理公共事务,体现以人为本、人民监督的具体要求。

二、地方政府绩效管理关联主体的义务

在法律中,权利与义务是不可分离的核心概念。对于地方政府绩效管理的关联主体而言,如果说正确、合理地行使评价权是有效开展地方政府绩效管理的必然前提,那么义务就是对行使评价权的具体约束。地方政府绩效管理关联主体的义务在具体的考评实践中,常以"责任"的方式出现,这种表述方式的变化带来的是关联主体在行使评价权时更加重视义务,从而更加清楚地认识到行使评价权的重要性、重视行使评价权的资格。

我国地方政府绩效管理具有"自发性"、"盲目性"、"随意性"、"单向性"、"消极被动

---

① 王瑜.政党腐败及其治理[J].中国党政干部论坛,2008,3:48 - 50.

② 朱兴博.伦共产党执政条件下权力机关对行政机关的监督[D].东北师范大学,2009,3.

③ 参考自廖盛芳.人大监督的优势[N].中国人大,2004 - 08 - 04.《中华人民共和国宪法》在第三章"国家机构"的第一节"全国人民代表大会"第五十七条至七十八条、第五节"地方各级人民代表大会和地方各级人民政府"第九十五条至第一百○四条,对我国的权力机关做出了具体的规定.

④ 范柏乃,段忠贤.政府绩效评估[M].北京:中国人民大学出版社,2012,269 - 270.

性"和"封闭神秘性"等消极特征①。特别是近年来，国内许多地区的地方政府绩效管理已经逐渐开始呈现出一些体现上述特征的负面倾向。尽管各地在实践中，或多或少都能够意识到这样的问题，并且包括政府部门在内的社会各界也在积极探索解决问题的方式，且收获了一定成效，但仍需预防地方政府绩效管理的价值取向出现偏离，避免地方政府绩效管理再次成为"政绩工程"。这是现阶段我国地方政府绩效管理在总体上面临的一个较棘手的问题，也是一个较艰巨的挑战。出现这种问题的重要原因是政党、权力机关、政府部门、社会公众、第三方、大众传媒等具备地方政府绩效管理主体资格的单位或组织尚未能够就地方政府绩效管理形成普遍的共识，所以也就无法建构建立在相互信任基础之上的、包括上述关联主体在内的稳定有效的地方政府绩效管理体系，进而导致地方政府绩效管理与评价成了政府部门自身的"独角戏"，其他关联主体，特别是外部主体常游离于地方政府绩效管理之外，无法充分行使评价权。即使有第三方专业评价机构等外部主体能够参与地方政府绩效管理工作，评价结果也常常会因为种种原因不能得到政府部门完全的信任，甚至是被驳回或弃用，造成严重的资源浪费，从而导致政府部门与社会公众间的相互信任程度下降，严重影响政府的公信力与执行力。

有学者将这种现象称为我国地方政府绩效管理正逐渐陷入的"责任困境"②。原因在于考评工作的组织者、领导者与管理者未能设计体现出"公正、公开、透明、平等"等价值导向的政府绩效管理系统的框架与体系，对于参与地方政府绩效管理的各类主体，其责任内涵，或者说义务，也未能得到较为明确的界定，无法区分各类主体应当承担的义务与责任。如此，导致了各类主体在开展绩效管理工作时"盲目"行使评价权，缺乏对自身角色的合理定位与认知，缺少畅通有效的制度化参与途径，导致不同类型的主体作用不能充分发挥、发挥适当或者与应承担的义务、责任失衡。

因此，为摆脱这样的"责任困境"，一方面，需要通过更加理性、科学、有序的地方政府绩效管理实践，使关联主体切实明确自身的责任与义务；另一方面，同时也是地方政府绩效管理法律化需要解决的重要问题，在立法中要做到对权利与义务规定的兼顾与平衡，以法律责任的方式强调关联主体的义务，对于未能依法履行义务的关联主体，与未能依法行使权利一样，要承担相应的法律责任。

---

① 周志忍.公共组织绩效评估——英国的实践及对我们的启示[J].新视野,1995,8:38-41.
② 何文盛.政府绩效评估的责任问题研究[D].兰州大学,2010.

第五章　地方政府绩效管理法律化的载体：法律框架与内容

政府绩效管理法律化离不开法律本身的框架与文本内容，换言之，法律框架与内容应当被视为地方政府绩效管理法律化的载体。目前，西方发达国家的政府绩效管理立法已经较为成熟，其法律框架与文本具有较为规范的结构与内容。我国尚无全国性专门立法，地方立法方面，目前仅哈尔滨市与杭州市先后出台了相应的地方性法规，其他地方大多为地方政府规章或规范性文件，如江苏省、北京市、深圳市等。审视这些规定，虽然体例、结构及条款有所不同，但基本上是在原来的政府管理制度的基础上增加某些法律元素。佛山市绩效管理法律化应该有所突破，因为相对于目标管理与考评，政府绩效管理并非简单的技术工具①。

第一节　政府绩效管理的基本法律框架

一、国外政府绩效管理法律框架

美国既是政府绩效管理发源地，也是政府绩效管理立法最早的国家之一。从《政府绩效与结果法案》（GPRA）到《政府绩效与结果修正法案》（GPRAMA），GPRAMA 在内容上较 GPRA 更加详尽、完善，但法律的总体框架呈现稳定性。美国绩效管理的立法框架主要包括立法的动因、目的、主要内容和重要时间节点等②。其中，主要内容由战略规划、绩效规划和年度报告三个部分组成，具体包括绩效目标、绩效计划、相关责任主体、指标体系、绩效评估结果等内容，详见表 5-1。

除美国外，日本、韩国、澳大利亚、新西兰等国家绩效管理立法的主要内容都与绩效管理的程序相关。如日本 2001 年制定了《行政机关政策评价法》（GPEA）③。从法律框架和形式而言，日本的 GPEA 与美国的 GPRAMA 存在较大差别，日本 GPEA 由五章 22 条构成，美国 GPRAMA 则从 GPRA 最初 11 个部分扩充到 15 个部分。但绩效管理法律的主要内容存在众多相同之处。GPEA 第一章规定了绩效评价的目的、评价对象和基本原则，第二章规定了评价方式和措施，第三章规定了开展评价的计划、评价报告等内容，第四章则进一步具体规定了日本总务省（MIC）的政策评价范围、计划和评价报告，第五章规定

---

① 本章的"法律"取广义，包括不同位阶的规范性文件.

② 美国行政管理和预算局（OMB）官网：https://www.whitehouse.gov/omb/mgmt-gpra/gplaw2m.

③ 日本总务省（MIC）官网：http://www.soumu.go.jp/english/index.html.

了评价方法、评价报告和评价信息等方面的内容。

表 5 - 1　日本 GPRA 与美国 GPRAMA 内容比较①

内容	日本 GPRA	美国 GPRAMA
战略规划	期限：战略规划应该覆盖从它应该递交的那一财政年度算起不少于五年的整个时期，而且应该至少每三年更新或修改一次。 内容：大致为对主要职能和工作的陈述；完成该部门工作的总目标；如何完成目标的相关信息及指出其他能够影响该目标完成的相关的影响因素。	期限：自其提交的财政年度起至少向后覆盖四年且至少每三年修订一次（国防部战略规划为每四年修订一次），发布在部门公共网站的时限不超过总统任期的第二个财政年度二月份的第一个星期一。 内容：（左栏的基础上增加）对任务、大致目标和长期目标的完整描述；详细地描述设立的任何一个部门目标是怎样服务于政府的宏观优先目标，并且这些部门目标是怎样与国会和受影响的单位的观点、建议相结合的。
绩效规划	内容：涵盖每一个项目活动的部门预算，每一项计划应当包括部门年度绩效目标和实现战略目标进度的相关措施。 流程：递交至管理与预算办公室，经共同商议，并修改计划以使其与总统的政府预期预算一致，最终递交至国会。 绩效目标：规划中罗列出下一财政年度的绩效目标。 定义：成果衡量、产出衡量、绩效目标、绩效指标、项目方案、绩效评价。	内容（左栏的基础上增加）1）为实现联邦政府每一个优先目标建立的相关绩效目标；2）明确不同的机构、组织、项目活动、行为规范、税收政策等其他政策是有助于实现政府优先目标的；3）确认实现每个政府优先目标的负责部门和主要负责官员；4）建立评估项目进度的绩效指标；5）明确政府和各横向职能部门所面临的挑战和解决挑战的措施。 流程：递交至管理与预算办公室，经共同商议，修改计划以使其与总统的美国政府预期预算一致。最终向国会递交一份完整的预算副本，并公之于众。 绩效目标：规划中罗列出上一财政年度和下一财政年度两年的绩效目标。 术语定义：（左栏的基础上增加）顾客服务评估、效率评估、座右铭。
绩效报告	提交方式：在限定期限内上交至总体和国会。 报告及时性：没有明确设置条款规定报告的更新等相关信息。	提交方式：在限定期限内上交至总统和国会，并在部门网站上对绩效报告必须进行及时有效的更新。 报告及时性：对报告及时性做了明确规定，要求该报告至少一年更新一次，最迟不能超过该财政年度末的 150 天，并且对报告及时进行更新的内容做了明确限定。

二、国内地方政府绩效管理法律框架

在国内为数不多的地方政府绩效管理的地方立法中，《哈尔滨市政府绩效管理条例》是国内首部绩效管理的地方性法规，2009 年 10 月开始实施；《杭州市绩效管理条例》是该领域国内最新出台的地方性法规，2016 年 1 月开始实施。从时间上而言，这两部地方性

---

① 此表资料来源：何文盛，蔡明君，王焱，李明合.美国联邦政府绩效立法演变分析：从 GPRA 到 GPRAMA[J].兰州大学学报(社会科学版),2012,02:94 - 99.

法规具有一定的代表性,对其他地方政府制定绩效管理法规条例具有一定的借鉴意义。除上述两部地方性法规之外,也有一些地区制定了质量较高的地方政府规章,其框架与内容同样值得参考。表5-2是笔者对哈尔滨、杭州两部地方性法规主要内容的梳理,表5-3是选取了江苏省与深圳市两部地方政府规章的主要内容的梳理。

表5-2　哈尔滨、杭州两市政府绩效管理条例主要内容

哈尔滨市政府绩效管理条例	杭州市绩效管理条例
第一章　总则	第一章　总则
1. 立法的目的;2. 适用范围(单位)3. 主要概念界定;4. 绩效管理应当遵循的价值和原则;5. 负责组织实施的主体;6. 明确相关责任主体的具体职能工作;7. 对工作人员的素质要求。	1. 立法的目的;2. 适用范围(单位);3. 主要概念界定;4. 绩效管理应当遵循的原则;5. 不同部门在绩效管理过程中各自承担的职责;6. 整合资源建立信息化系统。
第二章　绩效计划	第二章　绩效管理规划和年度绩效目标
1. 中长期绩效管理计划的内容;2. 年度绩效计划的内容;3. 制定绩效计划制定、修订的程序和要求;4. 用途和目的。	1. 绩效责任单位制定绩效管理规划的主要内容;2. 年度绩效目标的主要内容;3. 绩效规划和绩效目标的制定、修订的要求(论证、听取公众意见等)。
第三章　绩效评估	第四章　年度绩效评估
1. 评估对象;2. 指标要求;3. 不同评估对象的评估内容;4. 评估的原则和方法;5. 规定纳入专项绩效管理的事项;6. 具体程序(包括自评 指标考核 满意度测评等);7. 满意度测评的内容(内部服务对象和外部服务对象);8. 建立评估档案;9. 自评报告及绩效评估报告的内容;10. 进入绩效评估报告的使用环节,拟定绩效评估意见告知书;11. 评估对象申请复核以及绩效管理机构复核的时间限制;12. 支持第三方评估。	1. 规定组织实施主体;2. 编制自评报告;3. 规定绩效评估的程序;4. 制定绩效评估指标和评估办法;5. 支持第三方评估;6. 评估内容;7. 绩效反馈;8. 评估对象申请复核以及绩效管理机构复核的时间限制;9. 实施公众满意度调查;10. 政府内部领导人满意度评价;11. 特色项目评估。
第四章　绩效信息	第三章　过程管理
1. 信息数据库;2. 发展电子政务;3. 相关部门信息供给责任;4. 信息公开;5. 信息保密。	1. 执行绩效目标;2. 分析并报送绩效目标进展;3. 建立绩效监察工作制度;4. 分析存在的问题,研究对策;5. 反馈绩效目标执行情况;6. 重大事项实行专项绩效管理。
第五章　绩效结果	第五章　结果运用
1. 向社会公开;2. 结果反馈;3. 提出改进建议;4. 奖惩措施;5. 问责具体方式;6. 报送本级人大。	1. 分析问题制定整改措施;2. 向社会公开,接受公众监督;3. 结果奖惩方式。
第六章　法律责任	第六章　绩效问责
相关部门和人员违反条例规定承担的具体法律责任。	不同机构在不同情形下绩效问责的内容。
第七章　附则	第七章　附则
开始执行时间。	开始执行时间。

表 5-3 江苏省、深圳市政府绩效管理办法主要内容

江苏省人民政府部门绩效管理办法	深圳市政府绩效管理办法
第一章 总则	第一章 总则
1.立法的目的;2.部门绩效管理的原则;3.绩效管理包括的主要环节;4.适用范围。	1.立法的目的;2.建立电子评估系统,主要概念界定;3.绩效管理应当遵循的原则;4.绩效管理的对象;5.绩效管理的主要内容。
第二章 目标规划	第二章 组织机构和职责
1.省政府部门绩效管理目标的构成;2.职能工作目标的权重与内容;3.管理工作目标的权重与内容;3.创新创优目标的权重与内容。	1.深圳市政府绩效管理委员会(市绩效委)与下设办公室(市绩效办)的组成与主要职责;2.被评估单位制定部门与人员负责本单位的绩效管理工作;3.指标数据的采集与报送单位;4.经费列入预算。
第三章 过程监管	第三章 政府绩效管理工作程序
1.绩效目标的分解和责任落实;2.行政管理优化;3.监督检查。	1.方案与指标体系的拟定与确定;2.被评估单位制定工作方案、提出目标、设置时间节点;3.公共服务白皮书的制定与主要内容;4.任务完成情况的报送;5.市绩效办的检查、监督、验证、报告与同胞;6.被评估单位的整改与反馈。
第四章 绩效评估	第四章 政府绩效评估指标体系
1.绩效评估主体;2.绩效评估方法;3.考评总分计算;4.考评等次确定;5.评估结果运用。	1.指标体系构建的依据;2.制订指标体系的程序;3.指标体系的构建;4.数据采集方式与评分标准;5.绩效评估指标操作规程;6.提出纳入绩效管理体系的程序。
第五章 持续改进	第五章 政府绩效评估方法与数据采集
1 分析和反馈评估结果;2.制定和落实整改措施;3.改进和提升绩效管理。	1.主观评估与客观评估相结合的方法;2.数据的采集、报送、通报、申诉、扣分、工作投诉制度;3.责成存在问题单位限期整改;4.年度考评。
第六章 组织保障	第六章 政府绩效评估结果运用
1.成立省绩效管理领导小组,负责对省政府部门绩效管理工作的组织领导;2.各部门成立绩效管理领导小组,明确工作机构,负责本部门绩效管理工作组织实施。	1.以结果为依据的事项;2.政府绩效奖惩制度的原则;3.评估结果的分等次与奖惩方式;4.年度考核的奖惩、问责、申诉。
第七章 附则	第七章 附则
1.解释方;2.开始执行时间 附件:省政府部门绩效评估指标体系	1.适用范围;2.开始执行时间。

从两部地方性法规的内容来看,第一章总则和最后一章附则是相对固定的组成部分,其基本内容也比较一致。较为共性的内容一般包括立法目的、适用范围、概念界定及实施原则等。就《杭州市绩效管理条例》而言,从第二章到第六章的内容,基本是按照绩效管理的流程制度,即制定绩效计划(绩效目标)→绩效评估→过程监管→结果运用→绩效问责等五个环节。《哈尔滨市政府绩效管理条例》突出了绩效信息的内容,相对弱化了过程管理的内容,但条例内容总体上依然是根据绩效管理的主要环节制定。从两部地方政府规章的内容来看,虽然各有特色,但也存在诸多共性之处,基本根据绩效管理的流程制定,涵盖了地方政府绩效管理最主要的环节。江苏省的管理办法直接将指标体系作为附件列入,重点突出了指标体系在绩效管理中的重要作用;深圳市的管理办法在总则中即提出了建立电子评估系统,强调用先进的技术手段辅助绩效管理工作,为政府绩效管理的过程控制提供了极大的便利。

从相关的法律法规来看,对地方政府绩效管理条例的框架与内容并没有硬性的规定,尽管学界有诸多学者建议出台绩效管理立法,但现阶段研究地方政府绩效管理法规具体内容的文献并不多见。哈尔滨、杭州两地的政府绩效管理地方性法规与以江苏省、深圳市为代表的地方政府规章为其他地区的政府绩效管理立法提供了参考。笔者认为,这些根据绩效管理流程开展立法、确立框架与内容的思路值得肯定和借鉴。既然对地方政府绩效管理法规的内容没有国家统一的规定,现阶段开展中央立法也难以"一步到位",那么地方党政组织应当拥有更大的自主权,积极开展地方立法的探索与实践。佛山市绩效管理模式独具特色,着眼于经济发展转型和行政管理体制改革的需要,触及到了体制内长期存在的一些"顽疾",其生成、发展和实施过程中面临较多阻力。在制定地方立法之前,主要是作为"一把手"工程依靠主要领导的支持强力推行。长远来看,政府绩效管理的持续性和权威性应依托立法,既符合法治国家建设的趋势,也能避免"人走政息"。同时,相关法规条例的制定需要特别考虑佛山市绩效管理的实际做法,在条例内容上予以体现从而不断趋于法律化。因此佛山市绩效管理条例相比哈尔滨和杭州,在内容上应更加具体、详细。

作为我国首个出台地方政府绩效管理地方性法规的地区,哈尔滨的做法受到了国内其他地区的广泛关注和讨论。哈尔滨市第十三届人民代表大会常务委员会第十五次会议于 2009 年 3 月 26 日通过,黑龙江省第十一届人民代表大会常务委员会第十次会议于 2009 年 6 月 12 日批准,自 2009 年 10 月 1 日起施行的《哈尔滨市政府绩效管理条例》是国内首部政府绩效管理地方法规①。该条例共设 7 章 48 条,明确了哈尔滨市政府绩效管理的宗旨、基本原则、适用范围、绩效管理机构职责。特别是关于绩效计划、绩效诊断、绩

---

① 哈尔滨市政府将绩效管理制度建设与绩效评估指标体系设计同步进行,条例草拟过程中经历了热烈的讨论。参见:地方政府绩效管理法律制度在哈尔滨市的探索与创新 http://kpb. hz. gov. cn/showpage. aspx? nid = 3406&id = 461.

效申诉、绩效问责等方面的制度，在当时的环境下均属于创新性制度设计，①具体表现为建立了绩效计划制度。条例草案专设一章，对绩效计划作了规定；扩大了公众参与政府绩效评估的范围与渠道（该条例通过设定"四公开"制度，为公众全过程参与政府绩效评估提供了便利。一是制定绩效计划应公开征求意见，二是经批准绩效计划应当向社会公布，接受社会公众监督，三是政府绩效信息公开，四是政府绩效评估结果向社会公布）；建立了绩效诊断分析和反馈制度；对第三方评估作了探索性规定。第三方评估同政府内部开展的层级评估相比，具有相对的独立性、专业性和客观性；建立了权力机关监督政府绩效管理的制度；实现了绩效评估结果使用的多元化；建立了绩效问责制度。哈尔滨市政府法制办的一位副处长指出，哈尔滨绩效管理立法突破在于在指标体系设计过程中坚持了"三个导向"：职能导向、结果导向、标杆导向。通俗点讲，该条例明确各级政府和部门职能定位、如何科学评价政府行为、诊断结果出来怎么用②。

第二节　佛山市绩效管理立法的基本内容

从现实经验来看，我国一些法律之所会产生"有法不依"的现象，原因是多方面的，但其中一个重要原因是这些立法本身存在缺陷，如条款内容与实际脱节，甚至相互矛盾等问题。对佛山市绩效管理立法而言，首先应清晰界定法律文本的主要内容。笔者以为，基本内容应当有五个方面：

一、明确绩效管理与评价的领导体制及功能定位

（一）领导体制

领导体制指独立的或相对独立的组织系统进行决策、指挥、监督等领导活动的具体制度或体系，它用严格的制度保证领导活动的完整性、一致性、稳定性和连贯性，是领导者与被领导者之间建立关系、发生作用的桥梁与纽带，对于一个集体的发展具有重要意义。领导体制是决定绩效管理成效的基石。在制定地方政府绩效管理条例的过程中，领导体制的核心内容是通过立法的形式规定组织系统内的领导权限、领导机构、领导关系及领导活动方式，任何组织系统内的领导活动都不是个人随意进行、杂乱无章的活动，而是一种遵循明确的管理层次、等级序列、指挥链条、沟通渠道等进行的规范化、法律化或非人格化的活动。同时，任何组织系统内的领导活动也不是一种千变万化、朝令夕改的活动，它有一套固定的规则、规定，各种领导关系、权限和职责具有一定的稳定性和长期性。组织系统内领导活动的这些特点是由组织系统的领导体制所决定的，没有一定的领

---

① 单国俊．政府绩效管理地方立法探析——兼评《哈尔滨市政府绩效管理条例》立法特色［J］．中国行政管理，2010，03：29 – 31．

② 哈尔滨审议国内首部政府绩效管理地方法规 http://www.lypc.gov.cn/qtitem.asp? id =3499.

导体制,组织系统内的领导活动就不能正常进行。

佛山市绩效管理的关联主体构成一个庞大的组织系统,绩效管理组织系统的高效运转有赖于构建权威、高效的领导体制。佛山市绩效管理的实践经验表明,要想成功推进绩效管理工作并取得成效,首先需要加强组织领导,构建权威的、高效的绩效管理领导机构。绩效管理是深化行政体制改革的重要组成部分,是针对原有考评制度的一次彻底变革。而原有考评格局背后涉及纵横交织的利益关系,绩效管理试图突破原有的利益格局,就必须面对并克服由此产生的种种阻力和障碍。

绩效管理作为一项"一把手工程",能否顺利实施归根结底取决于党委政府主要领导的态度。我国的行政领导体制是在保证党委领导核心的前提下实行行政首长负责制。行政首长负责制,顾名思义,是指重大事务决策在民主讨论的基础上由行政首长定夺,并承担行政责任,这种管理体制在全世界大多数国家的各级政府实行。在我国,由党政主要领导解决绩效管理过程中的各种问题始终是最直接、最有效的途径。尤其是佛山市绩效管理实现了对管理对象的"全覆盖",更需要党政主要领导干部出面主持和协调各方的权利和利益关系。因此,持续推进和不断完善政府绩效管理,避免"人走政息"问题的根本出路在于加快绩效管理的法律化建设,将绩效管理的领导体制写入正式的法律文本。

(二)功能定位

绩效管理试点工作的生命力取决于能否在适应我国行政生态系统的前提下,通过实现局部突破解决政府管理中的部分难题,从而提升政府公信力和执行力。目标管理在政府管理实践中的弊端留给绩效管理以存在和发展的空间。如何处理绩效管理与目标管理二者的关系,成为试点工作面临的首要问题。

当前绩效管理在中国遍地开花、如火如荼,而在"繁荣"景象的背后,"有的地方工作中存在形式主义,把评价工作当作'政绩工程'、'面子活',空头支票多,抓落实少,虎头蛇尾多,善始善终少"①。绩效管理在中国缺乏生命力,不仅是技术问题,从行政生态学视角来看,原因在于"生搬硬套西方政府绩效管理的理论范式,忽视这些方式特殊的西方行政生态系统特征。将西方行政生态系统中产生的理论范式在脱离西方的行政土壤后,提升为具有普遍性意义的概念内涵,以此建构中国地方政府绩效管理的理论范式"②。笔者认为,绩效管理试点绝非简单的经验照搬,应当以遵从我国的政治体制为根本前提,以解决实际问题为导向,在秉承绩效管理核心价值理念的基础上,不拘一格地对绩效管理进行本土化再创造。佛山市绩效管理定位于"绩效导向的目标管理",以"人民满意"作为目标设定与检验的根本标准,使绩效管理既能作为上级政府控制下级政府的理性工具,又能成为公众参与、监督、评价政府管理的有效途径,契合了绩效管理试点的初衷。

目标管理应是以人为本的民主管理,是一种自我控制的参与式管理。然而,在自上

---

① 龚禄根,包国宪,吴建南,张定安.政府部门绩效评估研究报告[J].中国行政管理,2006,5:11-16.
② 杨钰.我国地方政府绩效管理的行政生态学分析[J].南京审计学院学报,2011,2:86-91.

而下集权管理的科层制下，上级领导多是以行政命令方式部署下级工作任务和目标，然后以年终考核方式监督检查目标完成情况，实际上依旧是传统的压力式管理。辩证来看，这种所谓的"目标管理"是提升政府执行力的有效机制，但假定目标的正确性，忽视决策的科学性与民主性，容易导致短期行为，滋生"政绩工程"、"面子工程"。目标管理关键是制定一个"好"目标，绩效导向为目标管理设置了方向和条件，即以公众满意作为政府评价的最终标准。使目标制定及决策过程接受公众的监督。"体现政府内部自上而下的管理属性及政治制度的内在要求，强化了组织内部的目标实现及责任，即提高政府执行力，更重要是从组织外部的视角，检验内部目标的科学性与民主性，从而实现政府执行力与公信力的统一"①。

佛山市绩效管理立足于解决实实在在的问题。如果说国内已有地方绩效管理实践在政府管理创新的某个或某些类别上形成了特色，那么，佛山市绩效管理"模式"触及了体制内部组织管理的全过程与全方位，是全镜式解决类别问题的方法。

首先，关注社会经济发展导向问题。如果说以 GDP 为导向的考评制度驱动了佛山经济总量迅速扩张，那么在经济发展新常态的背景下，面临社会不稳定因素增加、生态环境趋于临界点等现实问题，佛山进一步发展应更加关注社会民生、生态环保、公平正义等。背后涉及政府职能转变及发展导向转型，根本在于重构政府管理及评价导向，弱化经济发展指标，使政府官员清楚认识到经济发展是政绩、社会发展也是政绩。绩效管理与评价作为民主价值导向的技术工具为佛山政府管理创新及社会经济发展转型提供契机。其次，以绩效管理推动政府体制改革。从发展过程看，绩效管理与行政体制改革相伴而生，相辅相成，相互促进，对行政体制改革的推动作用主要表现在：第一，社会评价催生行政体制改革的外在动力；第二，奖优、治庸、罚劣，激发改革的内驱动力；第三，绩效管理推动政府职能转变；第四，亦可将行政体制改革成效纳入绩效评价范围，对行政体制改革的执行进行全过程监控，弥补"强制性制度变迁"的弊端。

二、科学确立绩效管理的绩效目标

绩效计划应该是绩效管理的逻辑原点，有学者认为在绩效管理过程中，绩效计划比绩效评价更加重要，因为绩效评价仅仅是从"反光镜"中往后看，而绩效计划是往前看，以便在不久的将来能获得更好的绩效，而不是分析和关注那些过去的、不能改变的绩效。另一方面，绩效计划可以帮助管理人员和员工明确目标和努力的方向，避免事倍功半②。从管理学的角度看，组织要想保证有效率，首要前提就是要做工作计划。绩效计划就是根据组织的目标来设置群体和个人更加具体的工作目标，以保证群体和个人的工作有目标可循③。绩效目标是绩效管理的灵魂，绩效计划主要工作是设定绩效目标。因此，设定

---

① 郑方辉，廖鹏洲.政府绩效管理：目标、定位与顶层设计[J].中国行政管理，2013，5：15-20.
② 刘伟.绩效计划的制定流程[J].中国劳动，2005，4：51-52.
③ 胡晓东.美国联邦政府公务员绩效管理的原点[J].中国行政管理，2010，2：96-99.

绩效目标可以说是政府绩效管理的首要环节。绩效目标就是各级政府组织和公务员期望达成的绩效结果,它包括两方面的内容,一是政府绩效评价内容,在政府绩效评价体系中以绩效评价指标的形式体现;二是政府绩效目标结果,即与政府绩效评价指标相对应的目标值。因此,政府绩效目标可以理解为"指标 + 目标值"[①]。它要求政府或部门在全面分析其使命、职责和环境要素的基础上进行战略规划,设定清晰的、可测量的年度绩效计划和绩效目标,并据此制定反映年度绩效目标的绩效指标,从而使年度绩效目标和绩效指标紧密联系[②]。佛山市绩效管理定位为"绩效导向下的目标管理",体现结果导向,并以"蓝皮书"形式明确各级政府及市直机关(部门)的年度绩效目标,采用"红皮书"形式对绩效目标进行自评检验。

一般而言,绩效目标的设定都应遵循"SMART"五项原则:一是具体性(Specific),绩效目标要求尽可能量化,不能够量化的绩效目标也要明确具体,一目了然,不能够模棱两可、模糊不清;二是可测量性(Measurable),所谓可测量性就是能够将实际绩效表现与绩效目标形成比较,绩效目标要提供一种能够比较的标准和目标值;三是可实现性(Attainable),绩效目标在付出努力的情况下可以实现,避免设立过高或过低的目标。绩效目标应当具有一定的挑战性,但目标必须具有可实现性,如果用无论如何无法做到的目标衡量政府绩效便失去了意义,也不利于提高政府工作人员的积极性;四是相关性(Relevant),指绩效目标是否很重要,是否很有价值,绩效目标的设定要与部门职责和其他工作目标相关联,不能偏离其法定职能,如果实现了这个目标,但与其他的目标完全不相关,或者相关度很低,那这个目标即使被达到了,意义也不是很大;五是时间限制(Time - bound),所有的目标都应当设定时限。政府绩效考核的周期通常是一年,如果某项绩效目标时限超出一年,那么就应当设计阶段性考核目标,以实现过程控制的目的。

SMART 五项原则政府绩效目标的制定具有切实的指导作用,但从实际情况来看,绩效目标的制定还会遇到多种障碍。为了尽可能提高绩效目标的科学性、合理性和可行性,在立法过程中,涉及科学确立绩效目标还要注意以下四个问题:

第一,多方参与,避免唯上。官僚制体制下,领导的意见往往成为一级政府或部门绩效目标制定的决定性因素。领导关注什么,绩效目标就更倾向于定什么;领导不甚关注的目标,在绩效考核中所占比重就较小,甚至不纳入绩效考核范围。绩效目标唯领导决定,一方面,可能会出现为了短期政绩牺牲地方长远利益的后果,很多时候并不是领导不知道该怎样做,而是为了在任期内取得更多的政绩,这是屡见不鲜的;另一方面,绩效目标制定若缺乏上下级间的沟通,下级部门和工作人员参与较少,这样制定出的绩效目标就难以获得下级政府部门和工作人员的认同,从而使绩效目标缺乏执行的动力,终将影响到绩效目标的执行力度与实现程度。除此之外,绩效管理强调公众满意导向,政府行

---

① 方振邦,葛蕾蕾.政府绩效管理[M].北京:中国人民大学出版社,2012:81.
② 朱立言.从绩效评估走向绩效管理——美国经验和中国实践[J].行政论坛,2008,2:37 - 41.

为归根结底是服务于公众，绩效目标的制定还必须关注源自政府外部的需求和公众期望，同时绩效目标理应向社会公开并接受公众监督，如果社会大众对政府绩效目标本身不满意，那么无论绩效目标实现程度如何，都难以赢得公众的认可。

第二，着眼长远，避免短视。在唯 GDP 论英雄的政绩考核背景下，使得许多地方对 GDP 的关注超过一切。如果一味地强调 GDP 增长，政府绩效目标往往只会围绕 GDP 制定，为了短期经济利益，忽视长远利益。尽管地方政府短期政绩得到彰显，但为了经济发展付出了削弱可持续发展能力的代价。因此，政府绩效目标要立足长远，在制定明确的长远绩效战略规划基础上，分阶段、分层次地制定短期绩效目标，实现发展的循序渐进。

第三，客观适度，避免失真。政府绩效目标制定应当以客观事实为依据，绩效目标水平适度合理，使绩效管理对象能够量力而行，既不能急功近利将目标设置过高，也不能为了降低目标实现难度故意降低目标。应当综合考虑总体发展战略，结合当前实际情况，特别是环境、资源的限制以及人员的能力和水平等因素，参照以往的绩效目标、发展预期以及标杆单位的情况等，合理确定绩效目标①。绩效目标制定过低，轻而易举便能实现，绩效考评便也失去了激励作用。绩效目标制定过高，又容易挫伤工作积极性，甚至出现因应付差事而对数据造假的现象，无法反映真实绩效情况。

第四，动态调整，避免僵化。绩效目标的制定并非是一劳永逸、一蹴而就的，必须经历一个从无到有、从有到精的动态的完善过程。在绩效目标制定之初，大可不必因为担心绩效目标存在些许瑕疵而止步不前，绩效目标体系需要在实践中不断补充、修正，从而趋于完善。由于外部环境的错综复杂、时常多变，或者发生突发性事件，政府部门有必要根据实际情况的变化对绩效目标体系进行适当调整，以微调的方式最为适合，以期适应外部环境的变化。但同时需要注意的是，绩效目标的变动要适度，控制在一定的范围内。如果绩效目标经常发生大幅的变动，容易导致有关政府部门及其工作人员无所适从，也容易使之前开展的许多工作半途而废，造成人财物等资源的浪费。

三、构建统一性与差异性相结合的指标体系

绩效评价是绩效管理的关键环节，指标体系则是绩效评价的核心。政府绩效评价指标是认识政府活动的本质、科学测评政府绩效的实际水平、系统总结政府绩效建设的重要工具。实际应用中，运用指标作为管理手段，在不同领域，特别是在对政府的绩效进行评价时，并不总是能够量化的。同时，就大多数部门的管理内容而言，其指标的管理手段也是不应简单地进行量化。因此，从广义上理解，指标既可以是一种量化的手段，表现为一种可数值化的参数，也可以是通过一定的定性方法来确定，反映事物的一种价值。

相对而言，指标可以分为两个种类：第一类是以定性描述为主的指标结构。一般情况下，指标的通用性与定量化是成反比关系的，各个政府之间可比程度越高，量化的精确

---

① 方振邦，葛蕾蕾.政府绩效管理［M］.北京：中国人民大学出版社，2012：83.

性程度就越低。在政府通用性指标开发过程中,通常采用侧重定性描述为主的指标结构。第二类是具有量化特征的指标结构。采用这种结构的评价体系,首先是在评价模式的层级结构上,将评价指标和指标要素融合一起,使一些原本在指标要素结构中的东西通过指标结构本身先行体现出来。然后在评价维度的设计思路上,一般不采用通用指标与业绩指标相对应的划分方式。

关于指标体系设计原则,总体上应当体现为统一性与差异性相结合,具体来说:一是全面统筹的原则。评价应当是综合的而不是局部的,全面的而不是片面的,要从多个方面而不是从某一个方面评价政府绩效,要能够全面反映评价对象年度主要工作内容。佛山市绩效管理旨在对全市各项考核进行统筹,体现在评价指标上,即以绩效管理为平台统筹各类考核评价工作,全类考核评价工作原则上均应纳入绩效管理统一组织实施。二是系统性原则。佛山市绩效管理的定位是绩效导向下的目标管理。绩效评价就是要围绕政府职能和年度工作目标开展,评价指标可以视为政府目标的具体化。将所有评价对象各自的基本工作职能及年度工作目标进行分解、整合,形成一个能够涵盖所有评价对象职能目标的目标体系,每一项目标都对应一项评价指标,最终形成一个指标间既相互独立又相互联系的有机整体。在这个体系中,评价指标并非简单的堆积,而是在恰当处理指标之间的联系与区别的基础上,做到主次分明,评价指标的权重需对应工作目标的轻重缓急。三是主、客观指标结合、定性与定量相结合原则。政府职能具有多样性,价值目标多元化。绩效评价指标体系采用定性与定量指标相结合的方式,指标尽可能做到可量化,便于测量与对比。同时,也应包含能够反映民意的公众满意度指标。四是协调一致原则。评价指标既然是"游戏的规则",那么规则制定之初,就必须征求被评价对象的意见。只有参与各方协调一致,充分认同评价指标体系,才能够减少绩效评价过程中可能遇到的问题和阻力。五是简洁易行的原则。评价指标简洁易行是对指标体系的基本要求,有利于提高绩效评价的效率、降低成本。评价指标要简洁易懂,对指标内涵解释清楚明了,便于掌握和操作;无论是定性指标抑或定量指标,所需数据信息要便于采集,具有可获取性;指标得分计算方式要科学合理,不能过于复杂。

对佛山市而言,除了上述五项原则之外,对不同评价对象的评价指标体系应有所区别和侧重:一是对各城区工作考评指标,主要围绕履行经济调节、市场监管、社会管理、公共服务职能,推动地方经济社会科学发展、和谐发展,以及政府自身建设等方面设置。综合评价地方经济社会发展水平、发展效益、发展代价以及区委区政府执政理政的能力和水平。二是对各部门工作考评指标,主要围绕依法高效履职、工作推进、服务效果、自身建设等方面设置。强化对重大决策部署落实、政策规划制定实施、产业行业监管、重点工作推进、目标任务完成情况以及依法行政、政务公开、成本控制、行政效能、廉政建设、管理创新等方面的考评,注重群众满意度方面的评价。三是对公共政策、财政资金、政府投资项目和重大专项工作考评指标,主要围绕决策、实施、结果、效益等方面设置,强化对科学民主决策、成本效益分析、实施质量、资金使用效益、群众满意度等方面的考评。

四、优化绩效管理与评价的工作流程

一套科学合理的政府绩效评价流程是保证地方政府绩效管理顺利运行的必要载体。前文已经介绍了哈尔滨市、杭州市等地的国内地方政府绩效管理立法的框架与主要内容，其中包括了对评价流程的介绍。此处以佛山市《暂行办法》与《实施细则》对绩效评价流程的规定为例，并结合佛山市的具体实践，探索未来立法中应当关注的内容。

一是申报绩效目标。包括蓝皮书（年度绩效目标责任书）的报送及审核。每年6月30日前，各区、各单位通过绩效管理系统向市绩效办报送蓝皮书，完毕后市绩效办组织第三方对各单位报送的蓝皮书在系统上进行审核，并要求各单位进行修改完善，审核通过后作为年度工作目标的考核依据。具体的审核期限视情况而定。

二是绩效监测。包括季度或年度计划完成情况报送与监督检查。各区、各单位的季度或年度计划在实施完成后10个工作日内通过绩效管理系统报送，由市绩效办从市绩效管理试点工作领导小组成员单位、评审专家、相关主责单位中抽调人员组成的查验工作组按照既定的督促查验实施办法进行监督检查，时间上依照计划以季度或年度为限。

三是绩效考评。具体包括：第一，每年1月1日至春节前，核发上一年度的绩效奖金；第二，每年1月1日至31日，各区、各单位根据年度绩效目标，对各项工作完成情况进行分析和总结，开展自查自评，提交红皮书（年度绩效自评报告），市绩效办组织人员在系统上进行审核，审核通过后即可使用；第三，每年春节后至4月底，在市绩效办的组织下按照既定的流程安排完成两代表一委员评审、专家评审和机关互评，每年3月31日前由各数源单位在系统填报考核指标数据并给各单位打分，市绩效办通过系统对指标考评以及上述各项考评进行汇总后报市领导（市委、市政府、市人大、市政协四套班子成员）打分。

四是确定考评结果并撰写下一年度的工作方案。每年6月底前，市绩效办汇总形成初评结果，报市常委扩大会议（或市党政联席会议）审定，之后将考核结果进行通报，核发评定为"优秀"等级单位的绩效奖金，之后撰写年度绩效考评报告，内容报告包括各区和市各有关单位以及专项工作绩效的基本情况、存在的主要问题、考评结果、改进建议等内容，以及分部门绩效工作建议材料等。如无特殊情况，7月底前完成下一年度工作方案的撰写工作，并与本年度工作总结报告一并上报市委常委扩大会议（或市党政联席会议）。

五是一些贯穿于平时的日常工作，以调整、补充绩效评价工作流程中出现的问题为主。第一，根据需要，按照相应规定新增、修改、删除绩效考评指标及调整指标权重；第二，拟定下一年度考核方案的附件；第三，建立和完善专家库数据信息；第四，进行绩效管理系统的升级和日常维护；第五，建立完善相关体制机制。

可以看出，佛山市的绩效评价在流程方面比较注重对时间节点的把控，并且对于不同的具体工作，时间节点的要求也做出了区分，如规定具体日期、划分日常、季度、年度工作等。关于佛山市绩效管理未来立法中应当如何安排对绩效评价流程的规定，参与深度

访谈的这位政府办公室的同志给出了如下的建议，笔者认为值得参考：

对于佛山市绩效管理而言，使各区、各单位在规定时间节点或时间段内完成相应的工作，是保证绩效管理工作链条完整性、连续性的关键。《暂行办法》与《实施细则》对绩效评价流程中涉及的各项工作已经有了比较明确规定，因此我们认为未来立法应当更加侧重如何使工作更好地完成。绩效管理具有时效性，如果在立法中将某项具体工作限定在某个明确的日期，那么各区、各单位年度、季度的工作出现变动，或是因为某些其他的原因使此期间过长或过短，都会影响整个绩效管理工作的进度。因此最好的方法仍是设立合理的时间区间。同时，需要加强的是绩效监测方面的规定，用合理的方式督促工作能够在规定时间段内完成，绩效监测与时间区间形成"刚柔相济"的状态，保证绩效管理的进程不脱离应有的节奏，并且加入一定的约束机制。同时也应当考虑在立法中加入一些救济方面的内容，以应对可能出现的、阻碍工作按时完成的突发状况。

五、强化绩效管理与评价的结果应用

绩效评价结果应用既是绩效评价工作的重要环节，又是绩效管理工作成果的重要体现。政府绩效评价本身并非目的，只是一种政府管理手段，其目的是使政府自身和利益相关者更全面地了解政府职能的履行情况及其存在的问题，在此基础上，有效地使用评价信息使评价对象总结过去、思索现在、计划未来，在理性思考的基础上做出明智、客观的判断，以便总结经验、吸取教训，科学地规划未来的行动，不断地改进绩效。

有比较就会有压力和动力，向社会公开评价结果加剧了这种体验。奥斯本和盖布勒在《改革政府》中写道："测量能推动工作；若不测定效果，就不能辨别成功还是失败；看不到成功就不能给予奖励；不能奖励，就有可能是在奖励失败；看不到成功，就不能从中学习；看不到失败，就不能纠正失败；展示成果，能赢得公众支持。"[①]与绩效联系在一起的奖惩机制加强了对政府工作人员的激励，考核评价为奖优罚劣、奖勤罚懒提供直接依据。

为发挥评价的作用，必须科学规范运用评价结果，逐步建立以评价结果为依据的问责制度。政府绩效管理中的问责制度属于行政问责制度的范畴，是指政府及其官员的一切行为后果都必须且能够追究责任的制度，而政府绩效评价本身就是一种对政府工作人员政绩优劣进行考量的问责机制。一方面，政府绩效评价的结果导向包含责任行政的理念。结果导向强调政府的目标程度和管理的实际效果，通过评价结果运用的奖惩所产生的激励与约束力，设计出使政府工作人员对结果负责而不是仅仅对过程负责的责任机制，推动政府切实履行责任义务。另一方面，行政问责制度是国家政治制度和官员监督体系的重要组成部分，政府绩效管理为政府责任的实现、公共政策质量的改进、公众满意的提升奠定了基础，从这个意义上讲，行政问责制度的贯彻落实需要政府绩效评价有效的落实应用，二者有本质的联系。

---

① 戴维·奥斯本，特德·盖布勒.改革政府[M].周敦仁等译，上海：上海译文出版社，2013.

　　绩效管理工作是否具有生命力，关键要看考评结果的应用。地方立法的法律文本在结果应用方面应该突出以下五个方面的内容：一是各级党委、政府和部门把绩效考评结果作为评价各区各单位年度工作的重要依据，作为党政组织决策部署的重要参考，形成创先争优的良好氛围；二是加强与领导班子和领导干部考核评价的衔接与协调，绩效考评结果与领导班子和领导干部实绩分析、综合评价直接挂钩，作为干部选拔任用、调整交流的重要参考；三是把考评结果作为编制财政预算、调整机构编制、完善政策措施的重要依据，推动行政资源配置更加有效，政策措施更加科学；四是建立绩效管理奖惩机制，实行精神奖励与物质奖励相结合，加大对国家公职人员的奖优、治庸、罚劣力度，确保结果运用有力有效，发挥导向和激励约束作用；五是要严格实施绩效问责，对无正当理由未能实现绩效目标，绩效考评结果较差，不认真整改或整改不到位的单位及个人要通过诫勉谈话、通报批评、监察建议等形式及时督促纠正，造成严重后果或恶劣影响的要严格实施问责。

第三节　正确处理绩效管理立法中涉及的若干关系

一、绩效管理与目标管理

　　目标管理是指"一个组织的上下级管理人员和组织内的所有成员共同制定和实施目标的一种管理方法"①。绩效管理与目标管理既有区别也有联系，在地方政府管理改革创新过程中，二者基于特定的现实条件可以实现互补。1954年，彼得·德鲁克提出"目标管理"理论，它以目标为导向，以人为中心，以成果为标准，被誉为"管理中的管理"。德鲁克认为，如果一个领域没有目标，这个领域的工作必然被忽视；管理者应该通过目标对下级进行管理。作为方法论，目标管理已经成为中国各级政府管理最常见有效的管理模式。

　　尽管目标管理得到广泛深刻并从企业管理迅速延伸到其他组织和个人管理中，但是目标管理的弊端也经常为人诟病。首先，遵从目标的同时容易忽视其正确性。目标管理源于企业管理，但企业管理的目标具有单一性，政府管理的目标存在多元性和内在冲突。这起因于社会利益与价值的多元化，政府的重要职责之一便是对社会价值进行权威性分配。因此政府往往需要在多元的，甚至是相互冲突的利益和价值之间做出平衡和抉择，这样政府在多元理性的平衡和矛盾中，往往会存在多元化的目标，而且在多元目标之间会产生内在冲突。毋庸置疑，目标管理有助于提高政府执行力，但前提是上级政府制定的目标必须是正确的，这种执行力才会产生正效应，否则基于错误的目标，执行力越高，越容易产生负面效应。其次，容易忽视达成目标的过程。目标管理往往过分重视目标达成的结果而忽视达成目标的过程，是一种注重目标实现的功利管理，容易跌入目标短期

---

　　① 万顺福.目标管理评析[J].全国商情（经济理论研究），2007，05：37-38.

化和难以长远规划的陷阱。

政府管理引入绩效的概念就是为了以绩效管理之长补目标管理之短。"绩效导向为目标管理设置了方向和条件,首先是'结果导向',指向组织内部关系。结果与过程具有相对性,目标管理某种程度上也能体现结果导向,但这种结果往往是短期或主要领导人的'任期结果',与组织长期目标未必一致,甚至背道而驰,而绩效管理追求政府目标长期最大化。其次是'公众满意导向',指向的是组织内部与外部的关系,以公众满意作为检验管理结果的最终标准"①。绩效导向下的目标管理不仅是为了提高政府执行力,更多是为了提高对社会有正效应的执行力,以及树立政府的公信力。

二、管理评价主体与社会及公众参与

政府绩效管理强调公众满意度导向,从理念上反映了政府治理寻求社会公平与民主的价值,是公众表达利益主张和参与地方政府管理的重要途径。公民参与是重塑政府的重要推动力,也是政府改革的重要目标。概括地说,公民参与绩效管理的必要性,或者说起到的积极作用,主要有以下三个方面:第一,有利于改进政府绩效。政府的根本宗旨是为公众提供满意的公共服务,公众最具有对公共服务的发言权。公民参与对政府的评议和监督,有利于促进政府节省开支,对自身行动和承诺负责,及时发现政府提供的公共服务与公众需求之间的差距,改进政府绩效;第二,政府部门及其官员作为理性"经济人",出于维护自身利益的多重考虑,很难对自身做出客观公正的评价。广泛参与绩效管理的社会公众,既是政府部门绩效评价的参与主体,又是绩效管理工作的监督主体。公众对政府服务的满意度不仅是衡量政府绩效的根本标准,也是衡量绩效管理是否成功的重要标准。第三,公民参与程度是衡量政治民主化程度的重要标准,公民参与的意义不仅局限在管理层面上,更与政府和公民的关系以及公民的民主政治权利紧密相关。公民参与也是社会主义民主建设的重要内容。公民参与政府绩效管理实际上就是行使公民权利。随着公众的政治参与意识与民主意识的日益增强,对行使公民权利的诉求也更加强烈。

吸纳社会与公众参与政府绩效评价,是对社会与公众评价权的主张。但是,社会和公众参与政府绩效管理会面临一些障碍。首先,政府绩效评价作为体制内的考评,政府内部控制绩效评价的考评权和考评组织权,考评组织权的归属也将决定评价权的具体分配。换言之,谁来评价政府依旧是由行政机关决定,行政机关实际上缺乏向社会公众放权的动力与积极性。其次,绩效管理作为政府管理的工具,服务于政府特定的管理需求和地方发展的需要,而这与公众的诉求并不总是完全一致的,二者之间潜在的冲突也会成为政府向社会及公众放权的阻碍;最后,公众与政府部门之间信息不对称,仅凭一己好恶的盲目评价并不可取。总而言之,社会和公众参与政府绩效管理并非一帆风顺,解决问题的关键是在政府与社会公众之间找到一个能够均衡各方利益的"平衡点"。

---

① 郑方辉,廖鹏洲.政府绩效管理:目标、定位与顶层设计[J].中国行政管理,2013,5:15-20.

尽管社会公众参与政府绩效管理并不能一蹴而就，但是佛山市在开展政府绩效管理过程中做出了积极的尝试和探索。既重视内部考核，又重视外部评议，积极引入群众评议和第三方评价，实行内部考核与公众评议、专家评价相结合，组织市有关单位领导班子成员进行领导评价，又邀请专家和政府特约监察员对各单位的自评报告进行评审；邀请两代表一委员（党代会代表、人大代表、政协委员）进行满意度调查。这些都是已经得到了各界肯定的理念与做法，都应当通过法律化的实现予以规范。

三、共性指标与个性指标

政府绩效评价本质上是比较性评价，置于现代政府的层级结构中，只有对同一层级行政机关加以比较评价才有意义，即所谓评价的"统一性问题"，但基于种种客观原因，即使是同级政府所在区域，社会经济及行政文化等亦迥然不同（政府部门之间更是如此），从而造成所谓的"差异性问题"①。佛山市绩效管理范围覆盖五个市辖区及市级党政军群各单位，不论是五个区之间还是党政部门之间都存在显著差异。"从评价对象的属性来看，一级政府的属性与职能具有一致性，差异性主要体现为'量'（发展水平）的差异。不同政府部门的属性与职能有差别，差异性主要体现为'质'（本质属性）的差异"②。指标设计需要既反映各辖区、各单位工作的共性，具有可比性和统一性，也要注重各辖区、各单位的个性，充分考虑各辖区经济社会发展的不平衡，强调发展性，体现差异化和公平性。

佛山市绩效评价指标体系设计过程中，已经认识到解决指标体系统一性与差异性问题的重要性，既要设计共性指标，也要兼具个性指标。佛山采取的应对措施是分类考核，自主申报指标值。针对评价对象之间的差异性，对评价对象进行分类考核，不同类别的评价对象分别设计评价指标体系，这种评价指标的差异性设计也使得绩效评价结果更加公正合理。具体的内容在第四章已经有所介绍。

四、过程控制与结果导向

传统的行政模式以对规则负责为特征，它给政府职员一种强有力的激励机制促使其循规蹈矩，严格按照既定的规则办事，重过程胜于结果③。

美国管理主义或结果导向的政府改革有其特定的历史情境，应用于中国的情境是否合适值得思考。过程导向或规则导向下的循规蹈矩确实是官僚制政府机构典型的通病，从这个角度而言，绩效管理的结果导向对我国具有重要的借鉴意义和实际应用价值。但是，任何脱离辩证思考的单向性的改革都存在"倾斜"的风险，地方政府绩效管理也是如此。肯定绩效管理的结果导向并不等同否定过程控制。过程控制在绩效管理过程中不

---

① 郑方辉，廖鹏洲.政府绩效管理：目标、定位与顶层设计[J].中国行政管理,2013,5:15-20.
② 张兴.地方政府绩效评价模式的实证研究[D].广州:华南理工大学,2015:68.
③ 陈国权，王柳.基于结果导向的地方政府绩效评估[J].浙江学刊,2006,2:209-212.

可偏废,有两方面的原因:一是绩效管理也就是过程管理,从制定绩效计划到绩效评价再到绩效改进本就是过程控制的体现,过程控制是实现预期结果的手段,避免结果的偏离;二是强调过程控制也能预防为了结果"不择手段",即不仅主张结果的"善"也主张过程的"善"。佛山市绩效管理既重视结果,又重视过程。在考评方法上,既有年初申报(绩效目标蓝皮书)、年中测评、年底考评(绩效报告红皮书)的方式,又借助信息化手段加强日常管理,改变以往绩效考评偏重于年底"一锤子"买卖的方式,转为以强调过程和结果控制并举的绩效管理模式。

五、横向比较与历史比较

绩效评价是对政府"可作为"的评价,与实际状态的水平性评价存在差异。以 GDP 增长速度指标为例,佛山市顺德区和高明区经济发展水平存在明显差异。2012 年顺德区经济总量(2337.2 亿元)是高明区(505 亿元)四倍多,前者 GDP 增速 8%,后者是 11%。表面来看,高明区 GDP 增长速度快于顺德区,实际上顺德区 GDP 增量却远大于高明区。如果简单以 GDP 增长速度评价经济发展水平明显有失公正。单一的横向比较或历史比较都会失偏颇,如何处理横向比较与历史比较的关系,将会关系到绩效评价结果的客观性、公正性和公信力。

为了有效解决这一矛盾,佛山市的对策是指标得分以增量得分和存量得分相结合,予以同一指标的存量和增量不同的权重分。既重视横向比较,又重视纵向的历史比较。对五个市辖区绩效评价的指标评分按照"存量与增量"相结合的原则,全面反映各区工作目标完成情况和工作改善情况,以及与其他区的横向比较情况。市级单位绩效考评的指标评分按照"水平分、横比分、纵比分"相结合的原则,最终得分取决于目标完成程度、本单位该项指标的历史上最高得分和其他单位该项指标的最高得分,是"自己与自己比、自己与别人比"的综合得分。

第六章 地方政府绩效管理法律化的途径：地方立法

随着新《立法法》颁布实施，我国部分地级市获得了地方立法权，佛山市位居其列，为制定佛山绩效管理的地方性法规带来了契机。应该说，自2012年被确立为广东省政府绩效管理试点城市以来，佛山市注重顶层设计与多方参与，积极探索，形成"全覆盖、三统一"的绩效管理"佛山模式"，在全国产生较大影响。佛山市绩效管理《暂行办法》与《实施细则》的颁布实施，标志绩效管理实现了制度化，进而为法律化提供了基础。

第一节 地方立法权扩容与绩效管理地方立法

一、《立法法》修改与地方立法权扩容

2015年3月15日，第十二届人大第三次会议通过了《关于修改＜中华人民共和国立法法＞的决议》。新《立法法》由原来的94条增加到106条（新增加条文11条，修改条文35条），包括地方立法权的扩容。其中第72条第二款规定："设区的市的人民代表大会及其常务委员会根据本市的具体情况和实际需要，在不同宪法、法律、行政法规和本省、自治区的地方性法规相抵触的前提下，可以对城乡建设与管理、环境保护、历史文化保护等方面的事项制定地方性法规，法律对设区的市制定地方性法规的事项另有规定的，从其规定。"另外，目前尚未设区的广东省东莞市和中山市、甘肃省嘉峪关市、海南省三沙市比照适用有关赋予设区的市地方立法权。目前我国一共有284个设区的市，《立法法》修改前，共有49个享有地方立法权的"较大的市"，《立法法》修改之后，其余235个设区的市也被赋予了地方立法权。

地方立法权扩容带来的益处是多方面的，比较明显的有：

第一，通过赋予所有设区的市地方立法权，为这些城市增加了通过制定地方性法规带动城市发展的方式，特别是对于一些地方事务由制度化向法律化转化的城市，以及一些地方法制体系较为混乱、需要制定地方性法规予以统领的城市来说，意义尤为重大，因此可以间接起到缩短城市间、地区间发展差异的作用。

第二，《立法法》在修改之前，宪法中"较大的市"是指位于省级行政区与县级行政区之间的一级行政区划，《地方组织法》与原《立法法》中规定的"较大的市"均侧重于享有地方立法权，但范围不同在地方立法权的驱动下，许多城市通过各种方式希望成为"较大的市"，但1993年后国务院再未批准过"较大的市"的申请。法律规定不统一，既对国务院的批准工作造成了阻碍，同时也对一些致力于成为"较大的市"的城市造成了一定程度

的不公,因为有些城市的综合实力已经接近、符合、甚至超过了现有的18个"较大的市",而无法获得地方立法权,造成了比较强烈的社会反响。新《立法法》客观上缓解相当一部分城市对地方立法权的迫切需求。

第三,地方立法权扩容,是社会发展及完善我国社会主义法律体系的必然要求。当前我国正处于社会转型期,城市化进程迅猛,建设中国特色社会主义法治体系,对地方法制建设提出更高的要求。而且,从法律体系完整性的角度来看,我国的地方性法规作为连接中央立法与地方立法的"纽带",同时作为地方立法中位阶最高、具有统领作用的法律渊源,在整个法律体系中的重要地位不言而喻,这种情况下,如果市级行政区域的地方立法权只能被局限于18个"较大的市",势必会造成市级地方性法规的严重断层,严重脱离现实需要。

但与此同时,也有学者指出地方立法权扩容可能带来的一些负面效应。第一,扩容势必会带动各地制定地方性法规的热潮,我国各地立法水平不一,如果各地区未能充分重视地方立法的科学性与严谨性,可能会出现互相模仿、遇事立法、与上位法冲突、与已有法重复、立法速度远超法律清理速度等一系列问题,影响法的运行与立法质量;第二,立法越多,需考虑的关系越复杂,出现漏洞的可能性越大,容易使一些地方利用立法及制度漏洞制造地方保护主义,或保护现有的弊端,导致"地方保护主义合法化"。①　不过,总体来说,地方立法权扩容对国计民生与城市发展而言明显是利大于弊。同时,我国城市发展一向有从实际出发、在实践中不断探索、在发展中不断解决问题的传统,通过提前对可能出现的状况做出预测、制定相应的对策加以预防、并在实践中不断完善,能将负面影响降至最低。当然,具体的效果需要通过一定时间的实践来检验。

二、地方立法的相关理论与程序

(一)我国的立法体制与地方立法

我国现行的立法体制总体可以概括为"一元、两级、多层次"。这样的立法体制实现了由高度集中的一元化立法体制向多层级的立法体制的重要转变。这种多层次、多形态、不同权限、不同效力的立法体制,保障了国家基本制度的统一,同时能够发挥多方面的积极性,本质上是一种"单一制国家内在中央统一行使立法权体制下的多元立法之权力分工协调机制"②。

我国的地方立法属于"两级"中的地方层面,包括制定与修改地方性法规及政府规章。地方性法规的法律位阶在中央层面立法的宪法、法律和行政法规之下,对贯彻中央层面立法的在地方具体落实作用明显,同时,地方性法规也是一般地方解决本地区具体

---

① 汪妙毅.《立法法》修改视野下的地方立法权扩容问题评析[J].石河子大学学报(哲学社会科学版),2015,6:51-58.

② 桂宇石,柴瑶.关于我国地方立法的几个问题[J].法学评论,2004,5:103-111.

问题时最主要的法律依据。一般来说，地方立法主体主要是通过制定与修改地方性法规作为管理本地区重大事项最主要的法律手段。地方政府规章的法律位阶低于宪法、法律、行政法规与地方性法规，是我国法律位阶最低的法律渊源，相较于地方性法规，地方政府运作更加依赖于地方政府规章。

（二）制定地方性法规的法律程序

第一，提出。这是指有立法提案权的机关、组织或个人，根据法定程序向有权立法的机关提出关于制定、认可、修改、补充和废止规范性文件的提议和议事原型的专门活动①。提出地方性法规案一般包括提请审议地方性法规草案的议案、地方性法规草案、地方性法规草案的说明及其他参阅资料。

第二，审议。我国的立法程序采用"审议制"②。审议是地方性法规立法程序的核心环节，决定该法规案能否最终成为地方性法规。审议环节的质量如何，直接关系对地方性法规案的表决活动，关系到地方立法决策的科学性与民主性。

第三，表决。经审议之后，如无重大分歧意见，即可由地方人大主席团或主任会议决定交付全体会议表决。遵循少数服从多数原则，根据我国《立法法》及《地方组织法》的规定，地方人大表决地方性法规草案，以全体代表的过半数通过；地方人大常委会表决地方性法规草案，以常委会全体组成人员的过半数通过。

第四，公布。指立法主体依照法定程序将经过表决通过的地方性法规公之于众。这是立法程序最后的环节，也是地方性法规正式生效并付诸实施的前提。

三、地方立法的参与主体

按照法律规定，地方立法权属于地方人大及其常委会，但在实践中，由于立法过程还包括诸多具体的步骤，因此实际需要多方主体的共同参与。地方人大及其常委会依法积极行使地方立法权，需要处理好与立法过程中所有参与者的角色关系。《立法法》修改，进一步强调了我国社会主义人民民主、以及致力于科学发展的重要性，更加注重多元主体参与地方立法。

（一）地方人民代表大会及其组织结构

地方人民代表大会及其组织结构是法定的地方立法权所有者，地方人大行使立法权、发挥立法主导的功能，必须通过相应的机关、组织、人员的具体工作，才能顺利实现。地方人大在立法工作的不同阶段参与的情况、发挥的作用、履行的职能均有所不同。详见表6-1。

---

① 周旺生.立法学［M］.北京：法律出版社，1998：291.
② 乔晓阳.立法法讲话［J］.北京：中国民主法制出版社，2000：133-134.

表6-1　地方人大及其组织结构在立法工作中的参与情况①

	地方人大	地方人大主席团	地方人大常委会	地方人大专门委员会	地方人大法制委员会及法制工作委员会	地方人大代表团及代表
法规案的提出	受理提案	提出或撤回法规案;决定是否将提案列入会议议程	受理提案;提出或撤回法规案	提出或撤回法规案;对主席团或主任会议移提案进行审议,提出是否列入会议议程的意见供参考	——	提出或撤回法规案(有人数及规模的要求)
法规案的审议	审议提案	根据审议情况召开会议或召集讨论	审议提案	——	审议提案	审议提案
法规案的表决	表决	——	表决			表决
法规的公布	监督	发布公告、予以公布	监督	无		监督

(二)地方党委

中国共产党领导的多党合作和政治协商制度是我国社会主义民主政治制度的重要组成部分,但在地方立法中,民主党派不能作为一类主体参与地方立法工作,只能通过专家学者、工会、妇联、共青团等群体与组织以及大众传媒来间接实现自己的利益诉求②。我国党政关系的产生方式,决定了党与人大立法的关系是领导与被领导的关系,即政党与权力机关属于领导与被领导的关系。《立法法》第三条规定:"立法应当遵循宪法的基本原则……坚持人民民主专政,坚持中国共产党的领导……坚持改革开放。"十届全国人大四次会议常委会工作报告中指出:"进一步完善人民代表大会制度……其中最重要、最关键的就是要坚持党的领导。党的领导是人民当家做主和依法治国的根本保证,也是坚持和完善人民代表大会制度、做好新形势下人大工作的根本保证。"③因此,坚持党对立法的领导是我国立法工作的一项根本性原则。地方立法工作亦如此。从这一点来看,地方立法与地方政府绩效管理同为地方事务,而任何地方事务的开展都离不开党委的领导,因此地方党委无疑是地方立法的领导主体。

---

① 本表是对立法过程的总述,旨在说明地方人大及其组织结构在整个立法过程中的参与情况,实践中如受理提出的法规案、法规案的处置等具体环节会有多种情形,每种情形中地方人大及其组织结构的参与情况不同,此处未加以细分。"——"表示不参与某个环节的工作.

② 李林.改革开放30年与中国立法发展(上)[J].北京联合大学学报(人文社会科学版),2009,01:5-13+39.

③ 吴邦国在十一届全国人大四次会议上作的常委会工作报告[N].人民日报,2011-3-11,第2版.

（三）地方政府

地方政府参与地方性法规的制定工作,主要体现在立法过程中一些具体权利的行使上:第一,在立法准备阶段,即法规案提出之前,地方政府有权对与本行政机关职权有关的事项提出立项建议,并起草法规草案;第二,在法规案的提出阶段,地方政府有权向本级人民代表大会及人大常委会提出属于该政府职权范围内的议案;第三,在法规案的审议阶段,地方政府有权派代表列席审议法规案的会议,听取意见,回答询问,提出意见或建议;第四,在法规公布之后,地方政府有权通过提出法规解释案、对法规进行解释、制定配套文件、提出法规清理建议等方式对法规加以完善①。

（四）其他国家机关

具体指的是同级司法机关以及上下级人大。对同级司法机关而言,地方人民法院、人民检察院有提出法规解释及法规清理的建议权,个别地区也赋予了地方司法机关与地方政府类似的提案权。全国人大及其常委会通过对地方性法规进行备案审查、行使撤销权等方式,确保地方性法规与上位法不产生抵触,维护国家法制统一;下级人大在立法实践中可通过征集立法意见等参与到立法工作中。

（五）社会公众与专家

《立法法》第五条规定:"立法应当体现人民的意志,发扬社会主义民主,坚持立法公开,保障人民通过多种途径参与立法活动。"目前在各地的地方立法工作中,已经建立起了法规草案公布制度、公民旁听制度、立法问卷调查、立法项目征集制度、立法听证制度等促进公众参与的具体制度。在听取社会公众意见方面,也出现了公民旁听常委会会议审议、通过媒体公布法规草案征求意见、召开立法座谈会、立法论证会、立法听证会等方式。立法实践同样离不开理论的研究,因此,专家近年来在地方立法工作中的参与程度越来越高,在地方立法实践中,立法机关通过专家论证会等方式听取专家意见的做法十分常见,专家的意见对地方立法工作的影响力也日益增强②。

四、新《立法法》对地方政府绩效管理的影响

地方立法权虽由地方人大具体履行,但整个过程需要多方主体的参与,并遵循"党委领导、人大主导"的基本原则。同时,从参与主体类型的角度来看,地方立法工作与被归类为一项具体事务的地方政府绩效管理工作存在着一定的联系,新《立法法》对地方政府绩效管理产生了一定的影响。

（一）关乎"顶层设计"的变革

"顶层设计"对于地方政府绩效管理工作来说同样意义重大。如果说《立法法》的修

---

① 阎锐.地方立法参与主体研究[M].上海:上海人民出版社,2014:45 - 46.
② 阎锐.地方立法参与主体研究[M].上海:上海人民出版社,2014:47.

改是政党与权力机关的意志在当前时期的体现,那么地方政府绩效管理及评价的内容、方法、形式都可以被视为中央政府的要求或意志的延伸。随着 2011 年国务院批复建立政府绩效工作部际联席会议制度,标志着我国政府绩效评价实践由单环节的绩效评估向多环节的绩效管理转变,以及由各地、各部门分散试点向中央统一部署、调控的转变。同时,监察部出台全国政府绩效管理的指导性意见,使"顶层设计"初具雏形[①]。从这个角度说,加强绩效管理工作的"顶层设计",就是要将这种上层的指导制度化、法律化,也就是开展立法。在当前尚不具备对绩效管理开展中央立法的条件,地方党政组织的自主性也有限,但随着《立法法》的修改,地方权力机关、行政机关的自主性得到了增强,完善国家层面的"顶层设计"需要较长时间的努力,但地方层面的"顶层设计"已经具备了应有的条件——地方政府绩效管理在制度化的基础上尽快实现法律化,已经不再遥远。

(二)更加强调权力机关的作用

党的十八届四中全会提出要"健全有立法权的人大主导立法工作的体制机制"[②]。地方立法权扩容丰富了更多城市地方人大的职权,除此之外,新《立法法》潜在地提高了地方人大在立法工作中的影响力,在地方立法的各个阶段,地方人大都是所有参与主体的主导者,承担着引领多元化主体参与地方立法的任务。地方人大的这种影响力同样可以反映在地方绩效管理中。由于权力机关被视为地方政府绩效管理的关联主体,和其他关联主体一样以相同的方式参与绩效管理。随着设区的市被赋予地方立法权,地方权力机关一方面作为地方政府绩效管理的一类关联主体,另一方面作为立法者,同时还代表着当地人民群众的意志,多重角色集于一身,更有利于使地方政府绩效管理立法尽可能达到人民期待的效果。

总而言之,对于地方政府绩效管理而言,在类型上符合新《立法法》规定的地方立法范围。从实施范围看,绩效管理工作被定位至"地方政府",即是说明了这项工作的范围局限在具体地方。从实践情况看,一些地区已经具备或者基本具备为这项工作开展地方立法的条件。相较于中央立法,目前我国的地方政府绩效管理种类多样,各地进展的程度参差不齐,出台兼顾到各地实情的中央立法难度很大,这种情况决定了立法工作更加适宜从地方层面出发,以制定地方性法规的方式先行开展。

对于佛山市来说,以上两方面既是积极的影响,也是重要的启示。第一,佛山市绩效管理自开始施行以来就十分注重"顶层设计",党委在绩效管理中不仅作为一类重要的关联主体,更起到对绩效管理的领导与推动作用。《暂行办法》与《实施细则》的出台已经能够使佛山市绩效管理不再过于依赖领导的推动,如果在此基础上进一步出台地方性法规,不仅能够进一步增强绩效管理的内在动力,也能够从最大程度上避免绩效管理出现人走政息、流于形式的情况,此外党委通过实现对地方立法与地方管理双重的领导监督,

---

①　郑方辉,廖鹏洲.政府绩效管理:目标、定位与顶层设计[J].中国行政管理,2013,5:15-20.

②　武增.2015 年《立法法》修改背景和主要内容解读[J].中国法律评论,2015,1:210-216.

能够从更高的层面上把控绩效管理，使地方立法与绩效管理相辅相成、协调推进。第二，在获得地方立法权之后，人民代表大会在佛山市绩效管理中的地位会得到显著的提升。考虑到权力机关对行政机关本身的领导与监督职能，佛山市人大必将在未来的绩效管理中发挥更重要、更全面的作用。

第二节　地方政府绩效管理立法的原则与目的

一、地方政府绩效管理的立法原则

法的基本原则是法的灵魂。立法原则是立法主体据以进行立法活动的重要准绳，是立法指导思想在立法实践中的重要体现①。我国《立法法》以法律制度的形式，集中规定了立法应遵循的若干基本原则，概括为宪法原则、法治原则、民主原则和科学原则。行政法亦有六大基本原则，即合法行政原则、合理行政原则、程序正当原则、高效便民原则、诚实守信原则和权责统一原则。从宏观层面来看，地方政府绩效管理地方性法规的制定应当遵循宪法与《立法法》的规定，同时由于在法律体系中亦属于行政法的范畴，因此也应遵循行政法的六大基本原则。政府绩效管理立法原则不同于政府绩效管理的基本原则。然而，在国内绩效管理党政文件中，多指向为绩效管理的原则，如：《佛山市绩效管理暂行办法》第三条规定，"绩效管理的原则是坚持科学合理、简便易行；坚持实事求是、客观公正；坚持公开透明、公众参与；坚持统筹协调、稳步推进"；《深圳市政府绩效管理办法》第三条规定，"政府绩效管理的基本原则：坚持科学发展观和正确政绩观的原则；坚持实事求是、客观公正、动态开放的原则；坚持依法开展、质量和效率并重的原则；坚持公开透明、社会参与的原则"；《哈尔滨市政府绩效管理条例》第四条规定："政府绩效管理应当坚持科学发展观，遵循科学规范、公开公平、注重实绩、社会参与的原则，促进公共服务水平和质量持续提高"。

地方政府绩效管理立法原则是指导和规范地方政府绩效管理立法工作，体现政府绩效管理立法的基本价值理念的准则，是贯穿于整个政府绩效管理与评价体系的精神主线。地方政府绩效管理地方性法规的立法原则不能违背立法的基本原则。对于地方政府绩效管理立法原则的探讨，学术界的观点大同小异，概而言之主要包括科学民主原则、系统全面原则、公开公正原则、权责统一原则。

（一）科学民主原则

科学民主原则既体现在绩效管理地方性法规的实体内容上，又体现在立法程序上：在实体内容层面，一是坚持民主原则，用立法的形式确认和保障社会公众参与绩效管理与评价的权利，具体包括指标体系构建、评价方法确定、评价主体选择、程序制定等方面

---

① 张文显.法理学[M].北京:高等教育出版社,2007:198-200.

的权利;二是坚持科学原则,要求政府绩效管理与评价的法律制度对评价主体、对象、组织机构等参与者的权利义务的设置科学合理,要求对评价程序、信息采集、报告内容、信息披露和结果运用等法律规定科学合理,要求政府绩效管理与评价的法律制度尊重和反映绩效评价活动的客观规律[①]。在立法程序层面,一方面应当保障人民通过多种途径参与到立法工作中,扩大公众参与地方政府绩效管理地方立法的广度和深度,有关部门应广泛地收集、采纳群众意见,使社会公众能广泛参与、有效监督立法工作;另一方面,在法规案的提出、审议、表决通过及公布等过程中,应自觉地运用科学理念来指导,以"提升立法质量、生产良法、减少笨法"[②]。

(二)系统全面原则

地方政府绩效管理地方立法应当增强系统性、全面性、协调性与统一性,将绩效管理作为一项系统性工程,并将绩效管理的各个环节纳入立法中。系统全面原则贯穿于法规的文本内容,即立法内容应当涵盖领导体制、功能定位、指标体系、绩效目标、结果应用等方面,力求做到实效性与全面性相结合。从学理上来说,法律指引实践,一套完整、系统、全面的法律制度能有效引导与保障地方政府绩效管理的实践工作的全面开展。因此,可以说,"考评公正的实现依托于考评的系统性、全面性,系统、全面是考评制度能否成功的一个关键。"[③]

(三)公开公正原则

政府绩效管理的根本目的是建立人民满意的政府。一方面,要增强绩效管理与评价的透明度,将评价主体、标准、程序、信息以及结果等向社会公众公布,以求有效的社会监督;另一方面,要力求公平公正、实事求是、不徇私情、依法管理与评价,平等地对待不同层级和职权的管理对象,而实现这一要求的重要保障是公开公正的绩效管理程序。因此,公开公正是政府绩效管理的根本价值取向,旨在改善政民关系。从法律上保证绩效管理的客观公正运行,增强透明度,才能有效避免形式主义,以及"把地方政府绩效管理当作'政绩工程'、'面子活',空头支票多,抓落实少,虎头蛇尾多,善始善终少"等情况发生[④]。

(四)权责统一原则

权责统一原则作为行政法的基本原则,也是绩效立法的重要原则。权责统一原则在绩效立法中体现为:一是有权必有责,权责对等统一。没有责任的绩效管理权力容易被滥用而成为谋取私利的工具,没有权力而只承担责任容易削弱关联主体参与绩效管理的积极性,导致过多"不作为"现象的出现。而权力与责任是对等统一的,有多大的绩效管理权力,就必须承担多大的绩效责任。二是绩效管理权力必须受到监督。绩效立法应当

①　范柏乃,段忠贤.政府绩效评估[M].北京:中国人民大学出版社,2012:335 - 337.

②　张文显.法理学[M].北京:高等教育出版社,2007:201.

③　杨寅,黄萍.政府绩效评估的法律制度构建[J].现代法学,2004,03:14 - 19.

④　龚禄根,包国宪,吴建南,张定安.政府部门绩效评估研究报告[J].中国行政管理,2006,5:11 - 16.

作为夯实绩效管理权力监督的法律保障机制，贯彻"政府应当受到权力和权利的双重监督"的理念，通过自上而下、自下而上以及同级互评的评价过程加强行政权之间的监督；通过社会公众参与绩效管理与评价和独立第三方组织开展的专业的政府绩效评价等方式改进权利对权力的监督①。

二、地方政府绩效管理的立法目的

立法目的作为法律的基石，是一部法律的核心方向，是政府绩效管理立法指引和调控管理主体的绩效管理工作的自觉动因，它决定着地方政府绩效管理工作的方向、性质、方式和后果。对立法目的的准确界定是保证地方政府绩效管理立法的科学、合理、有效的逻辑前提，它贯穿于地方政府绩效管理立法、执法、守法的全过程，具体表现为：立法层面上，立法目的的准确定位，有利于提升立法质量、提高立法技术水平、产生高质量的良法；执法层面上，明确的立法目的，有利于绩效管理关联主体准确地理解法律制度的"原有旨意"，公开公正地遵照和实施法律来开展绩效管理工作；守法层面上，可以使各类关联主体知悉法律规定的"真义"，积极参与绩效管理与评价，正确地行使权利和履行义务。

笔者整理了部分政府绩效管理法律文件，并对这些法律制度的立法目的作简单介绍，如表6-2所示。国内外绩效管理立法，归根结底，其根本目的在于提高政府绩效，改进政府管理。

表6-2　部分政府绩效管理法律文件的立法目的比较

法律文件	立法目的
美国《政府绩效与结果法案》	对联邦机构的项目结果责任进行控制，增加美国人对联邦政府的信心；通过项目目标考评项目绩效及项目进展状况，推进绩效改革；转变政府理念，以结果、服务质量、顾客满意为核心，以提高项目效益与政府责任；通过制定目标和实现目标的计划，提供项目结果和服务质量的信息，达到提高管理者服务技能的目的；依据绩效评估整个过程所取得的信息改善国会决策；改善政府内部管理。
日本《政府政策评价法》	推进政策评价的客观严格的实施，力求其结果对政策的适切反映；公开与政策评价的有关的信息；提高政府绩效，有助于有效果且有效率的行政的推进；尽到政府就各活动对国民的说明责任和义务。
《哈尔滨市政府绩效管理条例》	改进政府管理，提高行政效能，提升公共服务水平，促进科学发展。
《杭州市绩效管理条例》	改进公共管理，提高公共服务水平，推进治理现代化
《佛山市绩效管理暂行办法》	创新行政管理方式，提高党委政府公信力和执行力。
《深圳市政府绩效管理办法》	规范政府绩效管理工作，提升行政效能，优化公共服务，提高政府公信力和执行力

---

① 郑方辉,冯健鹏.法治政府绩效评价[M].北京:新华出版.2014:54-55.

立法目的体现了一部法律法规的基本价值判断,指向要解决的根本问题、目标和任务。笔者认为,地方政府绩效管理条例的立法目的体现为四个方面:

一是提高政府绩效,改进政府管理。这是绩效管理与绩效立法的根本目的。党的十八大报告提出"创新行政管理方式,提高政府公信力和执行力,推进政府绩效管理",指引了政府绩效管理的目标方向。政府绩效管理法律化亦是创新政府管理方式的重要举措和必要途径。通过对地方政府绩效管理的目标原则、领导体制、功能定位、指标体系、绩效目标、评价流程、结果应用等进行法律规范,以保障绩效管理工作的持续有效运行,来提高政府绩效,改进政府服务。

二是深化行政改革,转变政府理念。以法律化的手段推动政府行政体制改革是现代行政的基本机制和主要特征。政府绩效管理立法是通过明确政府战略目标,能有效转变政府职能,提高政府效能和效益,促进建立责任政府、法治政府和服务政府。20世纪80年代以来,美国、英国等国家把绩效管理作为政府改革的"突破口"和"利器"。从发展过程看,绩效管理与行政体制改革相伴而生,相辅相成,相互促进,并进而推动了我国政府从人治政府向法治政府转变,"由过去主要执行'管理'职能的模式开始向既具'管理'职能,更具'规范和控权'职能的模式转化;由推进建设威权政府、万能政府、政策主导政府、保密政府、秩序本位政府的模式向推进建设责任政府、有限政府、诚信政府、透明政府、为民和便民政府的模式转化"[①]。就此而言,推进政府绩效管理与评价是一场超越行政体制改革的革命,而法律化就是影响这场"革命"的重中之重。

三是提高党委政府公信力和执行力。推行政府绩效管理是提高政府公信力和执行力的有效渠道。作为"绩效导向下的目标管理",提高政府执行力是地方政府绩效管理的应有之义。但地方政府绩效管理的目标导向绝非局限于此,而是更多强调在提高政府执行力的基础之上,提升党委和政府的公信力,建设人民满意的政府。政府绩效管理一开始就存在清晰的目标导向,包括价值目标及技术目标。从组织管理的角度,政府绩效管理的价值目标即是民主目标,可视为政府的公信力;技术目标追求政府管治的效率效果,体现政府的执行力[②]。

四是推进法治政府建设,强化依法行政。政府绩效管理作为一种政府行政行为,应当通过立法的途径将公权力的范围及其运行纳入到法律化的范畴,规范和约束行政权力,实施依法行政,以进一步推动法治政府的建设进程和保障法治政府建设成效。建设法治政府,意味着政府依法行政,也就意味着承认政府是一个权力、义务与责任三者统一的主体。政府的绩效管理权责法定,政府的职能履行法定,以法治为边界,在宪法和法律的范围内进行,"法无授权不可为、法定职责必须为"。在法治政府建设的大背景下,政府绩效管理应当加快立法,实现绩效管理有法可依,并将政府的法治职能与依法行政纳入

① 姜明安.中国行政法治发展进程回顾——经验与教训[J].政法论坛,2005,05:12-21.
② 郑方辉,廖鹏洲.政府绩效管理:目标、定位与顶层设计[J].中国行政管理,2013,05:15-20.

绩效管理，因为"依法执政和依法行政是考评的重要内容之一，反之，考评本身也属于执政活动和行政活动的重要组成部分。考评工作涉及公共权力运用与公共财政资源配置，必须在法律框架内依法依规进行，才能做到公平、公正、公开，阳光考评"①。

笔者认为，佛山市在未来开展绩效管理地方立法的工作中，应当在立法目的中明确立法与法治政府的关系，以防止地方性法规在实施过程中脱离法治政府建设的总体要求。从我国目前已有的关于地方政府绩效管理的规范性文件来看，除北京市在《北京市市级国家行政机关绩效管理暂行办法》的总则中明确提出《办法》要为加快建设法治政府服务之外，包括佛山市在内的其他地区均未在这些规范性文件中明文体现出地方立法与法治政府建设的关系。事实上，各地制定本地区的考评法规、规章时，总会习惯性地以明确的法律条文为依据，而极少考虑到法规的精神层面，以及没有明文规定的内容，忽视全国的法治大环境以及更加长远的规划，脱离法治政府建设的总体要求。目前在各地已经开展的立法工作中，经常会出现立法随意、公正性差、权威性差、延续性不足等一系列问题，也与这个原因有关。因此，笔者认为，"法治政府"四个字应当明文出现在佛山市的绩效管理地方性法规中，这样才能从根本上确保佛山市绩效管理不出现方向性、原则性的偏差，规范性与延续性自然就更加有保障。

第三节　佛山市地方立法工作回顾

一、自身发展与申请地方立法权两手抓

改革开放以来，佛山市迎来了迅猛发展期，很早就步入了全国城市综合实力、居民幸福感等诸多排行榜的前列。为再创优势，探索新路，佛山市长期致力于申请获得地方立法权。自2000年《立法法》规定"较大的市"拥有地方立法权之后，佛山市基于自身的发展状况与城市综合实力，多次积极向国务院提出申请，希望成为"较大的市"，但是由于多种原因，始终未能如愿。在2014年全国"两会"期间，佛山市与南通、东莞等一些经济发达的城市再次提出申请，希望被批准成为"较大的市"；同年在广东省召开的"两会"上，佛山市继续提出申请，希望成为"较大的市"。

《立法法》自2000年颁布至2015年修订，整整15年间，每年通过各种方式和渠道希望成为"较大的市"的城市都有很多，只凭这点就足以看出地方立法权对一个城市巨大的吸引力，并且从外部来看，成为"较大的市"，拥有地方立法权，能够极大提升城市在省内以及国内的地位、威望与影响力；从另一方面来看，获批成为"较大的市"难度极大，程序复杂，衡量标准很高且很全面，并不仅局限于经济发展。佛山市在坚持城市的全面、协调、可持续发展的同时，坚持不懈地争取地方立法权，也能够体现出这座城市已经拥有了

---

① 廖鹏洲.地方党政组织考评体系及其法制化研究——以广东为例[D].华南理工大学,2015,132.

足够的综合实力。

二、重视准备工作,保障公众参与

佛山市法制局具体负责政府拟定地方性法规草案和制定地方政府规章的审查、指导、监督以及综合协调的职责。法制局的一位领导同志在深度访谈中,对于佛山市开展地方立法的相关工作,从本单位的角度给出了如下的总结:

"佛山市从首次提出申请争取地方立法权到至今获得地方立法权,用了很长的时间,但也让我们获得了十分宝贵的经验。目前关于佛山市地方立法工作的推进情况,从法制局的角度来看,主要开展了五个方面的工作:第一,通过增加内设机构与人员编制,完善我局的立法机构设置,充实立法人才的配备;第二,在对全市各部门的立法需求进行调研的基础上,提出地方性法规立法项目的建议,经市政府审定后报市人大常委会;第三,完成对已提交的地方性法规草案的审查工作;第四,制定政府立法程序规定;第五,提出2016年地方政府规章制定计划。"

虽然以上只是佛山市法制局一个单位的阶段性工作总结,但是作为地方立法的参与主体之一,法制局开展的这些工作事实上也是整个佛山市立法工作的组成部分,并可以看出佛山市的地方立法工作大体上体现出"重视准备工作,保障公众参与,先行启动条件更为成熟的地方立法"的特点。综合全市,在被授予地方立法权之后,开展的工作可以总结为以下几个方面[①]:

(一)全面把握立法需求

第一,抓紧推进立法能力建设。经佛山市委同意,佛山市人大设立法制委员会,其成员吸纳了包括市人大常委会法制工作机构人员、专家学者、资深律师、基层法律工作者等,并调整市人大常委会法制工作机构设置,将人大法工委的职责调整为负责地方立法和规范性文件备案审查工作,并增加有关科室和人员的编制,同时加强立法专题的学习与培训,设立立法专家顾问咨询组和立法咨询基地,着力打造地方立法的人才智库。

第二,规定地方立法程序。为规范立法程序,提高立法质量,佛山市法制局代市政府起草了《佛山市人民政府拟定地方性法规草案和制定地方政府规章程序规定》,旨在规范市政府拟定地方性法规草案和制定政府规章的立项、起草、审查、决定等程序。

第三,科学确定立法项目。佛山市人大常委会通过组织专题调研、发函征求意见、组织座谈会听取市有关部门的意见等方式,从多方面广泛征集立法建议项目,对确立的九项立法建议项目组织专家论证,同时通过召开立法项目座谈会、书面征求、网络征求、在第三方机构的协助下开展问卷调查等方式,多方面、多角度科学论证立法建议项目,覆盖人群100多万。

---

① 本部分内容参考佛山市法制局、佛山市人大法工委等有关部门2015年的有关会议记录、通知文件、工作总结等材料.

第四，择优安排立法项目。佛山市人大常委会根据立法项目调研论证情况，按照符合地方立法权限及本市立法需求、立法条件较成熟等原则，将佛山市历史文化街区和历史建筑保护条例、机动车船排气污染防治条例和地方性法规制定办法列为佛山市近期提请常委会审议的立法项目，并将其他七项立法建议项目纳入预备项目，报市委常委会研究同意后，于 2015 年 8 月向社会公布立法计划。

（二）不断完善立法工作机制

第一，坚持问题导向的工作原则，加强立法调研。佛山市人大法工委结合立法中的重点难点问题，深入基层展开调研，直接听取基层人民群众与一线工作人员的意见，并邀请各级人大代表、常委会组成人员、专家学者参与，同时做好提前介入工作，指导督促起草单位做好立法调研论证工作，全面了解不同方面的立法主张与利益诉求，及时掌握起草草案中遇到的问题。

第二，注重发挥多方力量参与立法，推进"开门立法"。在立法过程中，佛山市拓宽公民有序参与立法的途径，广泛凝聚社会共识，健全立法机关和社会公众沟通机制，并加强与市人大常委会的立法咨询和服务基地的联系，在专题研究、征求意见、委托立法等方面开展合作。

第三，充分研究各方意见，注重统筹兼顾。佛山市的法规审议工作注重突出重点、统筹兼顾，在反复沟通协商的基础上提出审议意见，从体制机制和工作程序上有效防止部门利益法制化，主要体现在：一是高度重视人大常委会组成人员的审议意见；二是注重加强与有关部门的沟通协调；三是认真分析与采纳公众意见，全面把握并充分体现群众的意愿和诉求，针对性地提出修改建议。

（三）营造地方立法的氛围

佛山市人大法工委根据《地方组织法》、《立法法》，参照全国人大与省人大相关立法程序的规定，强化工作协调。同时，注重加强与其他地区关于地方立法的沟通交流，并在全市范围内通过多种方式加强立法宣传和舆论引导，让全体市民从了解立法工作到主动参与立法工作，营造良好的社会氛围。

三、先行启动条件相对成熟的地方立法

佛山市在上述各项工作的基础上，目前已经完成了对《佛山市历史文化街区和历史建筑保护条例（草案）》、《佛山市机动车船排气污染防治条例（草案）》、《佛山市住宅物业管理条例（草案）》三份地方性法规草案的审议。2015 年 12 月 18 日，佛山市第一部地方性法规《佛山市历史文化街区和历史建筑保护条例》（在本部分简称《条例》）得到了表决通过。

（一）政府主导，广纳意见

2015 年 7 月，佛山市政府根据市委的决定以及市人大常委会的立法思路，指定佛山

市国土与城乡规划局成立小组,具体负责组织《条例》的起草工作。起草小组认真分析佛山市历史文化街区和历史建筑保护的现状和难题,总结佛山市历史文化保护的经验,广泛征求社会公众、各区政府、市政府工作部门以及市直有关单位的意见,认真听取历史文化保护专家、法律专家的意见,明确立法目的,借鉴国内其他城市行之有效的保护措施,结合佛山市实际情况,认真起草形成草案送审稿。之后,法制部门继续征求政府部门、相关单位、市长法律顾问等及社会公众意见,组织召开了多场立法工作协调会、座谈会、研讨会等,反复研究修改形成草案,经市政府常务会议讨论同意,提请市人大常委会审议。

(二)严格遵循立法程序

佛山市人大常委会依据关于立法程序及立法技术规范的规定,分别于 2015 年 9 月、11 月和 12 月进行了三次审议。在审议过程中,市人大常委会教科文卫工作委员会和常委会组成人员、人大代表提出了很多高质量的修改意见。针对审议中提出的意见,法制委员会、法制工作委员会进行了多次调研论证,法制委员会对《草案》进行了三次统一审议,提出《草案修改稿》《草案修改二稿》和《草案表决稿》,市人大常委会主任会议对此进行了多次研究修改。《条例》于 2015 年 12 月 18 日上午市第十四届人大常委会第三十二次会议表决通过。

(三)坚持"开门立法"

佛山市人大常委会在审议工作过程中,法制委员会、法制工作委员会、教科文卫工作委员会通过以下六种形式广泛征求修改意见:一是充分重视人大常委会组成人员提出的审议意见,对意见逐一进行梳理研究并做出回应;二是重视发挥代表作用,书面征求全市全国人大代表、省人大代表以及全体市人大代表的意见;三是注重发挥专家的专业优势,提请省人大常委会法制工作委员会协助组织召开专家立法论证会,同时,书面征求佛山市地方立法研究评估与咨询服务基地、立法咨询专家顾问的意见;四是关注基层实际,深入调研,组织召开了 30 余场《草案》、《草案修改稿》修改座谈会,特别是收集基层对条例的修改意见和建议;五是注重职能协调,反复书面征求市政府工作部门、市直相关单位的意见;六是关注公众意见,将《草案》或《草案修改稿》在佛山市人大常委会门户网站向社会公开征求意见,并邀请市民旁听市人大常委会审议《条例》的会议。

截至 2015 年 12 月 11 日,佛山市人大常委会共收集到各方面对《条例》的修改意见982 条,经过研究论证,综合采纳修改意见 423 条。佛山市人大法工委就《草案》、《草案修改稿》的体例设置、保护措施、法律责任等需要修改的内容进行了全面深入的研究。通过以上这些流程,最终的《条例》得以顺利出台。

以《佛山市历史文化街区和历史建筑保护条例》为例,分析佛山市制定地方性法规的流程,可以概括出佛山市的地方立法工作的总体呈现出以下三方面的特点,有助于为未来制定绩效管理地方性法规提供参考。

第一,地方性法规制定程序合理规范,标准科学严格。在《立法法》与《广东省地方立法条例》的基础上，佛山市进一步制定了《佛山市人民政府拟定地方性法规草案和制定地方政府规章程序规定》，用更加科学、严格的标准规范地方性法规的整个制定流程，确保地方性法规制定程序的准确无误。

第二，立法全程重视多方参与，特别是公众参与。佛山市出台地方性法规，从立项、起草、审议、表决直到最终公布（未来必将还会包括修改、解释等环节），每个环节都提供了多种渠道，使社会各界都能得到最广泛的参与，并且提出的所有意见都能够通过规范的渠道汇总整理，有用的意见经科学合理的筛选后得到采纳，真正实现了地方立法工作在整个佛山市、面向全体公民的"全覆盖"。

第三，立法主体之间分工明确、权责分明。在整个立法流程中，每一类立法主体、每个具体的职能部门都承担了明确的、并且与其他部门互不干扰的工作任务，从而在立法流程中，各方各司其职，作用得以充分发挥，使立法流程的运转平稳而高效。

第四节　佛山市绩效管理立法工作的展望

一、进一步完善与加强既有的立法工作

佛山市第十四届人民代表大会法制委员会的同志在深度访谈中，对于未来佛山市的地方立法工作，从宏观角度提出了这样的看法：

"在未来的工作中，法制委员会将继续以党的十八大及十八届三中、四中、五中全会精神为指引，在市人大常委会的领导下，努力加强自身建设，依法履行职责，不断总结提炼并探索创新，努力完善地方立法工作机制，以提高地方立法质量为中心，继续推进科学立法、民主立法，为佛山市未来立法工作的开展贡献力量。"

这样的观点基本上指出了佛山市立法工作的前进方向。具体来说，未来应当在原有工作的基础上，从以下六个方面进一步完善：第一，继续坚持党对立法工作的领导不动摇，保证党的路线方针政策和决策部署在立法工作中得到全面贯彻和有效执行；第二，进一步全方位把握佛山市的立法需求，保障多方参与；第三，继续坚持以问题引导立法制度，进一步加强立法调研，增强法规的可执行性与可操作性，努力提高立法质量；第四，完善公开征求意见制度，通过各种方式听取基层群众的意见建议，不断提高公众参与立法的广度、深度和积极性；第五，切实发挥好立法基地、市律师协会、市法学会、立法咨询专家等的重要作用，多方综合推进地方立法工作；第六，建立和完善人大代表参与法规立项、起草、调研、审议的制度，充分听取人大代表就编制立法规划和年度立法计划的意见，主动联系代表参与起草和修改法规等工作。

二、引入绩效管理地方立法的立法前评估

党的十八届四中全会召开之后以及《立法法》修改之后，如何确保新出台的法律、法规

合乎正当性,最大限度地使新的法律、法规能够得到公民普遍的认同及遵从,已经被视为当下中国法治建设最重要的目标之一。尽管佛山市绩效管理卓有成效,但是根据当前社会主义法治建设的具体要求,为提高立法质量,有必要对绩效管理地方立法展开立法前评估。

立法前评估是立法评估工作的一部分。对于法律与地方性法规的出台来说,从立项到颁布出台的整个过程中,人大常委会、国务院、地方政府、各部委、社会公众以及专家学者,对法律中涉及的关键的制度、规则与操作性措施往往会存在较大的争议,在立项经过同意后,即可启动立法前评估程序,从而可以从立法源头上对立法涉及的重大制度与规则、利益关系做出调整与折中,从而寻求到立法公正与效率的平衡点。尤其是评估论证立一部即将出台的地方性法规,是否具有必要性、合法性、协调性和可操作性方面,立法前评估能够发挥十分重要的作用。在论证该法规满足这些具体要求与属性的前提下,进一步分析评估这部地方性法规与其上位法、同位阶法之间的从属关系以及法规之间的协调状况,避免法规之间的冲突,这些问题都是立法前评估能够解决的。佛山市在已经开展的地方立法工作中并没有引入立法评估,笔者认为,未来可以尝试开展立法前评估工作,有助于绩效管理地方立法质量的提高与施行效果的优化。

三、做好绩效管理地方立法的"法的清理"

无论对何种事项开展地方立法,在前期做好法的清理工作十分必要。地方政府绩效管理工作也不例外。与立法评估相比,法的清理在我国被采用的时间较长一些,可借鉴的经验与实例也更丰富。因此笔者认为,佛山市绩效管理地方立法工作也可以尝试引入法的清理。

法的清理,指的是有权的国家机关,在其职责范围内,以一定的方式,对一国一定范围内所存在的规范性文件进行审查,确定它们是否继续使用或是否需要加以变动(修改、补充或废止)的专门活动①。从广义的角度来说,法律清理、法规清理、规章清理都可以归纳为法的清理。有学者认为,地方性法规的清理,相较于在地方立法开始前的立法规划编制、立法计划制定等工作而言,是在立法后开展的,但地方性法规的清理又不是严格意义上的终止于立法之后,相反,它指向新的立法工作。地方性法规的清理的最终目的是通过启动立法程序来完善现行的地方性法规,通过法规清理,立法前、立法中及立法后的各项工作能够形成有序的链接与循环,这是科学立法不可或缺的重要环节。②

法的清理具体包括以下几方面的内容:第一,法的清理是有权立法的机关的一种职权活动,而对法的清理则是立法机关的一项基本义务;第二,法的清理对象是现行的规范性文件,按照我国现行《立法法》的规定,就是指宪法、法律、行政法规、地方性法规和规章五种规范性文件;第三,清理的目的是为了使现行适用的法规尽可能符合经济社会发展的需求;第

---

① 周旺生.立法学[M].北京:法律出版社,2009:507.
② 王娟.关于地方性法规清理的几点思考[J].上海人大月刊,2013,08:38-39.

四，清理的结果是对现行法规保留、废除、修改、补充完善的一种，法的清理不是创制新的法，而是立法工作的一种后续性工作；第五，法的清理需要通过特定的工作方式以及工作程序完成，或集中清理，或专项清理，还涉及清理的标准、程序、结果公布等基本问题。

法律不及时制定、修改、废除、补充完善是法律冲突产生的一项制度根源。法律必须准确、及时地对已经或正在发生的客观形势做出反应。一旦社会的经济、政治状况发生变化，法律就应当以适当的方式反映、适应社会生活①。有学者认为，对地方立法来说，在制定新的地方性法规之前对已出台的立法进行清理，其意义不仅在于实现法律的新陈代谢、吐故纳新，更重要的是通过清理，有助于立法者温习、提炼多年来本地人大立法的成就与经验，也有助于反思、总结出现的问题，进而为未来的地方立法工作提供建设性的意见②。

广东省对法的清理卓有成效。2009年3月，中山大学法学院行政法研究所受广东省人大常委会的委托，依据法律、法规与国家政策的要求，从体系和内容上对广东省人民代表大会及其常委会于1985年至2007年制定的68部地方性法规进行了包括审查、分析与整理等流程在内的法规清理工作，建议废止6部，修改50部，保留12部③。佛山市在出台绩效管理的地方性法规之前，应当充分借鉴相关的经验，对已经出台的关于绩效管理的文件进行清理，及时使绩效管理的法规体系"吐故纳新"，满足实际的需求。

---

① 阮荣祥.地方立法的理论与实践[M].北京：社会科学文献出版社,2008：34.
② 刘恒,刘诚.广东省地方性法规清理工作报告[A].载于中国立法学研究会.地方立法的理论与实践[C].北京：法律出版社,2013：137.
③ 刘恒,刘诚.广东省地方性法规清理工作报告[A].载于中国立法学研究会.地方立法的理论与实践[C].北京：法律出版社,2013：137.

第七章　地方政府绩效管理制度化与法律化的保障：申诉与救济制度

从某种意义上说，政府绩效管理是一种激励机制，当管理工作面临一些不可预测的因素，相关技术条件亦复杂多变，这就使地方政府绩效评价的结果可能丧失精确性。由于评价者对不同部门的偏见，评价标准的制定模糊不清，相关文献资料不全，评价程序失误或评估者缺乏培训，评价的可靠性和权威性都受到影响①。因此，管理及评价的结果可能出错，评价涉及的各方的合法权益会受到侵害，从而需要建立申诉救济制度，以体现公平公正。同时，完备的申诉与救济制度是法律实施的客观要求，亦是一部内容完整的立法必要的组成部分，因此申诉与救济制度对政府绩效管理法律化来说是不可或缺的。

第一节　建立地方政府绩效管理申诉与救济制度的必要性

地方政府绩效管理的申诉与救济制度既是地方政府绩效管理运行过程中不可缺少的内容，同时从立法的角度来看，救济是对权利的救济与保障，只有权利运行而没有权利救济的法律是一纸空文。因此，建立地方政府绩效管理申诉与救济制度是地方政府绩效管理法律化的重要内容和必要步骤。通过司法化手段赋予评价对象申诉权、救济权，并以法律形式建立地方政府绩效管理申诉与救济制度，诸如针对绩效评价结果的复核、申诉及其所引发行政赔偿等②，既有利于评价对象对绩效评价指标体系、评价流程、结果应用等存在异议时根据法律规定申请救济，又能确保地方政府绩效管理过程中的每个环节都能依法运行，从而提高地方政府绩效管理的合法性与公正性。

一、推进地方政府绩效管理法律化的一项基本内容

当前，我国地方政府绩效管理的氛围初步形成，地方政府绩效管理工作不断深入和创新，正逐步朝着完善体系、促进工作科学化、制度化、规范化的方向有序推进，但是，若管理主体未按照正确的流程开展绩效管理，出现了如绩效管理工作与绩效目标不符、随意修改指标体系的内容或权重、无故拖延考评进度、未能履行告知或公示的义务、无法给予符合要求的管理对象应有的绩效奖励等情况，都会对管理对象的合法权益造成侵害，此时如果尚未形成一套系统完备的绩效管理救济制度，管理对象的合法权益就无法得到

---

① ［美］尼古拉斯·亨利.公共行政与公共事务［M］.北京：中国人民大学出版社，2002：435.
② 廖鹏洲.地方党政组织考评体系及其法制化研究——以广东为例［D］.华南理工大学，2015，06.

及时的救济,从而会严重违背绩效管理的民主性与公正性。从目前的实践情况来看,部分地方政府已经建立或完善了一些与救济相关的制度,包括绩效目标设定、目标审核、目标公示等目标制度,绩效责任分解、责任公示、责任追究等责任制度,绩效运行定期分析、预警预测、点评通报、督查指导、电子监察等监控制度,绩效指标数据采集、公众评议、察访核验、联合评审、专项评价等评价制度,双向反馈、结果通报、分析整改、绩效奖励、绩效问责等改进提升制度,以及效能投诉、效能督查、行政问责、行政权力运行监控等相关配套制度在内的地方政府绩效管理制度体系,但均尚未建立起一套系统、完备的关于管理对象合法权益的救济制度①。尽管目前已将"评价部门对地方政府绩效评价结果存在异议时有权提出申诉"列入相关配套制度之中,但这只是地方政府绩效管理工作中唯一的救济途径。建立地方政府绩效管理救济制度应将复核、申诉等救济方式相统一,以法律的形式加以明确,形成一套完整的地方政府绩效管理救济制度。建立地方政府绩效管理申诉与救济制度既是健全和完善相关配套制度,又是推进地方政府绩效管理法律化的一项基本内容。

二、提高政府绩效考评科学化水平的现实需求

监督检查和考核是一门技术性很强的工作,考核和被考核始终存在一个博弈,存在着信息不对称。地方政府绩效管理申诉与救济制度的建立有利于管理对象对管理主体的绩效评价工作进行逆向的监督,用事后救济的方式对管理主体在绩效评价过程中的权力加以规范,以维护评价对象的合法权益。管理对象遵循绩效管理申诉与救济制度对管理主体在绩效管理与评价中的违规现象以及不作为、乱作为等违法现象提出申诉或行政救济,既有利于不断使地方政府绩效管理趋于严谨规范,又有利于增强绩效评价结果的真实性和可靠性。建立地方政府绩效管理申诉与救济制度可以更好应对评价部门的绩效评价信息与评价对象的自我评价信息不对称的现象,有利于规范绩效评价工作的程序,对于提高绩效管理的科学化水平具有积极的意义。

三、制约和监督评价权力依法运行的必然要求

十八届三中全会指出:"要加强社会主义民主政治制度建设,推进法治中国建设,强化权力运行制约和监督体系"②。地方政府绩效管理申诉与救济制度是对地方政府绩效评价主体的绩效评价权力的重要制约手段,是评价对象对评价部门权力监督的重要渠道,是民主政治制度的重要组成部分。十八届四中全会提出:"全面推进依法治国的战略

---

① 根据《广东省政府办公厅关于开展政府绩效管理试点工作的通知》、《中共福建省委 福建省人民政府关于开展机关效能建设工作的决定》、《吉林省政府工作部门绩效评价实施办法》、《四川省人民政府部门绩效管理办法(试行)》、《中共湖南省委 湖南省人民政府关于开展政府绩效评价工作的意见》以及《武汉市绩效管理暂行办法》等文件整理.

② 中共中央关于全面深化改革若干重大问题的决定,2013−11−9.

部署,依法治国、依法执政和依法行政,建设法治国家、法治政府和法治社会"①。依法行政是地方政府绩效评价工作的基本要求,绩效评价管理涉及公共权力的运用和公共财政资源的配置,因此应遵从权责统一的行政原则,绩效管理权必须受到严格的监督②,使绩效管理工作在法律框架内依法依规进行。地方政府绩效管理申诉与救济制度的建立将评价对象纳入对评价部门依法行政的监督主体范围内,有利于推动地方政府绩效管理法律化,使评价权力的运行在法律框架内进行,以实现公平、公正、公开的目的。

四、应用地方政府绩效评价结果的重要前提

地方政府绩效评价工作的成果与质量如何,关键在于对绩效评价结果应用。地方政府绩效评价仅仅是政府管理过程中的一种管理方式,而并非评价工作的目的所在。地方政府绩效评价的目的是使政府自身和利益相关者更全面地了解政府职能的履行情况及其存在的问题。在此基础上,针对绩效评价结果反映出的问题,总结经验、吸取教训,在理性反思的基础上做出明智、客观的判断,为以后的工作提供切合实际的指导,不断地提高政府工作的绩效。绩效评价结果的运用是绩效评价过程的重要目的,这就要求地方政府绩效评价结果应具有相对较高的准确性和客观性,唯有得到准确客观的绩效评价结果才能正确指导政府工作。因此,应当将绩效评价结果及时反馈给评价对象,并从立法上为评价对象设立相关救济,以使评价对象的合法权益能得到有效保障。救济可以使评价部门与评价对象互相作用,强化沟通,从而为获得准确客观的绩效评价结果提供基本条件。

第二节　地方政府绩效管理申诉与救济制度的内容

根据行政行为的对象不同,政府行政行为可分为外部行政行为和内部行政行为两种类型。凡涉及行政机关内部管理,即行政机关之间,行政机关与其工作人员之间的管理关系的行政行为,被称为内部行政行为③。内部行政行为主要由《公务员法》、《行政监察法》以及《地方组织法》加以界定和规范。在我国,对内部行政行为的救济被排除在行政诉讼的范围之外,行政系统内部包括申诉、复核在内的行政救济是其主要的救济方式。与内部行政行为相对应,凡涉及行政机关对社会进行管理,即行政机关在行使行政职权,进行行政活动时与外部相对人(公民、法人或其他社会组织)之间关系的行政行为,被称为外部行政行为④。外部行政行为是行政法的主要规范内容,作为外部行政行为相对人的公民、法人或其他社会组织,如果认为行政机关的具体行政行为侵犯其合法权益,法律

①　中共中央关于全面推进依法治国若干重大问题的决定,2014 – 10 – 28.
②　郑方辉,冯健鹏.法治政府绩效评价[M].北京:新华出版社.2014:54 – 55.
③　沈福俊,邹荣.《行政法与行政诉讼法学》(第二版)[M].北京:北京大学出版社,2013:18 – 19.
④　沈福俊,邹荣.《行政法与行政诉讼法学》(第二版)[M].北京:北京大学出版社,2013:18 – 19.

规定,可以通过申请行政复议或提起行政诉讼的手段对其合法权益加以维护。

狭义的地方政府绩效管理是政府内部的行政管理方式,因此严格意义上属于内部行政行为。但本书研究的对象——佛山市绩效管理涉及体制内外的多种权利义务关系,并且从地方政府绩效管理关联主体不可避免的多元化趋势来看,其申诉与救济制度也应当对外部主体的权利保障有足够的侧重。

一、地方政府绩效管理救济方式分类

内部行政行为和外部行政行为的对象不同,以及行政机关行使两种权利的性质和法律依据也不同,因此,不同性质的行政行为引起的行政争议应通过不同的救济方式予以解决,进一步说,内部行政行为引起的行政纠纷应当由行政机关依据相关法律规定在行政机关内部加以解决,而外部行政行为引起的行政纠纷应根据行政复议法、行政法与行政诉讼法的规定由行政复议机关或人民法院予以解决。

(一)复核、申诉

内部行政行为反映的是行政机关的自身管理,其内容均为内部组织关系、隶属关系、人事关系等方面。内部行政行为主体双方都属于行政系统,且具有隶属关系。在内部行政行为所引起的行政纠纷中,行政主体拥有解决内部行政法律关系纠纷的排他性权力,即内部行政法律关系引起的纠纷一般由行政系统内部解决而不诉诸司法机关。我国《行政复议法》和《行政监察法》将内部行政行为列为人民法院不予受理的政府行政行为之一,即被处分或被处理的行政机关或行政机构以及公务员如果对内部行政处分不服,不能以行政诉讼的方式申请救济,但可依照有关法律和行政法规的规定向可以作为法定主体的部门提出复核或申诉的请求。

(二)行政复议

行政法律关系的主体分别为行政主体和社会上的公民、法人或其他组织,双方之间并不具有隶属关系。在行政法律关系中,行政主体依法拥有解决行政法律关系纠纷案件的裁判权力[1]。基于此种情况,行政相对人的合法权益在受到行政主体做出的行政行为的不法侵害时,可以通过行政复议的方式申请行政救济。行政复议既是一种行政救济方式,也是一种具体行政行为,因此具有具体行政行为相应的效力,即形成力和拘束力[2]。根据我国《行政复议法》的相关规定,公民、法人或其他组织作为行政相对人,可以就行政机关做出的侵犯其合法权益的具体行政行为向相应行政机关申请行政复议。行政相对人以行政主体侵害其合法权益为由,可以申请行政复议的行政行为分为两种类型:其一为作为行政相对人的公民、法人或其他组织可以就某个具体行政行为在法律规定期限内

---

① 马怀德,高家伟,周佑勇.《行政法与行政诉讼法学》[M].北京:中国法制出版社,2005:91-92.
② 沈福俊,邹荣.《行政法与行政诉讼法学》(第二版)[M].北京:北京大学出版社,2013:385-386.

选择向法定行政复议机关申请行政复议；①其二为行政相对人就行政主体做出的侵害其合法权益的行为必须先向行政复议机关申请复议，若对复议决定不服方可向人民法院提起行政诉讼②。

（三）行政诉讼

行政行为是行政主体做出的对行政相对人产生法律影响、具有法律效果的行政行为，体现的是国家对社会的管理。因此，行政相对人的合法权益在受到行政主体做出的行政行为的不法侵害时，可以依法诉诸司法机关以行政诉讼的方式予以解决，即行政相对人可以就行政机关做出的违法或不当行政行为通过行政诉讼的方式申请救济，以维护其合法权益。行政相对人以行政机关做出侵害其合法权益的决定为由，可以提出行政诉讼的行政行为分为两种类型：其一，作为行政相对人的公民、法人或其他组织可以就某个具体行政行为在法律规定期限内直接向人民法院提起行政诉讼；③其二，行政相对人就行政主体做出的侵害其合法权益的行为应当先向行政复议机关申请复议，只有在对行政复议决定不服时方可向人民法院提起行政诉讼④。

二、地方政府绩效管理具有的行政行为特点

在我国现阶段地方政府绩效管理试点工作中，绩效评价主体多为各地方政府和部门成立的绩效管理办公室（简称"绩效办"），评价对象则为被考评的党政系统内部的行政主体或职能部门。地方政府绩效管理行为主体双方均属于党政系统，且具有部分隶属关系；地方政府绩效管理行为反映的是行政机关的自身管理，其内容包括内部组织关系、隶属关系、人事关系等方面。因此，地方政府绩效管理属于内部行政行为的范畴，由此引起的纠纷应当由绩效评价机关依据相关法律规定在其系统内部加以解决。

复核、申诉等救济方式是为防止行政机关实施违法或不当的内部行政行为而为内部行政行为相对一方设立的救济方式，主要用于处理行政机关与其所属行政机关或行政机构以及公务员之间的权益纠纷，目的在于维护内部行政行为相对一方的合法权益。地方政府绩效管理具有内部行政行为的属性，因此，绩效管理行为所产生的法律关系属于内

---

① 《中华人民共和国行政复议法》第二条："公民、法人或者其他组织认为具体行政行为侵犯其合法权益，向行政机关提出行政复议申请，行政机关受理行政复议申请、作出行政复议决定".

② 《中华人民共和国行政诉讼法》第四十四条："对属于人民法院受案范围的行政案件，公民、法人或者其他组织可以先向行政机关申请复议，对复议决定不服的，再向人民法院提起诉讼；也可以直接向人民法院提起诉讼。法律、法规规定应当先向行政机关申请复议，对复议决定不服再向人民法院提起诉讼的，依照法律、法规的规定".

③ 《中华人民共和国行政诉讼法》第二条："公民、法人或者其他组织认为行政机关和行政机关工作人员的具体行政行为侵犯其合法权益，有权依照本法向人民法院提起诉讼。"第四十五条："公民、法人或者其他组织不服复议决定的，可以在收到复议决定书之日起十五日内向人民法院提起诉讼。复议机关逾期不作决定的，申请人可以在复议期满之日起十五日内向人民法院提起诉讼。法律另有规定的除外".

④ 《中华人民共和国行政诉讼法》第四十四条："对属于人民法院受案范围的行政案件，公民、法人或者其他组织可以先向行政机关申请复议，对复议决定不服的，再向人民法院提起诉讼；也可以直接向人民法院提起诉讼。法律、法规规定应当先向行政机关申请复议，对复议决定不服再向人民法院提起诉讼的，依照法律、法规的规定".

部行政法律关系所调整的范围，绩效评价主体拥有解决绩效管理行为所引起纠纷的排他性权力，即绩效管理行为所引起的行政纠纷应该由绩效评价主体在其系统内部解决而不应诉诸司法机关。

同时，地方政府绩效管理中的绩效管理行为是绩效办行使其职权对公共事务进行管理的行为，由于外部社会公众的不断参与，绩效评价结果的影响范围不断扩大①。绩效管理行为产生的法律后果不仅会使评价对象的权利与义务发生改变，还会使社会公众的权益受到影响，因此绩效管理行为具有行政行为的部分特征。然而，是否因此就将行政复议、行政诉讼等司法性行政行为的救济方式纳入地方政府绩效管理申诉与救济制度的范围内，还有待进一步讨论。

第三节　佛山市绩效管理申诉与救济制度实践探索

2012 年初，佛山市被列入广东省绩效管理试点地区之后，佛山市委市政府便将绩效管理作为深化行政管理体制改革的重要内容，努力探索既规范又完善，并富有佛山特色的绩效管理模式，为全面推行政府绩效管理积累经验。其中，佛山市绩效管理申诉与救济制度的构建过程反映了佛山市绩效管理工作中遇到的突出问题，也充分体现了佛山市绩效管理试点工作的基本理念。佛山市构建的绩效管理申诉与救济制度大致可以分为事前救济、事中救济和事后救济三个方面。通过针对绩效管理工作的不同步骤分别设立相应的申诉与救济制度，从而形成了相对比较完整的、符合佛山市绩效管理制度化现状的申诉与救济制度，为获得客观公正的绩效评价结果提供了基本的制度保障。

一、佛山市绩效管理的事前救济

佛山市绩效管理的事前救济主要是指在绩效办进行绩效评价工作前，评价主体或评价对象针对绩效管理实施办法或绩效评价指标体系申请的救济。佛山市绩效管理事前救济主要包括对制定绩效管理实施办法救济申请和对构建指标体系的救济申请两种类型。

（一）佛山市绩效管理是否应构建申诉与救济制度之争

佛山市作为广东省政府绩效管理试点地区之一，承担过多项改革试点任务。绩效管理是一项全新工作，全国都处于探索阶段，没有过多现成的做法和经验可循。试点即先试先行，积极开拓创新，不断探索绩效管理的新途径、新方法。在佛山市绩效管理试点工作中，曾对佛山市绩效管理范围的问题尤其是绩效管理申诉与救济制度是否应该纳入佛

---

① "法治的最终目的是为了公众满意，因此公民满意是法治政府绩效评价的最高原则；而公众作为政府行为的对象，对法治政府的绩效又有切身感受，最有发言权。"参见：郑方辉，冯健鹏.法治政府绩效评价[M].北京：新华出版社，2014，01：107.

山市绩效管理范围这一问题展开了激烈讨论。结合争论双方意见,佛山市在绩效管理试点工作中成功解决了绩效管理中救济方式问题,为全面推行绩效管理工作尤其是构建绩效管理申诉与救济制度提供了宝贵经验。

由绩效管理申诉与救济制度引发了佛山市绩效管理范围的讨论,形成了以下两种对立的观点:

一是绩效管理申诉与救济制度应纳入佛山市绩效管理范围。在佛山市绩效管理试点工作中,应该为评价对象设立绩效管理申诉与救济制度,为对绩效评价结果存在异议的评价对象申请救济提供合法的渠道,以便充分了解评价对象对评价结果的态度,确保绩效评价结果的客观公正。一方面,构建佛山市绩效管理申诉与救济制度,有利于提升绩效评价结果的可信度。绩效评价结果是衡量佛山市绩效管理工作成绩的直观反映,绩效评价结果的公正性将直接影响绩效水平的改进和提升。构建佛山市绩效管理申诉与救济制度有利于提升绩效评价结果的公正性,巩固佛山市绩效管理的生命力,提升佛山市绩效评价结果的公信力,有助于建设诚信政府。另一方面,构建佛山市绩效管理申诉与救济制度,有利于激发评价对象参与的积极性。将绩效评价结果向评价对象逐步公开,接受评价对象的监督及救济申请,密切绩效评价主体与评价对象双方的互动交流,有利于提高评价对象对佛山市绩效管理工作的认知水平和参与意识,提高佛山市绩效管理工作的效率与质量。因此,应将绩效管理申诉与救济制度纳入佛山市绩效管理的范围,通过构建佛山市绩效管理申诉与救济制度,解答评价对象对评价结果的疑惑,提高评价结果的客观性和公正性,不断完善与改进绩效管理制度。

二是绩效管理申诉与救济制度不应纳入佛山市绩效管理范围。佛山市绩效评价工作由市委、市政府领导,由佛山市绩效管理办公室负责具体执行,佛山市应建立具有独立处理救济问题的部门、机构或办公室,避免绩效办在绩效管理过程中担任双重角色。一方面,佛山市绩效管理涉及党、政、军及群众组织等各个方面,绩效办对各评价对象的考核工作已经相当繁重,若所有对象将问题都集中在绩效办等待处理,会出现救济申请无法得到及时答复的情况;从评价对象角度看,绩效办推翻其做出的评价结果难度较大,由此做出的救济回复可信度较低,难以满足评价对象针对考评工作存在的疑虑。另一方面,绩效评价工作是由绩效办负责具体执行的,为避免市绩效办在绩效管理过程中拥有过多的职权,在绩效管理过程中形成了绩效办既当"运动员"又当"裁判员"的尴尬局面,应使评价主体和救济主体相互分离,使评价对象的合法权益得到公正的维护。同时,作为行政复议机关的上级绩效办或人民法院的职能决定了其可以对评价对象提出的救济申请做出较为具体、专业的回复。既有利于迅速解决评价对象对绩效评价工作的疑虑,又可以提高绩效管理工作的效率。

针对申诉与救济制度引起的佛山市绩效管理范围的问题,通过借鉴国内外先进经验并结合本地具体实际,佛山市制定了由市绩效办作为唯一救济主体的绩效管理救济方式规范,具体包括以下两个方面:一是以书面方式申请救济。佛山市绩效办按照相关规定对各评价对象做出绩效评价后，将绩效评价结果反馈给各评价对象，各评价对象对绩效结果意见存有异议的，须在规定时间内向绩效办提出书面申诉。二是通过网络系统提出申诉①。佛山市绩效办面向四组不同用户开通佛山市绩效管理网络系统，根据用户的角色配置不同的功能，其中"成绩扣分申诉"版块是解决评价对象因对绩效评价结果存在异议而设立的申诉功能。评价对象可以通过该功能查看其所有指标的绩效评价成绩以及每项指标的详细信息和扣分情况，评价对象对绩效评价结果存在异议需要提出申辩时，可以通过申诉功能上传佐证材料提出申辩。

（二）佛山市绩效管理的指标体系救济问题

在佛山市绩效管理工作中，绩效评价结果作为对评价对象的奖惩依据，即通过对绩效评价结果优秀的评价对象予以奖励的方法激发评价对象工作的积极性，因此佛山市绩效评价工作的指标体系和评价结果备受各评价对象的关注。各评价对象依据本部门具体实际，针对评价工作存在的问题通过申诉等方式向市绩效办申请救济，其中最为典型的主要是针对部门职能和指标体系设计的救济申请。

一是部门职能导致差评的救济及理由。现有的政府考核主要是以完成上级政府的考核任务为驱动力，即"压力型政府考核模式"②，并已形成一个封闭运作体系，导致公务员服务意识不足，政府工作不能满足公民诉求。为突破原有的"压力型政府考核模式"，实现政府公信力，佛山市绩效管理始终将公民满意度作为一个重要维度。

从构建绩效管理制度角度看，将公民满意度作为一项具体的绩效管理评价指标既是政府绩效管理"公众满意导向"的要求，同时是佛山市绩效管理的重大突破。然而从各部门职能角度出发，多数部门都排斥公民满意度指标，特别是执法部门，如公安、交通等部门。各部门针对公众满意度指标申请救济的理由主要包括：部门的职能工作直接同公众接触，且接触时间较长、次数频繁，由此容易导致群众对部门产生厌倦进而对其工作作出不满意评价。其中，执法部门针对公民满意度指标申请救济的理由为：部门的职能工作多以处理具体的问题为主，采用的多为惩罚性行政措施，这种措施带来的负面效应很容易被放大，使公民对其工作的认可度降低。而在实践中，公民对执法部门产生的"负面情绪"往往会使执法部门正常履职的正面作用被淡化、掩盖或忽视，从而导致部门公众满意度普遍比党群部门低。从社会调查方法来看，这样的情况确实存在。但由此而大范围否认公众满意度指标显然不合理。如果公民利益、部门利益和公共利益三者不能协调，自成一个封闭运作体系的压力型政府考核模式必然倾向于维持部门利益，而无法满足公民的利益。

分类考核，自主申报指标值是解决部门职能导致差评的有效途径。佛山市绩效管理过程中，针对评价对象之间的差异进行分类考核，不同类别的评价对象分别设计评价指

---

① 根据佛山市绩效管理系统"成绩扣分申诉"页面整理．

② 郑方辉，冯健鹏．法治政府绩效评价[M]．北京：新华出版社，2014：70．

标体系。佛山市绩效管理对象主要分成了各区、经济管理类、社会管理类和综合管理类4类,设置了2套指标体系。同时,为了提高不同类别评价对象绩效评价结果的可比性,市级单位的指标体系做到一级指标统一,二级指标和三级指标区别设置,部分指标值由各单位根据部门职能及年度重点工作自主申报。

二是区域差异导致差评的救济及理由。根据地域差异性设计指标体系是佛山市绩效管理工作的突出特点。评价指标体系的构建是佛山市绩效评价的核心问题,其中差异性又是矛盾的主要方面。通过对市级单位及五区的调研发现,指标体系构建的主要矛盾指向评价指标的统一性与差异性①。这样的差异性有时会带来一些矛盾,如"GDP 增长速度指标"与各区经济发展水平差异的矛盾等,这些已在前文进行了相应的分析,此处不再赘述。

佛山市根据区域功能、地区实际及部门职责,处理好共性与个性、当前与长远、稳定与动态的关系,突出不同区域、不同部门的考评要求和考评重点,确定各有侧重、各具特色的佛山市绩效管理指标体系内容。部分情况的介绍见表7 – 1。

表7 – 1　各区、部门申请救济的部分情况②

理由	部门
公民满意度	职能工作多采用处罚性行政措施,公民会产生偏见给予差评
	工作性质导致工作内容公开性较低,公民因不了解给予差评
	部门工作繁杂,信访请求处理周期长,公众因不理解给予差评
指标体系	经济总量大,GDP 增长率低,应以经济增长量作为评价指标
	本区地方公共预算收入较高,应设计与此相关的评价指标
	本区大力发展固定资产建设,相关评价指标应占较高比例
	本区着力发展文化、教育等第三产业,应增加相关评价指标
	经济总量低,但 GDP 增速高,此评价指标能反映本区水平

二、佛山市绩效管理的事中救济

佛山市绩效评价工作的主要过程是采集评价信息、统计分析评价数据和做出评价结论。从本质上说,绩效评价的过程就是一个收集信息、处理数据、做出判断并给予反馈的过程。对反应绩效信息和数据的全面掌握是佛山市绩效评价的前提和基础,因此,收集信息和处理数据的过程在佛山市绩效评价工作中居于十分重要的地位。为防止绩效信息数据失真、残缺或歪曲造成绩效评价误差,佛山市针对绩效管理的评价过程设置了事中救济的方式,以保证所获得的绩效评价信息数据全面、真实和可靠。

---

①　佛山市下辖禅城、顺德、南海、三水和高明五区,由于五区在人口、经济发展水平等方面存在明显差异,必然导致各区政府职能目标存在差异,这也决定了对五区进行绩效考评的指标体系要区别对待,做到公平公正.

②　根据各区、部门对佛山市绩效管理指标体系征集意见回复函整理.

佛山市绩效管理的事中救济是为了解决绩效评价过程中信息混乱、信息数据污染、篡改数据以及对信息施加主观影响等问题而设立的绩效管理救济方式。由此所收集的信息数据便具有了较强针对性，即收集的信息紧紧围绕绩效评价目的和评价指标有计划地展开；①同时，在信息的处理过程严格遵循中立、严谨的原则，使所得统计数据具有更高的真实性和更强的说服力。

为不断提高所收集信息和数据的科学性和有效性，确保绩效评价过程的合理性和评价结果的客观性，维护评价对象在绩效评价过程中的合法权益，佛山市绩效管理的事中救济包括以下措施②：

一是制定绩效计划。根据市委、市政府决策部署，确立绩效管理目标任务，分解落实工作责任，编制考评指标体系，细化操作规程，明确工作措施、进度安排、考评标准、数据来源等。各区和各市级机关根据各级党委政府确定的中心工作与自身的职能、社会责任和工作任务，细化工作目标和实施计划，按绩效办制定的格式制订本单位的"年度绩效目标蓝皮书"，在规定时间内报市领导小组审核，经市委市政府批准后向社会公布。

二是加强过程管理。市绩效办积极跟踪、监督绩效目标的落实情况，加强日常考评和节点控制，即时分析反馈，及时纠偏调整，督促工作落实，加强数据采集、统计、审核工作，确保数据全面真实有效，引导管理对象加强自我管理，建立定期自查自评机制。各被评单位在总结全年工作的基础上，根据年度绩效评价目标，对各项工作任务完成的实际成效进行分析总结，完成绩效自评，形成绩效自评报告"红皮书"，在规定时间内向市绩效办报送，经市委市政府批准后向社会公布。

三是组织实施考评。坚持定性与定量相结合，内部考评与外部考评相结合，年度考评与日常考评相结合，传统考评方法与现代管理手段相结合，综合运用各种考评手段，多元化、全方位、多角度地开展绩效考评，强化监督检查，认真受理申诉，确保考评结果客观公正。加强对考评结果的研究分析，总结好的经验和做法，查找薄弱环节和问题，认真制定和落实整改措施，加强对整改情况的监督检查，形成自我提升、持续改进的良性机制。

接受笔者深度访谈的佛山市绩效管理领导小组办公室的一位同志谈到，"事中救济"的方式在佛山市绩效管理的过程中出现的比较频繁。

"由于蓝皮书与红皮书在专家评审、两代表一委员评审、机关互评与领导评价中都是体现部门工作完成情况的非常重要的参考材料，因此绩效办十分重视对红蓝皮书的审核工作，也特别注意避免对各考评对象的工作情况出现遗漏。对于工作情况与绩效目标不同的各区或单位，绩效办会告知出现差异的工作任务，提醒被评对象在规定时间内可以向绩效办补充提交证明绩效目标完成情况的佐证材料，绩效办会根据这些材料重新审核相关的绩效目标，确保各被评对象提供的绩效目标完成情况准确无误。在此基础上，将

---

① 郑方辉，冯健鹏.法治政府绩效评价[M].北京：新华出版社，2014：52.
② 张子兴，曹小华，贾伟.佛山绩效管理：模式与实务[M].北京：新华出版社，2014：85.

绩效目标完成情况作为之后开展的专家评审、两代表一委员评审、机关互评与领导评价的参考。被评对象对于这一系列考评的结果如果有异议,可以通过相关规定提出申请进行补充答辩。"

三、佛山市绩效管理的事后救济

佛山市绩效管理的事后救济主要针对绩效评价对象对绩效评价结果存有异议而申请的救济。在佛山市绩效管理实践中,关于绩效管理事后救济的主要做法如下:

一是以党委政府文件的形式确立绩效管理申诉与救济制度,为评价对象对绩效评价结果提出异议提供合法渠道。佛山市制定出台的《暂行办法》及《实施细则》明确规定了佛山市绩效管理具体实施流程,市绩效办按照相关规定对各单位进行绩效评价。绩效评价结束后,市绩效办将绩效评价结果反馈给各评价对象,各评价对象对绩效评价意见有异议的,须在 3 个工作日内提出书面申诉。市绩效办应及时核实各评价对象提出的申诉,并将核实结果报市绩效领导小组审定。通过对申诉流程加以规定,为各评价对象因对绩效评价结果存在异议提出申诉维护其合法权益提供了制度保障。

二是严格事后救济的程序规范,及时受理、核实申诉,确保绩效评价结果的公正性。佛山绩效管理模式中制定了严格的程序规范,对市绩效办处理申诉的期限提出了明确要求,严格规范了申诉的受理、核实程序。市绩效办在收到评价对象提出的申诉之后应及时处理,在规定的期限内严格按照规范程序对评价对象的申诉加以核实并作出处理决定,报市绩效领导小组审定。市绩效办核实和市绩效领导小组审定的规范程序为做出正确的绩效评价结果提供了保障,严格的程序规范确保绩效评价结果客观公正,是绩效评价结果运用的重要前提。

三是开通网络成绩扣分申诉系统,充分听取各评价对象的意见,确保绩效评价结果客观真实。各区和各评价对象作为主要的绩效管理对象,是绩效管理系统的主要用户,佛山市在绩效管理及评价的探索过程中,面向四类不同的考评对象均开通佛山市绩效管理系统,根据用户的角色配置不同的功能。其中"成绩扣分申诉"版块是解决评价对象因对绩效评价结果存在异议而设立的申诉功能。评价对象对绩效评价结果存在异议时,可以登录绩效管理系统,点击首页"成绩扣分申诉"按钮,便可进入成绩申诉界面,这一界面会展示评价对象所有指标的绩效评价成绩,用户进入申诉页面可以看到该指标的详细信息和扣分情况。如果用户对绩效评价成绩异议需要对成绩提出申辩,可以通过点击"提出申诉"按钮进入申辩流程。用户点击"提出申诉"之后进入申诉界面,在此页面点击"申辩"提出具体申辩信息。进入申辩页面后,用户可以填写申辩内容和上传佐证材料,然后点击"提交"按钮完成申辩①。

自 2012 年初启动绩效管理试点工作以来,佛山市积极调研、深入探索、大胆创新,历

---

① 根据佛山市绩效管理系统"成绩扣分申诉"页面整理.

经三年的实践，佛山市设立了多方面行之有效的符合佛山实际的绩效管理救济方式。佛山市绩效管理试点工作，达成了地方绩效管理共识，树立了地方绩效管理理念，逐渐形成公平、公正、公开的良好绩效评价氛围，在强化政府社会管理和公共服务职能等方面取得了显著成效。"佛山市绩效管理试点工作在建立绩效管理申诉与救济制度方面的经验和做法具有较高的水平，已经走在全省甚至全国的前列"①，值得借鉴和参考。

第四节　佛山市绩效管理申诉与救济制度的进一步讨论

新世纪以来，全国各地冠以有关绩效管理或评价"模式"称谓的有上百例，但从"解决问题方法论"的角度看，绝大部分做法并没有触及权力格局，亦未形成清晰的定位，各地做法其实内涵不同。佛山市绩效管理探索以提升执行力与公信力为目标，以"三个统一"②为路径，以绩效导向的目标管理为定位，以绩效评价统筹各项考评为方向，旨在解决长期以来围绕组织管理的动力机制、奖惩机制问题，为推进地方政府绩效管理法律化提供了宝贵的经验。

随着绩效管理工作的不断深入和外部社会公众的不断参与，佛山市绩效管理的覆盖范围随之增加，绩效评价结果的影响力在逐渐扩大，同时，佛山市绩效管理工作中存在的一些问题，尤其是绩效管理申诉与救济制度相关的问题也逐渐暴露出来。佛山市绩效评价参与双方的特殊性决定了该评价行为具有较强的内部行政行为性质，因此应以法律的形式为评价对象设立明确的绩效管理申诉与救济制度。同时，佛山市绩效管理工作是绩效办行使职权对公共事务进行管理的过程，绩效管理行为产生的法律后果不仅会使评价对象的合法权益发生改变，还会使社会公众的正当利益受到影响，因此从绩效管理法律化的角度而言，佛山市绩效管理申诉与救济制度也应为社会公众提供有效的权利保障。

佛山市绩效管理存在的问题尤其是与绩效管理申诉与救济制度相关的问题亟待以立法的方式加以解决。因此，在佛山市绩效管理法律化过程中，对绩效管理申诉与救济制度的规定是立法工作的关键环节，这对于维护评价对象和社会公众的合法权益具有重要的作用。

一、佛山市绩效管理申诉与救济制度的经验及存在问题

佛山市绩效管理试点工作遵循"边试点、边探索、边完善"的原则，不断推动观念思路创新、体制机制创新、方式方法创新和政策理论创新，运用现代科学技术手段，提高绩效管理工作的科技含量，强化绩效评价结果运用，提升试点工作的质量和水平。

---

① 中华人民共和国财政部.佛山市绩效管理工作取得显著成效［EB/OL］. http://www.mof.cn/xinwenlianbo/guangdongcaizhengxinxilianbo/201101/t20110119_419746.html.

② "三个统一"核心是统一组织评价权，理顺评价主体评价对象的关系，改变目前各自为政的重复考评，或表面上管理及评价主体是统一的，但组织权分割于不同部门，体现不同部门的意志；统一技术体系（周期、指标、权重、指标评分）关键是处理好技术体系统一性与被管理对象差异性矛盾，统一结果应用是统一评价组织体系的客观要求.

(一)佛山市绩效管理申诉与救济制度的经验

佛山市在开展绩效管理试点工作之初,非常重视建立相关绩效管理制度,并强调与绩效评价相关的制度化建设。根据中共中央、国务院和广东省政府办公厅的明确要求①,2012 年以来,佛山市先后制定出台了多种绩效评价相关制度②,细化试点工作的分工和要求,对绩效管理申诉与救济制度也做出了明确规定。2013 年 3 月,《暂行办法》与《实施细则》的出台,明确了佛山市绩效评价工作在政府管理过程中的地位和作用,进一步对佛山市绩效管理申诉与救济制度做出了较为明确的规定,为进一步推动佛山市绩效评价试点工作提供了制度保障。

总体来看,佛山市绩效管理制度化过程中对绩效管理申诉与救济制度的建立具有自身特点,主要表现为:一是管理规则及制度先行。自 2012 年开始,佛山市着手绩效管理试点工作,研究制定佛山市绩效管理实施方案,2013 年 3 月正式出台《暂行办法》和《实施细则》,内容涵盖了申诉等绩效管理救济的方式,对绩效管理过程中评价对象申诉的救济方式作了较为全面、详尽的阐述,并以制度加以规范;二是管理规则及制度有较强的权威性和公信力。佛山市出台《暂行办法》、《实施细则》经市委、市政府同意,由市委办和市府办联合发文,要求各区党委和人民政府、市委各部委、市直副局以上单位、市各人民团体遵照执行,提高了绩效管理工作中申诉等救济方式的权威性和执行力;三是为评价对象提供制度上的绩效管理救济方式。《暂行办法》、《实施细则》规定评价对象对绩效评价结果有异议的,须在 3 个工作日内提出书面申诉,同时开通佛山市绩效管理系统,并将"成绩扣分申诉"纳入七个主要功能之一,有利于评价对象提出对绩效评价结果存在的疑惑,为评价对象提供了简便快捷的合法化申诉渠道;四是要求绩效评价部门对申诉及时审查。《暂行办法》、《实施细则》要求绩效办受理评价对象异议申请后及时核实并报市绩效领导小组审定后将绩效管理结果在一定范围内予以通报。这不仅有利于提高申诉环节的工作效率,还对维护评价对象的合法权益提供保障,保证绩效评价结果的准确性和客观性。

(二)佛山市绩效管理申诉与救济制度存在问题及原因分析

自 2012 年初至今,佛山市作为广东省地级市绩效管理试点开展绩效管理工作已有五年的时间取得了很大成效,但从客观角度来看,佛山市绩效管理申诉与救济制度建立及成果与理论要求之间仍存在较大差距。这主要表现在以下两个方面:

一是未形成完备的绩效管理申诉与救济制度法律体系。这是佛山市绩效管理申诉与救济制度探索过程存在问题中最明显的一方面,其主要表现在佛山市虽制定出台了

---

① 中共中央、国务院《关于深化行政管理体制改革的意见》和广东省政府办公厅《关于开展政府绩效管理试点工作的通知》.

② 包括:《佛山市绩效管理试点工作实施方案》、《佛山市绩效管理暂行办法》和《佛山市绩效管理办法实施细则》.

《暂行办法》及《实施细则》，并对佛山市绩效管理申诉与救济制度作了相关规定，但其中关于绩效评价中涉及救济方面的规定仅包含效能投诉和申诉处理两个方面，该规定相对简单，未对申诉与救济的程序等做出具体要求，造成了申诉与救济制度形同虚设的局面。同时，在当前佛山市绩效管理工作中，关于绩效管理申诉与救济制度的相关规定仅由《暂行办法》及《实施细则》加以规范，换言之，佛山市绩效管理申诉与救济制度的突出问题，即缺乏完备的且具有较强法律效力的绩效管理申诉与救济法律制度。由此导致的一个严重弊端是，佛山市绩效管理申诉与救济制度缺乏系统法律规范，关于绩效管理申诉与救济制度的规定比较随意和盲目，从而导致评价对象的合法权益得不到及时、有效的维护。这显然不符合法治思想，因为法治的重要前提便是"有法可依"。

二是绩效办一职多能，救济主体太过单一。在佛山市绩效管理工作中，另一突出问题是，佛山市绩效管理办公室既有对评价对象的绩效评价权，又有对被考评部门复核救济的核实审查权。这使得绩效办在绩效管理过程中具有双重角色，拥有多种职权，在绩效管理过程中形成了绩效办既当"运动员"又当"裁判员"的尴尬局面，使评价对象的合法权益无法得到公正的维护。究其原因，主要由于佛山市绩效管理救济主体的单一化。佛山市绩效管理过程中，只把复核和申诉作为绩效管理申诉与救济制度加以规定，评价对象只能通过向绩效办这一唯一的救济主体申请复核或申诉维护其合法权益，加之绩效办工作人员在参与考评工作已经产生了先入为主的思想，致使绩效办对复核申请无法做出完全客观的判断。由于绩效办一职多能现象的存在，造成佛山市出现绩效管理救济主体单一化的局面，导致绩效评价结果与真实情况偏离，致使绩效管理工作出现偏差，这也违背了绩效管理工作的初衷。

二、复核、申诉等主要救济方式的法律化

在佛山市绩效管理工作中，绩效评价主体为佛山市绩效办，评价对象则为党政系统内部的行政主体或职能部门，即佛山市绩效管理行为主体双方均属于党政系统。因此，佛山市绩效管理行为属于内部行政管理行为的范畴，由绩效管理产生的法律关系属于内部行政法律关系，绩效办拥有解决由此引起的纠纷的排他性权力，即佛山市绩效管理行为所引起的纠纷只能由绩效评价主体依据相关规定在其内部加以解决而不能诉诸司法机关。因此，在佛山市绩效管理法律化过程中，应建立以复核、申诉等内部救济方式为主的绩效管理救济制度。

在佛山市绩效管理法律化的进程中，应以法律的形式为评价对象确立维护其合法权益的申诉与救济制度。根据我国相关法律的规定，关于评价对象对绩效评价结果存在异议而提出申诉或复核的法律规范应该从以下两个方面加以规定：

一是明确复核的程序。在绩效评价工作中，复核环节中的期限问题一直备受争议。复核程序主要包括评价对象提出复核、绩效办受理复核以及绩效办核实复核做出决定三个方面。其中，复核期限在复核程序中占有重要地位，复核期限的确定会直接影响到评价工作

双方的切身利益。从绩效办的角度出发,复核期限过长会使绩效办的绩效评价结果无法及时公布,客观上降低了绩效办的工作效率;而核实复核期限过短又会出现绩效办没有充足时间对复核申请做出充分调查的局面,影响复核决定的正确率。从评价对象角度看,提出复核的期限过短会影响到评价对象对绩效评价结果的主观判断,评价对象没有充足时间了解评价工作过程,无法对评价结果做出认真分析,没有足够时间确定是否对绩效评价结果提出复核请求;同时,绩效办受理、核实复核的期限过长,既不利于迅速纠正绩效办的不当评价行为,又会使评价对象的合法权益无法得到及时维护。因此,复核期限的确定应权衡绩效办和评价对象双方的利益,结合绩效评价工作的具体实际做出明确法律规定。以法律的形式规定复核的程序,既有利于提高绩效办工作效率,还有利于维护评价对象申请救济的权利,对佛山市绩效管理申诉与救济制度的构建具有重要的现实意义。

二是规范申诉的形式。申诉是评价对象在复核之外的又一内部救济方式,评价对象对绩效办的绩效评价结果或绩效办的复核结果存有异议时,可以向绩效领导小组提出申诉。由于申诉受理主体(绩效领导小组)的特殊性及申诉结果具有较高效力,法律应从形式和结果两方面对申诉加以规定。一方面,法律应对申诉期限和申诉方式加以规定,申诉的期限应该受严格限时,以便及时纠正绩效办的不当评价结果,提高绩效评价工作效率;申诉的方式应该受到严格限制,以便于提出申诉的评价对象清楚、明确地做出意思表示,并提供全面的佐证材料。另一方面,申诉结果的公布应以法律的形式明确规定,绩效领导小组针对申诉进行核查后做出决定,申诉决定应以相对严格的方式送达申诉单位,并通知绩效办予以改正,同时将绩效评价结果在一定范围内予以通报。

复核、申诉等救济方式的建立,为维护评价对象的合法权益提供了合法渠道和法律保障。绩效办和绩效领导小组依据规定,在法定的期限内对评价对象提出的异议加以核实,有利于提高佛山市绩效评价管理的工作效率。以特定方式进行复核、申诉,既有利于申请人明确表达其存在的异议,又有利于绩效办或绩效领导小组充分说明做出核查决定的理由。此外,复核、申诉等救济方式的确立,使评价对象充分表达自己的意见,为其存在异议提出合理的解释,有利于提高绩效评价结果的真实性、公正性,使评价结果更容易得到各方的信服。

三、政府绩效管理中社会公众的救济权

佛山市绩效管理将社会公众纳入绩效评价主体范围内,具有充分的政治理论依据,符合我国依法治国、依法行政的要求。

在佛山市绩效管理过程中,社会公众作为绩效评价主体通过行使评价权参与到绩效管理工作中,社会公众通过公民满意度等指标对各评价对象的绩效做出主观评价。社会公众通过行使评价权,既可以提高绩效评价结果的公正性,又可以充分表达其对公共服务的诉求,使被评价对象更全面、深入地了解公众的需求。在绩效管理过程中,作为绩效评价主体的社会公众独立于绩效办和评价对象处于第三方的地位,从这个角度看,社会

公众由绩效管理而与绩效办、评价对象之间产生的法律关系具有行政行为的部分特点。因此，作为第三方的社会公众的评价权受到侵害时，不能通过复核、申诉等渠道申请救济，而应借助行政行为的申诉与救济制度予以维护。

根据我国《行政复议法》和《行政诉讼法》①的相关规定，行政相对人可以针对行政主体的行政行为申请行政复议或行政诉讼。由此看来，社会公众的评价权在受到侵害时，可以通过行政复议的行政手段或行政诉讼的司法途径申请救济。然而，由于佛山市绩效评价行为属于内部行政行为，如果行政复议和行政诉讼作为佛山市绩效管理救济方式还应解决以下两方面的问题：其一为明确绩效管理行为的性质，社会公众在绩效管理工作中由于其评价权受到侵犯而申请救济，而侵犯其评价权的行为是否属于行政行为、是否属于行政复议的范围还有待商榷；其二为明确被申请行政复议主体和行政诉讼被告，在绩效管理工作中侵犯社会公众评价权的对象能否成为法律上的被申请行政复议主体或行政诉讼中的被告，还没有确切的结论，是否将行政诉讼纳入绩效管理申诉与救济制度，还应该根据对社会公众评价权侵犯主体的具体情况加以确定。因此，社会公众在参与绩效管理时是否具有行政相对人的身份以及是否可以通过行政复议或行政诉讼的渠道申请救济，还有待进一步讨论。

基于佛山市绩效管理的现实状况和理论分析，在佛山市绩效管理法律化进程中，应当将复核、申诉等作为绩效管理的主要救济方式，并通过立法的形式将其上升为法律规范，以求佛山市绩效管理救济机制能长期有效运行。而能否将行政复议和行政诉讼纳入社会公众评价权的法律救济机制，是一个值得学术界未来深入探讨的问题。

结合我国当前法律环境和佛山市绩效管理试点工作的现状，建立佛山市绩效评价申诉与救济制度在借鉴和吸收其他绩效管理试点地区在这方面立法经验的同时，还应立足佛山市本地区的实际情况加以优化。根据绩效评价行为的特点，结合佛山市绩效管理中评价主体的特殊性，佛山市应建立一套以复核、申诉等为主要救济方式的完备的绩效管理救济法律规范。在佛山市绩效管理申诉与救济制度法律化的过程中，坚持"试点先行、地方先行、立法先行"的原则，佛山市绩效管理申诉与救济制度应先进行下位法立法、再进行上位法立法，循序渐进，逐步将佛山市绩效管理申诉与救济制度乃至佛山市绩效管理体系纳入法律化轨道。

---

① 参考《中华人民共和国行政诉讼法》中关于行政诉讼范围的规定总结.

第八章　推进地方政府绩效管理法律化的思路对策

理论研究的目的是服务于实践。法律化是地方政府绩效管理发展的现实需求,也是法治政府建设的内在要求。对我国地方政府绩效管理及其法律化的探讨,包括由此涉及的理论经验、制度现状、关联主体、法律框架、立法探索、申诉与救济制度等分析,以及功能定位、管理主体、管理对象、指标体系、结果应用等核心问题的梳理,旨在以现状为基础,以法律化为阶段性目标,为推进地方政府绩效管理法律化提出思路对策,回应本书提出的问题,以及案例研究——佛山市绩效管理实践所面对及需要破解的问题。

第一节　地方政府绩效管理法律化的困境

一、顶层设计缺失及配套制度不完善

法律并不能完全替代制度,正所谓"徒法不足以自行",佛山市注重顶层设计,从全市的层面设计制度框架和实施体系,将全市各级各部门均纳入统一的绩效管理架构当中,构建了一套绩效管理制度体系和运行机制。但这些制度,从横向来看,目前较为零散、单一,并未形成一个覆盖全面、配套协调的制度体系,从纵向来看,效力位阶相对较低,缺乏执行力与权威性。推进政府绩效管理法律化,一方面要强化政府绩效管理的权威性和普遍适用性,另一方面也要加强相关配套制度的建设,把与政府绩效管理相关的制度规范在法律的统一规范下做得更细、更深。如此,政府绩效管理制度化、法律化才能相辅相成,并成为促进政府绩效管理及评价的"利器"。

二、现行有关党政组织考评体系不完善

法律法规体系是政府绩效管理的规则与依据。但长期以来,我国缺乏政府绩效管理国家层面的立法,地方推进绩效管理法律化的标准难以统一,从而导致考评项目、目的、导向、体系、程序等五花八门,各自为政。一方面,国家层面立法缺失,"由于缺乏相应的法律、法规和相关的政策作为制度保障,各地开展的绩效评估活动完全处于一种放任自流的状态"[①]。具体而言,缺少中央立法,地方性法规数量不足,致使现行的考评法规体系繁杂而模糊,各地立法仍比较随意,不够系统化,导致政府绩效考评工作缺乏可遵循或参考的明确标准,以及相同的施政行为可能获得不同的考评结果,从而违背了法治明确性

---

① 汪君,汪俊英.我国政府绩效评估法律制度的建立与完善[J].学习论坛,2010,7:72-75.

与统一性的要求。另一方面,尽管地方立法实践早已起步,许多地区出台了政府绩效管理与评价的位阶较低的相关法律性、政策性文件,但总体来看,现行考评依据大多为党政文件,缺乏直指党政组织考评体系的地方立法,并且已有的考评法规制度关于顶层设计、明确性、权威性、操作性与稳定性亦显不足,约束力有限,延续性不强。此外从内容层面来看,现行考评法规体系中,原则性的内容规定较多,实用性与可操作性不足,致使考评工作缺乏延续性、公信力与权威性。如法规体系中涉及考评监管及问责方面的规定,对增强考评工作的时效性、公正性、权威性具有重要的作用。

三、绩效立法存在观念误区

一是混淆地方政府绩效管理制度化与法律化。无论是学界还是实践工作者,凡谈及绩效管理制度化就是指向立法,同时将当前国内探索实践的问题简单地归结为法制不健全①。这种观念颠倒了政府绩效管理制度化与法律化的发展规律与逻辑关系,忽略了绩效管理制度化的基础性地位。政府绩效管理的发展是一个历经由制度化向法律化呈递进发展、不断推进、不断完善和实践而得以持续、健康、有效运行的过程。推进制度化是绩效管理发展的初级阶段,亦是法律化的逻辑起点与实践基础,政府绩效管理法律化是绩效管理发展的第二阶段,亦是现实需求。

二是否认绩效立法的作用。部分学者认为地方政府绩效管理属于内部管理行为,不应立法。这种认识忽略了政府绩效管理是自上而下和自下而上的结合,以及绩效管理是工具理性和价值理性相结合的一种制度安排。毋庸置疑,推进政府绩效管理法律化是解决目前政府绩效管理危机的关键措施和根本出路,对于保障绩效管理在法治政府建设过程中充分发挥作用具有重要意义。

三是简单效仿国内外已有立法。在立法实践中,部分地方简单效仿国外的绩效管理法案或国内其他地方的绩效管理条例,忽略了本土化、本地实践积累和凸显本地特色。这样的模仿虽能保证形式上的完整性,但却与本地实际情况脱节,难以保证出台的法律制度能真正发挥实效,必然会导致"南橘北枳"、"东施效颦"的负面效果。长远来看,政府绩效管理的持续性和权威性应依托凸显本地特色、符合实际需求的立法,既符合法治国家建设的趋势,也能避免"人走政息"。

四是绩效管理立法工具化。自21世纪初开始,各地绩效管理似乎进入"大干快上"的快车道。部分地方误认为只要出台了绩效管理立法,就能解决绩效管理出现的各种问题,于是,许多地方政府跃跃欲试,将立法视为解决当前绩效管理实践问题的"灵丹妙药",绩效管理实践中遇到的问题都希望简单的交付立法就能予以解决。但很显然,实施绩效管理立法并不意味着运行机制与管理模式等的一蹴而就、自动运行,当然也无法代替绩效管理内在机制的构建。归根结底,立法是必要的途径,但绝不是万能的工具。

---

① 杜娟.地方政府绩效管理立法实践中的误区及对策[J].领导科学,2015,24:22-24.

第二节 推进地方政府绩效管理法律化的思路

一、目标定位：建立绩效推进型法治政府

有组织就有管理与评价，"以评促建"符合管理的激励原理，也是我国党政组织管理的法宝[①]。政府绩效管理法律化的目标定位于建立绩效推进型的法治政府，以追求提高政府绩效与改进政府管理。法治政府建设是一个渐进的过程，建设成效受制于多种因素，需要借助于不同的工具。正因如此，政府绩效管理因有机整合了价值理性与工具理性而具有先天优势。通过制度化与法律化的途径，形成一套党政组织及社会公众认可并遵守的政府绩效管理长效运行机制和一种较为理想的政府绩效管理模式，能公正合理有效地检验政府行为的效果、效率、效益，实现法治政府建设更高层次的目标和法治政府的良性发展，并实现法治国家、法治政府和法治社会建设"三位一体"有机统一。这既是国际的成熟做法，也是我们未来我国行政体制改革必须要经历的道路。

绩效推进型的法治政府具有四个特征与内容：第一，从理论基础层面上看，绩效推进型的法治政府融合了政府绩效管理理论和法治政府建设理论这两大理论体系，将政府绩效评价的理念方法导入法治政府建设中，衍生绩效推进型的法治政府的新的概念范畴，并进而产生一种新型的交叉学科——"法治政府绩效评价学"[②]。第二，从现实需求层面上看，"最好的政府就是法律统治的政府"，不依法而治的政府不是法治政府，而绩效推进型的法治政府，最显而易见表现为具备相应的国家层面和地方层面的政府绩效管理立法。第三，从工具理性层面上看，在法治政府建设过程中引入绩效管理和评价，以绩效评价的方式推进法治政府的发展，是绩效推进型法治政府的核心要求，构建持续有效运行的政府绩效评价体系，以求政府绩效管理的执行力。第四，从价值理性层面上看，以法治精神引领绩效管理工作，在绩效管理过程中渗透、整合制约公权力和保障私权利、"公平、公开、公正"、崇尚法律权威、权责统一、服务意识等法治价值理念，使政府绩效管理的公共权力在法律体系中运行而得以合法化、合理化、科学化，以求政府绩效管理的公信力。

二、理念导向：推进政府绩效管理"良法之治"

政府绩效管理法律化的理念导向为生产良法，实现政府绩效管理的"良法之治"。目前地方政府绩效管理存在无法可依、有法不依等比较普遍的现象，但更棘手的是有些"法"依不了，即相关的法规规章制度本身存在问题。背后的原因在于：社会转型过程中，静态的法规难以适应动态的社会关系利益调整的需要；同时部门式立法凸显与固化了部

---

① 郑方辉，邱佛梅.法治政府绩效评价：目标定位与指标体系[J].政治学研究，2016，2.
② 郑方辉，尚虎平.中国法治政府建设进程中的政府绩效评价[J].中国社会科学，2016，1：117－140.

门利益,目标性考评进一步强化部门利益的合法性。而党的十八届四中全会审通过的《中共中央关于全面推进依法治国若干重大问题的决定》指出,法律是治国之重器,良法是善治之前提。建立法治政府的绩效管理,其关键在于实现"良法之治"。

第一,实现政府绩效管理的"良法之治"的前提是有良法。"良"不仅是道德层面的善良,而且是价值、功能层面的优良。良法的标准为:其一,立法程序上,由正当的立法主体经过科学、民主的立法程序制定的法律;其二,立法价值上,符合民主精神、公平正义、人权保障等价值追求,反映人民的意志和根本利益;其三,立法形式上,综合运用立、改、废、释多种立法形式,选择适合的立法位阶层次,适应不同的立法需求和立法任务;其四,立法内容上,力求科学民主,以维护人民利益为宗旨,反映社会的发展规律,具备科学、合理的内容体系;其五,法律遵守上,法律持续稳定并得到社会公众的普遍认可和服从。

第二,实现政府绩效管理的"良法之治"的现实路径是良法得到较好地实施和群众的广泛遵守,并形成良好的绩效管理法律秩序,即:具备健全和完善的绩效管理法制体系以及行之有效的制度运行机制,保证党政组织及社会公众无阻碍地行使自身的评价权利(或权力)并积极履行相应的义务,绩效管理争议因完备的申诉与救济制度而得以妥善处理,政府绩效因依法管理、依法考评而得以持续有效健康发展。

三、路径依赖:立法先行、试点先行、地方先行

基于我国政府绩效管理实践与发展现状,"立法先行、试点先行、地方先行"可以被视为当前我国地方政府绩效管理法律化的重要路径。我国"先行先试"的立法模式在政府绩效管理立法中的应用,是由我国政治、经济和文化等多重外在影响因素以及民众对政府绩效管理的立法诉求和绩效管理关联主体的价值期许等内在变量决定的。

第一,坚持政府绩效管理法律化"立法先行"①原则,是推进政府绩效管理工作的前提和基础。"立法先行"是主观判断的产物,其变量更多来自于外部,是通过立法这项制度安排适应社会现实的变革性活动②。十八届四中全会提出:"建设中国特色社会主义法治体系,必须坚持立法先行,发挥立法的引领和推动作用,抓住提高立法质量这个关键。"③因此,基于当下的社会转型期,"立法先行"成为对原制度、原体制改革创新的路径依赖和解决问题之道。通过"立法先行"的模式,发挥法律指引和规范的功能作用,调整与政府绩效管理相对应的社会关系,而实现政府绩效管理"良法之治"的追求。西方国家诸如英国、美国、澳大利亚、日本、韩国等大都采用"立法先行"模式的模式开展政府绩效管理与评价工作并取得了诸多成功的经验,为促进和保障本国政府绩效管理工作的持续有效发

---

① 《立法法》第64条对地方先行立法所设定的条件有两个:即国家尚未制定法律和行政法规,以及地方有实际需要,二者必须同时具备.

② 吴汉东,汪铎,张忠民."先行先试"立法模式及其实践——以"武汉城市圈""两型"社会建设立法为中心[J]. 法商研究,2009,01:121-129.

③ 中共中央关于全面推进依法治国若干重大问题的决定[M].北京:人民出版社,2014:8.

展起到了重要推进作用。这些国外推行绩效管理的成熟做法,对我国政府绩效管理发展具有借鉴作用。

第二,坚持政府绩效管理法律化"试点先行"原则,是保证立法质量和探索立法经验的正确之路。绩效管理是一项全新工作,全国 6 个部门和 8 个地区的试点工作仍处于探索阶段,绩效管理立法没有现成做法和经验可循。佛山市遵循"边试点、边探索、边完善"原则,在众多绩效管理试点中走在前列,工作经验较丰富。在已具备健全和完善的政府绩效管理相关制度和运行机制的基础上,推进绩效立法创新,尽可能地反映社会对绩效立法的需求,契合社会的立法资源,充分发挥地方立法试验田的作用,为政府绩效管理法律化在全国的推行做出经验探索性贡献。但是"地方先行"、"试点先行"往往局限于特定的区域,各地对绩效的需求差异性较大,探索出的绩效立法经验不一定具有普适性。

第三,坚持政府绩效管理法律化"地方先行"原则,是由当前我国政府绩效管理的外部环境和发展条件决定的。一方面,我国的政府绩效管理主要是在地方层面进行探索和实践,国家层面的绩效管理缺乏经验,构建国家绩效立法显然不符合实际;另一方面,虽然绝大多数的地方政府都陆续开展了绩效管理工作,但难以形成统一意见,又由于缺乏顶层的重视,所以还是需要靠试点先行,充分发挥地方试点的带头作用,引领绩效管理法律化的发展。而实践中,地方先行的模式具有可行性和可操作性,亦有值得借鉴的经验,例如:"2004—2005 年,上海、湖北、广东、河北、陕西、江苏等部分省市颁布了《政府信息公开规定》或者《政府信息公开暂行办法》。这些地方政府规章明确规定了政府信息公开的原则、范围、内容、程序、监督等内容。而国务院在总结各省市经验的基础之上,于 2007年 1 月 17 日公布《政府信息公开条例》"①。

四、文本规格:制定地方政府绩效管理条例

应当承认,当前我国尚不具备短期内出台国家层面针对政府绩效管理工作的立法条件。因此,实现政府绩效管理法律化,由地方立法逐步过渡到中央立法更符合国情。这条基本路径包含了两方面的内容,可以概括为"一高一低"。"高"指的是完善现有的相关法律体系,特别是国家立法中关于考评工作的相关规定,使这些法律条文在专门的国家立法出台之前能够起到一定的统领性、全局性作用。例如,可以通过完善《行政法》、《预算法》、《公务员法》等基本法律中涉及考评工作的内容,逐步推进政府绩效考评制度建设,包括制定绩效计划、绩效评价制度、绩效监督制度、评价结果使用制度等,依法明确绩效评价管理责任,确定考评的工作程序、指标和方法,进而使考评工作(特别是绩效考评)成为公共管理的一项基本制度②。"低"指的是加快制定地方政府绩效管理条例。地方政府绩效管理条例在位阶上属于地方性法规,在范畴上归属于行政法,具有较高的法

---

① 张红.我国政府绩效评估立法构想[J].当代法学,2009,01:88－93.
② 蒋云根.我国政府绩效评估法制化建设的路径思考[J].甘肃理论学刊,2008,2:5－10.

律效力,仅低于宪法、法律和行政法规,在中央立法之前,应当鼓励、支持、引导有条件的地区积极开展地方性法规立法工作。

因此,本书将政府绩效管理法律化的文本规格定位于地方政府绩效管理条例,实现地方政府绩效管理法律化的现实路径是:以地方试点(本书选取佛山)为样本,以佛山市的政府绩效管理制度体系现状为基础,研究制定符合"佛山模式"的地方政府绩效管理条例。着眼于绩效管理实施过程中触及的深层矛盾和问题,本书重点论述地方政府绩效管理条例的四大重要立法内容,包括关联主体、法律框架、法律化途径、申诉与救济制度。制定地方政府绩效管理条例,以提高政府绩效管理的法律地位,并通过法律途径来提高政府绩效管理的权威性、稳定性、科学性和有效性,有利于实现地方政府绩效管理法律化,同时也为后续研究最终实现政府绩效管理的法治奠定理论基础和实践基础。

五、动力环境:培育政府绩效管理及其法律化文化

绩效文化本质上追求效率、鼓励竞争、强调结果导向,它是一种融工具理性与价值理性于一体的综合性行政文化[①]。政府管理绩效文化是绩效管理的动力之源、精神之源、发展之源,在法治政府建设与行政体制改革的大背景下,一方面应追求公共服务导向、公众满意导向和结果导向等价值取向,遵循经济性、效率性、效果性和公平性以及"质量 + 责任 + 回应"的基本绩效理念;另一方面,更要大力弘扬社会主义法治精神,加强法治教育宣传,努力提高党政组织及全体社会公民的依法办事、守法信法的意识观念,以法治精神引领绩效管理工作,在绩效管理过程中渗透、整合制约公权力和保障私权利、"公平、公开、公正"、崇尚法律权威、权责统一、服务意识等法治价值理念,使政府绩效管理的公共权力在法律体系中运行而得以规范化、合理化、科学化。

笔者认为最为重要的是注重绩效文化培育的本土化与传承性。既要继承和复兴我国传统行政文化中的民本思想、自律意识以及无私奉献、公仆服务、执政为民等精神,批判等级制、官本位、官僚主义、臣民意识等糟粕文化,又要利用本土资源对外来的西方绩效管理理论进行本土化改造,使之为民众和党政组织认可。绩效文化若是不能适应中国文化的大环境,简单照搬西方同等绩效管理的理论而不考虑本国历史文化的特征,将势必导致绩效管理在中国的"水土不服"。

---

① 郑方辉,尚虎平.中国法治政府建设进程中的政府绩效评价[J].中国社会科学,2016,1:117 - 140.

第三节　推进地方政府绩效管理法律化的对策

一、正确处理地方政府绩效管理法律化涉及的若干关系

(一)坚持价值理性与工具理性相结合

政府绩效管理的价值理性与工具理性是对目标考评的延伸,既提供管理创新的导向,又构造管理创新的动力,是实现法治目标的指挥棒和助推器。坚持价值理性与工具理性的统一,是政府绩效管理法律化的内在逻辑,二者统一于政府绩效管理法律化的实践探索中。在二者关系上,表现为"价值理性的存在,为工具理性的存在提供精神动力;工具理性的存在,为价值理性的实现提供支撑"①。

政府绩效管理法律化的价值理性融合了现代民主对公平、服务、责任与回应性等价值理性的关注,体现为服务导向和公众满意导向,这是法律化的目标。意思是指政府绩效管理法律化应当体现"把服务职责、追求服务质量、提升服务品位、争取公众满意作为政府的使命"②,应当体现公众参与导向,体现民意需求。在技术层面表现为作为民主理性的政府绩效评价能得到法律的认可和确认,在政府绩效管理过程中发挥实际性作用。首先,政府绩效管理法律化的价值理性是一种以关联主体为中心的理性。政府绩效管理法律化强调应当将不同种类的地方政府绩效管理主体通过相应的途径全程参与或部分参与到政府绩效管理各个环节的工作中。最核心的问题是,通过法律的形式将社会公众纳入地方政府绩效管理主体结构,通过立法的方式保障社会公众正常行使评价权,以确保政府与社会公众进行政治沟通和充分交流,改善政民关系,充分体现人民当家做主的社会主义民主政治的本质,在客观上增加社会公众对政府的了解及认同,从而使政府的合法性和公信力得到增强,并时刻将社会公众的利益作为首要追求,将公众满意作为政府行为的最高标准,不断增加社会公共利益。其次,政府绩效管理法律化的价值理性是一种目的理性。民主、公平、公正等价值理念是政府绩效管理法律化要实现的终极目的,归根结底,政府绩效管理法律化是为了满足组织管理的合理性需要,为了维护、发展和实现广大人民群众的经济、政治、文化等各方面利益。

政府绩效管理法律化的工具理性体现为构建并完善一套作为组织管理手段的行之有效的管理体系,从而发挥政府绩效管理的最大功效,实现为谋取人民群众的根本利益而服务。绩效管理在根本上是一种关注工具、技术与方法的机制管理。机制管理相对于体制管理而言,关注价值实现与制度运行的结果,并表现为解决问题时应用的具体工具、

① 魏小兰.论价值理性与工具理性[J].江西行政学院学报,2004,02:63-67.
② 郑方辉,张文方,李文彬.中国地方政府整体绩效评价理论方法与"广东试验"[M].北京:中国经济出版社,2008:6.

技术和方法所构成的体系①。工具理性的核心是对效率的追求。尼古拉斯·亨利指出："效率指以最少的可得资源来完成一项工作任务，追求投入与产出之比的最大化。"②提出政府绩效管理法律化的工具理性更大程度上是为了追求政府绩效管理的高效率。

（二）正确处理立法内容统一性和差异性的关系

正确处理地方立法内容统一性和差异的关系，是基于现有相关立法和未来立法工作之间的矛盾而提出的。这一矛盾成为影响政府绩效管理及评价立法的科学性、合理性等关键。笔者认为，在已颁布的法律性文件中，《哈尔滨市政府绩效管理条例》作为我国第一部考评工作的地方性法规，在制度设计上较为完整、全面，对考评工作的重要环节都做出了较为明确、具体的规定；《杭州市绩效管理条例》除考评监督制度的设计较为模糊之外，绩效计划、公众参与、结果运用、绩效问责等主要环节的制度设计都十分具体，具备较强的可操作性。制定地方政府绩效管理条例，可借鉴这些地区的经验，既不偏离政府绩效管理的要旨，又尊重当地实际情况，如经济发展水平不同的地区、少数民族居多的地区与汉族居多的地区等，除基本相同的原则性、程序性规定之外，应关注本地区的特征，关注不同的组织文化、绩效文化、管理传统等，不脱离实际。

此外，借鉴相关经验应注意以下方面："其一，背景文化的差异。背景文化是影响和制约政府绩效管理内涵定义、功能定位、评价标准、内容程序等的基本要素，对绩效评价具有很强的渗透力和影响力。中西方文化存在着较大差异，意味着中国在借鉴西方绩效管理理论时不能犯"拿来主义"的错误，必须结合中国文化背景进行本土化改造。其二，政治体制的差异。有学者指出，"我国在借鉴西方各种先进管理理念时遇到的最大问题就是体制障碍"③，因此，借鉴过程中还应当注意政治体制差异。其三，国外的政府绩效管理法律制度也存在着众多不足，借鉴过程中应注意本土化。我国幅员辽阔、各地区经济社会发展不平衡，对绩效的需求差异性较大等因素，决定了我国的政府绩效管理法律化建设，必须实事求是、因地制宜，走出一条符合本国国情的政府绩效管理法律化道路。

（三）正确处理绩效立法与其他人事制度的关系

溯源我国的考评工作，无论是国家层面还是地方层面，基本上都是遵循"公务员考核——领导干部考评——政府绩效考评"的发展轨迹。在过去，无论是国家层面的法律和法规，或是地方层面的规章和办法，虽冠以"政府绩效考评"，但立法立规实质定位或指向为组织内部自上而下的目标考评，立法内容大都基于原有的公务员考核法规体系和领导绩效考评体系的有关规定，但考评法规体系不断规范化，并趋向独立的特点十分明显。

正确处理绩效立法与其他人事制度的关系，是解决如何将绩效考核的奖惩和干部任

---

① 卓越，赵蕾.绩效评估：政府绩效管理系统中的元工具[J].公共管理研究（第6卷）.上海：上海人民出版社，2006：208.
② [美]尼古拉斯·亨利.公共行政与公共事务[M].北京：中国人民大学出版社，2005.
③ 崔连波.美国政府绩效评估的实践及其对我国的启示[D].山东大学，2006：26.

用挂钩问题的关键所在,体现在绩效评价的结果应用方面,笔者认为法律文本应该突出以下几个方面的内容:一是加强与领导班子和领导干部考核评价的衔接与协调,绩效考评结果与领导班子和领导干部实绩分析、综合评价直接挂钩,作为干部选拔任用、调整交流的重要参考;二是建立绩效管理奖惩机制,实行精神奖励与物质奖励相结合,加大对国家公职人员的奖优、治庸、罚劣力度,确保结果运用有力有效,发挥导向和激励约束作用;三是要严格实施绩效问责,对没有正当理由未能实现绩效目标,绩效考评结果较差,不认真整改或整改不到位的单位及个人要通过诫勉谈话、通报批评、监察建议等方式及时督促纠正,造成严重后果或恶劣影响的要严格实施问责。

(四)正确处理绩效立法与党和国家政策的关系

正确处理绩效立法与中央政策的关系,对于正确处理党政关系和建设现代民主政治具有重大意义。我们既不能以党的政策去代替国家法,否定法的特殊作用;也不能用法去否定党的政策,取消政策的指导作用①。关于二者的关系,亦存在"政策是立法的先导,法律是政策的体现"、"政策指导立法,法律保障政策"等说法。

第一,在没有地方政府绩效管理相关法律存在的情况下,政府绩效管理的政策性文件虽不具有完整的法的外在形式,却具备实质性的法律特征,可被视为"软法"或"准法律"来予以规范绩效管理工作;第二,在地方政府绩效管理条例制定过程中,应当将党的有关绩效管理的政策性文件作为立法依据,参照已有的文件,注重政策向法律的适度转化,而一旦将政策性文件定型化、法律化,也就使得其具有了法律的性质;第三,在地方政府绩效管理条例的实施过程中,也不能脱离政策性文件的指导,基于政策性文件较强的实时性与执行力,有助于法的实施和适用与形势相适应,更合乎实际情况,政策性文件的贯彻执行亦离不开法的推动。

(五)正确处理地方立法与上位法的关系

在我国"一元、两级、多层次"的立法体制下,国家立法和地方立法并存,不同层级的立法主体均拥有相对应的立法权。根据《立法法》规定,地方性法规的制定不得同宪法、法律、行政法规相抵触。这意味着,地方立法与中央立法之间应遵循不抵触原则。李步云、汪永清等学者将学界所提出的不抵触原则标准归纳为四个:一是侵犯中央专属立法权;二是同上位法的规定相违反;三是同上位法规定的精神或者立法目的相违背;四是"见招拆招","上有政策、下有对策"②。

在并行立法领域内,国家层面的绩效管理立法空白,尚未制定与绩效管理相关的法律、行政法规,而本书研究的佛山绩效管理条例属于地方性法规,性质上归属于"先行立法",理论上一般不产生立法抵触问题。由于没有上位法存在,不会发生与上位法的精神、基本原则或者具体规定相抵触的情况。值得注意的是,此时的先行立法仍应遵循宪

---

① 张文显.法理学(第四版)[M].北京:高等教育出版社,北京大学出版社,2012:299－297.
② 李步云,汪永清.中国立法的基本理论和制度[M].北京:中国法制出版社,1998:231－234.

法、法律和行政法规的精神和基本原则，不能与宪法所确立的最高立法指导思想、国家政治经济制度、人民主权、法治原则等相违背①。从立法现实来看，制定佛山绩效管理条例也不能与《宪法》、《行政监察法》、《公务员法》、《行政复议法》、《行政诉讼法》以及《审计法实施条例》等相关的法律法规的精神与内容相抵触。因此，为了维护国家的法制统一，在地方政府绩效管理立法工作中，要遵循同国家宪法和法律相统一的原则，坚持与上位法不抵触，要注意和上位法的规定或精神保持一致，不超越地方立法权限，不制定与上位法矛盾的条款，同时要保持地方特色。

二、推进地方政府绩效管理法律化的具体建议

（一）加强组织领导，精心谋划与规划

地方政府绩效管理，本质上是地方行政权力的再优化。我国行政机关接受党委与权力机关领导的领导体制、下级服从上级领导的行政体制，都指向同一点，即处理好一项地方事务，一定离不开地方最高决策者的坚强领导。地方政府绩效管理在我国名曰"政府绩效管理"，而我国的政治体制与政党制度决定了地方政府绩效管理的最高决策者必定为地方党委的最高领导。这是地方政府绩效管理制度化与法律化根本的出发点。在地方立法出台之前，地方党委领导，建立绩效管理的领导机构并制定相应的文件，是地方政府绩效管理立足制度化、展望法律化的必要基础。因此，进一步加强组织领导，特别是不断完善绩效管理领导机构及牵头单位，做好对地方政府绩效管理的全局规划，同时党委与权力机关在地方立法中要充分发挥好领导与核心主体的作用，既要使绩效管理工作不影响立法的进程，也不能使立法工作与绩效管理的实践脱节。

（二）清理各项考评，以绩效考评统筹各项考评

在绩效管理尚未成熟、目标管理的重要作用在一定时期内仍将在政府管理中发挥主体作用的现状之下②，绩效管理与目标管理之间的矛盾在短时间内难以根本解决，其中一个最典型的体现就是在地方的考评工作上，原有的考评大多服务于政府目标管理，强调过程控制，而绩效管理考评强调结果导向与公众满意导向，与目标考评追求的根本价值会产生冲突。而对当前我国地方政府运行的现状而言，虽然过多的考评会加重基层政府及部门的负担，但盲目进行大规模清理容易伤筋动骨，并且以干部人事考核为代表的许多考评也是目前无法被取代的。因此，最合适的做法莫过于在宏观上以绩效导向统筹目标管理，在微观上以绩效考评统筹各项考评。"统筹"并不是"取代"，其内涵是两种管理方式的重新整合，依托目标管理的驱动力，将绩效管理的结果导向与公众满意导向融入政府管理中。对于众多的考评工作，首要的是逐步清理多余的、不必要的考评，将重要

① 孙波.地方立法"不抵触"原则探析——兼论日本"法律先占"理论[J].政治与法律，2013，06：122-132.
② 廖鹏洲，罗骁.地方党政组织考评法制化：现状与对策[J].华南理工大学学报（社会科学版），2015，1：81-86.

的、必要的考评纳入到地方政府绩效管理的体系中,提高效率,减少重复。考评的"瘦身"会使与这些多余的考评直接相关的大量规范性文件逐渐失效,废止这些文件同样可以有助于开展法的清理工作,为地方立法增添便利。

(三)建立通用的绩效评价指标体系,统一结果运用

从科学的角度来说,绩效评价的指标体系应当是"刚柔相济"的,但"柔"要建立在"刚"的前提下方能发挥作用。随着城市的发展,绩效评价的指标及权重必定不会是一成不变的,否则将脱离现实的需求。但这也不意味着指标体系可以随意更改,否则绩效管理的严谨性与科学性将无从谈起。因此对于地方立法而言,针对绩效评价指标体系的设计,最可行的应当是"整体通用,允许微调",指标体系应当按照管理对象进行合理的分类,在对地区未来几年的发展形势做出充分预期之后进行设计,以不需要大改为标准。同时,应当完善相应的配套机制,确保将指标体系进行必要的微调时对考评工作的影响降低至最小。与此同时,地方立法应当重视对统一评价结果运用的规定,将评价结果作为评价考评对象年度工作的重要依据、干部与其他国家公职人员奖惩的重要依据以及调整机构编制与完善政策措施的重要依据。

(四)确保政府信息公开,推进评价主体多元化

评价主体多元化与关联主体多元化联系紧密,目前对我国来说推进评价主体多元化的重点在于如何持续推进外部主体更加广泛的参与,特别是第三方专业评价机构的参与。佛山市已经将第三方专业评价机构的部分工作纳入到绩效管理领导小组的工作范围内,从领导层面体现出对外部主体参与绩效管理的重视与信任,自然能够极大地调动外部主体参与政府管理的积极性。外部主体参与政府绩效管理的效果,取决于信息公开情况与政府对评价结果的态度这两个关键的因素,而信息公开的数量与质量,直接决定了外部主体对政府履职情况的认识,影响到绩效评价结果的真实性,其重要性不言而喻。对我国而言,政府信息公开一向是政府工作中的一个难题,现行的规定大多较为笼统,很少对应当公开的政府信息类型做出定性的规定,不够明确的规定客观上给信息公开造成了一定的负面影响。因此,绩效管理地方立法应当明确在绩效管理中需要公开的信息类别,以及不按规定公开信息应当承担的责任,保障绩效管理各类主体特别是外部主体应有的知情权。确保政府信息公开,使公众明白政府的履职情况,自然会有更广泛的公众参与绩效管理,主体多元化也能得到持续的推进。

(五)将绩效管理纳入地方立法计划,加快法律化进程

通过前文对佛山市制定首部地方性法规《佛山市历史文化街区和历史建筑保护条例》(本段简称为《条例》)过程的研究,可以看出绩效管理地方立法并不是只要开展了绩效管理实践、获得了地方立法权就能够进行的,不是简单的"一加一等于二"。佛山市绩效管理虽然成果突出,但事实上正如前文所述,佛山市目前已经颁布的地方性法规、已经或正在审议的法规草案、以及2016年的地方立法计划都未包含绩效管理,说明绩效管理距离实现法律

化仍有工作要做。从借鉴《条例》制定过程的经验来看，首先，仍要将绩效管理的领导体制常态化，《条例》草案起草工作由佛山市国土与城乡规划局这个具体的职能部门负责，也就是说具备明确的立法主体，这就保证了地方立法过程中意见与建议的反馈、责任的落实有了明确的对象，立法工作也不会受到人事变动的影响，从源头上确保立法工作既能顺利启动，也不会半途而废；而佛山市绩效管理起初由市纪委（监察局）牵头，2014 年按照上级要求将工作移交至市编办，改组领导小组办公室。由于市编办承担绩效管理工作的时间较晚，以立法主体的标准来看，仍需要积累更多的经验。其次，《条例》草案得以顺利完成，离不开多方的广泛参与，特别是在前期调研、征求意见的过程中，几乎覆盖了佛山市所有有条件为立法提供意见与建议的市民，以及大量专家与学者；而绩效管理因为工作性质的原因，多方广泛参与始终是一大难题，包括佛山市在内，大多数普通群众事实上参与绩效管理工作的渠道仍十分有限，而没有有效的参与就得不到充分的了解，也就无法助力立法工作的推进。因此，为了尽快使绩效管理具备纳入到地方立法计划的条件，佛山市应进一步协调各部门的工作，尽快将地方立法提上议程，同时，要进一步引导广泛的社会参与，通过完善绩效管理工作本身推动地方立法的进度，进而加快法律化进程。

（六）做好法的清理，开展地方政府绩效管理立法前评估

佛山市绩效管理地方立法一要严格按照现有各个位阶的法律、法规规定，遵循正确的地方立法程序；二要在科学有序的基础上提高工作效率，缩短立法周期，加快立法进程；三要做好法的清理，逐渐清理过期的、无效的、与《暂行办法》与《实施细则》相矛盾的规定，以及在清理考评之后对原有考评做出规定的文件，避免与未来的地方性法规出现冲突，影响其运行；四要重视立法前评估，系统分析立法的必要性、可行性以及其他需要注意的地方，将预防工作做在前面，尽可能减少立法出台后因为不完善而再行采取措施弥补的次数，努力提高立法质量。

下篇
法治政府绩效评价指标体系研究

何志强

内容提要

本书研究跨法学和公共管理学两个学科领域。自2004年,国务院颁布《全面推进依法行政实施纲要》,到2015年,中共中央国务院印发《法治政府建设实施纲要(2015—2020年)》十余年间,在党和政府的相关决定及文件中,无一例外地提出以考核评价推进法治政府建设,构建科学合理的考评机制和指标体系。在此历史背景下,本书研究旨在引入政府绩效评价的理念方法,构建法治政府绩效评价指标体系。显而易见,研究具有重要的理论价值和实践意义。

构建法治政府绩效评价指标体系被视为"世界难题"。本书借鉴英美等西方国家与港台地区法治评价的体系及经验,以及内地广东、湖北等地依法行政考评的指标体系,立足于目标考评的逻辑起点,基于结果导向与公众满意度导向,作为层次分析法特例,利用专家咨询调查方式,构建客观指标评价、专家评议、公众满意度测量于一体,包括制度建设、过程推进、目标实现、法治成本和结果满意等5项一级指标、14项二级指标和38项三级指标的法治政府绩效评价指标体系,之后运用于实证,并对实证结果进行量化及规范性检验,进而提出进一步完善指标体系的思路建议。研究结果表明,以"事先可推导,事后可检验"方法视角构建的指标体系具有广泛的适应性和可检验的科学依据。

法治政府绩效评价强化评价的价值理性。针对目前我国法治评价局限于内部考评、目标界定不清晰、各自为政重复考评、指标体系庞杂等问题,从法治政府目标性评价到法治政府绩效评价具有客观必然性,因为法治与绩效一脉相承。作为组织内部管理的手段,为了实现2020年基本建成法治政府的目标,体制内部自上而下的评价应定位为绩效导向的目标考评,同时清晰界定评价权、组织权与实施权的关系,引入社会评议,推进评价实施权的外部化;在体制外部,应培育独立的第三方评价主体。当然,任何评价本质上都是主观评价,或者说一家之言。不论是强化政府组织管理,还是提高政府法治水平和公信力,完善指标体系的路径不是垄断评价,而是开放评价权,推进政府信息公开,实现内部考评与外部评价的有机统一。

本书创新之处在于:一是将政府绩效评价的理念方法导入法治政府建设评价内容体系中,实现法治政府理论与政府绩效评价方法论相结合,衍生新的概念范畴;二是改进层次分析法,将单一重要程度评价替代指标的两两比较,创新构建指标体系的技术路径;三是依据实证结果对指标体系进行多方案比较与检验,增强指标体系的科学性。

第一章　导论

法治政府建设是全面落实依法治国方略的核心内容,政府绩效评价以"结果导向"和"公众满意"为导向,衍生法治政府绩效评价的概念范畴①,成为法治政府建设的助推器和指挥棒。指标体系是实现评价的技术手段,是法治政府评价研究的核心问题。本书以政府绩效评价的理念方法导入法治政府建设评价中,研究指向被视为"世界难题"法治政府绩效评价指标体系的构建。

第一节　研究背景与意义

一、研究背景

2015 年 12 月,中共中央、国务院印发了《法治政府建设实施纲要(2015—2020 年)》,要求强化考核评价和督促检查,把法治建设成效作为衡量各级领导班子和领导干部工作实绩的重要内容,纳入政绩考核指标体系,充分发挥考核评价对法治政府建设的重要推动作用。事实上,自 2002 年党的十六大提出"依法治国是党领导人民治理国家的基本方略"之后,2004 年,国务院发布《全面推进依法行政实施纲要》,首次提出用 10 年左右时间基本实现建设法治政府的目标;2012 年,党的十八大进一步明确了到 2020 年"依法治国基本方略全面落实,法治政府基本建成"的时间表;2014 年,十八届四中会议将"依法治国"作为会议主题,将"坚持法治国家、法治政府、法治社会一体建设"写进全面推进依法治国的总目标。同时,在党和政府的这些重大决定中,无一例外地强调要充分发挥考评对法治政府建设的推动作用,构建法治政府建设考评指标体系。

指标体系被视为法治政府评价的"世界难题"。审视近几年国内法治政府建设历程,作为技术工具,指标体系一直受到政府和学界的高度关注,亦充斥争议。2013 年,广东省人民政府颁布《广东省法治政府建设指标体系(试行)》,共设 8 项一级指标,40 项二级指标,108 项三级指标。利用这一体系,2014 年广东首次"体检"法治政府评价结果。② 但与此同时,该项评价只是对被评价对象进行优良分类,并没有公布指标具体得分,以至于排名靠后的政府部门、学界都对评价结果的公正性、指标体系的科学性提出质疑。

---

① 郑方辉,尚虎平.中国法治政府建设进程中的政府绩效评价[J].中国社会科学,2016,01:117 – 139.

② 在接受考评的 22 个地方政府和 39 个省直单位里,最高分 90.9 分,最低分 71.76 分,平均分 82.22 分。通过对 61 个对象的考评,全省依法行政工作被评为"良好"等次,群众满意度为"比较满意"。参见邓圩.广东首次"体检"法治政府[N].人民日报,2014 – 10 – 27(11).

这种情况在全国其他地方政府法治考评也具有一定的普遍性。比如：2009 年，江苏省颁布《2009 年度江苏省省级行政机关依法行政考核内容与评分标准》，设计了 7 个一级指标、37 个二级指标及 63 个三级指标。2010 年，湖北省颁布《湖北省法治政府建设指标体系（试行）》，确定了 8 个大项、35 个中项、160 个小项的重要指标。这些地区主要是地方政府组织的依法行政考评，但是考评结果并没有公开详细信息，考评结果主要作为内部参考，考评基本流于形式。

尽管如此，作为"可量化的正义"，以指标体系为工具的法治政府评价已成为世界潮流。运用法治指数量化法治的评价活动也有较大的进展，无论是世界范围内的"世界治理指数"、"世界正义工程法治指数"，还是地区性的"香港法治指数"、"余杭法治指数"，都佐证了量化法治评价的必要性与可行性。随着十八届三中全会通过的《中共中央关于全面深化改革若干重大问题的决定》强调"转变政府职能，建设法治政府，增强政府的公信力和执行力"、"建立科学的法治建设指标体系和考核标准"，法治政府指标体系作为落实和推进法治政府建设的核心内容，不少地方政府尝试通过制定法治政府指标体系将法治政府建设的目标和任务、基本原则和要求予以细化和量化。

有组织就有管理与评价。"以评促建"符合管理的激励原理，也是我国党政组织管理的法宝，因为"正如菲利克斯·A·尼格罗所言，如果无法衡量，就无法改善，除非能在绩效目标实现程度的衡量方法上取得共识，否则，一切确定绩效目标或标准的努力都是徒劳无益的"[①]。作为法治政府绩效评价的核心要件，指标体系是法治政府绩效评价得以有效开展的重要前提，制定科学、合理指标体系是当前政府、社会组织和公众衡量法治政府建设成效的共同迫切需求。但是对于"构建法治政府绩效评价指标体系"这一重要课题，学界观点不一，不成体系，实践上存在较多问题，需要更进一步深入研究。

二、研究问题

伴随世界范围的法治评价浪潮，中国各地积极开展各式各样的法治评价，主要是对区域法治、法治政府建设的评价，取得了进步，但是也存在着不足，主要表现为：评价目的不明确、评价主体单一化、评价实施可操作性不强、缺乏一套适合实际的指标体系。因此，法治政府绩效评价指标体系研究将主要涉及以下问题：

首先，评价目的与指标体系。法治评价是一个螺旋式发展和完善的动态过程，它不单只是对现有法治水平的简单评价，更要通过法治评价来推动国家、政府和社会的法治进一步建设。换而言之，推动并完善法治政府建设是目的，评价只是手段，手段要服务于目的，但是从现有的状况来看，多地法治政府评价指标体系被当作一种测量法治水平的方式，而没有充分体现评价的实质目的。在本质上，指数是一种数字化的量化工具和手段，通过多种数据取样进行综合、叠加、统计运算而获得相应数值，以衡量和评估复杂事

---

① 转引刘旭涛.政府绩效管理：制度、战略与方法[M].北京：机械工业出版社，2003：103.

物和现象的总体状况,①"法治指数的出台不是政府花钱买数字、筑政绩,而是帮助政府找问题"。因此,指标体系构建不仅需要细化到可以量化的具体指标使测量可操作,并使具体指标成为复杂关系的简化和评价对象的替代物,而且要使法治政府评价作为一种手段真正能够服务于评价的目的,而不是简单的"为了评价而评价"。

其次,评价主体与指标体系。我国法治政府评价权主要掌握在上级党委政府手中,这种自上而下的评价难以避免各种问题,如"法治政府满意度"通过调查问卷形式,需要专家和民众的打分、评审,但是专家与民众的选择就成了一门"学问",政府掌握组织权,评价主体单一,这样评价出来的"法治满意度"很可能就是政府操作的自己想要的结果,成为一场"作秀",为了"政绩"而弄虚作假,评价只是流于形式,失去了公信力。② 相对而言,法治政府绩效评价指标体系构建需要基于评价是独立或委托第三方的前提,指标体系构建不仅要发挥第三方评价主体的客观公正性和专业性优势,而且要考虑到第三方操作的可行性问题。

再次,评价实现与指标体系。从西方的经验来看,法治属于一种价值层面的理念,是一个比较抽象的软性系统,因此要对这一抽象的概念进行量化评价,需要借助相应的指标体系。但是实际操作上,往往出现指标体系构建的不科学、不合理,指标体系庞杂,数量繁多,定性描述为主,定量指标缺乏,如我国各省市指标设计主要是对国务院相关文件进行解析,像广东省、湖北省法治政府建设的庞大指标体系加大了评估难度,可能出现重复评价、可靠性不高等问题。指标体系科学合理与否直接影响到评价实现,如何在法治政府界定清晰的基础上,通过指标维度划分、具体指标设计和细化、指标权重与评分标准的设置以及数据收集等若干步骤,构建出科学合理的法治政府绩效评价指标体系是重要研究问题。

最后,法治评估主客观指标结合问题。从国际上来看,法治主观指标占主导地位,如影响比较大的"世界正义工程"(WJP)的法治指数、"透明国际"(TI)的清廉指数等主要是采取被调查地的被调查人员的经验和主观感受来进行打分,分数越高表示法治程度越高、腐败程度越低。主观指标有测评效度高、反映选民真实感受、成本低等优点,③但同时存在较大局限性,不能全面反映"法治"综合状况,主观指标的非理性问题等,因此如何将法治主观指标与客观指标有机结合,则需要在指标体系构建过程中进一步的研究。

三、研究意义

虽然法治政府是一个抽象理念,但是法治政府的基本要素在学理上存在可以细化分解和量化评价的研究空间,实践上,法治政府建设迫切需要通过一套科学合理的指标体系衡量成效,切实推动法治政府建设。这正是法治政府绩效评价指标体系构建的理论与

---

① 李锦. 中国式法治指数若干问题的思考[J]. 湘潭大学学报,2014,03:96-100.

② 郑方辉,尚虎平. 中国法治政府建设进程中的政府绩效评价[J]. 中国社会科学,2016,01:117-139.

③ 蒋立山. 中国法治指数设计的理论问题[J]. 法学家,2014,01:1-18+175.

实践意义所在。具体如下：

（一）理论意义

一是创新法治政府评价指标体系构建理念。传统的政府内部依法行政考评属于目标导向性，只是预设一个具体的任务型目标。被评价对象只要实现了预设目标，就能获得正面评价，但是这样的评价本身就假设了目标的正确性。法治政府绩效评价以法治政府建设为逻辑起点，体现"结果导向"与"公众满意度"的政府绩效评价理念。对法治政府建设的成就和效能的综合测量与评判，是由第三方主导进行的客观公正法治政府评价，对政府部门的法治建设和履行职责的过程和能力形成倒逼，来促进政府法治建设持续地改善流程、优化管理、提高效率以及提升公众满意度。简而言之，法治政府绩效评价是法治政府建设的重要外部助推器。因此，建立在法治政府绩效评价理论基础上的指标体系构建理念创新就在于，作为法治政府绩效评价的重要载体，指标体系的设计遵循法治政府绩效评价的两大基本理念："结果导向"与"公众满意度"。

二是完善主客观指标相结合的法治政府评价方式。我国法治政府评价指标体系的构建尚处于起步阶段，目前各省法治政府建设评价指标体系主要是围绕国务院《全面推进依法行政实施纲要》进行设计，具体指标数量繁杂，但缺乏科学性、系统性和可操作性。从评价形式上而言，已有指标体系主要以定性描述指标，从客观评价角度来说缺乏可以量化评价的"硬指标"；从主观评价角度来说，一些指标评价主观性又很强，主要以上级领导或部门评价为主。指标体系实质上是一种层级架构，法治政府绩效评价指标体系将采用客观评价与主观评价相结合方式，客观评价指标主要以客观统计源数据为基准，主观评价指标则又分为专家评议和公众满意度评价，从而使客观评价更加量化和标准化，主观评价则不仅更加体现专业性，而且也能反映民意。

三是跨学科的指标体系构建研究探索。法治政府绩效评价是法学与公共管理学研究的结合，其指标体系构建融合了法学、管理学、经济学、统计学等多门学科的理论，是一个跨学科的研究主题，对学科之间的交流与发展有一定的促进作用。指标体系构建不仅反映法治政府基本内涵和价值原则，而且关注法治政府建设在经济性、效率性、效果性、公平性等方面的诉求。利用公共管理学的政府绩效评价理念来构建法治政府指标体系可以完善法治政府评价理论和方法，对于法学研究拓展研究领域和引入全新研究方法，促进了学科之间的交融，形成跨学科的研究主题具有重要探索意义。

（二）实践意义

一是为法治政府建设提供一套科学合理评价指标体系。本书运用规范研究法、专家咨询调查法、典型个案访问法、技术分析法等方法，构建的法治政府绩效评价体系可以提供推动法治政府建设的技术工具，在实际考评过程中发挥导向作用。针对现行体制内法治政府建设评价存在的考评主体单一、指标体系庞杂、结果难以运用等问题，构建出充分反映法治政府的本质，将法治政府评价各个复杂领域简化和可操作化，能够用可量化的客观指标和专家评议指标,结合公众满意度,对法治政府建设的实际效果进行有效测量的指标体系,为法治政府建设的发展提供可评估和考量的依据,促进法治政府建设朝着正确的道路发展。

二是引入第三方考评突破传统的自上而下的内部考评机制。目前依法行政考评是政府内部自上而下的考评,属于政府内部一种监督激励,这种考评方法具有效率高和成本低优势,但"自己评自己,既当运动员也当裁判员"会使评价目的难以实现,不够客观公正和缺乏公信力。引入第三方评价为法治政府建设提供技术支持,第三方评价具有相对独立的优势,可以减少内部干预和主观意志的影响,增强评价科学性、合理性和客观性。

第二节　主要概念

法治政府绩效评价指标体系涉及若干个主要概念,厘清概念基本内涵及其所衍生出来的价值准则和理念方法具有重要的导向性作用。

一、法治政府

法治政府是构建法治政府绩效评价指标体系的核心概念。现代意义上的"法治"是指"rule of law",顾名思义即"法律的统治",本质上体现为良法得以实施。法治要求"所有的机构,包括立法、行政、司法及其他机构都要遵循某些原则",诸如公平正义、诚实守信和程序正当等。"法治政府"本身就是"法治"的重要组成部分。法治政府不但"要维护和执行法律与秩序,而且政府本身也要服从法律规则,它本身不能漠视法律或为自己的需要而重新制定法律"。[①] 正如学界普遍认为的,所谓法治政府应指各级政府及其组成部门根据宪法和法律产生,职权和职责法定,行使权力的方式和程序由法律确定,是否越权和滥用权力由法律评价,权力的行使过程及其结果受法律的监督和控制。[②] 在我国"法治政府"的核心价值是依法行政,即行政机关的职权和行使职权产生的权利义务必须以法律规定为依据,行政机关的法律能力和行政职权应当来自于法律的授权,要做到"法定职责必须为,法无授权不可为"。

二、政府绩效评价

政府绩效评价是一种新型的公共管理模式,它把提高绩效作为评价目的,从公共服务提供有效性、社会满意度和成本收益等方面作为评价切入点,进而建立起科学合理的绩效评价指标体系和评估机制。政府绩效评价本质上是基于管理学绩效评价理论的评价模型,需要考虑各种影响绩效的因素,该模型有助于政府控制开支,增强其所处环境的

---

① 戴维·M·沃克.牛津法律大辞典[M].北京:光明日报出版社,1988:191.
② 刘旺洪.论法治政府的标准[J].政法论坛,2005,11:160－166.

适应性,提高管理绩效。政府绩效评价主要是针对"评估主体"、"评估方式"、"评估成本"、"评估实施"、"结果应用"等各因素的综合来考量,并且强调高绩效的取得离不开绩效评估的反馈控制。① 政府绩效评价不仅在于应用绩效测评的理念来衡量政府的工作成果,也是反映公共资源投入的效益,同时测评结果也会使政府明确内部运行问题所在。② 目前,世界各国政府绩效评价主要遵循"4E"理念,即针对政府绩效从经济性、效率性、效果性、公平性等方面综合评价。本项研究充分吸取了我国学者对于政府绩效评价的界定,即政府绩效评价是以"结果导向"与"公众满意度导向"为理念的对政府绩效所进行的评价,是民主下的技术工具,其目的是提高政府的公信力。③

三、指标体系

"指标是一种量的数据,它是一套统计数据系统,用它来描述社会状况的指数,制定社会规划和进行社会分析,对现状和未来做出估价"。④ 实际上,运用指标体系作为评价手段,在不同的领域,特别是在对政府绩效进行评价时,并不总是能够量化的,也不应简单进行量化。从指标体系结构而言,法治政府绩效评价指标可分为主观指标和客观指标,也可以包括定性指标、定量指标、特色指标以及配套的考评细则。要通过指标体系构建将法治政府绩效评价从应然转化为实然,应把握好几个关系,如可量化与不可量化、主观与客观评价和合理与最优评价等关系。从指标体系涉及内容而言,法治政府建设相关的政府职能履行、行政决策机制,推进社会发展;行政立法规范,依法依规执法;纠纷解决机制健全,维护社会和谐稳定;接受社会监督,强化内部监督;完善政府法治机构,提升公务员法治素养,关注法治政府运行成本都应有所考虑。概言之,指标体系是法治政府绩效评价研究的核心内容,科学合理的指标体系是法治政府绩效评价结果具有说服力的前提。

四、第三方评价

评价主体是指在法治政府绩效评价过程中主导评价的组织、团体或个人,一般分为内部主体和外部主体。内部主体是指从政府内部产生的评价主体,主要有政府相关职能部门或上级主管部门。外部评价主体是指从政府外部对法治政府绩效进行评价的主体,主要指第三方机构等。由于评价主体拥有评价组织权,进而影响评价权、实施权和知情权等评价权力关系的再分配,因此政府绩效评价不仅需要关注所构建的指标体系的科学合理性,也应强调评价主体应为第三方。所谓第三方评价是指由与政府无隶属关系和利

---

① 尚虎平. 政治控制、个人取代组织与过渡年资量化——我国历史上大一统时期政府绩效评估经验、遗弊与继承之道[J]. 社会科学,2013,01:25-37.

② 高昊,杨琴,周洪美. 中国省级政府绩效测评体系构建及实证分析[J]. 经济体制改革,2013,01:51-55.

③ 郑方辉,廖鹏洲. 政府绩效管理:目标、定位与顶层设计[J]. 中国行政管理,2013,05:15-20.

④ 朱庆芳,吴寒光. 社会指标体系[M]. 北京:中国社会科学出版社,2001:3.

益关系的第三部门或民间机构所组织实施的评价政府及其部门法治建设的活动。① 第三方评价在法治政府绩效评价中具有中立性、公正性和公平性以及结果的有效性和可信度等特点。第三方评价作为外部评价主体是必需而有效的，可发挥外部监督权力制衡的作用，弥补传统的政府内部自上而下的自我评价缺陷，提高法治政府绩效评价结果的公信度，并有利于公民参与法治政府建设。

第三节　文献综述

一、国外法治评价指标体系述评

对法治的研究最早可追溯到古希腊时期，而法治政府评价及其指标体系相关研究则是 1960 年代末以来的事，并且这一时期美国率先开始了法治政府评价并蔓延到世界各国和国际组织。美国是一个法治程度比较成熟的国家，但对于政府的法治程度评估也没有完全独立的专项研究，主要表现在对政府绩效评价中。最早是 1968 年，美国学者 W·M·伊万通过对来自联合国等世界组织的统计资料分析，设计了一个法律指标体系，包括 70 项具体指标，法治政府的指标就是其中之一。20 世纪 70 年代，美国学者 J·H·梅里曼、D·S·克拉克和 L·M·弗里德曼对欧洲和拉丁美洲的法律与社会发展进行了指标化的研究，并设计了指标体系，其中行政、法律执行、法律职业等方面都与法治政府有关。

为测量各国治理绩效，1996 年世界银行设立"世界治理指数"（Worldwide Governance Indicators，简称 WGI），该套评估指标体系包括民意表达、政治稳定、行政效能、监管质量、法治水平、腐败控制六个方面，②"法治指数"是其中一项非常重要的指数。在整合来自国际政府组织和非政府组织治理指标的基础上，设计的"世界治理指数"是一套能够有效评估世界各国治理状况的综合指数，这一综合指数最初由政府效能、法治和贪污三个基本方面构成。世界治理指数对各国法治的测量评分区间设定在 - 2.5 到 + 2.5 之间，分值越高则表明法治程度越高。"世界治理指数"中法治水平属体制外评价，由与政府无隶属关系和利益关系的第三部门或民间组织实施评价，属于"价值性路径模式，它审视法律的内容，以是否确认一些基本人权和价值为标准"。③

联合国其中一项工作是"提升发展中国家的政府法治水平"。为了检测各国政府法治水平和推动政府法治建设，联合国维持和平行动部和人权事务高级专员办事处协同其他联合国部门、机构、基金和项目，开发了一套评价法治政府评价的工具，以监测各国法治发展状况。2004 年联合国秘书长在安理会上一份报告中对"法治"进行了明确界定，则成为联合国

---

①　包国宪，张志栋. 我国第三方政府绩效评价组织的自律实现问题探析[J]. 中国行政管理，2008，01：49 - 51.

②　黄芳，俞可平. 中国治理评估框架[N]. 人民网，2008 - 12 - 16.

③　陈柳裕. 法治政府建设指标体系的"袁氏模式"：样态、异化及其反思[J]. 浙江社会科学，2013，12：69 - 77 + 157.

法治政府评价指标体系的主要依据。该体系共有 135 个评价指标,分配到公安机关 41 个指标、司法机关 51 个指标及监狱 43 个指标,每个机构指标被对应分配给若干个篮子。该项评价每个维度都被分解为一至三个篮子,每个篮子代表了评价的二级指标,篮子内延伸出具体的三级评价指标。联合国法治政府评价采用主观评价和客观评价相结合的方法,在主观评价方面,采用公众问卷调查和专家问卷调查方法,主观评价是联合国法治评价的最主要方法;在客观评价方面,主要收集相关指标的官方数据、内部数据、文件查阅。联合国法治政府评价体系的主要特点是:过程与结果相结合、主观与客观相结合。

世界正义工程(The World Justice Project,简称 WJP)的法治指数是真正意义上的唯一专门测量世界各国法治水平的法治指数,具有详细的指标衡量体系和方法,以及测量全面、数据新鲜、编制严谨、透明度高的特点。"世界正义工程"最初由美国律师协会创设,后于 2009 年转变为非营利性组织,2011 年世界正义工程法治指数首次评估中国法治状况。① "世界正义工程"对"法治"的定义基于四条原则,②在此基础上构建出法治评价指标框架体系,主要包括限制政府权力、根除腐败、开放政府、基本权利、秩序与安全、监管执法、民事司法、刑事司法、非正式司法 9 项考量指标,③这些指标又被进一步细化,例如"基本权利"细化为平等对待和免受歧视、生存权利与人身安全被有效保障、法律正当程序与被告的权利、不受任意干涉的隐私自由被有效保障、基本的劳动权利被有效保障等 8 个二级指标;"刑事司法"细化为犯罪调查体制是有效的、犯罪审判体制及时而有效、矫正体制对于减少犯罪行为是有效的、法律正当程序与被告的权利等 7 个二级指标。世界正义工程的"法治指数"不论是在评价指标体系构建还是已经获得评价数据上,均为相关国家的法治建设提供了参考样本,并推动了世界各国的法治发展。世界各国地区纷纷兴起的法治评价,无一不对其进行借鉴。但是从另一方面来说,该评价指标体系也存在着一定的缺陷,其评价因子是从西方法治理论出发的,而不同的国家对于"法治是什么"解读并非如出一辙,它受不同的制度因素和环境因素影响,特别是一个国家的政体、社会、经济、传统习俗等因素。

此外,我们可以从国外政府绩效评价实践中汲取先进经验。1906 年,纽约设立市政研究院,成为美国政府绩效评价的开端。1993 年,美国国会颁布《政府绩效与结果法案》,从立法上确定了绩效评价的概念与制度。此后,美国的政府绩效管理不断走向"以公民为中心,以结果为导向,以市场为基础"的绩效考核模式。从 20 世纪 70 年代末开始,英国的政府改革席卷西方乃至全球,绩效取向成为政府考核的核心价值之一。法治

---

① 刘卉. 世界正义工程法治指数可借鉴[N]. 检察日报,2015 - 06 - 09.

② 世界正义工程界定"法治"的四条原则为:1)可根据法律对政府及其官员和部门、私人和私营机构问责;2)法律清晰、公开、稳定且公平,平等应用,保护基本权利,包括人身和财产安全;3)法律的制定、管理和执行过程可了解、公平且高效;4)正义由有能力、有操守、独立的代表和中立者及时实现,这些代表和中立者人数充分,有足够资源,且反映了他们所服务的群体人员构成.

③ WJP. The World Justice Project Rule of Law Index 2014:8.

政府评价作为政府评价的重要组成部分,在新的政府考核价值导向下发生了变化,逐渐由规制性考核转向结果导向和公众满意为主要特征的绩效性评价。

国外有关法治评价指标体系的构建与实践对于中国研究法治评价、法治政府评价,特别是评价方法与技术有着重大参考意义。国外的法治评价和政府绩效评价理念及其指标体系构建的模型、方法、技术等比较先进,将其运用到中国的法治政府绩效评价领域,不失为一条有效路径。作为法治政府评价方法,在实用层次上具有共通性,特别是指标体系的构建上。

二、中国香港、台湾地区法治评价指标体系述评

香港法治指数研究主体来自香港各大高校、研究机构、政府等组织,它是由香港社会服务联会发起,是"香港社会发展指数计划"的一项,主要利用量化与质化相结合的方法,通过对法律是否保障某些基本人权和价值及政府是否以法律行事的测量,来反映香港法治运作的整体效果。① 在其逻辑框架下香港法治指数主要分两步走,一是界定法治的7个条件,二是法治指数设计程序。香港法治指数研究主要是以制度性的进路来分析政府是否透过法律和在法律之下行事。所列的法治7项条件,被认为是法治的基本要素。② 香港法治指数将可量化数据和公众对法治的评价作为法治指数的基础数据用来分析法治程度的影响因素,最终的法治评价则依赖于专家评价,包括专家评审组和比较组。香港法治指数的评估主体、指标设计、程序设计更多的是针对香港体制性方面,即政府法治的进程,未能足以显明法律与香港社会其他方面的关系。当然,香港法治指数的巨大作用亦不可忽略,它不仅是测量香港法治发展的指标,更为香港政府法治的改善提供资讯,为其他领域社会法治发展提供了比较的基础。

台湾公共治理指标(TPGI),主要参考亚太经合组织(APEC)、经合组织(OECD)等国际组织倡议的优质公共治理原则,将公共治理分为法治化程度、政府效能、政府响应力、透明化程度、防治贪腐、课责程度及公共参与程度等七大方面③。该评价以四年为一个周期,每年度针对学术界、政府、企业和公民社会等各领域学者专家进行主观指标调查,然后以国际组织及台湾地区政府客观数据为辅助,对指标进行数据整合、转换并评估考量,最终为政府做出公共治理决策提供参考。通过不同年度调查结果的比较,还可以了解岛内公共治理在该指标构建上的趋势变化,定期做出相应的调整。在公共治理7大指标中,法治化指标主要探讨台湾司法体系与法规制度之健全性与有效性,并检视其是否提供一个稳定、安心的投资环境,以提升台湾的竞争力,其具体内容包括"法规管制"、"司法

---

① 戴耀廷. 香港的法治指数[J]. 环球法律评论,2007,06:44 – 53.

② 香港法治指数的7项条件:1)法律的基本要求;2)依法的政府;3)不许有任意权力;4)法律面前人人平等;5)公正地施行法律;6)司法公义人人可及;7)程序公义。这7个方面主要是从众多法治研究名作中归纳出来的.

③ 陈秋政,江明修,陈定铭. 台湾公共服务满意度指标建立之研究与反思[J]. 公共管理与政策评论,2013,01:52 – 67.

体系"及"警政治安"等三方面，检视台湾法治现况的发展及其完善程度。但是台湾公共治理指标没有特别关注到法治，大部分研究集中在管治、竞争力或民主等方面，不能有效反映该地区的法治情况。

三、中国内地法治政府评价指标体系述评

法治政府建设离不开法治政府评价。自 2004 年以来，无论是理论还是实践，中国内地都将关注点聚焦于法治政府建设指标体系的构建。学界研究成果主要包括一般性的理论研究、应用性的指标设计研究以及直接开展评估的实验研究等诸多层面与领域。比较有代表性成果主要体现为以下几个方面：

一是法治政府评价指标体系构建意义与可行性。如袁曙宏（2006）将法治概念和政府建设有机结合起来，介绍了构建法治政府指标体系的重要意义、可行性、基本内容、基本步骤和使用的问题。① 王宝明（2008）对中国法治政府的路径选择，政府的行政体系与制度、法治化的政府机构、公务员在法治化的管理、政府行政执法的推动进行了详细介绍，并提出了建立可行的评价法治政府指标体系，但并未给予实操性阐述。② 汪波（2010）对世界法治进程比较，对法治政府演进逻辑进行分析，在参照世界政治文明共性经验的基础上，聚焦于"如何"建构有中国特色的法治政府体系。③

二是法治政府评价指标体系构建基本理论与一般原则。戴浩飞（2012）提出法治政府指标评估体系的基本理论，并将其置于现实的法治实践进行考察，用比较法学、实证法学来研究建立一套科学合理的法治政府指标评估体系，具有一定的参考价值。④ 申来津等（2008）将法治政府指标体系设计原则分为一般原则和特殊原则，并依据法律、法规和国务院《纲要》，设计了法治政府指标体系。这个指标体系的测评包括常规指标和可选指标，并为法治政府指标体系的操作设置了评价理由与等级，权重与分值和支撑资料。⑤

三是法治政府评价指标体系构建及实证研究。马怀德（2013）在其《中国法治政府评估报告 2013》中提出法治政府评估指标体系，这一体系设计了机构职能及其组织领导、制度建设和行政决策、行政执法、政府信息公开、监督与问责、社会矛盾化解与行政争议解决、公众满意度等 7 个一级指标，下分 30 个二级指标和 60 个三级指标，并根据各指标的重要性和均衡度综合确定了权重，这也成了该报告的最大亮点。⑥ 司开林等（2013）设计了一套常州市法治政府建设绩效评价指标体系，但实际上从其指标内容来看，依旧只是

---

① 袁曙宏. 关于构建我国法治政府指标体系的设想[J]. 国家行政学院学报,2006,04:12 - 14 + 62.

② 王宝明. 法治政府[M]. 研究出版社,2008,332 - 336.

③ 汪波. 中国法治政府建设的基本逻辑——跨国比较与制度设计[M]. 北京师范大学出版社,2010,01:149 - 161.

④ 戴浩飞. 法治政府指标评估体系研究[J]. 行政法学研究,2012,01:74 - 82.

⑤ 申来津,朱勤尚. 法治政府评估指标体系的设计与运作[J]. 行政论坛,2008,02:48 - 51.

⑥ 中国政法大学法治政府研究院. 中国法治政府报告 2013[M]. 中国人民大学出版社,2014:01 - 02.

对法治建设成果的一个简单评价,并未真正有效运用绩效理念。①

四是提出推动法治政府绩效评价及其指标体系构建。郑方辉等(2014)在《法治政府绩效评价》一书中基于政府绩效评价的理论方法,提出构建法治政府绩效评价体系,包括理论体系、技术体系及制度机制体系,其中技术体系这部分对法治政府绩效评价指标构建进行了框架性阐释,为我们构建法治政府绩效评价评价指标体系提供了相关的理念指导与技术操作。② 首次提出了"结果导向"和"公众满意度"两个方向的绩效评价价值取向,为我们指标体系构建及权重设计提供了引导。陈柳裕(2013)提出了实现由"目标考核型"到"绩效评估型"的转变,是创新我国法治政府建设指标体系的基本路向。③

总体而言,学界对于法治政府评价持肯定态度,并且许多研究涉及法治政府评价的指标体系构建问题,同时法治政府绩效评价理念逐渐得到认可,对于笔者研究开展法治政府绩效评价指标体系很有帮助,特别是法治政府评价基本理论、一般原则、评价对象与范围和具体指标体系的研究,为指标构建提供了值得借鉴的理论成果。

从实践层面来看,近几年各地政府相继出台了法治政府评价指标体系并且开展相关实践,通过梳理发现相关指标体系的构建具有一些共通性,具体如下:

我国地方政府法治政府评价指标体系构建主要依据中共中央国务院相关的文件来展开制定。国务院《全面推行依法行政实施纲要》、《关于加强市县政府依法行政的决定》以及中共中央国务院《法治政府建设实施纲要(2015—2020 年)》,都对法治政府建设指标体系构建提出了指导意见,特别是在法治政府内涵、衡量标准和基本原则、主要任务以及具体措施等方面,为地方政府法治政府考评指标体系的构建提供了重要依据。此外,国务院办公厅《关于推行法治政府建设指标体系的指导意见(讨论稿)》也提出了法治政府建设指标体系总体框架,共 8 项一级指标,50 项二级指标和 187 项三级指标,并对相应指标赋予了权重,还就考评的组织领导、考评主体、考评方法及考评结果运用给了一些指导意见,各个地方可在此基础上根据实际情况做出相应的合理变动。④ 这也为地方探索构建法治政府评价指标体系的提供了有力指导。

各地法治政府评价指标体系构建及考评实践的典型代表主要包括深圳、湖北、四川和杭州等省市。2008 年,深圳市与国务院法制办签订推进法治政府建设合作协议,年底出台了全国首个地方性法治政府建设指标体系。深圳指标体系有 12 个大项、44 个子项、225 个细项,作为法治政府建设的重点考评指标。多数指标为刚性指标,涵盖了法治政府

---

① 司开林等. 法治的指标 可测的正义——常州市法治政府建设绩效评价指标体系构建[J]. 武汉公安干部学院学报,2013,01:56 – 60.

② 郑方辉、冯健鹏. 法治政府绩效评价[M]. 新华出版社,2014:154 – 177.

③ 陈柳裕. 法治政府建设指标体系的"袁氏模式":样态、异化及其反思[J]. 浙江社会科学,2013,12:69 – 77 + 157.

④ 马维国. 法治政府建设考评指标体系初探(提纲)[A]. 中华全国律师协会宪法与人权委员会、行政法专业委员会 2010 年年会暨"律师参与化解社会矛盾的理论与实践"研讨会论文集[C]. 中华全国律师协会宪法与人权专业委员会,2010:6.

建设工作的各个方面：政府立法、行政决策、公共财政管理与政府投资、行政审批、行政服务、行政监督等，考评结果作为领导班子调整、领导干部选拔任用和奖惩的重要依据。2010年，湖北省实施的《湖北省法治政府建设指标体系（试行）》是我国第一部省级法治政府建设指标体系：由8个大项、35个中项、160个小项具体指标构成[①]，这是省级政府对法治政府评价指标体系先行先试的有益探索。2013年，四川省修订《四川省市县政府依法行政评估指标》，设定了依法行使行政职权、行政决策行为规范、行政执法机制完善、行政执法行为规范、行政审批高效便民、严格行政执法人员管理、政府信息依法公开、行政救济合法公正及时、行政权力受到制约监督、追究执法过错责任、提升法治意识和能力、落实保障措施等12项指标，并强调加强组织领导、统筹协调和监督指导。

杭州市余杭区作为全国法治评价的试验田，其法治指数则主要采用专家主导、政府推进，"利益相关者"共同参与的方式，从多源头获取评价信息。该区对九大法治建设总体目标（党委依法执政、政府依法行政、司法公平正义、权利依法保障、市场规范有序、监督体系健全、民主政治完善、全民素质提升、社会平安和谐）进行分解量化，用"149"三个数字来概括："1"是一个法治余杭指数，这是对余杭公民社会现状最概括的评价，即用一个指数来度量余杭的法治状况；"4"是四个评估层面，囊括区本级、区级机关部门、乡镇街道、村和社区；"9"是面向公众的九种调查问卷，涉及党风廉政建设、政府行政工作、司法工作、权利救济、社会法治意识程度、市场秩序规范性、监督工作、民主政治参与、安全感和满意度。余杭法治的实践创新表明法治评估对法治和社会建设具有重大意义，但是余杭法治指数针对数百条的考核细节的问卷能否一一落实，其可行性遭到质疑。

进一步梳理各级地方政府出台的指标体系文件具体内容（参见表1-1和表1-2所列相关文件和指标体系），可以发现，各地指标体系均以国务院《纲要》、《意见》具体目标和要求为指标内容设计蓝本，主要围绕国务院法治政府建设要求，即合法行政、合理行政、高效便民、程序正当等展开。其中，一级指标和二级指标的数量及内容设计上基本一致，三级指标则是在此基础上的细化和具体化，但三级指标数量上有所差异且指标数量繁多。例如，广东省法治政府建设指标体系设计中，含有8个一级指标，40个二级指标和108个三级指标，湖北省法治政府建设指标体系由8个大项、35个中项、160个小项构成。另外，各地法治政府建设评价指标体系中定量指标比较欠缺，主要以定性描述指标为主，造成在实际操作时很难客观评价，从而导致评价结果产生较大误差。比如，江苏省仅有3项有明确量化标准，其他评价指标都主要是从"制度建设"、"机构设立"、"依法行政"、"规范程序"、"机制保障"等方面进行定性描述。故各地法治政府建设指标体系还应不断完善，构建一种定性与定量相结合的评价指标体系，才能科学评判政府法治建设成效和依法行政能力。

---

① 中共湖北省委 湖北省人民政府关于印发《湖北省法治政府建设指标体系（试行）》的通知[J]. 湖北省人民政府公报，2010，13：7-14.

表 1 – 1　各地法治政府建设指标体系文件出台情况

时间	发文机关	文件名称	文件号
2008 – 12 – 16	深圳市委、市政府	深圳市法治政府建设指标体系(试行)	深发[2008]14 号
2009 – 07 – 31	马鞍山市政府	马鞍山市建设法治政府定性定量指标	马政[2009]47 号
2010 – 06 – 06	湖北省委、省政府	湖北省法治政府建设指标体系(试行)	鄂发[2010]9 号
2010 – 07 – 13	温州市政府办公室	温州市法治政府建设指标体系(试行)	温政办[2010]87 号
2011 – 08 – 10	苏州市政府办公室	苏州市法治政府建设指标体系	苏府[2011]56 号
2011 – 08 – 29	辽宁省委、省政府	辽宁省法治政府建设指标体系	辽委发[2011]17 号
2012 – 08 – 13	沈阳市政府	沈阳市法治政府建设指标体系	沈政发[2012]41 号
2013 – 03 – 27	广东省政府	广东省法治政府建设指标体系(试行)	省政府令第 184 号

表 1 – 2　各地法治政府建设指标体系各级指标数量

省市　　　　指标数	一级指标数	二级指标数	三级指标数
深圳市	12	44	225
湖北省	8	35	160
温州市	9	35	47
苏州市	9	29	94
辽宁省	8	46	170
沈阳市	8	42	149
广东省	8	40	108

目前,中央政府尚未形成进行全国性的顶层设计,法治政府建设评价指标体系构建主要以地方政府主导。许多地方出台法治政府建设评价指标体系和考评办法相关配套文件,旨在通过法治政府建设评价来发现问题,并进一步促进法治政府建设。

总体来说,这种围绕国务院《纲要》、《意见》所构建的目标主导型指标体系构建,可以较好衡量地方政府法治建设工作任务完成情况,具有横向可比性,可以作为推动地方法治政府建设的重要抓手,属于体制内部目标任务式考核,是一种对上级负责的指标体系,不可避免出现忽略公众诉求,考核形式化等问题,缺乏公信力。

第四节　研究方法

本项研究属于跨学科的交叉研究,需要综合运用法学、管理学和社会学等学科相关理论与方法,并且指标体系构建和遴选也有赖于技术科学方法。由于笔者有较长时间政府工作经验和实地调研能力,本书在规范研究法和比较分析法的基础上,根据需要,融合实证研究方法,如专家咨询法、实证检验法、数据分析法等方法。采用的主要方法如下:

一、规范分析法

规范分析法是社会科学研究基本方法,一般应用于定性分析,主要解决"应该是什么"和"应该怎样"等问题,主要涉及价值判断和逻辑推理两方面。由于法治政府绩效评价指标体系研究,涉及多个学科的概念和理论,因此文中多处需要采用规范分析方法,通过梳理、归纳和演绎相关理论学说实现指标体系构建的内在逻辑自治性。本书通过规范分析所要解决的主要是"法治政府是什么"、"法治政府评价是什么"和法治政府绩效评价基本内容、价值导向等问题,以及运用层次分析特例法作为方法论指导指标体系的构建。此外,研究还需要借助规范研究方法分析,使所选取法治政府绩效评价具体指标能够充分体现法治或者法治政府自身本应遵循的价值原则,如程序正义、比例原则等,以及政府绩效评价所倡导的"结果导向"和"公众满意"评价理念。

二、比较分析法

法治政府绩效评价指标体系研究事实上就是一个通过不断比较、逐渐对指标体系构建认识清晰的过程。本书运用比较分析法主要体现:一是评价内容与思路的比较。由于关于"法治"、"法治政府"和"法治政府评价"的理解不仅学界存在诸多分歧,而且在实践中不同国家、不同地区和不同主体理解也大为不同,只有运用比较分析法,结合我国法治政府建设实际情况,才能逐渐明确法治政府绩效评价指标体系的评价内容与思路。二是指标选取比较。在指标体系设计过程中,同一层级可选指标为数众多,需要从综合有效性、可获得性和可靠性等诸多方面进行比较分析研究,并且结合专家对其重要性的评价,才能构建出较为合理有效的指标体系。

三、专家咨询法

专家咨询调查法是以实证主义为方法论的量化研究方法,是以专家作为索取信息的对象,依靠专家在某一领域的专业知识和经验,由专家通过调查研究对问题做出判断、评估和预测的一种方法。该方法主要包括德尔菲法和头脑风暴法,本项研究主要遵循德尔菲法的思路,在具体咨询形式上则采用问卷调查和深度访谈相结合的方式。专家问卷调查依照研究所需要标准化的程序展开,其设计、实施和结果的处理都严格按照一定原则和要求进行,以保证问卷的信度。具体操作流程为将预先设计标准化的咨询问卷分发或邮寄专业人士,再对问卷回收整理,进行数据统计分析,进而得到研究数据。本项研究的专家咨询问卷调查主要为了解专家对法治政府绩效评价及其指标体系构建基本倾向,确定法治政府绩效评价指标体系主客观评价以及一级指标、二级指标的权重占比,同时为遴选哪些三级指标可以作为衡量法治政府绩效指标,需要获取相关专业人士对这些三级指标相对重要性的判断。深度访谈法主要是在指标体系框架设计、备选指标库构建以及实证结果检验指标体系阶段,通过面谈或电话访谈形式了解专家对于上述研究开展的意见和建议,从而确保指标体系构建的科学合理。

四、实证检验法

法理学上的"实证主义法学"是一种哲学上的本体论范畴,解决的是法学研究对象的重要方法。实证研究方法为本书获得宝贵的第一手研究资料,可以用于检验研究结果。一般来说,实证主义分为逻辑与经验两条进路,本项研究采用经验为基础的实证研究方法。本书研究实证检验法主要采用定性研究与定量研究两种形式。在指标体系设计阶段利用专家专业知识和直接经验对指标体系框架和指标遴选进行定性实证检验。在指标体系完善阶段,本书采用典型案例定量实证检验,即利用所构建法治政府绩效评价指标体系对某市展开评价,通过对评价的实证结果分析,以及不同指标体系方案所得的实证结果比较,检验所构建指标体系合理性。具体而言,本书选取 GZ 市作为法治政府绩效评价指标体系的实证检验对象,通过对所收集评价数据进行量化分析,不仅对其法治政府建设成效进行评价,而且对指标体系构建的科学性和合理性进行了检验。为保证实证检验的科学性,研究在样本选择、公众调查、专家访问和数据收集等方面做了大量工作。

五、数据分析法

数据分析法主要为了满足法治政府绩效评价指标体系的指标遴选、权重分配和量化评价需要,以及在实证检验过程中对实证结果进行分析和多套指标方案进行比较采用的研究方法。该方法具体应用主要体现为:一是数据信息收集方面。本项研究多处都需要进行数据信息收集,收集过程遵循专业数据采集操作规范,如对回收的有效问卷进行编码,采用 EPI 软件进行数据录入等。二是数据统计分析方面。根据研究目的以及对数据进行处理,在数据统计分析方面使用 SPSS 统计软件,指标重要性分析和权重分配阶段主要引入了函数模型分析手段,在指标体系实证检验阶段采用频繁分析、交互分析和聚类分析等分析手段。

第五节　研究思路及内容结构

法治政府绩效评价指标体系构建是一项系统性工程,包括评价内容、指标设计、权重分配和实证检验等多个层面和阶段任务。本项研究力图从法治政府绩效评价指标体系构建的现实状态为起点,厘清概念基本特征,明确研究问题,确立路径与方法,构建指标体系,进行实证检验和提出完善建议。

本项研究思路从法治政府绩效评价指标体系研究背景出发,基于法治政府理论和法治政府绩效评价理论,提出具体研究问题:构建一套满足中国法治政府建设实际需求,适合第三方评价主体使用,能够进行量化评价,科学合理的法治政府绩效评价指标体系,实现法治政府评价理念与方法上的创新。通过运用规范研究法、比较分析法、专家咨询调查法(问卷调查、深度访问等咨询形式)、实证检验法和数据分析法等多种方法相结合,围绕法治政府、政府绩效评价、指标体系、层次分析特例和第三方评价等主要概念展开深入研究。为此,本项研究将引入政府绩效评价方法论作为指标体系构建的基本范式,通过同类指标体系的比较研究获得可借鉴的经验和启示。在此基础上,探讨法治政府绩效评价指标体系构建的影响因素、基本思路与原则,指标体系构建的主要方法。通过运用层次分析特例法,结合专家咨询调查结果构建出指标体系基本框架,随后采用理论分析和实证分析方法对指标体系的评价维度进行论证,进而确立一级指标及其基本内容,二级指标的构建则在上述研究基础上采用直接设计方法,三级指标主要依据专家咨询通过遴选获得,并且通过层次分析特例确定指标体系权重以及规范分析法确定各项具体指标内涵及评分标准。再进一步采用实证检验法针对特定评价对象展开实证研究,利用实证评价结果检验所构建法治政府绩效评价指标体系科学合理性,最后提出完善指标体系对策建议,并对相关研究开展进行展望。

本书共分为8章,第一章导论,主要阐述研究背景、问题、研究意义、文献综述、研究方法、论文结构及体系构建,并对本书涉及的中心概念进行界定,对法治政府建设、法治政府绩效评价、绩效指标体系等相关的文献和实践进行综述和简评;第二章从理论、方法与经验上对法治政府绩效评价指标体系构建进行梳理;第三章为指标体系框架,即整体设计,分析法治政府评价或绩效评价指标体系构建的主要影响因素,包括功能定位、评价主体、资源条件等,并对指标体系构建的整体思路及设计方法进行了梳理;第四章为评价内容与基本维度,分析了量化与不可量化的评价内容,确立评价维度(一级指标);第五章是二级指标的设计及三级指标的遴选,包括指标设计、遴选方法、遴选过程及遴选结果的分析研究;第六章为指标权重及评分标准,主要是采用技术手段,技术指标权重,分析评分标准和评分周期;第七章为指标体系的实证与检验—以2015年度GZ市为例,运用已经构建好的指标体系对GZ市法治政府建设进行绩效评价,并对评价结果进行检验;第八章提出完善指标体系的思路与途径,主要是分析指标体系构建存在的问题及原因,提出完善指标体系构建的方法与路径,展望本书提出的结论和方法创新在法治政府建设和绩效评价实践中可能发挥的作用。

本书主要的论文结构框架:

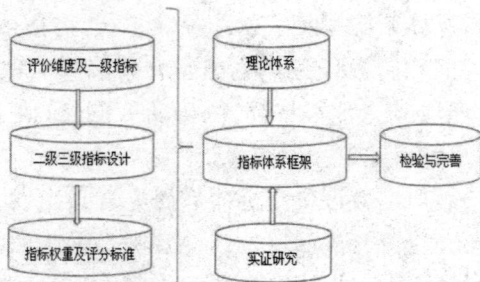

图1-1 法治政府绩效评价指标体系研究框架图

第二章　指标体系构建的理论、范式与经验

政府绩效评价方法论实质上是法治政府绩效评价指标体系构建范式,提供了研究价值导向、技术路径和研究问题等。通过梳理和比较分析同类指标体系,可以为后续的指标体系构建提供重要启示和经验。可以说,法治政府绩效评价相关理论是指标体系构建的前提与基础,范式为指标体系构建提供了方法论,经验是构建指标体系的重要参照,故本章将主要围绕法治政府绩效评价指标体系的理论、范式和经验展开研究。

第一节　评价基础:法治政府评价相关理论

构建法治政府绩效评价指标体系需要先了解法治政府理论、法治政府绩效评价理论,为指标体系评价的内容和价值取向寻找理论依据,为具体指标设计、评价说明和评分标准提供理论指导。

一、法治政府理论

研究法治政府绩效评价指标体系,必须对法治政府内涵有深刻认识,才能设计相应的指标体系框架、评价维度、指标层级及指标权重,以衡量法治政府建设的成效,以及确定是否是人民满意的法治政府,使法治政府的实践逐步走向社会治理。下面,将从中西方法治政府内涵、理论发展,以及法治政府绩效评价理论来梳理法治政府评价的已有研究成果,为中国法治政府建设、法治政府评价指标体系的构建提供理论指导。

(一)西方法治政府理论

西方早期的法治理论可以追溯到古希腊时期,形成于西方政治哲学的方方面面,其中不得不提的伟大人物是亚里士多德。他明确提出"法治是最优良的统治者"、"一个秩序良好的共和国,应该是由法律而不是由人来统治"、"法治应当优于一人之治",这些论断主要源于两个推论:一是将人性与法律的秉性相比较而进行的,二是从实证上推论不受约束的权力是政体祸患的根源。[①] 所以政体要避免特权,就需要"法律的统治",建立最有权威的理性规制,任何人在政治面前不应该有脱离寻常的超越地位。从亚里士多德所崇尚的权威理性规制,我们可以清晰感受到那是一种法治的约束。到古罗马时期,著名思想家西塞罗提出了法是立国之本,无法律无国家。在他看来国家是各民族或市民"以正义为基础",以"法律为准绳"而自愿建立的共和国,也就是法治的共和国,权力必须服

---

① 亚里士多德.政治学[M].吴寿彭译,商务印书馆,1997:9.

从法律。到了中世纪时期，托马斯·阿奎那是那个时期神学法治学的代表人物，提出了"恶法非法"的观点，认为法的目的是为公众谋福利，法律的根本目的和合法性或正当性的标准是公共福利和幸福。阿奎那另一个重要的法治观点是公民有条件的服从法律的观点，是现代社会法律对于"限制权力保障权利"的重要理论渊源。对于阿奎那来说，人们服从法律那是自然的事情，任何人在法律管辖的领土内都有服从法律的义务，君主也不例外，"君主不能逃避法律的约束，尽管君主可以制定并改变法律，但是他不能规避法律的约束。到了近代自由主义时期，主要有文艺复兴时期针对中世纪神学和封建专制的斯宾诺莎和哈林顿，英国资产阶级革命时期强调个人自由、安全的洛克和孟德斯鸠及美国独立战争和法国大革命时期倡导人民主权的罗梭，他们提出的一些思想，如"共和国应当是法律的王国而不是人的王国"，[①]在法治国家中，行政权不存在专横、垄断，一切都由法律来统治，体现的是民主与自由。最后是新自由主义时期的法治政府理论，代表人物是哈耶克和诺锡克。哈耶克阐述的秩序与规则、私法与公法、法与自由、自由与民主等诸多问题，其中对公法和私法的性质来阐述限制政府的观念对于构建法治政府有重要的参考意义，私法是用来规范个人事务的规制，包括对政府在内的个人和组织的限制，而公法是对官员执行集体计划的规范。他认为，在现代社会，私法可能被公法取代，公民及其财产可能沦为政府实现政治目的的手段，因此要把政府和个人及其他组织都置于规制的约束之下。诺锡克最值得注意的是他的最小国家理论，即管事最少的国家，是一种"守夜人"模型的国家，国家的建立和运行应当是最大限度地扩大和加强个人权利，或者是最大限度地减少对个人权利的侵犯，国家不能出于自己的目的，哪怕是扩大个人权利的目的而为侵犯个人权利的行为辩护。[②]现代西方法治理论一致认为"不受限制的权力必然走向腐败"，政府权力的扩张本性决定了其必须受到制约、监督和控制，亦表明法的一个核心是"限制国家权力，保障公民权利"，积极的限权理论体现了民主政治的发展要求，将国家的更多的政治生活方面的决定权交给民众，吸引更多的民众参与到政治生活来，使政治不再是与民众相脱离的高高在上的神秘权力。因此，法律更多地向行使国家权力者赋予其应承担的责任，首先，法治应当承认民主的法律价值，在现代社会一个民主国家应当充分保障个人权利，任何个人或阶级不能凌驾于法律之上；其次，民主的法治必须是排斥专制和特权的，法律面前人人平等，政府在执行法律的时候不能为所欲为。民主的法治理念也是本书构建法治政府绩效评价指标体系的一个核心出发点，指标体系的内容或基本要求要能评价法治政府建设状况，同时要聚焦于公众对法治政府建设的满意度评价，实现法治政府建设的宗旨。

（二）中国法治政府理论

在古代中国社会没有形成真正意义上的法治概念和法治政府理论。虽然像管仲、商

---

① 詹姆士·哈林顿.大洋国[M].何新译,商务印书馆,1996:98-100.
② 参见万俊人.美国当代社会伦理学的新发展,中国社会科学,1995:03.

鞅、申不害、韩非子等古代思想家提出了类似法治国的理论,但是这些法家所说的法治,与现代法治理念(建立在"民主主义"基础)有着本质的区别,不过只是主张君主在治理国家过程中,要重视法的作用,大部分体现在赏罚、治吏的行为规范上。中国近现代法治与法治政府理论是受西方政治思想的影响,并吸收消化后产生的。鸦片战争后,一批维新派政治代表们,如康有为、梁启超、严复等以民主思想为出发点,主张立宪,提出"君有君之权,权有限;官有官之权,权有限;民有民之权,权有限"。维新派要求分权,建立君主立宪制政体。康有为还提出制定民法、诉讼法和商法的主张。辛亥革命后到中华人民共和国成立几十年间,战事频繁,国家政局混乱,自由主义成为中国政治法律思想的一个流派,代表人物是胡适的实验主义,罗隆基、张君劢的社会民主主义,陈天启的民主宪政思想,但遗憾的是没有形成体系理论。新中国成立以后,当代中国法治政府理论得到了新发展,主要以马克思主义法治理论为指导,建立社会主义法治国家的法治观。中国共产党领导中国人民从法制走向了法治,1993 年,中国启动市场经济建设,同时高度重视市场经济中的法制建设,以规范和保证经济管理法律化。1996 年,八届人大四次会议确立了建立社会主义法制国家的目标,党的十五大则用"法治国家"概念来替代"法制国家",突出了摒弃人治的意志和实行法治的决心。近年来,十八届三中全会就如何推进法治中国建设做出了专门的部署,特别强调必须坚持依法治国、依法执政、依法行政共同推进,坚持法治国家、法治政府、法治社会一体建设,一体建设要求国家、政府、社会三个领域的统筹规划。法治国家的建设是法治的根本任务和长远目标,法治政府的建设是法治建设的核心任务和关键环节,而法治社会建设是法治的基础任务和普遍要求,三者有机统一,缺一不可。这些都表明中国的法治政府理论正逐步走向成熟。

　　理解法治政府的内涵,首先要了解法治和政府的概念。张文显认为,法治是与人治和德治相对应,体现为民主、自由、平等、人权、秩序等诸多价值观的一种良好秩序,其基本表现为依法办事。① 而政府通常是指"统治阶级行使国家行政权、执行法律、组织统一管理国家的各项社会行政业务的机关,它有广义和狭义之分,广义的政府除行政机关,还包括立法机关和司法机关,这一般在综合性文件或对外事务中使用;狭义的政府仅为行政机关,以与立法、司法等国家机关相区别"。②

　　其次,法治政府是政府管理或者说政府治理的一种模式。根据程燎原的解释,西方法治理论中对法治政府概念的理解,主要分为三种:一是法治政府是依法组成并依法治理、依法行政的政府,其实质是法治政府与法治相通;二是法治政府是三权分立,权力制衡的政府;三是法治政府是保障公民权利,彰显自由的政府。③ 在我国对相关政府法治的研究很多,但是对法治政府系统的界定却很少见,大多是参照国务院发布的《纲要》界定模糊,主要有认为"法治政府"是一种有限政府、责任政府、服务型政府、透明廉洁政府、诚

---

　① 张文显.法哲学范畴研究(修订版)[M].中国政法大学出版社,2001:150 – 156.
　② 曾庆敏主编.精编法学辞典[M].上海辞书出版社,2000:205 – 207.
　③ 程燎原."法律人"之治:"法治政府"的主体性诠释[J].西南民族大学学报:人文社科版,2001,22(12).

信政府及高效政府等。笔者认为，法治政府是法律统治之下的政府，以保障人权，彰显自由，法治为基础，民主政治为核心的政府形态，表现为政府本身由法律产生，政府依法执行，受法监督，对法负责，对人民负责。对法治政府的界定，可以多角度、多侧面、多层次的理解：作为一个组织机构，法治政府是由法律产生的；作为一种政治理念与价值目标，法治政府必须是民主、自由、效益、效率的；作为一种行为方式和动态机制，法治政府应当依法办事，依法行政；作为治国方略与政府类型，法治政府与人治相对应。法治政府的特征体现为法律之治、人民主体、有限政府，其鲜明的表明法治政府不是人的统治，法治政府主体是人民，法治政府是权力受限制的政府，只有法律授予的权力才是可为的权力。

厘清法治政府理论，为法治政府建设提供方向性指导，同时也为法治政府绩效评价指标体系构建提供理论基础。指标体系构建作为评价法治政府的核心内容，需要清晰的界定法治政府的内涵、特点、职能、基本要求等。在西方"法治"的理论中，焦点主要集中在政府权力的运行应体现法治的原则和精神，政府的行为应当受到法律的限制、约束和规范，并且从实质意义上认为政府所遵循执行的法律必须是"善法"、"良法"，这也为我们在指标体系构建中对法治政府价值追求的考量提供了依据，以及政府的职能是否符合法律的规定，是否真正实现法律的基本价值。在我国实践中，自 2004 年《纲要》提出的关于法治政府建设的目标，对于什么是法治政府，主要从合法行政、合理行政、程序正当、高效便民、诚实守信、权责统一六个方面来表述，可见《纲要》中对法治政府的基本理解是"有限、服务、阳光、效能、诚信、责任政府"，相应的法治政府指标体系的重要依据正是《纲要》中法治政府的基本要求。从目前已有的法治政府建设评价的指标体系中，大多都是依据《纲要》对法治政府的理解而设定的指标体系，逐层分级。但是，我们不能就此轻易认为法治政府指标体系就是《纲要》中关于法治政府基本要求的具体规定，或者说达到了上述要求也不意味着法治政府建设的目标就实现了，这还要看是将指标体系作为法治政府建设的评判标准，还是将其作为一种手段工具。因此，法治政府绩效评价指标体系所要回答的理论问题是法治政府是否可以被量化成一套具体的指标，这些指标在多大程度上能够体现政府的法治建设水平。本书的法治政府绩效评价在指标体系设置上是基于法治政府的内涵和基本要求，同时在民主的理念下，手段要服从目的，即法治政府绩效评价的最终目的是提高政府的"公信力"，其指标体系的构建是实现该目的的技术工具。

二、法治政府绩效评价理论

法治政府绩效评价作为法治政府评价的一部分，是法治政府评价的延伸与拓展，但又高于目前法治政府评价实践。所谓的法治政府评价是指政府的行政行为与法治要求的一个契合度检验。目前我国法治政府评价实践主要是针对政府法治水平的评价，体现为现有体制内的一种自上而下的目标责任考核，注重的是政府的执行行为是否遵守法律的相关规范，强调政府法治的"执行力"。而之所以说法治政府绩效评价高于目前法治政府评价实践主要是在于其理念和技术方法的转变，将评价作为工具的基础上，突出民主的要求,强调人民满意的政府法治建设。在政府法治行为的结果上,注重对其"增量"的考量,使政府法治建设朝着应然方向发展,而不是简单的政府现今的实然状态,通过体制内与体制外矛盾的协调,真正提高法治政府的建设,提高政府法治建设的"公信力"。它更加强调结果导向和公众满意度导向。以结果和公众满意度为导向的法治政府绩效评价可以反映法治政府的根本目的,即通过结果来强调责任,以限制政府的权力,通过公众满意来确保公民权利得到保障,提升政府的公信力。

法治政府建设评价是建设法治政府的客观要求,是推动法治政府建设的关键一步。2010 年,国务院发布《关于加强法治政府建设的意见》,确定的 5 大目标是规范行政立法、科学民主决策、公正文明执法、完善政务公开和明确有力监督。这 5 项目标成了各地方尝试建设法治政府评价的指向。法治政府建设评价作为对法治政府建设水平的评估和目标实现程度的检验,从理论上来说,是一种体制内自上而下的目标式考核机制,集中体现了政府依法行政的效果,注重的是政府法治的"执行力",但在实际的地方考核办法和地方实践中,笔者发现现行的这种目标考核导向存在着功能定位及技术操作上的问题,很多地方只是流于形式,难以真正的落实。法治政府建设评价存在着评价组织权统一,评价主体单一,强化过程控制,评价内容类似,指标体系庞杂,评价结果难以有效应用等问题。因此,法治政府建设评价在理论上的悖论与实际操作过程中的矛盾,使法治政府绩效评价有了"市场"与需求的必要。

法治政府建设评价向法治政府绩效评价转变成为推动法治政府建设的必然选择。法治政府绩效评价的理论体系涵盖了法学与政府绩效评价涉及的相关学科理论(经济学、政治学、行政学、统计学、管理学等),法学理论为法治政府绩效评价提供了评价内容范畴指向,包括主体、评价内容、评价导向等,而政府绩效评价的学科理论为法治政府绩效评价提供了对政府职能的定位问题以及绩效的概念界定和衡量标准。下面,就法治政府绩效评价的两个理念导向,即结果导向和公众满意导向,进行阐述。

强调结果导向的法治政府绩效评价。从绩效管理的角度来看,结果导向是政府绩效管理对过去过分强调过程化管理的一种纠偏。结果导向强调政府绩效的衡量标准最终的导向是服务效果和社会效益。传统的以过程导向的法治政府建设评价只要政府是按照法定的程序和其他形式上的要求展开相关行为的,就可以获得较高的评价,但是相关行为的结果如何、行政资源的使用效率如何等等,则大部分被忽略了。当然,这也受到经济学、管理学一些理念的启示,如由于相关行为的效益(主要是社会效益)难以计算,传统上一般认为"公平"与"效率"是相对立的。但正如前述,这一观念逐渐被打破,法治政府建设的效率要求逐渐受到重视。因此,法治政府绩效评价的结果导向特点就尤为重要了。当然,结果导向并不是要剔除关于过程的指标,合理的法治政府绩效评价指标体系中,不仅要关注政府组织相关行为的最终效果,而且需要关注为取得最佳效果的内部流程、创新能力以及行动计划等能力类和过程类指标。同时,法治政府绩效评价的一个重要内容是对政府行为是否遵循法定程序的评价,这是法治政府评价中过程导向的重要体现。从绩效评价的角度来看还需要设计一定的绩效评价指标对法律程序本身加以评价，这是因为传统上只强调遵循法定程序，但法律法规不可能事无巨细地规定程序的所有细节，因此在"遵循法定程序"标准之外，政府部门还存在较大的自由裁量空间，这其中的具体流程和做法是否合理、高效，有待于绩效评价的检验。在可行性方面，尽管对于法治政府的绩效评价会遇到诸如社会效益、法律程序等难以定量分析的指标，但近年来随着政府绩效评价的理论发展与实践经验，相关的理论框架与方法工具已经逐步完善了，从而使得结果导向的法治政府绩效评价成为可能。

强调公众满意导向的法治政府绩效评价。建设人民满意的政府是党和政府追求的一大目标。公众满意导向是法治政府绩效评价的最终标准，是为公民的广泛参与法治政府建设提供有效的途径。从法治政府建设的要求和最终目的来看，让公众满意本身也是法治的重要目标之一，而探究公众是否满意的唯一途径只能是公众自身的参与和意见的表达，从而避免形形色色的"被代表"、"被满意"。法治政府的许多具体制度，如政府信息公开、申诉和申辩制度，以及近年来兴起的电子政府和电子政务等等，本身也是公众参与的重要前提和途径。对于法治政府的绩效评价而言，从评价内容、指标、标准的选择与确定，到评价实施过程的监督、绩效报告的公开透明等，都体现了广泛的参与性。需要指出的是，问卷等形式的民意调查是公众参与的重要途径，但实践中，刻意的操纵或技术上的错误可能会形成与真实民意有偏差甚至完全背离的结果，因此这类评价活动有必要依靠专业且独立的专门组织来进行。此外，在评价过程中应当尽可能地实现评价主体的多元化：既有公民和服务对象的广泛参与，也有政府机关内部自上而下的评价，还有社会评估机构对政府绩效的评价。需要特别注意的是，不同利害关系群体的平等参与机会的保障，即不管是政策的受益方还是受损方对于同一政府行为都有同样的机会参与到对政府相关绩效的评价，以此来提高绩效评价的全面性，弥补单一评价主体可能产生的偏颇，这将促进了社会公众的多渠道参与，在某种程度上可减少社会争议、缓解社会矛盾。在可行性方面，首先，目前社会调查技术专业化程度较高，可为相关的公众满意度调查提供技术支撑；其次，随着互联网技术和通信技术的发展，公众表达满意与否的渠道也日趋多元，特别是近年来兴起的电子政务，更是为公众参与到政府相关政策或行为是否满意提供了直接的表达空间。因此，以公众满意度为法治政府绩效评价的最终标准，不仅必要，而且可行。①

另外，与传统自上而下的依法行政考评相比，法治政府绩效评价除了技术上更为精细和严密之外，在评价主体上也有一个新的界定。传统的依法行政考评是政府内部自上而下的考评，考评主体是上级机关或者具有监督权的监督机关，而法治政府绩效评价主体是指直接或间接参与法治政府绩效评价过程的组织、团体或个人。后者的考评主体不再局限于政府的内部，而是多元主体的结合，包括专家和公众的参与。因此，一般来说法

---

① 郑方辉，冯健鹏. 法治政府绩效评价[M]. 北京：新华出版社，2014：26 – 70.

治政府绩效评价主体可以分为两类:内部主体和外部主体。内部主体是指从评价对象的组织管理体系内部产生的评价主体,包括政府部门自身、政府的上级主管部门、以及政府工作人员等。外部评价主体是指从政府体系外部对法治政府绩效进行评价的主体,主要包括权力机关、政党、司法机关、审计部门、社会公众和第三方机构等。

总之,法治政府绩效评价理论具有历史性,在不同时期理论既有延续也有发展,对法治政府绩效评价指标体系构建具有指导性的、方向性的作用。法治政府绩效评价理论是在法治、法治政府、法治政府评价、法治政府绩效评价的一系列发展和相互作用下产生的,逐步形成的有自身理念体系的一整套理论。本书将法治政府绩效评价理论加以重点阐述的原因是,法治政府绩效评价是法治政府绩效评价指标体系构建的前提,只有对法治政府绩效评价有充分的认识基础上,才可以在此导向下,设置出合理、科学的指标体系。反过来,科学合理的指标体系也是进行法治政府绩效评价的核心内容,两者相互作用,彼此共同发展。本书所提出的法治政府绩效理论是在政府绩效评价理念导向下,强调法治政府建设应建立在民主的基础之上,以"公信力"为最终检测度,这呼应了"法律必须得到公民的遵守与认同"。

第二节　评价范式:政府绩效评价方法论

法治政府绩效评价是建立在政府绩效评价基础之上的一个概念。"绩效"最初来自英文"performance",意思是"行为"、"执行"、"履行"、"表现"等,可进一步解读为"成就"、"成果""业绩"等意思。[1] 绩效的概念一开始是应用于投资项目管理领域,其后慢慢扩展至人力资源管理、组织管理等方面。西方国家在 20 世纪 30 年代开始将"绩效"概念使用在公共行政管理领域,"政府绩效"概念范畴应运而生。在西方将政府绩效称之为"国家生产力"、"政府作为"、"公共生产力"、"政府业绩"等,主要是指政府在社会经济管理活动中的效率、效果、效益和效能,即 4E 模型,亦是政府在行使其职能、实施其意志过程中所体现出的管理和服务能力。政府绩效评价,一般意义上是指在一个确定的周期内特定政府的"产出"成绩和效益的测量与评价。

一、政府绩效评价的基本理念

从世界范围来看,20 世纪 40 年代,学术界着手对绩效评价开展研究,克莱伦斯·雷德和赫伯特·西蒙合著"开山之作"《政府工作衡量——行政管理评估标准的调查》,但直到 1970 年代才真正进入一个学科领域并进行系统研究。过去半个多世纪以来,学术界对"政府绩效"概念界定及政府整体绩效评价始终存在着争论,因为政府组织、行为及目标具有很大的模糊性和复杂性。菲利普·J·库珀认为,政府绩效评价是一种市场责

---

[1]　范柏乃. 政府绩效评估理论与实务[M]. 人民出版社,2005:17.

任机制。他把这种机制的含义概括为:一是"经济学的效率假设";二是"采取成本—收益的分析方式";三是"按投入和产出的模式来确定绩效标准,注重对产出的评估";四是"以顾客满意为基础来定义市场责任机制"。这种定义方法是把公民视为消费者①。

与学术界的理论兴起的同时,各国政府及组织开始实证性的研究。伴随着"新公共管理"运动兴起,英国的"雷纳评审"、美国《国家绩效评价法案》等政府绩效评价法案诞生。1983 年公布的《英国国家审计法》将政府绩效审计(或评估)定义为:"检查某一组织为履行其职能而使用所掌握资源的经济性、效率性和效果(3E)情况。"1993 年,美国《国家绩效评价法案》突破性地提出了对结果负责作为政府绩效评价的一条准则,而不单单仅是对过程负责;这样做的目的在于调动公务员的积极性和主动性的发挥;1997 年出版的《美国标杆管理研究报告》将政府绩效评价定义为:"绩效评估是评价达到预定目标的过程,包括以下信息:资源转化为物品和服务(输出)的效率,输出的质量(提供给顾客的效果,顾客满意程度)和结果(与所期望目的相比项目活动的后果),政府在对项目目标特定贡献方面运作的有效性。"②概而言之,自 20 世纪 60 年代,为提升政府效能、降低成本,美国率先建立以经济性、效率性、效果性和公平性的绩效评价体系,试图解决传统的高度集中的官僚制模式的弊端和政府管理的困境,形成了现代意义上的政府绩效评价基本理念。

二、政府绩效评价方法的应用

自 1980 年代以来,评价政府绩效成为世界性潮流。在政府绩效评价指标体系设计上,西奥多·H·波伊斯特提出,尽管政府绩效评价指标由不同的类型组成,但主要的绩效指标类型包括:产出、效率、生产力、服务质量、效果、成本效益和客户满意度等③;帕特里夏·基利以美国俄勒冈州为例,探讨了其政府的绩效评价体系,介绍了包括经济、教育、环境、市民参与、社会支持、公共安全、社区发展等 7 个领域共 158 个具体指标的俄勒冈州政府绩效评估体系④;阿里·哈拉契米介绍了美国全国绩效评估委员提出的政府绩效评价指标体系,它是一套包括投入、能量、产出、结果、效率和成本效益、生产力等 6 个方面细分为 150 到 1500 种不等的评估指标⑤。

可以说,西方国家政府绩效评价已经成为很常见的考察政府建设的技术方法,影响比较大的美国政府绩效评价,源于 20 世纪七、八十年代,由于经济停滞、财政危机、公众对政府的满意度下降等问题,推行重塑政府(Reinventing Government)的行政改革运动。政府绩效评价理念被引入政府管理中,强调政府绩效,政府工作人员的管理和服务意识,

---

① 朱火弟,蒲勇健.政府绩效评估研究[J].改革,2003,06:18 - 22.
② 范柏乃.政府绩效评估理论与实务[M].人民出版社,2005:31.
③ 西奥多·H·波伊斯特.公共与非营利组织绩效考评:方法与应用[M].中国人民大学出版社,2005:49.
④ 基利.公共部门标杆管理[M].中国人民大学出版社,2002:245.
⑤ 哈拉契米.政府业绩与质量测评[M].中山大学出版社,2003:131.

重新塑造政府与社会的关系。政府绩效评价以"4E"为基础,在评价主体、评价对象、评价方法、评价结果运用等方面不断的改进和发展。

经过20多年的努力,国内学术界在政府绩效评价方法论研究取得丰硕的科研成果。本书欲引入政府绩效评价方法论于法治政府绩效评价指标体系构建之中,旨在评价政府在法治政府建设领域的成效,通过法治政府绩效评价来推动法治政府建设,实现2020年基本建成法治政府的目标。但是,如果仅有政府绩效评价方法论,是不能对法治政府建设进行考核的,理念应用需要实践的考量,需要技术的支撑。法治政府绩效评价的核心与关键是评价指标体系的构建,有必要进行详细、系统性的研究。

基于政府绩效评价方法论的指导,法治政府绩效评价指标体系构建需要对我国法治政府建设目标的具体化,使之成为可测量、可操作的具体指标。理论上讲,作为政府绩效评价组成部分的法治政府绩效评价,其理念、方法、过程及指标结构都与政府绩效评价具有较高一致性,两者差异的关键在于评价内容。由于政府职能定位是政府绩效评价的依据,政府的法治职能定位与其绩效评价内容、评价指标体系构建又有高度的关联性,故评价内容(即"评价什么")构成法治政府绩效评价指标体系构建的核心问题。全面深化改革的总目标将依法治国纳入日程,推进法治国家、法治政府、法治社会的一体建设不仅要求建设法治政府,也使寻求有中国特色的法治政府建设路径与方向成为必然。在此背景下,笔者以为政府绩效评价方法论主要应用于指标体系构建所关注评价的战略思想和实施流程,表现为指标体系构建在框架层面、操作流程和技术路径方面受政府绩效评价方法论的指导,但指标体系作为一系列系统化指标的集合体,一般采用层级结构,在具体评价内容方面,即一级指标的评价维度、二级评价所关注评价的具体方向性目标,以及三级指标所关注具体指标还需要结合法治政府理论和法治政府绩效评价理论进行设定和遴选。

第三节　经验借鉴:同类指标体系比较与启示

本论文将国内外主要对法治政府、法治社会评价考核相类似的指标体系称为"同类指标体系",意图是更好的研究法治建设成效考核的研究现状及特点,为法治评价寻找更为科学、合理、有效的指标体系。同类指标体系主要包括"法治政府建设指标"、"法治政府发展指标"、"法治政府考核评价体系"、"行政法治测评指标"、"法治社会评价体系"、"法治指数测评"、"公共治理指标"等概念,尽管概念名字不同,但其功能相同,都是为了考核和评估一个国家或多个地区的法治化水平,评价其法治建设成效。

一、同类法治政府评价指标体系的比较

(一)国外同类指标体系的比较

法治政府在境外已经有上百年历史,特别是一些发达西方国家,对法治的研究更是

可以追溯到古希腊时代，而法治政府评价采用指标体系则是 1960 年代末以来的事。从之前的文献综述梳理的国外同类指标体系情况来看，对于法治政府评价指标体系构建，西方较少有相关的一致研究内容。西方国家主要是从政府绩效评价出发，对法治政府绩效进行考量。作为第三方组织的"世界正义工程"、世界银行或联合国组织所构建的法治指数是从西方法治理论出发的，而不同评价主体在解读"法治政府是什么"并不完全一致，它受到不同的环境影响，特别是一个国家的政体、社会、经济、传统习俗等因素，因此结合本地国情，因地制宜地进行法治政府评价模式以及指标体系构建也是必要。虽然国外相关研究与实践与本书所研究的法治政府绩效评价指标体系存在着较大的差别，但其对于本项研究仍有很强借鉴意义。

（二）中国香港、台湾同类指标体系的比较

香港法治指数和台湾公共治理指标在指标设计上都利用了主、客观评估，在评价主体上主要分成两个角色：一方是由学术界、政府和实务领域的专家评价，一方是以普通公民为主要代表的公众评价。在内容上，强调的侧重点虽然有所不同，但都从法治政府基本内涵出发，如政府透明化、决策的民主化、公务人员的廉政效能等，同时兼顾建制主义的需要。此外，两种指标体系的构建，一般都由政府机构、政府委托机构抑或是非政府组织通过本地区对法治的理解和程度要求设计相应的考核指标，具有可借鉴性，但同时要考虑到地区、文化等差异因素，客观评价。如下表所示：

表 2 – 1　中国香港与中国台湾法治指数的指标

香港法治指数		台湾地区法治指数	
一级指标	二级指标	一级指标	二级指标
法律的基本要求	一般性，稳定，公布，确定，没有追溯力，不可要求不可能的作为，不可赋予任意的权利，与一般社会价值相符	法规管制	司法体系、法治化程度、警政治安
依法的政府	政府的权力由法律所规限。政府官员只可行使宪法或一般法律所赋予的权力，并依据这些法所规定的方式来行使。政府官员受法律所规管，不享有特权豁免于法律责任	政府效能	个别施政项目
不许有任意权力	政府官员不应享有任意的权力。执法人员、其他政府官员和政府任命的官员都不能利用法律赋予的酌情权力来滥用法律	政府回应力	整体施政
法律面前人人平等	法律应于所有人一样。每一个人都可在平等及不受歧视的条件下及于司法公义，以保障权益并取得补偿	透明化程度	个别施政项目
公正地施行法律	政府的行为与公布的法律相符，司法独立	防治贪腐	整体施政

香港法治指数		台湾地区法治指数	
一级指标	二级指标	一级指标	二级指标
司法公义人人可及	法院人人可及,独立的法律专业人员,存在投诉政府决议或行为的程序	课责程度	资讯透明化
程序公义	假定无罪,自然公义的原则;公平的聆讯及不偏私的仲裁者,基本的证据法则以达公义,公平的审讯	公共参与程度	政治透明化、财政透明化

(三)中国内地同类指标体系的比较

伴随着法治政府建设的发展,法治政府建设评价亦在各地逐渐兴起。法治政府评价指标体系的构建是法治政府评价的基础和前提。各地实践也表现出各自特色,比较有代表性的余杭法治指数测评,主要借鉴了香港模式,但又有本地区的特色与创新之处,经过7年的法治指数的测定,余杭区已经形成一套可行性较强的法治评价方法和制度,在推动法治建设和社会管理起到引导和规范作用。广东省法治政府建设评价指标把"群众满意"作为重要标准,发布了《广东省法治政府建设指标体系(试行)》,还配套出台了《广东省依法行政考评办法》,要求考评工作应当邀请人大代表、政协委员、专家学者、新闻媒体和其他有关方面参加。

总体上看,共性比较明显。虽然在名字称谓上不一样,如"法治指数"、"依法行政考核"、"法治政府建设指标体系"等,但在内容上具有相似性,且指标数量繁多、定性描述为主。此外,这些地区的法治政府建设考评,主要是地方政府自上而下的推动,通过考评来发现建设中存在的问题,亦是一种目标导向型的评价。法治政府建设考评是以指标体系构建为基础的,各个地区在构建指标体系时有较大的共通点,不同地区的经济、文化、政治等环境差异造成的影响不大。具体来说,指标体系中的一级指标、二级指标的构建,主要以国务院法治政府建设目标、标准、要求等来设定的,具有极强的目标导向型。就具体实际操作的三级指标来说,各地有所差异,不论是指标的确定、筛选,还是指标的权重配值都有一定差异,这种差异性可以保证因地制宜,但是同时存在着横向可比性不足的问题(如下表所示)。如何避免各地在孤立的玩"法治数字游戏",使各个地区可以进行比较,以真正的反映法治政建设成效成为国内推动法治政府评价关键问题。

表 2-2　　中国内地代表性法治政府建设评价的指标体系一览表

省份	广东省	湖北省	江苏省	深圳市	杭州市余杭区
文件名称	《广东省法治政府建设指标体系(试行)》	《湖北省法治政府建设指标体系(试行)》	《江苏省法治政府建设阶段性工作目标考核评价办法》	《深圳市法治政府建设指标体系(试行)》	余杭"法治指数"
一级指标	8 个	8 个	7 个	12 个	9 个
二级指标	40 个	35 个	35 个	44 个	27 个
三级指标	108 个	160 个	63 个(动态调整)	225 个	77 个
三级指标(摘要)	1. 地方性法规、政府规章起草工作按照法定权限和法定程序进行,条文内容不与上位法相抵触。2. 重大行政决策经政府常务会议或者领导班子会议集体讨论决定。3. 社会公众对政府信息公开工作的总体满意度达 80% 以上。5. 政府常务会议、部门办公会议每年听取依法行政工作汇报不少于 1 次。	1. 权责一致、分工合理、决策科学、执行顺畅、监督有力的行政管理体制基本建立。2. 省政府或较大市在法定权限范围内、制定、修改地方政府规章。3. 重大决策前的成本分析和风险评估制度初步建立。4. 行政调解效果显著。5. 政府及其部门接受社会监督工作制度建立。	1. 研究制定本部门贯彻国务院《全面推进依法行政实施纲要》的实施意见、具体办法和配套措施。2. 依法设定或者实施行政许可项目。3. 建立行政执法人员资格考试制度。4. 违法设定或实施行政许可的。5. 制定行政处罚自由裁量基准。6. 本年度组织本系统行政处罚和行政许可等行政执法案卷评查。	1. 市政府建立起草法规、制定规章统一草拟制度以及规范性文件审查制度,提高立法及文件质量。2. 建立对政府部门执法职能争议的协调机制,解决多头执法、重复执法、执法缺位问题。3. 遵守行政决策程序。4. 依照法定要求编制年度预算草案并按法定程序报经批准。5. 按规定审定并公布有权实施行政审批的机关。	1. 无行政复议案件撤销、变更和行政诉讼败诉的案件。2. 案件执结率达 90% 以上,有效执结率达 65% 以上,执行标的额到位率达 95% 以上。3. 困难、弱势群体法律援助、司法救助率达 100%。4. 因监管不力发生重大环境污染事件。5. 发现教育乱收费和违规办学被查处的

二、国内外同类指标体系构建的启示

　　法治政府评价指标体系作为推动法治政府实践的手段,顺应世界"社会指标"运动的潮流与趋势。国内外同类指标体系在理论和实践提供一些有益的启示。具体如下:

　　一是法治政府概念界定启示。法治政府概念界定直接决定了指标体系的指标集设定,也是法治政府评价指标体系构建的基石。本质上,指标体系是一种的量化工具和手段,"通过多种数据取样进行综合、叠加、统计运算而获得相应数值,以衡量和评估复杂事物和现象的总体状况"。① 因此,法治评价指标体系构建需要细化到可以量化的具体指

---

　　① 李锦. 中国式法治指数若干问题的思考[J]. 湘潭大学学报,2014,03:96-100.

标,使测量可操作。但指标体系是复杂概念的具体化,是评价对象的替代物,如果概念的界定不准确,或者选取的指标不当,都将使指标与被评价的对象不相关,抑或只是评价了事物的局部。不同国家或地区因对法治政府概念的界定不同,在法治政府建设路径和水平上的差异,直接决定法治政府指标体系构建的差异。因此,法治政府绩效评价指标体系必须首先对法治政府概念做出清晰界定,并且结合我国具体国情构建指标体系。

二是指标体系构建的科学性启示。指标体系作为一种工具和测量方式,不仅要能够反映法治政府发展的状态和水平,而且要能够发现法治发展过程中存在的问题和不足。首先,必须遵循科学指标体系构建路径。经合组织(OECD)在《综合指数的设计手册》中曾提出一个理想的建构步骤与顺序,涵盖概念框架、数据选择、数据处理、多元分析、标准化、不确定性和敏感性分析、与其他指数的关联、分解为基础指标、结果可视化等环节。指数建构的每个步骤和阶段所做的选择都将对其后的步骤及整体结果产生重要的影响[①]。其次,法治指数不能进行简单数值比较。法治政府评价指标体系构建通常反映的是本地的各项指标达成程度,不能单纯地进行数字比较,例如香港的法治指数与余杭的法治指数相近,不能说余杭的法治程度等于香港。最后,评价方法和标准缺乏普适性。如世界正义工程法治指数项目制定者认为该指数能够一定程度上跨越发展模式和政治形态的分歧,但依然无法克服因地理、历史、文化、发展程度、政治、经济、法律体系度等因素所造成指标体系应用的差异性。因此,法治政府评价指标体系应用要限定在大致相同的评价对象和范围内,同时采用统一的评价标准和指标体系,包括概念的界定、数据的收集、汇总、赋值、加权等。

三是主观评价指标的应用启示。在国际上,占主导地位的法治政府评价指标体系都采用了大量主观指标,它有几个显著优点:首先,主观指标可以直接表达人们对法治的实际内心感受,测评效度高;其次,主观指标评价结果在政治领域中可以形成影响,进而通过压力传递将公众真实意愿反映给政府;再次,主观指标可以避免政府虚假数据的误导;最后,主观指标设计与评估在成本和操作上更具优势。然而,主观指标评价由于主观性较强,对其应用的客观性也有待加强。目前,国外主要是采用定性与定量相结合的方式来设计法治政府各种评价指标体系,但定量的数据也会涉及一些主观因素,例如问卷调查的过程中数据选取和采集等。因此,各类法治政府主观评价指标一直面临着评价客观性被怀疑的问题。

三、国内同类指标体系构建存在的不足

改革开放 30 多年来,我国法治理论研究取得了重大进步,但是"重西方、轻本土,重理念、轻实践"的倾向依旧,[②]一些法学研究偏重价值论证,缺少与法治政府建设相关的各

---

① Michaaela Saisana and Andrea Saltelli. Ranlings and Ratings:Instructions for Use[J]. Hague Journal On the Rule of Law,2011,3.

② 蒋立山. 中国法治指数设计的理论问题[J]. 法学家,2014,01:1 – 18 + 175.

类社会调查和数据收集。与西方国家法治政府评价自下而上的以非官方的性质来推进模式不同,我国法治政府评价路径选择则是自上而下的沿着国家预设的法治政府建设目标,由政府内部主导和组织参与的考评体系。纵观我国法治政府建设评价及指标体系构建,仍有诸多不足。

一是科学性不足。大多数地方法治政府建设评价指标体系内容基本雷同,主要是基于国务院《全面推进依法行政实施纲要》文件内容而进行设计,一级指标和二级指标的数量及内容设计上,各省法治政府建设评价指标体系基本一致,虽然三级指标数量上有所差异,但均是以国务院《纲要》及《意见》具体目标和要求为指标内容设计蓝本,针对本地法治政府建设实际情况不足。从深层原因来看,国内相关研究与实践尚处于较为零散的状态,法治政府建设涉及面广,相关评价指标设计复杂程度高,导致指标体系构建尚不成熟,评价指标设置科学性、合理性、系统性和可操作性方面存在不足,需进一步研究指标内在关联性,将指标数量化繁为简。

二是定量指标欠缺。各省指标体系中定量指标数量比较少,定性描述指标为主,如广东省评价指标基本是定性描述为主。评价指标定性描述虽然简便易行,导向性明确,但评价主观性较强,结果较抽象,不利于反映被评价对象之间的实质差别,评价效果不理想,如湖北省指标体系中三级指标"权责一致、分工合理、决策科学、执行顺畅、监督有力的行政管理体制基本建立",但该指标在实际操作时很难确切评价,从而导致评价结果产生较大误差。故国内法治政府评价指标体系应不断完善,构建一套定性与定量相结合的评价指标体系。

三是定位不准确。法治政府评价及其指标体系构建不应是简单地把法治指标分值作为法治政府建设的衡量标准,停留在描述的层面上,即"为评价而评价"的形式主义,并将评分的高低仅作为奖惩依据,而忽略了法治政府评价需要反映的建设过程中的相关问题,并剖析问题产生的原因,否则只会陷入"评价悖论"。可以说,我国现有的法治政府建设评价及其指标体系主要定位在"法治政府建设正在做什么",而不是"法治政府建设应该做什么"。具体表现为评价主体较单一,以政府主导,缺少公众、社会代表及专家的参与;评价结果局限于表层的打分排名,缺乏有效及时的公示和运用到法治政府的再建设中;强调目标与过程的控制性考评,不能充分反映法治政府建设的质量和效果。

四、法治政府绩效评价指标体系构建设想

从同类指标体系比较研究中获得经验与启示来看,法治政府建设成效应从国家、政府和社会多个层面加以评价,采用定量分析与定性分析相结合的方法,相对准确地把握一个阶段内国家或地区推进法治建设的目标设置是否合理,程序是否有效[①],从而恰当、准确的评估国家或地方的法治政府建设水平,积极推动法治政府建设的进程。法治政府

---

① 袁曙宏. 构建中国法治政府指标体系[J]. 中国法律,2007,01:7 – 8 + 57 – 59.

绩效评价不仅应衡量法治政府建设的进度与效果、立法与法律法规的执行和管理细节，而且应有效地规范行政权力运行、推进社会改革与进步，具有良好的评价功能、指引功能和预测功能，①犹如"一面镜子"，将法治政府的水平和建设成效展现出来。

法治政府绩效评价指标体系为我国法治政府绩效评价提供一套基于现实国情具有可操作性的指标体系。其不应是一个个简单的评价指标累加，而是要在对法治政府的精神实质进行深入剖析与科学概括的基础上，将法治政府建设的内在要求分解、细化和量化，形成一个系统化的指标体系。指标体系中每个具体指标要能够客观反映法治政府建设中一个清晰的子目标，指引政府法治建设朝着正确的方向和目标前进，有效的纠正建设过程中可能遇到的偏差。指标体系还应对法治政府建设过程中各项变化有所反映，能够反映出某一地区的法治政府建设增量，进而可以分析发现政府法治建设问题以及问题产生的原因，适时的提出法治政府建设的改进意见。各地政府可以据此结合本地区的法治政府建设工作规划，确定下一阶段法治建设目标任务，从而达到预防矫治的作用，使法治政府建设工作有的放矢。

从指标体系具体构建而言，当前法治政府评价理论方法上尚不成熟，技术路径尚不规范，缺少实证性研究，导致实践层面上评价指标体系构建缺乏科学性，评估内容存在片面性，甚至有时同法治政府建设目标背道而驰，为被评价对象"量身定做"。当前法治政府建设评价主要是体制内自上而下的评价，以目标为导向，强调过程控制，第三方评价的十分有限，并且独立第三方评价的技术体系及实证研究成果更为欠缺。目标考核的局限性与现实困境都客观要求法治政府建设评价向法治政府绩效评价的转变。

法治政府绩效评价指标体系构建应顺应发展趋势，积极回应社会期待，基于政府绩效评价的理念与导向，对法治政府建设的经济性、效率性、效果性及公平性展开综合考评与测量。具体而言，法治政府绩效评价指标体系构建应遵循三个原则：一是强化公众满意度导向，法治政府绩效评价是一种民主文化下的技术工具，反映政府与公众的内在关系，注重政府公信力，因此公众满意度应当成为指标体系的基本元素。二是强化结果导向。过程服务于结果，指标体系的具体指标应反映政府履行职责情况（output），反映政府是否做到"法定职责必须为，法无授权不可为"以及政府法治建设成效如何（outcome），政府法治建设是否实现公民满意（satisfaction）②，并且可以简化指标数量，使指标可以尽量量化评价。三是强调第三方评价。指标体系能够使第三方评价成为可能，走出自上而下单一的评价格局的局限，扩大公众参与，共同推进法治政府建设。

---

① 徐汉明. 法治建设指标体系及考核标准的价值功能[N]. 湖北日报,2015 - 04 - 25.
② 郑方辉,卢扬帆. 法治政府建设及其绩效评价体系[J]. 中国行政管理,2014,06:26 - 31.

第三章　指标体系构建：思路与框架

指标体系构建是复杂的价值与技术问题。从价值导向而言，法治政府绩效评价指标体系主要对应于法治政府基本内涵及其涉及的关联因素，包括建设目标、过程、成本等；作为技术手段，由于法治政府具有不易测量的内在属性，技术过程不能简单移植政府绩效评价指标体系的构建方法。从根本上说，指标体系构建要服务于评价目的，可应用于实证，具有可操作性和适用性。

第一节　影响法治政府绩效评价指标体系构建的因素

一、功能定位

2004 年，国务院《纲要》提出"经过十年左右坚持不懈的努力，基本实现建设法治政府的目标"，这是我国第一次明确建设法治政府的目标。2010 年，国务院《关于加强法治政府建设的意见》，对法治政府建设存在的问题以及法治政府建设还需进一步深化研究提出相关的指导意见。法治政府的定位首先应该是法治，而且是有公信力的法治。从理论逻辑和现实背景来说，我国政府从依法行政向法治政府的转变，不仅是政府治理方式的转变，也是治理理念的不断完善，法治政府要求政府达到法治化状态而不只是停留在简单的依法行政这一过程上。法治政府是指政府在法律的统治下，行使权力履行职责。法治政府在设立、权限职责及目的都要符合人民的利益，依法行政不一定是法治政府，但是法治政府一定是依法行政的。现代法治的根本目的是"限制国家权力，保障公民权利"，法律作为一种手段，其最终目的是公民的基本权利，法治政府建设宗旨应该指向人民。指标体系是绩效评价的核心内容，它反映法治政府的基本内涵和本质，在指标设计上要明确法治政府的定位，进而评价法治政府建设的成绩和效益。法治政府建设不再是闭门造车，应该是一个开放、负责、诚信、为民的政府，法治政府建设不只是要求政府依法行政，而且要求法治政府建设具有公信力，成为强执行力的政府。因此，本书将法治政府绩效评价指标体系定位于结果导向和公众满意度导向下，推动我国政府从依法行政向法治政府转变，并且满足现代民主法治发展的需要。

二、评价主体

法治政府绩效评价指标体系设计之所以要考虑到评价主体，是因为法治政府绩效评价主体是直接或间接参与到评价过程中的组织、团体或个人，不同的评价主体往往会出现不同的评价结论。因此,为确保指标体系构建的科学性、合理性和客观性,首先必须明确评价主体,即清晰界定到底由谁来给政府的法治建设打分评价的问题。一般来说,法治政府绩效评价主体分为内部主体和外部主体。内部主体是由组织管理中自身产生的评价主体,包括政府的上级主管、政府自身部门及政府工作人员等。目前,我国内部考评是一种自上而下的考评,在实际操作中可能出现不同的称谓,比如绩效考评、效能考评等,但本质上还是一种"目标考核"①。这种体制内考评将目标一开始就认为是正确的,考评目的是强化组织内部执行力、注重过程控制,这类形式的考评在经济发展前期阶段发挥了重要作用,但是随着经济社会的全面发展,考评范围不断扩大,出现考评重复、考评唯上不唯下和考评冲突等问题。单一考评主体的直接影响到考评成效和真实性,这是本研究指标体系设计中推行评价主体的多元化,增加外部主体或者第三方参与的重要原因。外部主体主要是指除政府机关以外的主体,包括政党、权力机关、审计部门、司法机关、社会公众以及第三方机构等对政府法治绩效进行的评价。这些不同种类的主体的特性对法治政府绩效评价的指标设计都会产生影响,也是指标设计过程中要考虑的一个重要因素。

三、评价周期

绩效评价周期通常是指多长时间进行一次对政府法治建设的评价,虽然法治具有长期稳定可预期性,但是由于社会迅速发展,一些不符合实际情况的法治政府建设需要做出一定的修正,因此评价周期的确定如何反映变化的社会环境情况亦是一大难题。评价周期从理论上来说应该长短相宜。本书研究以一年作为评价周期,考虑的主要是政府日常工作和财政周期的一致性,也是比较适中的一个周期。实际上,根据评价对象的特征和评价内容的差异来选择长周期还是短周期才是最为科学的,但这样在操作上就会出现较大困难,特别是成本消耗。相对于法治政府绩效评价来说,超过一年的评价周期通常会被认为是长周期,长周期对于那些需要较长时间才能产生实效的工作,比如法治政府的一些制度建设等是有利的。但长周期评价的缺点在于对评价对象不容易产生压力,常常造成它们评价对象的懈怠。法治政府绩效评价一年以内的评价通常被认为是短周期,短周期是针对用时较短的项目,比如公安机关这个年度内的刑事案件数量,短周期的优点在于资料齐全、见效快,但是频繁的绩效评价会造成对政府机关及办案人员的干扰,成本消耗大。可以说,过短周期会出现对政府法治建设工作不能进行客观的评价,过长周期又会使评价对象压力不足。因此,在指标体系设计上就要考虑到评价周期这个问题,尽可能使指标设计满足已定的评价周期,从而能够尽可能真实、科学、合理地反映政府的法治建设情况。在实践中,可针对不同的评价指标设定不一样的评价周期,或者根据评价的具体目标和评价内容的性质来选择适宜的评价周期,既要建立法治绩效评价的长效

---

① 廖鹏洲等.体制内考评"清理—膨胀"的成因与对策[J].中国行政管理,2015,07:49-52.

与常态机制，又要防止"评估疲劳"或"走形式"。①

四、数据来源

数据来源决定了法治政府绩效评价的最终评价基础材料的信度和效度，不同的数据来源以及数据收集的成本高低决定了数量的质量不一，有些数据能够满足评价指标的需要，可以直接用于分析；有些数据与指标的要求则存在一定距离，如果直接用于分析可能会降低指标的效度与信度。评价在使用数据时，通常是希望数据的内涵与评价目的一致，但实际上很不容易，要把一个抽象的概念转化成可统计的指标会受到各种各样的限定。统计数据是指标内涵和确切的范围、口径和时间等维度的综合，其中指标内涵就相当于法治政府绩效评价指标体系中的各个指标说明，统计范围就是这些指标被测量的地区，统计口径就是数据统计的标准，时间是调查、收集及统计的最终时间。在统计数据时，首先要搞清楚指标的含义，要怎么去统计这些数据才能最好的反映评价目的；其次要分析这些数据所起的作用，能否反映相应的问题。因此，我们在指标体系设计时要考虑统计的现实可行性，特别是需要进行问卷调查的这些指标，考虑到问卷填答者的知识水平及理解上的差异，测量指标的表述要尽可能地通俗易懂，要使一般人基于正常的理解能力能够回答问卷。数据来源成了指标体系设计的一个重要因素还在于这些数据要能将指标内涵量化，并使其具备可比性，这种比较不仅指历史的纵向比较还有地区之间的横向比较，同时经过数据统计得到的结果可以作为指标调整的重要依据。

五、社会环境

对法治政府绩效评价指标体系构建存在影响的社会环境主要是指法治环境。经过30多年的改革开放，社会主义市场经济体制在我国已经得到进一步的完善，而且市场经济本质上是一个法治经济，法治对其经济发展具有重要保障作用。法治政府建设必然受到法治环境的影响，因此，各项指标的确定及指标权重的设计都要考虑现时的法治环境，具体问题具体分析。法治环境决定了法治政府建设的目标，在市场经济环境下，政府的权力是有限的、有为的、有责任的、有诚信的，这些都是指标设计需要考虑的因素，直接影响到评价内容。中国相对于西方国家来说，现代意义上的法治开始较晚，法治成熟程度还不够，我们不能简单照搬西方的法治来要求中国法治建设，而是要从实际出发，在法治环境现有的土壤里进行法治政府绩效评价指标体系的构建，特别是在价值定位和实施可行性等方面要考虑到中国现有法治环境。

第二节　指标体系构建思路与原则

科学的评价工作需要一个合理的评价标准支撑，对于法治政府建设评价这一个复杂

---

① 汪全胜.法治指数的中国引入：问题及可能进路[J].政治与法律.2015,05:02-14.

问题,需要多个变量来进行测量。本项研究采用层次性结构变量体系来评价法治政府建设成效,指标体系构建思路与原则如下:

一、整体思路

法治政府绩效评价是为建设法治政府提供技术工具,并监督政府权力行使,是约束限制政府权力的有效手段。指标设计作为一种定量化的分析工具,为使抽象的概念具体化,可将指标体系分三个层次展开:目标层、领域层和指标层①,并通过逐层分解评价目标,使目标成为可测量、可操作的具体指标。指标体系作为一系列系统化指标的集合体,在构建过程中必须经过严谨的科学论证与推导。指标体系构建作为法治政府绩效评价的核心问题,还需要厘清相关概念,特别是法治、法治政府的内涵,明确基本评价原则,科学合理的选取相关指标,科学的配置权重,最后理顺适用关系,掌握操作规则等等。因此,指标体系构建的基本思路可分为五部分:内涵界定与结构分析、指标具体选择、权重系数确定、效度及信度检验和指标体系优化。

在对法治政府内涵的清晰界定、明确评价目的和构建原则的基础上,设计步骤如下:第一,确定评价对象与评价目的。评价对象是进行评价的客体,评价目的是评价工作最终需要达到的目的,它是整个评价过程的总指导和总方向。第二,指标体系的初步构建。在初建过程中可以允许指标之间的部分重复和难以操作的指标存在,但不能存在与评价目的无关的指标或者内涵不明确的指标。可以先初步对所有指标的隶属度进行分析,主要通过咨询相关专家意见,如果评价指标的隶属度 $Ri > 0.5$(Ri = 赞同该指标的专家数/所有有效被访问专家数),则该指标可以被保留下来进行第二轮筛选。②第三,具体指标的筛选。由于初建指标之间可能存在指标内涵相互重叠,以及指标数值基本相同但对评价结果影响很小的现象,因而在初建指标体系基础上进行进一步的筛选是必要的。主要是通过对评价指标进行相关分析,删除一些隶属度偏低但是又与其他评价指标高度相关的指标,来消除或降低重复评价的问题。第四,指标体系的确立。主要是利用层次分析与聚合分析法确定指标权重系数,使各个层级的指标权重能够真实反映其重要程度。第五,指标体系的优化。主要运用法治政府绩效评价实证分析结果对指标体系的信度与效度进行检验,进而提出进一步优化方案。

二、指标体系构建的原则

(一)一般原则

一般来说,法治政府是一个比较抽象的概念,法治政府绩效评价涉及的内容是一个

---

① 注:目标层对应指标体系的一级指标,即评价维度;领域层对应二级指标,为评价维度具体方向;指标层对应三级指标,指向具体评价内容或观察点.

② 郑方辉,冯健鹏. 法治政府绩效评价[M]. 北京:新华出版社,2014:154 – 177.

庞杂体系，因此，在指标构建时应遵循全面性、科学合理、公开透明、可比性、可操作性的原则。其中全面性、科学性与可操作性三者可能存在着此消彼长的关系。

全面性原则是指指标体系能够全面反映法治政府的本质与内涵，对政府在法治建设的绩效做出比较完整的划分和全面的覆盖。系统的优化指标数量及其体系结构，能够以较少的指标（数量较少，层次较少）较全面反映评价对象的绩效内容，来避免指标体系过于庞杂带来的效率低下，又要避免指标选择上可能忽略的评价内容。而且要注意指标的规范性，使评价体系的通用性增强，这就意味着各个具体指标在其含义、口径范围、计算方法、计算时间和空间范围等方面要相互衔接和相互协调。[①]

科学性原则是指指标体系构建要充分地考虑评价对象的事实特点和相应的实际情况。具体而言，要兼顾到不同地区、不同经济发展水平、不同层次的被评价对象的实际条件，这样指标值既能进行横向上的空间比较，又能进行纵向上的历史比较，提高评价结果的效度和信度。

可操作性原则是在评价结果的客观性、全面性得到保证的条件下，尽可能简化指标体系。指标设计最终目的是用来评价测量的，所以要考虑到实践的可行性，包括定性评价指标和定量评价指标，指标数据应该易于获取，必须有可靠的信息来源渠道。计算指标值方法尽量标准、规范化，有较强可靠性数据源。

在指标体系设计中，如果过分强调指标的全面性，则可能出现指标在操作过程中的难度增加或者操作的成本增加。同样的，科学性与合理性要求具体问题具体分析，尽量使指标反映实际情况，这些都会影响指标的实际操作，从某种程度上，两者可能呈负相关。要做到全面、科学合理与可操作性的平衡，在指标设计时就应充分理解法治政府的内涵与要义。在此基础上，以可接受的成本及操作选择合理的指标，特别是在指标筛选过程中，要对指标多方考量，另一方面还可以在权重设计上对指标进行平衡，引入专家咨询和公众参与，听取多方意见，避免单向决策。

（二）具体原则

在遵循上述一般原则的基础上，就法治政府绩效评价的指标体系设计而言，在设计上还应遵循某些具体的原则，使体系设计的科学性、实用性得到增强。

一是涵盖法治政府基本内涵原则。法治政府绩效评价是以政府法治建设定位为基础，评价政府法治建设的实现程度。不同的法治政府内涵，会出现不同的评价内容与指标，也会影响指标结构的设计。各国关于法治政府内涵理解是由其特殊的经济社会条件、政治体制等多种因素决定的。在法治大趋势下，我国法治政府内涵正在发生转变，法治成为政府治理方式、规范经济调节、市场监管、社会管理和公共服务的重要依据。因此，法治政府绩效评价指标体系构建要涵盖政府治理模式的转变，经济调节和市场监管的管理方式转变，不断完善的政府社会责任感，提升政府的公信力；政府的行为要符合法

---

① 刘笑霞. 论地方政府绩效评价指标设计的原则[J]. 审计月刊, 2009(11)：26-27.

律的要求,法无授权不可为,依照法律程序妥善处理各种事件,维护正常的社会秩序,保障个人的合法权利不受侵犯;强化公共服务意识,完善劳动、就业和社会保障制度;简化公共服务程序,提高服务效率,降低服务成本等。

二是定性指标与定量指标相结合。质与量的统一是任何事物的本性,定量分析与定性分析成为分析事物本质所不可或缺的两种方法。良法是法治政府建设的前提,政府权力受法律控制,同时以行政救济和司法审查保障公民的基本权利,这里既有量的关系,也包括质的关系。但并非所有政府法治建设的指标可直接量化,如良法,良法的基本价值是公平、自由、正义、民主、秩序、公共利益等。霍布斯说过:良法就是为人民的利益而清晰明确的法律。但是,良法概念抽象,很难简单量化,以一定的"分值"来衡量出来。这就需要从相互作用、相互关系、相互比较中进行定性分析。当然,绩效评价作为关键指标评价,对于一些具有共性、要求达标、易测的法治政府职能必须进行量化评价,如政府在实施具体行政行为时遵循法律程序情况等可以采用"控制——量化"的定量指标评价。总体而言,该原则是以定量指标为主,定性分析为辅。

三是科学合理分层设计指标原则。法治政府指标评价体系是一个指标系统,由相互联系、相互制约的一系列项目和子项目构成,这个系统由不同级别、不同门类、不同层次的子系统构成。这些构成要素具有代表性,可以从一个方面或一个角度来反映法治政府的目标,而且目标之间具有递进性。指标体系是构成绩效评价的各个因素的集合,权重反映了各个指标在绩效评价中的地位和作用,体现了不同层级指标之间的关系。在指标确定后,应逐级赋予指标相应的权重,亦是设计指标体系的一项重要工作。指标与权重设计的科学性程度直接影响绩效评价结果的科学性程度。

四是评价标准统一与区别对待原则。根据国务院《纲要》,法治政府必须是合法行政、合理行政、高效便民、诚实信用的,即法治政府是有限政府、责任政府、服务政府、透明政府、诚信政府。因此,法治政府绩效评价指标体系基本内涵和价值取向是明确的,在指标体系设计上要达到预期评价效果需要统一评价标准也是有必要。但对于中国这样地域辽阔的国家来说,存在着很大的地区差异性,特别是不同地区的自然条件、经济发展水平、公民素质、人民生活水平等方面的差异,如果固守一种评价标准原则,会对其他地区,特别是对一些贫困偏远、法治意识比较淡薄的地方产生不真实的评价。评价指标体系作为一种手段,它是服务于政府法治建设的目标,应充分调动各级政府建设法治政府的动力,因此在评价标准上必须考虑这种差异性,适当实行区别对待。

第三节　指标体系构建方法与技术路径

法治政府绩效评价指标体系的具体构建方法是在层次分析法基础上对其进行改良与优化来加以利用。

一、指标体系构建一般方法

（一）关键绩效指标法

关键业绩指标（Key Performance Indicator）首先在企业流行，后来被政府引进，用于政府的绩效评价。关键绩效指标主要在于"关键"，即对导致政府组织内部运作成功的主要因素进行归纳并提炼，这样可以使繁琐的评价内容得到有效的简化。它是一种目标式的量化管理指标，主要是通过对组织内部流程的输入端、输出端的关键参数进行设置，把企业的战略目标分解为一个个可操作性的工作目标。关键绩效指标设计可以分为五个步骤：一是根据组织的战略目标与部门设置情况，部门间工作业务流程关系，提取工作要项；二是要求管理者与被管理者的共同参与，或者是管理者提出方案，被管理者提出相关意见，认真研究，共同讨论，反复修改，最终形成一个大家认可的方案；三是进行指标权重调查，并分配指标权重，权重调查可以采取等级序列法、主观经验法、倍数加权法、对偶加权法、层次分析法和权值因子判断等方法，遵循以战略目标、查漏补缺、系统优化等原则；四是建立标杆，将部门中最有绩效部门的关键业绩进行对照分析，对关键绩效指标体系不断持续的优化，标杆可以分为内部标杆、职能标杆、竞争标杆及流程标杆；五是通过成功关键分析法来实现，寻找成功的关键因素，确定组织关键指标的维度，了解优秀业绩的条件和目标，然后进行指标的具体化，并对具体指标要素进行筛选，以最终确定可量化的关键绩效指标。[①] 在法治政府绩效评价中，可以对关键指标设计方法进行借鉴并调整，将关键绩效指标分解成法治、政府法治职能和政府执法三个层次。一级指标主要关注政府组织战略目标的实现，而政府法治职能体现的是一种策略性目标，政府执法的关键指标一般由政府职能分解而来，主要参考执法岗位职责进行设计，与部门关键指标相对应。

（二）绩效要素结构法

要素指标主要是一种定性指标，它作为基本指标的一部分，说明这种指标是作为评价视角和评价背景的一种参考，主要为评价者提供一种比较。要素指标是比较柔性和缺乏客观性的，在这一方面显然无法与量化指标相比，在评价方式上存在着一定局限性，但是它对于一个完整的绩效评价来说又是不可或缺的，一般来说一个好的评价体系都是定性与定量的结合，定量对于评价的客观与科学很重要，而定性决定了评价的格局。法治政府绩效评价就更不能完全撇开定性指标，因为法本身就是一个价值取向，是一个定性的概念。法治政府绩效评价是政府在积极履行职能过程中，依照法律规定，在组织内部管理与组织外部效应，质量和数量，政治伦理与经济要素，柔性指标与刚性指标相结合的基础上，获得的公共服务最大化。与过去的考核相比，政府绩效评价指标体系设计围绕绩效的要素结构展开的两种思路是：一是区分效益指标与效率指标。效益一般是效果与

---

① 卓越，政府绩效评估指标设计的类型和方法[J]．中国行政管理，2007，02：25－28．

目标的比值,效率是一种服务水准(产出)与成本的比值。二是将过程指标与结果指标相结合。政府绩效评价以结果为导向,但不能忽略过程,应全面考察投入、过程、产出和效果。

(三)绩效标杆管理法

标杆管理(Benchmarking),又称基准管理,是一种比赛竞争式的管理。通过对一个绩效更高的组织来作为参照物,瞄准这个点,不断地朝着这个方向发展,超越自己,超越树立的标杆,来取得一个更好的成绩,这是一个组织在追逐卓越的过程,是一个组织不断创新并进行流程再造的过程。在法治政府绩效评价中,可以借助标杆管理,为其设定一个可达的标准值,指标设计可以沿着这个思路,定位不同的指标值,然后设计不同的方法。实质上,标杆就是一种比较,通过一个指标来定另一个指标的任务,就具体功能而言,可以采用的业绩测评方法有:横向比较,纵向比较,实际业绩与标准的比较,跨截面比较等等。这样,现在的工作绩效就可以同其他类似组织的绩效进行比较,也可以与过去的工作绩效进行比较,使评价成为动态的评价,而不仅仅是某个时间点的一个简单数据量化。法治政府建设是一个漫长的、持续不断的过程,因此,评价体系,主要是指标内容和考核结果是可以在不同地区、不同时段进行调整,以更好地服务于政府的法治建设。

(四)QQTC 指标法

QQTC 模型作为管理学上比较成熟的指标设计方法,是在将关键成功因素转化成绩效指标时,从数量(Quantity)、质量(Quality)、时间(Time)和成本(Cost)四个维度进行绩效指标的提炼。第一个 Q 即数量(Quantity),通常可以用人数、个数、时数、项数、次数及额度来表示;第二个 Q 即质量(Quality),如比率、及时性、满意率、评估结果、合格率、周期率及完成情况等说明方法;T 即时间(Time),比较通用的是批准时间、开始时间、完成时间、结束时间、最早开始时间、最迟结束时间等时间概念;C 即成本(Cost),主要包括预算控制、费用额等相关费用内容。[①]

这些指标确定和指标设计的方法,已经被广泛推广运用,但是在具体领域研究中一般会结合实际情况进行调整优化,如法治政府绩效评价指标体系作为公共领域范围内绩效评价,就要考量其独特的公共性。从第一章中文献的分析可知,数据的来源基本上可以分为两种,即"数量指标"、"行为指标"。"数量指标"是可以直接通过实际数据测量的指标,如犯罪率,每万人中拥有律师的人数,"行为指标"是用来显示组成人员某种行为强度高低的指标,一般难以用实际数据来测量。[②] 因此,在评价内容和评价对象及指标设计上,不能简单照搬企业绩效评价的一般方法,而是要对确定法治政府内涵的基础上,采用适宜的方法,能够设计出反映政府法治建设的指标,特别是行为指标的筛选过程,以实现评价的真正目的。上述指标体系设计方法,虽然不能照搬,但是对指标设计仍有重大借

---

① 卓越.政府绩效评估指标设计的类型和方法[J].中国行政管理,2007,02:25 - 28.

② 孙笑侠等.先行法治化—法治浙江三十年回顾与未来展望[M].浙江大学出版社,2009:318.

鉴意义,法治政府绩效评价也可以予以参照,但是本研究考虑到法治政府建设本身的特殊性,即因其是一个复杂的大系统,需要较强的"执行力"的基础上,更强调"公信力"。为了使此次评价量化更具实践意义,考虑到法治政府绩效评价指标构建上的高要求,本研究主要借鉴层次分析法,并对层次分析进行改良来设计指标体系。

二、主要方法:层次分析特例法

(一)层次分析方法的一般含义

层次分析法(Analytic Hierarchy Process 简称 AHP)是将与有关决策的元素分解成目标、准则、方案等层次,在此基础之上进行定性和定量分析的决策方法。该方法是 1970年代初由美国运筹学家匹茨堡大学教授 T. L. Saaty 提出,主要是应用网络系统理论和多目标综合评价方法,为美国国防部研究"根据各个工业部门对国家福利的贡献大小而进行电力分配"而设计的一种层次权重决策分析方法。层次分析法的特点是在对复杂的决策问题的本质、影响因素及其内在关系等进行深入分析的基础上,利用较少的定量信息使决策的思维过程数学化,从而为多目标、多准则或无结构特性的复杂决策问题提供简便的决策方法。尤其适合于对决策结果难于直接准确计量的场合。层次分析法是按总目标、各层子目标、评价准则将决策问题分解,直至具体的备择方案,形成各级顺序不同的层次结构,然后运用求解判断矩阵特征向量的办法,计算出每一层次的各元素对于上一层次某元素的优先权重,最后再加权和的方法递阶归并各备择方案对总目标的最终权重,此最终权重最大者即为最优方案。这里所谓"优先权重"不是一种绝对的量度,它只是在某一特点上各备择方案的评价准则或子目标,标下优越程度的相对量度,以及各子目标对上一层目标而言重要程度的相对量度。层次分析法比较适合于具有分层交错评价指标的目标系统,而且目标值又难于定量描述的决策问题。其用法是构造判断矩阵,求出其最大特征值,及其所对应的特征向量 W,归一化后,求得某一层次指标对于上一层次某相关指标的相对重要性权值。[①]

用 AHP 分析问题可以分为以下步骤[②]:一是建立层次结构模型,将目标或测评对象按相互之间的关系分成最高层、中间层和最低层,形成层次结构图;二是构建判断矩阵,通过采用相对尺度,两两比较,尽可能减少性质不同要素之间的问题,提高准确度;三是层次单排序,对本层次各要素的重要性排序;四是对矩阵的一致性检验,这里的一致性是指判断思维的逻辑一致性;最后是层次总排序,确定某一层所有因素对于总目标相对重要性的排序权值过程,这一过程是从最高层依次向最底层进行,对于最高层来说,其层次单排序的结果就是总排序的结果。

---

① 鲍一丹,吴燕萍,何勇等. 一种基于正交设计的层次分析评估新方法[J]. 系统工程理论与实践,2005,25(1):123-127.

② 彭国甫等. 应用层次分析法确定政府绩效评估指标权重研究[J]. 中国软科学,2004,06:136-139.

AHP 的突出特点是其系统性、简洁实用及定量数据信息较少。系统性主要是 AHP 将研究对象看作是一个系统，利用综合、比较、分解的思维方式进行决策，不会割断某个因素对结果的影响，每一层的权重设置对结果都会有直接或间接的影响，最重要的是这些因素对结果的影响程度是可以清晰、明确量化的，对于具有多目标、多准则、多时期的无结构的系统评价比较受用；简洁性主要是指人们便于接受，不需要高深的数学，可以把多目标、多准则又难以全面量化的决策问题化为多层次的单目标问题，再进行两两比较，确定同一层次元素相对于上一层次元素的数量关系，简单的数学运算后就可以得出结果，为决策者提供一些信息；层次分析法所需的定量数据信息较少，相对于一般的定量方法来说，它更强调定性的分析与判断，对于层次中各要素的重要性直接进行人脑判断即可，无须经过计算，这是许多用传统的最优技术无法着手解决的实际问题。

（二）层次分析方法的局限性分析

AHP 存在的局限性，主要体现在：一是无法为决策提出新方案。层次分析法的作用是从已经有的备选方案中择出相对较优者。也就是说，层次分析法只能在原有方案中进行选取，来比较哪一个方案最优，但是却不能为决策者提供解决问题的新方案。这样一来，在应用层次分析法的时候，可能就会有这种情况出现，由于自身缺乏的创造能力，尽管在想出来的众多方案里选出了一个最好的，但其效果仍然无法与其他竞争者所做出来的效果好。而对于很多决策者来说，如果一种分析工具能替其选出佼佼者，同时分析出在已知方案里的最优者，然后指出已知方案的存在问题，又或者甚至对这个方案提出改进的方法，这种分析工具才算是比较完美的。但在实践中，层次分析法还不能做到这一步。二是定性成分多，定量数据较少，缺乏信度。一般认为在对科学方法的评价中，需要比较严格的数学论证和完善的定量方法。但人脑考虑问题的过程和现实世界的问题很多时候难以用简单的数字来说明。层次分析法带有较多的定性色彩，类似于一种带有模拟人脑的决策方式的方法，也就是说，定性成分较多的时候，可能这个研究最后能解决的问题就比较少了。另外，对于一个问题，指标太多了，大家确定方案反而又变得难了。三是指标过多时，数据统计量及权重确定的问题。如果要解决的问题比较普遍，这时考虑指标选取的数量时就会不断地增加，通过增加指标来更好的解释我们要解决的问题。这类似于系统结构理论，要分析一般系统的结构，需要搞清楚关系环，就要从最高层分析到基层，而要分析到基层次上的相互关系时，这些需要确定的关系就非常多了。每增加一个指标，就意味着要构造层次更深、数量更多、规模更庞大的判断矩阵。这些指标需要进行两两比较，工作量将大大提升。一般来说，层次分析法是用 1 至 9 来说明其相对重要性的两两比较，如果指标越来越多，需要判断的每两个指标的重要程度也越来越多，这可能会出现一些困难，甚至影响到层次单排序和总排序的一致性，使一致性检验无法通过，也即，由于客观事物的复杂性或对事物认识的片面性，无法合理的构造出判断矩阵的特征向量（权值）。不能通过，又意味着需要调整，这样这个过程就显得很繁琐，特别是在指标数量多的时候，因为根据人的思维定式，一旦确定这个指标应该是比那个重要的时候，那么顺序要调整过来就很难了,同时,指标的相对重要性的取值里到底是哪个有问题,哪个没问题也不容易发现。这就可能既浪费了时间又不能完成一致性检验,而无法知道哪里出现了问题。

(三)层次分析法改良——层次分析特例法

政府绩效评价的内在要求是量化评价,指标体系构建作为一种工具,有赖于研究方法创新。运用"直接观察法"和"比较研究法"取代长期以来的"范式转换法",以经验性研究为基础和手段,遵循从 Know – how 到 Knowledge 的研究路径是创新方法的基本理念。[①] 狭义上,指标是一种用来量化事物的工具和手段,"是一种量的数据,它是一套统计数据系统"[②],或者是"通过定量分析评价社会进行生活状况的变化"[③]。但并非所有的事务及行为均能够用具体的数值来表达,也不应简单地只为得到几个数值,特别是对于带有明显的价值取向的社会事务。广义上,指标是事物的一种价值的反映,对法治评价更应如此。目标层次之下,指标体系的内容是一级指标即评价维度,重点关注评价的目标理念与战略路径;二级指标指向评价内涵层,侧重于评价的目标结构;三级指标即具体指标,是评价内涵层的任务分解。

指标及权重是指标体系构建的重要内容。遵循系统性、独立性、典型性、可比性、可操作性等原则,一些成熟的研究方法,如平衡计分卡、层次分析法、主成分分析法和数据包络分析法等被广泛采用,尤其是层次分析法在政府绩效评价指标体系设计中简便可行,它将与决策有关的元素逐步分解成目标、准则、方案等层次,借此进行定性和定量分析,包括按"两两比较"的原则确定层次中诸因素间的相对重要性,再转为对这些元素排序,以确立各元素的权重。比较数源一般建立在专家座谈会或专家问卷调查的基础上。具体过程:一是基于评价目标与理念,设计一级指标;二是考虑指标独立性与相互隶属关系等因素,遵循一定原则对一级指标进行分解,形成二级、三级指标体系结构;三是经过专家论证(咨询调查),计算各项指标权重。但现实条件下,很难通过专家咨询对指标重要程度逐个进行"两两比较",本书研究采用层次分析特例法,以有别于地方政府的经验性做法及理想化的"两两比较"的层次分析法。[④]

在科学界定专家咨询调查对象的同时,研究对象设定为熟悉法治政府及评价理论及实务工作者。专家评审团成员来自于政府机关、高等院校以及有关研究机构。政府官员多具有 10 年及以上从政经历和本科及以上学历,大多从事与政府管理与服务的相关工

---

① 房宁. 构建国家治理的政治学基础:Knowledge or know – how[N]. 中国社会科学报,2015 – 08 – 26(07).

② 朱庆芳. 社会指标体系[M]. 中国社会科学出版社, 2001:3.

③ 邓国胜. 非营利组织评估[M]. 社会科学文献出版社, 2001:13.

④ 层次分析法的过程:一是设计初步体系。一般包括目标层、领域层和指标层;二是隶属度分析。依据专业访问的咨询意见,进行隶属度分析;三是相关分析。删除一些隶属度偏低(0.5 < Ri < 0.6)、与其他指标高度相关的指标;四是鉴别力分析,以消除评价指标可能出现一致高分或一致低分,不能有效诊断和识别不同政府绩效的情况;五是信度与效度检验。一般采用计算内部一致性程度来反映指标体系的信度,采用计算绩效结果专家评判内容效度比(content validity ratio,CVR)来反映指标体系的效度.

作,不但拥有着十分丰富的行政实践经验,并且能够对我国法治政府绩效评价进行较为深刻的认识、理解和分析。在备选专家中,高等院校以及相关研究机构的专家学者则是专家评审团的主要成分,均长期从事法学、政治学、社会学、管理学等学科领域的研究工作,具有较为深厚的学科背景和理论研究。选取专家评审团的目的在于从不同的角度对法治政府绩效评价指标做出评价,保证其更加全面以及合理,能够符合指标体系建立的目的和方向。虽然政府官员和专家学者在判断各项指标的时候带有一定个人主观性,是本人知识和经验的反映,但是配合德尔菲法,集成多数专家的意见,可以降低主观判断评价带来的主观性而达到目标的客观结果。相应地,衔接备选指标体系的设计调查问卷(量表)。其中:二级指标设计以一级指标为导向,考虑到评价涉及内容的专业性,以及现实条件下民意调查的环境条件和公众理性表达偏好的能力,采用专家评议和公众满意度评价相结合的方式,以降低系统误差。同时,为进一步贴近实际,互补互证,专家评议和公众满意度又划分为整体和分项两个部分。三级指标是对二级指标的内涵再分解,同时要考虑指标的独立性、数源的可得性。

三、指标体系构建技术路径

正如上面分析的层次分析法具有逻辑严谨及数理推导论证的优势,同时它也有局限性,因此,需要利用层次分析特例法设计法治政府绩效评价指标体系,并且通过专家咨询的访谈与问卷调查来起辅助和印证作用,进而对所有备选指标进行的指标遴选和权重赋值。出于以上考虑,笔者应用层次分析特例法构建指标体系的具体技术路径为:沿确定目标层→一级指标→二级指标→具体指标的设计路径,根据指标数据值的可得性,首先对指标作初步筛选,然后利用专家咨询问卷,一次性得到初步指标的相对重要程度系数;进一步以覆盖全部二级指标为立足点确定具体指标总量,进而得到权重系数分配。相应地,简化指标的相关度、隶属度分析过程,降低其预设条件。现就层次分析特例法和引入专家咨询调查法在指标体系设计过程中涉及的相关重要环节进行说明:

一是问卷设计。本次咨询调查问卷,由四部分组成,第一部分是对法治政府绩效评价做一个初步了解,包括对法治政府绩效评价的关注度,对法治政府绩效评价指标体系构建的新要求,对绩效评价倒逼法治政府建设的作用,对法治政府绩效评价体现结果导向与满意度导向的看法,对法治政府绩效评价结果是否要向社会公开的看法,对法治政府、法治政府绩效评价的了解程度等问题,通过这些问题我们可以初步分析法治政府绩效评价的可行性与必要性。第二部分是对法治政府绩效评价的评价主体与评价指标的情况进行初步调查,包括主观评价和客观评价所占的比例构成,评价主体中公众评价与专家评价所占比例以及评价指标中目标层与领域层中重要性程度,并就相关的指标进行评分。第三部分是对具体的主观指标、客观指标的重要程度进行评分,我们采用了5分制,其中5分表示"非常重要",1分表示"不重要",用"99"这个符号表示说不清,初设客观指标有44项,在评价时还可以补充,主观指标有19项,同样设了补充项。第四部分是调查对象的基本信息，包括访问对象的身份、学历和年龄。从此次的问卷设计来看，问卷设计的目的是法治政府绩效评价指标体系遴选及权重分配的咨询调查，使最终指标体系的确定能够科学、合理，问题的设计朝着这个目的出发，尽可能多、全面的了解相关信息。比如，我们通过第一题可以了解调查对象对法治政府绩效评价的关注度，结果统计为非常关注占 33.9%，比较关注者占 56.9%。从这一数据看，受访者对法治政府绩效评价的关注度相当高，法治政府绩效评价是有实际意义。再如，第二题对制定法治政府绩效评价指标体系的态度调查中，85.3% 的被访者对制定法治政府绩效评价指标体系表示非常赞成或比较赞成，12.4% 的被访者对制定法治政府绩效评价指标体系表示基本赞成，这说明建立一个完整可测量的法治政府绩效评价指标体系的必要性与可行性，表明了本研究的价值所在。因此，此次问卷设计是服务于指标体系构建的，被调查的问题是为指标体系遴选与权重分配而设计的。

二是专家咨询。专家咨询对于问卷调查和访谈对象选择非常关键，基于有效性（被访者了解或熟知访谈主题领域，具备相关专业知识或实务经验）、代表性（确保访谈结果具有足够的社会价值）、结构性（访谈对象覆盖不同类别与层次）、可及性的原则，本次专家咨询确定了四类对象：一是理论专家（法治政府或政府绩效研究的高校及科研机构学者专家）；二是行业专家（法官、检察官、律师及其他专业法律人员）；三是政府官员（政府部门决策者、执法者和综合管理人员）；四是社会公众（人大代表、政协委员、企业家、知名人士和其他行业公众代表）。采用李克特 5 级量表，将 5 个维度的 63 个备选指标的重要性由被访的专家做出评价，利用 SPSS 统计出全部测量指标的重要程度后进行按得分排序，同时可以就指标之间的相对重要性进行排序。

三是隶属分析。隶属度分析是指将初步构建的指标体系以专家咨询访问的形式，听取专家意见，一般用 Ri 值来表达，如果 Ri 值大于 0.5，则认为这个指标在评估体系中是比较重要的，需要保留下来进行第二轮的筛选，反之，该指标就需要从评价体系中剔除。本研究主要是将通过专家咨询问卷最终得出的 60 个备选指标之间的相对重要程度系数进行排序，来得出备选指标的隶属度情况。

四是相关分析。主要是对指标之间的相关分析，对一些隶属度较低的指标进行剔除，这里隶属度 Ri 值一般以 0.5 为中间值，剔除这些指标的目的是减少或消除评价指标可能被反复使用反映评价对象。笔者按照层级来分指标，从某种程度上来说已经对同一种或相类似内涵的指标进行了一个划分。根据以往经验，每一层级初选几个指标，对照已有的文献或者相关统计数据进行相关分析，并依照相关分析对本层级的指标进行排序，遴选出每一层级所对应的指标。每一领域层的指标经过隶属度分析处理进入到第二轮筛选，我们运用 SPSS 进行相关分析，得出各指标的相关系数矩阵，并根据其值进行第三轮筛选。

五是权重系数确定。权重是一个相对于整体评价中，这个指标对其他指标的重要程度，它可以反映出各个评价因子在总体评价中所处的作用，这体现了绩效评价是有重点之分,不是盲目的"一把抓"。指标权重具有反映主体主观意志和调解的功能,使各个评价维度和具体的评价指标的重要性可以量化反映。利用层次分析特例法确定权重系数,在层次递阶结构中层次数与问题的复杂程度密切相关,一般在设计中没有具体的限制。但各个层次中所支配的下一层元素尽量不要超过 9 个,这是基于心理学的研究,一般人对于不同事务在相同属性上差别的分辨能力在 9 级以下,太多的分级只会混淆人们的判断能力,该项一般层次分析法原则在法治政府绩效评价指标体系权重确定时同样适用。

第四节　指标体系构建框架

指标体系框架是保证后期所构建的指标体系能够正确反映评价对象和评价内容。如何将抽象的法治政府概念予以量化并加以评价,涉及抽象变具体的过程,这一过程首先需要确立指标体系框架,作为后期指标体系具体构建的蓝图。法治政府绩效评价指标体系框架构建主要从指标来源、各级指标结构、主客观指标关系以及指标权重配置等方面解构。具体如下:

一、各层级指标来源

指标体系作为度量法治政府建设绩效的工具应该有效可信,使测评结果能够全面反映法治政府建设绩效的实际水平与发展趋势。各级指标体系选取应遵循原则包括:系统性(指法治评价体系有足够的涵盖面和信息量,并按合理的原则划分为若干层次)、可操作性(法治评价指标数据容易采集,计算公式科学合理,评价过程简单)、有效性(法治指标评价体系与评价对象的内涵和结构相符)、可比性(法治评价结果能进行横向和纵向比较)、动态性(既要考虑动态过程,又要考虑静态现实)、导向性(驱动法治政府建设绩效改善)和独立性原则(各法治评价指标应具有独立的信息,相互不能替代)。各级指标的具体来源为:一级指标的评价内容主要是从法治政府的内涵释义,并结合政府绩效评价的 4E 理念来确定的;二级指标是在对国内国外法治政府相关的指标体系结合的基础上予以确定;三级指标是在一级、二级指标的基础上结合当前的法治政府建设及纲要、具体要求、措施及任务形成一个备选的指标库,最后经过专家咨询的方式确定最终的评价指标。

二、各层级指标结构关系

法治政府绩效评价指标体系是一个层次的指标集结构,由一、二、三级指标构成。一级指标总体上是由衡量法治政府建设成效和公众对法治政府的主观评价(评价法治政府的公信力)两个部分构成。二级指标主要是对一级指标的分解、细化,是为了进一步解释一级指标,建构这一级体系是以第一级指标体系为基础的,选择可以充分反映一级指标评价内容的具体方向作为二级指标,为评价内容具体化做铺垫。相对于一级指标,二级是一个中间层的指标集，是架构第一级指标与第三级指标的桥梁，在整个指标体系中占据重要位置。三级指标是对二级指标的进一步分解，兼顾评估可操作性等因素，三级指标作为具体观察点，应形成相对完整、全面，普遍适用于不同城市的法治政府绩效评价具体指标集。此外，三级指标体系是一个动态指标集。

三、主客观指标关系

主观指标是描述人们主观感受的指标，是对评价内容的主观评价，如公众对执法公正性的满意度，是基于自身的感受对评价对象给出的价值判断，是民主法治的必然要求。本项研究指标体系中主观评价部分包括专家评议和公众满意度两大板块。专家评议指标是基于专家自身的专业知识对法治政府提出专业评价。公众满意度是基于政府公信力的要求，由公众参与来对政府法治建设的效益进行评价。同时，指标体系还需要通过对客观指标获得的统计数据分析，客观反映政府法治建设的效益效果。客观评价一般描述客观事实的指标，如法规听证公示清理完成量、治安刑事案件发生率等可以在统计年鉴或者官方网站查询到的量化指标。

四、指标权重配置

权重是一个相对概念。一般而言，某一项指标的权重主要是指该项指标在整个评价体系中的相对重要程度的表示。权重配置是对每个层级及不同侧面的指标体系重要程度进行权重分配，即对各评价因子在总体评价中所发挥的作用进行区别对待。权重配置要从设计好的评价指标中分出轻重来，并且各级评价指标相对应的权重组成了权重体系。先有指标体系的建立，然后才有相应的权重体系，指标权重配置实际是对系统评价指标进行比值排序的过程。法治政府绩效评价指标体系是一个多层次结构的指标体系，权重体系是在指标体系基础上确立的。法治政府绩效评价指标体系权重配置主要目标是量化反映各评价维度（又称领域层）和具体评价指标的重要性程度，一般由两个部分组成，一是领域层权重，二是具体指标权重。领域层的权重配置是在目标层的重要性层度基础上对各个领域层的重要性程度的直接量化反映，主要根据专家咨询结果，对各领域层的相对重要性程度进行分析，然后对其进行直接量化赋值。具体评价指标的权重配置是在领域层指标的重要性程度基础上确定的，反映单项指标在具体操作层中的重要性程度，根据同一层次各指标间的相对重要性程度确定。

第四章　评价内容与基本维度

　　法治政府绩效评价内容指向"评价什么",或者说从"哪些方面"展开评价。评价内容不仅是构建法治政府绩效评价指标体系的核心问题,也是法治政府如何或者说可否量化评价必须厘清的基本问题。一般政府绩效评价理念与内容对法治政府绩效评价指标体系构建提供了大量可借鉴之处,但法治政府绩效评价内容具有独特性,需体现其不同于一般政府绩效评价的特色。相对而言,法治政府绩效评价内容指向较为宏观层面,评价指标则更具体,属于微观层面。评价内容决定了评价指标的筛选方向,主要通过评价指标得以实现,故前者成为法治政府绩效评价的基本维度及"一级指标"。

第一节　法治政府评价内容:可量化与不可量化

　　从逻辑上来看,法治政府绩效评价属于法治评价的重要组成部分。近年来,法治评价在世界范围内方兴未艾。诸如1996年世界银行率先推出世界治理指数(WGI)就将法治评价作为其6项评价内容之一,对不同国家的法治状况进行评估并计算相应法治指数。[①] 世界正义工程(WJP)根据100多个国家17个专业领域社会各界人士的长期考察研讨,确定了为各国普遍接受的4项"法治"评价内容作为世界正义工程"法治指数"编制的基本构架。[②] 我国许多组织或地方亦纷纷尝试推动法治相关评价,评价领域涉及立法、司法、法治政府、司法透明度等,地方层面等,其中香港法治指数、余杭法治指数等在国内学界和实践领域都引发较大关注。然而,目前学界对于法治以及法治政府是否可以进行指标化衡量仍然存在分歧。

　　从目前学界关于量化法治政府探讨性研究来看,可以归纳三种观点:第一种观点认为,法治政府量化评价是一种法学研究未来要开拓的重要领域之一,并且会逐渐成为学术潮流,法治政府应该有可以衡量的尺度或标准。法治政府建设需要有考核手段或衡量

---

　　① 世界银行的"世界治理指数"主要包括6个分项:话语权与责任性(Voice and Accountability)、政治稳定与暴力避免(Political Stability and Absence of Violence)、政府有效性(Government Effectiveness)、监管质量(Regulatory Quality)、法治(Rule of Law)、腐败控制(Control of Corruption).从1996年开始世界银行就以此对213个国家或地区先后进行过7次评估.参见周云飞,周云章,潘鑫.公共治理评价指标:国际组织的实践及对我国的启示[J].理论导刊,2009,01:19-21.

　　② "世界正义工程"确立的"法治"评价4项基本内容:政府及其官员均受法律约束;法律应当明确、公开、稳定、公正,并保护包括人身和财产安全在内的各项基本权利;法律的颁布、管理和执行程序应公开、公平、高效;司法职业担纲者应由德才兼备、独立自主的法官、律师和司法人员组成,这些人员应数量充足、资源充沛并具有一定代表性.参见赵昕 编译.可以量化的正义:衡量法治水平的十六项"法治指数"(上)[N].人民法院报,2010-06-18,005.

工具,否则法治政府建设可能沦为空谈。① 第二种观点认为,将法治政府简化为由数字表达的量化评价,并以此推进法治政府建设,从表面看是专业的、可行的,实际上是虚化、多余,甚至是有害的,是利用专门术语来对空洞的内容进行掩饰,类似于一场数字游戏。② 第三种观点则认为,在当前我国依法治国的大背景下,法治政府量化对于推进法治政府建设有着重大意义,但是实践操作中关于法治政府评价理念、评价方法以及指标体系设计要科学合理,体现的"虚"与"实"相分开,否则可能导致法治政府评价的南辕北辙。③

显然,上述观点反映法治政府量化评价面临的理论和实践的争论,第一种观点肯定了法治政府量化评价的必要性,并且认为在实践中设计出一套法治政府评价指标体系用于反映法治政府建设成效和问题,对于推动法治政府建设具有重大意义,可谓支持正义的可量化性。第二种观点则全面否定法治以及法治政府可以量化评价的价值,将其视为空洞无物的一场数字游戏,但这显然过于片面,完全忽视了实践中法治评价对于法治政府建设的积极效用。第三种观点是折中的阐述,在肯定法治政府量化评价价值的同时,也看到存在的不足,但没有从根本上厘清法治政府评价内容的可量化与不可量化之间的关系。

从现有的相关文献分析中发现,学界赞同法治政府可以量化评价的趋势还是更高,而且倾向于开展法治政府绩效评价。如戢浩飞(2012)、屈茂辉(2013)、李蕾(2013)、俞伟飞(2013)等学者先后探讨了法治量化评价的全球经验以及在中国应用的可行性。郑方辉(2011)提出有必要结合政府绩效评价理念开展法治政府评价;陈柳裕(2013)则通过实证研究表明实现由"目标考核型"到"绩效评估型"转变是创新我国法治政府评价体系的基本路向。从实践而言,中外法治评价通过设置多个法治下位变量(指标)而实现,变量所具有的明确性和可观测性使得对法治这一抽象概念进行测量成为可能。④ 近年来,我国一些地方政府及第三方机构所推动的依法考评、法治指数、法治政府评价、法治政府绩效评价等促进法治政府建设发挥了一定作用,并在理论和实务界引起了较大反响。特别是法治政府绩效评价不仅让法治政府能够有尺可量,并且可以倒逼政府的法治建设朝着人民满意的方向发展。

当然也有学者看到了法治政府量化评价的缺陷与问题,认为法治、法治政府作为一种社会现象更多受到价值判断的支配,量化评价并不一定能反映法治实质,量化数据本身容易造假,可虚可实。例如,一个地方的行政许可听证,听证次数是一个指数,但是这个指数是可以虚构的,因为是否听证,找谁来听证,有一部分本身是由行政机关自身决定

---

① 袁曙宏. 法治政府应有"尺"可量[N]. 人民日报,2006 - 09 - 20(13)./徐霄桐. 依法行政要有硬考核、硬指标[N]. 中国青年报,2014 - 11 - 7(08).

② 陈林林. 法治指数中的认真与戏谑[J]. 浙江社会科学,2013,06;147.

③ 戢浩飞. 量化法治的困境与反思——基于法治评估体系实施状况的视角[J]. 天津行政学院学报,2014,04;66 - 73.

④ 李蕾. 法治的量化分析——法治指数衡量体系全球经验与中国应用[J]. 时代法学,2012,02;25 - 30.

的,因此这些指标的考量很多都是人为可以实现的。陈林林(2013)、尹奎杰(2014)和李锦(2014)等人都从某个方面提到了法治、法治政府评价的问题及量化的"不能"。①

笔者以为法治政府量化评价是可行的,但是要区分为可以量化的正义部分,与不可以量化的价值部分。法治政府绩效评价内容存在可量化与不可量化之处,这恰是采用政府绩效评价衡量法治政府建设成效的合理性所在。理论上,由于法治政府绩效评价遵循一般政府绩效评价的基本理念:结果导向与公众满意度导向,故关于法治政府量化评价"能"与"不能"问题,在法治政府绩效评价内容方面已然分为可量化与不可量化两部分。关于政府在法治建设方面的经济性、效果性、效能性的评价主要体现结果导向,这就使该部分评价内容可依据学界或实践中人们对于法治政府内涵及外延所持有的普遍认同或客观数据作为具体衡量标准进行量化评价。同时法治政府绩效评价内容亦存在不可量化评价部分,如公平性评价往往难以量化,一些不可量化的法治价值亦是如此,法治政府绩效评价强调公众满意导向则在一定程度上将这些不可量化评价内容同可量化评价内容有机统一到法治政府绩效评价体系之中,并且两者相互呼应使法治政府绩效评价更为科学合理。

实践上,随着十八大提出的 2020 年基本建成法治政府的要求,2015 年中共中央国务院发布《法治政府建设实施纲要(2015—2020 年)》,将法治政府定义为职能科学、权责法定、执法严明、公开公正、廉洁高效、守法诚信,并明确了衡量法治政府的标准,即政府职能依法全面履行,依法行政制度体系完备,行政决策科学民主合法,宪法法律严格公正实施,行政权力规范透明运行,人民权益切实有效保障,依法行政能力普遍提高。有学者也认为"对一国或地区的法治状况以及实现程度进行衡量,可以为法治建设提供系统性量化运作模式,符合正处于成长中的中国的具体国情,促进法治的进步与完善。"②因此,这个纲要的发布将会直接影响法治政府绩效评价指标体系的构建,成为其评价内容可量化部分的重要依据。但实际上在指标选取、权重赋值以及衡量评价都涉及了价值判断的问题,这些都成为法治政府绩效评价内容不可量化部分。针对这些不可量化部分,法治政府绩效评价内容的确立必须首先明确法治政府的内涵及相邻概念的界定,使法治政府绩效评价建立在清晰的法治政府概念和内容的基础上展开,并确保后期所筛选的具体评价指标不仅具备可测量性,而且问卷咨询和数据来源及处理方面,始终保持作为评价对象的法治政府内涵具有一致性。不可量化的一些价值,可以采取文献检索与专家论证等方式,使指标体系构建过程中能够最大限度地反映这些价值。

总之,从理论与实践层面针对法治政府绩效评价内容可量化与不可量化进行探讨十分必要,这不仅是展开法治政府绩效评价内容探讨的前提,也是对 2020 年基本完成法治政府建设的目标定位的前提。当然,法治政府绩效评价也不能尽善尽美解决法治评价的

---

① 尹奎杰. 法治评估指标体系的"能"与"不能"——对法治概念和地方法治评估体系的理论反思[J]. 长白学刊,2014,02:63 – 66.

② 蒋立山. 中国法治指数设计的理论问题[J]. 法学家,2014,01:1 – 18.

"可量化的正义"与"不可量化的价值"之间冲突。特别是在现有的体制下，法治政府绩效评价依然具有其自身局限，对于"政府法治"这个抽象的评价对象，在可量化的正义背后仍然存在着信度的质疑，且法治所蕴含的内在价值难以量化。关于法治政府绩效评价内容的可量化与不可量化依然是一个亟须进一步研究的问题。

第二节　一级指标确立的理论分析

一般而言，法治及法治政府评价内容体系复杂而多样，可从不同视角进行划分。我们认为法治政府绩效评价内容体系更适合采用基于"4E"模型的政府绩效评价理念进行划分，包括法制建设、过程推进、目标实现、法治成本和结果满意五个方面。如前所述，评价内容可视为评价维度及"一级指标"，在不同评价内容体系做出选择，确立了法治政府绩效评价的一级指标体系。具体理论分析如下：

一、多种法治政府评价内容体系比较

法治政府评价存在多种不同评价内容体系。一般关注较多包括：按照法治政府建设目标划分，按照法治政府职责划分、按照政府绩效评价"4E"理念划分、按照服务质量评价内容（如 SERVQUAL 模型、ISO 质量评价标准体系）、按照平衡积分卡的评价内容划分，具体采用何种内容体系仍需仔细考量。

法治政府评价内容按照法治政府建设目标划分为行政规范性文件立法、依法行政意识和能力、政府职能转变、制度建设质量、依法科学民主决策、依法行政、行政监督和问责、防范和化解社会矛盾、法治政府建设保障措施和人权保障等方面运行效率、服务质量、管理水平的综合考量和测评。[①] 国内目前大多数法治政府评价一级指标框架体系均采用这种划分方式，诸如北京市依法行政考核评价指标体系、地方政府（昆明市）依法行政考核评价指标体系，湖北省法治政府建设指标体系等相关研究与实践，只是在具体指标名称设定方面略有差异。[②] 另外，按照法治政府职责可划分立法绩效、行政绩效、执法绩效、守法绩效、追责绩效和救济绩效等方面，故也有人提出立法性指标、执法性指标、服务性指标和救济性指标的评价内容体系。按照法治政府建设目标划分和法治政府职责划分的评价内容体系可以在一定程度上反映了法治政府建设目标达成情况，体现了法治政府建设存量，但对于增量和投入产出反映不足，是一种静态的、单一维度的水平评价。

① 司开林，刘俊奇. 法治政府建设绩效评价指标体系构建探析——以常州市为例[J]. 四川行政学院学报，2013，02：26－30.

② 参见《依法行政考核评价指标体系》课题组，周继东，马怀德，王宝金，程行仑，张莉，曹鎏. 北京市依法行政考核评价指标体系研究报告[J]. 行政法学研究，2009，01：124－134；黄思铭，王汉水. 地方政府依法行政考核评价指标体系研究[J]. 昆明理工大学学报（社会科学版），2008，09：21－26；中共湖北省委 湖北省人民政府关于印发《湖北省法治政府建设指标体系（试行）》的通知[J]. 湖北省人民政府公报，2010，13：7－14.

此外,笔者注意到学界也有按照服务质量评价内容(如 SERVQUAL 模型、ISO 质量评价标准体系)、按照平衡记分卡划分法治政府评价内容体系的相关探讨,这些研究主要针对法治政府绩效评价的某个方面,如行政监督实效等。[①] 然而,从法治政府绩效评价目的而言,相对于一般法治政府评价,更加强调结果导向,更加关注公众的满意程度,不仅针对政府法治的理想职能实现,更要凸现法治效果,反映效率和效益维度,以及政府的服务性、回应性和公平性。[②] 上述若干种内容评价体系无法达成法治政府绩效评价的目的。

二、基于政府绩效评价的"4E"理念

理论上,所谓政府绩效评价是根据政府管理的效率、能力、服务质量、公共责任和社会公众满意程度等方面的判断,对政府公共部门管理过程中的投入、产出、中期成果和最终成果所反映的绩效进行评定和划分等级。[③] 在新公共管理理论的影响下,目前一些发达国家政府已将政府绩效评价的主题确定为 4E,即经济性(Economy)、效率性(Effieiency)、效果性(Effectiveness)、公平性(Equity)。其中,经济性体现为应以尽可能低的投入和成本,提供与维持一定数量及质量的公共产品及服务。效率性则体现为实现提供及维持相应服务水准、产品数量及行为活动的单位成本;效果性则可视为绩效目标实现程度或对其实现的贡献大小。公平性则可视为公共产品及服务是否被公平分配或绩效目标实现的合理性及社会满意度是否达到公允价值。目前,基于经济性、效率性、效果性与公平性的 4E 指标结构已成为"分析绩效的最好出发点,因为它们是建立在一个相当清楚的模式之上,并且这个模式是可以被用来测评的"[④]。

法治政府绩效评价内容可以从"4E"的视角入手,按照政府绩效评价"4E"理念划分,法治政府绩效评价内容体系不仅要反映法治政府建设目标实现情况,法治建设过程推进中的投入,实现法治政府目标所付出的成本,还需考量法治政府建设相关是否法制健全合理和公众对于法治政府建设成效是否满意。但由于法治政府绩效的经济性、效率性、效果性和公平性都难以界定和量化,故评价指标体系构建需要更多从专家评议和公众满意度方面考虑加以完善。该种方式划分评价内容体系不仅可反映法治政府建设的存量,也能够反映其增量,属于一种动态的、多维度的立体评价。

三、体制性进路对评价内容体系要求

香港学者戴耀廷认为,法治政府评价可以分为两种进路,一种可以从体制性的进路对法治评价进行研究,这种评价思路对法治政府的理解着重在于看政府是否透过法律和在法律之下行事。政府是根据某些原则来制定法规,根据某些程序来运作,从而确保利

---

① 王凯伟. 行政监督实效的评估及其改进对策研究[D]. 湘潭大学,2011.
② 郑方辉,卢扬帆. 法治政府建设及其绩效评价体系[J]. 中国行政管理,2014,06:26 – 31.
③ 徐晓林. 中国公共管理研究精粹[M]. 北京:科学出版社,2003:12.
④ 于军. 英国地方行政改革研究[M]. 北京:国家行政学院出版社,1999.132.

用法治来约束行政行为和管治社会目的得以达及。另一种法治评价的研究方向是价值性的进路,它主要审视法律的内容,看其是否确认某些基本人权和价值。[①]

相对而言,价值性进路的法治政府评价由于人们对于法治及法治政府内涵及外延理解差异会衍生出多种多样价值性的评价内容体系,并且多数情况下这些价值性体系也难以衡量和不可量化。就此来看,法治政府绩效评价更适合采用较狭窄的体制性进路,不是因为与价值性进路比较之下,前者较优或真确,而是可使法治政府评价更加具有可量化性、客观公正性和可操作性。

从体制性进路来看,法治政府绩效评价内容体系必需涉及法律法规体系是否完整科学合理,政府如何制定法规规章以及在制定过程中遵守必要的程序性规则,政府如何行使行政权力以及政府权力的行使是否符合法治要求,并且达到在法治前提下对社会治理的各项目标。可见,体制性进路对于法治政府绩效评价内容体系要求和基于绩效评价理念与"4E"模型所推演的内容体系基本相同。

第三节 一级指标确立的实证分析

为进一步确立基于政府绩效评价的"4E"理念的法治政府绩效评价一级指标框架体系,本项研究采用了问卷调查和访谈两种专家咨询形式。其中,专家问卷调查主要采取"搭便车"形式,与指标体系权重问卷咨询合二为一开展。专家问卷调查强调专家意见的统计价值,访谈则依托在专家的个体经验上,专家咨询形式是实际评价技术体系构建过程的重要方法之一,且可以将统计性与经验性结合起来,为构建具有可操作性的指标体系体系提供依据。

专家咨询对于问卷调查和访谈对象选择非常关键,基于有效性(被访者了解或熟知访谈主题领域,具备相关专业知识或实务经验)、代表性(确保访谈结果具有足够的社会价值)、结构性(访谈对象覆盖不同类别与层次)、可及性的原则。本次专家咨询确定了四类对象:一是理论专家(法治政府或政府绩效研究的高校及科研机构学者专家);二是行业专家(法官、检察官、律师及其他专业法律人员);三是政府官员(政府部门决策者、执法者和综合管理人员);四是社会公众(人大代表、政协委员、企业家、知名人士和其他行业公众代表)。

专家咨询调查问卷共发放 230 份,其中回收有效问卷 218 份,经编码后利用软件 Epidata 进行数据录入,在 SPSS 19.0 统计软件进行数据处理和分析。其中行业专家 49 人、政府官员 63 人,社会公众 71 人和理论专家 35 人。访谈专家 12 人,其中理论专家 4 人、行业专家 2 人、政府官员 3 人和社会公众 3 人。

---

① 戴耀廷. 香港的法治指数[J]. 环球法律评论,2007,06:44 – 53.

一、专家关注与认知情况分析

咨询调查首先针对有关被访者对于法治政府绩效评价认知与认同进行测量。结果表明：受访者对法治政府绩效评价的关注度相当高，非常关注占 33.9%，关注者占 56.9%。详见下表。

表4-1　法治政府绩效评价的关注度

选项	行业专家	政府官员	社会公众	理论专家	平均
非常关注	46.9	23.8	41.0	14.3	33.9
关注	44.9	63.5	55.1	67.9	56.9
无所谓	6.1	9.5	3.8	14.3	7.3
不关注	2.0	1.6	0	3.6	1.4
说不清	0	1.6	0	0	0.5
合计	100.0	100.0	100.0	100.0	100.0

其次，85.3% 的被访者对制定法治政府绩效评价指标体系表示非常赞成或比较赞成，12.4% 的被访者对制定法治政府绩效评价指标体系表示基本赞成。详见下表。

表4-2　制定法治政府绩效评价指标体系的态度

选项	行业专家	政府官员	社会公众	理论专家	平均
非常赞成	40.8	38.1	60.3	35.7	46.3
比较赞成	46.9	42.9	29.5	42.9	39.0
基本赞成	10.2	15.9	9.0	17.9	12.4
不赞成	2.0	1.6	1.3	0	1.4
不好说	0	1.6	0	3.6	0.9
合计	100.0	100.0	100.0	100.0	100.0

91.7% 的被访者认为通过法治政府绩效评价倒逼法治政府建设工作表示很大作用或者有一定作用，5% 的被访者认为通过法治政府绩效评价倒逼法治政府建设工作表示基本没作用。详见下表。

表4-3　法治政府绩效评价作用

选项	行业专家	政府官员	社会公众	理论专家	平均
很大作用	24.5	22.2	26.9	21.4	24.3
有一定作用	69.4	73.0	65.4	57.1	67.4

选项	行业专家	政府官员	社会公众	理论专家	平均
基本没作用	2.0	3.2	3.8	17.9	5.0
完全没作用	2.0	0	0	0	0.5
不好说	2.0	1.6	3.8	3.6	2.8
合计	100.0	100.0	100.0	100.0	100.0

64.2%的被访者对法治政府绩效评价能够反映法治政府水平表示非常赞成或比较赞成,29.8%的被访者对法治政府绩效评价能够反映法治政府水平表示基本赞成,68.8%的被访者对法治政府评价应体现以结果导向和公众满意导向表示非常赞成或比较赞成,24.3%的被访者对法治政府评价应体现以结果导向和公众满意导向表示基本赞成。详见下表。

表 4-4　政府绩效（评价）管理工作的理解和看法（%）

测评观点	非常赞成	比较赞成	基本赞成	不赞成	不好说
法治政府绩效评价能够反映法治政府水平	22.5	41.7	29.8	2.8	3.2
法治政府评价应体现以结果导向和公众满意导向	24.3	44.5	24.3	4.1	2.8

78.9%的被访者对法治政府绩效评价结果向全社会公开的态度表示非常赞成或比较赞成,17.9%的被访者对法治政府绩效评价结果向全社会公开的态度表示基本赞成。详见下表。

表 4-5　法治政府绩效评价结果向全社会公开的态度（%）

选项	行业专家	政府官员	社会公众	理论专家	平均
非常赞成	30.6	28.6	47.4	64.3	40.4
比较赞成	40.8	47.6	35.9	21.4	38.5
基本赞成	24.5	20.6	12.8	14.3	17.9
不赞成	4.1	1.6	1.3	0	1.8
不好说	0	1.6	2.6	0	1.4
合计	100.0	100.0	100.0	100.0	100.0

最后,47.3%的被访者对法治政府绩效评价与法治政府方面情况的熟悉程度表示非常熟悉或比较熟悉,45%的被访者对法治政府绩效评价与法治政府方面情况的熟悉程度表示熟悉一点。详见下表。

表 4 - 6 法治政府绩效评价与法治政府方面情况的熟悉程度（％）

选项	行业专家	政府官员	社会公众	理论专家	平均
非常熟悉	2.0	3.2	14.1	3.6	6.9
比较熟悉	53.1	34.9	34.6	46.4	40.4
熟悉一点	40.8	55.6	39.7	42.9	45.0
不熟悉	4.1	6.3	11.5	7.1	7.8
不好说	0	0	0	0	0
合计	100.0	100.0	100.0	100.0	100.0

二、专家调查结果分析

按初步方案,法治政府绩效评价指标体系由 5 项一级指标组成。其中,制度建设、过程推进、目标实现、法治成本 4 项属客观指标,主观评价属主观指标。主客观评价结果占比由调查给出。统计结果表明,以 100 分制设定分值范围,客观评价和主观评价的平均得分分别为:63.5 分和 36.5 分,见下表。若用标准差反映行业专家、政府官员、社会公众以及理论专家对客观评价、主观评价评分的离散程度(值越小表示意见越统一),则理论专家对客观评价、主观评价的评分离散程度最大,即意见分歧较大。

表 4 - 7 法治政府绩效评价主客观评价结果占比(百分制)

受访者	客观评价		主观评价	
	均值	标准差	均值	标准差
行业专家	65.9	10.3	34.1	10.3
政府官员	63.9	11.0	36.1	11.0
社会公众	62.1	11.0	37.9	11.0
理论专家	62.5	17.6	37.5	17.6
平均	63.5	11.9	36.5	11.9

统计结果表明,公众评价和专家评价的平均得分分别为:56.9 分和 43.1 分,见下表。若用标准差反映行业专家、政府官员、社会公众以及理论专家对客观评价、主观评价评分的离散程度(值越小表示意见越统一),则也是理论专家对公众评价和专家评议的评分离散程度最大,即意见分歧较大。

表 4 - 8 主观评价中公众评价与专家评价结果占比(百分制)

受访者	公众评价		专家评价	
	均值	标准差	均值	标准差
行业专家	65.0	14.0	35.0	14.0
政府官员	51.7	12.6	48.3	12.6
社会公众	55.5	14.5	44.5	14.5
理论专家	58.0	19.9	42.0	19.9
平均	56.9	15.4	43.1	15.4

5项一级指标得分情况如下表：制度建设、过程推进、目标实现、法治成本、结果满意得分依次为21.9%、13.2%、85.6%、13.3%、11.8%。得分最高的是目标实现，而得分最低为法治成本。从标准差来看，受访者对目标实现的重要性意见分歧最大，对主观评价的重要性意见分歧较小，总体而言理论专家和政府官员的意见分歧较大，其他受访者意见分歧较小。

表4-9　法治政府绩效一级指标得分（百分制）

受访者	法制建设		过程推进		目标实现		法治成本		社会满意	
	平均值	标准差	平均值	标准差	平均值	标准差	平均值	标准差	平均值	标准差
行业专家	21.4	4.4	13.9	4.1	80.2	8.6	13.9	3.8	10.7	2.4
政府官员	24.3	6.0	15.6	5.5	85.1	7.3	12.1	6.3	11.2	3.5
社会公众	22.8	5.1	11.9	5.3	89.4	10.2	13.5	5.4	12.6	3.8
理论专家	19.1	5.1	11.5	4.9	87.6	6.9	13.6	4.5	12.5	7.6
平均	21.9	5.2	13.2	5.0	85.6	8.3	13.3	5.0	11.8	4.3

三、专家访谈结果分析

本项研究访谈主要围绕专家对于法治政府绩效评价作用和评价内容体系等相关方面认知、个人体会及建议展开访谈，访谈记录按被访者姓氏字母编排。

其中关于法治政府绩效评价作用认知：

B1（政府官员）：现在作为政府推进法治工作手段，进行考评和督查有必要，但感觉开展考评久了会违背初衷。举个例子，有些考评衡量法治教育就是自学几本法治教育书，这样很容易作假，也没有太大意义。如果要评，这一块我觉得值得改进。

H1（政府官员）：针对法治政府进行量化评价在实践中可行性不是很高。理论上，有法治政府绩效评价的指标体系可以有助政府和法院对照相应的法治评价标准寻找差距，甚至可以成为法治政府建设的抓手。

H2（社会公众）：现在关于政府各种考评指标很多，每个指标向都有相关职能部门打分，但是有些不够合理，有些比较复杂，当然具体到法治政府评价来说还是可以做的，有评价总比不评强。

T1（政府官员）：让公众对于法治政府做出评价，通过满意度能够比较好反映人们对于法治政府建设的感觉和期望，也可以使公务员提高依法行政的意识，法治政府进行主观评价也可以，如果客观不好考评。

从访谈结果来看，被访专家对于开展法治政府绩效评价持有积极肯定的态度，特别是政府官员基于工作实际需要，更希望能够制定出一套科学合理的法治政府绩效评价指标体系。同时，被访专家对于法治政府绩效评价能够达到预期效果也存在疑虑，这是后期指标体系设计必须考虑的基本问题。

关于法治政府绩效评价内容体系体会：

C1（理论专家）：法治政府绩效评价维度能够为准确而全面地反映依法行政前提、过程、救济等，而且还要注意从发展变化和利益均衡性等方面进行考虑。

C2（理论专家）：尽管2004年国务院颁布的《全面推进依法行政实施纲要》提出要提高依法行政，严格按照法律办事，不过无论是《国务院办公厅关于推行法治政府建设指标体系的指导意见》，还是湖北、广东、浙江余杭等省市出台的法治政府建设指标体系主要是从具体任务和措施完成情况来考量。这类评价方案缺乏从法治政府的效能的角度来设计指标体系，而且没有从法治政府建设的实际效果和损益值的角度来考虑法治政府的效能评价。

D1（理论专家）：进行法治政府绩效评价的指标体系研究还是非常有必要的，但应该注意法治政府评价和法治政府绩效评价在设计思维与逻辑上的不同性。如果只看到法治政府投入，没有考虑法治成本，这在一定程度上背离了现代法治的基本精神。

K1（行业专家）：我国法治政府绩效评价不能光看政府法治建设做了什么，还要注意评价标准的人性化，特别要根据实际情况设置评价指标体系。比如我们更关注生态环境保护和食品安全，但这个法治成本也许很高，可能影响经济，评价如何合理解决也很重要。

M1（行业专家）：绩效评价这个视角比较好，特别是法治政府建设的成效好不好，由公众来评价也许更客观，毕竟每个人对于法治政府感受都不同，这需要通过法治政府绩效评价方式将民意表达出来。

R1（社会公众）：法治政府至少应该包括政府政策公开透明、社会稳定治安良好、政府能够严格执法、政府讲究效能、政府财政预算受到法律约束。

S1（行业专家）：法治政府建设和法治政府评价都很重要，但是通过评价促进法治政府实现不容易，有些方面很难量化和评价，比如贪污受贿罪发生率高既有可能是腐败的人多，也可能是反腐力度加大。

W1（理论专家）：我觉得法制建设、过程推进、目标实现、法治成本和结果满意这五方面设定还是比较合理，符合一般绩效评价理念，但是法治政府评价一些具体指标衡量不好量化，可以考虑采用主观评价代替。

从评价内容体系而言，大多数被访专家都认为需要将法制完善、效能（效率）、法治成本（成本收益）、公众满意（公众评价、民意表达）等方面纳入法治政府绩效评价的范畴，说明对于前文所提出的评价内容体系较为认同。但在指标名称、评判标准等方面存在一定的差异，并且看待法治政府绩效评价可量化与不可量化评价内容体系亦有不同体会，反映出具体二三级指标设计及其评分标准对于能够达成评价内容的价值导向亦十分重要。

综合评价内容体系理论分析和专家咨询的实证结果来看，按照"4E"划分法治政府绩效评价内容体系不仅涉及法治政府目标实现,还从法制建设、过程推进、法治成本和结果满意等多方面展开评价,相较于其他评价内容体系,更加能够全面满足法治政府绩效评价需求。同时,这套指标体系包含了经济性、效率性、效果性以及公平性的绩效"4E"准则的内容,体现了运用该指标体系进行绩效评价的系统性和全面性。

第四节 一级指标的评价内容

一级指标评价内容涉及评价内容结构和指标具体内涵两个方面的问题。所谓评价内容结构是指评价内容的组成部分及构成样态:既涉及"评价什么",就是将哪些东西作为评价的内容;也涉及"如何来评价",就是如何选择恰当的方式对相关内容进行评价;同时还涉及这些评价内容之间的关系,如何通过各种内容的恰当评价综合得出合理的整体性评价。[①] 依据结果导向和公众满意导向理念,按照政府绩效评价的"4E"理念和体制性进路的要求,以及考虑到法治政府部分评价内容的不易量化,笔者最终确定的法治政府绩效评价一级指标的内容结构为:法制建设、过程推进、目标实现、法治成本和结果满意五个维度,并且采用主观评价与客观评价相结合方式,主观评价又分为专家评议和公众满意度评价。其中:法制建设指向各级政府(部门)建章立制;过程推进指向组织机构及人员等保障条件;目标实现体现为法治政府建设的产出和效果,即目标的实现程度;法治成本是绩效评价的内在要求,对应于政府为履行各项法定职能及责任所产生的支出及社会代价;结果满意包含专家评议和公众满意度,具有双重功能,一是与客观评价互补互证,二是体现评价的终极目的。法治政府绩效评价各项一级指标的具体内涵如下:

一、法制建设

2004 年国务院《全面推进依法行政实施纲要》,强调法治政府建设进程首先必须重视法律制度的完善。

从法律本身上讲,我国的法律结构不够科学,法律体系尚不健全。我国司法制度缺乏独立性和公正性,法律监督机制还没有真正建立起来,不能有效地防止腐败发生。法治政府理念尚未完全形成普遍共识、关键性行政立法进展缓慢,法治制度系统不够完整,执行过程中程序体系部分缺乏合法化与科学性。部分已颁布法律被不同程度地异化,评估机制未解决量化难题。我国的法律教育、法律普及还相当落后,特别是对行政人员和普通公民的教育没有引起应有重视,对干部的法律教育还没有制度化和系统化等等。十八大提出的"推进政治协商、民主监督、参政议政制度建设"这一社会主义民主政治的发展方略,催生了民主监督的制度化建设。近期《中共中央关于全面推进依法治国若干重大问题的决定》提出"普遍建立政府法律顾问制度,积极推行政府法律顾问制度,建立政

---

① 郑方辉,冯健鹏编著.法治政府绩效评价[M].北京:新华出版社.2014:151.

府法制机构人员为主体、吸收专家和律师参加的法律顾问队伍,保证法律顾问在制定重大行政决策、推进依法行政中发挥积极作用。"①这一系列制度建设都是法治政府建设的重要评价内容。

法治政府绩效评价的法制建设主要指向各级政府及其部门通过建章立制的方式确立相关法律规则的行为。在形式上,这些规则包括行政法规、部门规章、地方政府规章、规范性文件等,在法律效力和制定程序的具体要求上都存在区别。从法治政府绩效评价角度而言,法治建设包括了制定和落实这两个方面:制定方面,要求严格遵守法定权限和程序,并且体现制度建设的科学性和民主性。一方面,完善公众参与政府立法的制度和机制,保证人民群众的意见得到充分表达、合理诉求和合法利益得到充分体现;另一方面,推行立法工作者、实际工作者和专家学者相结合的起草工作机制,加强必要性、可行性论证和成本效益分析。落实方面,一方面要求规范性文件监督管理制度得到有效落实,严格执行法规规章备案条例和有关规范性文件备案的规定,加强备案审查工作,切实维护法制统一和政令畅通;另一方面要求和规范性文件的清理、评估机制健全,坚持"立新"与"改旧"并重,对不合法或不适当的规范性文件及时修改或者废止,建立规章和规范性文件定期清理制度,清理结果及时向社会公布。

总之,建设法治政府,制度是根本保障,目前我国法治政府建设中主要问题之一就是法律规范立法质量不高。一个政府的法治化需要有一个完整的制度体系作为支撑,法治政府绩效评价应将政府法制建设作为重要评价维度。

二、过程推进

法治政府绩效评价关于过程推进的内容,主要指为确保法治政府建设进程得以符合法治要求顺利推进所采取的各项保障机制,体现为法治政府建设组织保障和公务员法治素养提升等方面。

组织机构是指把人力、物力和智力等按一定的形式和结构,为实现共同的目标、任务或利益有秩序有成效地组合起来而开展活动的社会单位。一般而言,政府组织机构的合理设置,能保证整个组织分工明确,职责清晰,保证每一个部门工作的正常运行。同时保证整个组织管理流程的畅通、避免职责不清,进而出现责任问题相互推诿。因此,组织机构对于法治政府建设具有重要作用,政府法制组织机构作为法治政府建设重要的参谋、机构和法律顾问,是建设法治政府的基础中坚力量,在推进依法行政工作中担负着统筹规划、督促指导、组织落实、协调推进的重要职能。

法治政府组织机构设置必须职责明确和科学合理才能有效发挥作用,具体而言:一是保证职能明确,由于职能是机构存在的前提,故需要科学界定法治政府组织职能,配置岗位人员和划分相应责任,以保障能够顺利实现法治政府建设相应组织协调和推进工

---

① 宋智敏. 我国政府法律顾问制度的实践与完善[J]. 法学杂志,2015,03:52–59.

作。二是权责完整统一,法治政府建设组织机构只有权责完整统一,才能使该机构的职权与职责相称、平衡,包含设计合理的职位体系和权责相称的制约机制两个方面。三是精简与效能原则。法治政府建设机构要做到机构设置精简和人员编制精干,符合管理幅度与管理层次相适应的原则。由于实际中法治政府建设组织机构多数承担协调统筹功能,如果管理幅度与管理层次成反比很容易造成组织效率过低。四是依法设置原则。只有法治政府建设组织机构本身设置合法合理和依法行政,才能有效促进法治政府建设存在可能性。

法治政府建设仅依靠组织机构推进显然不足,还需要提升公务员法治素养。一方面加强源头培养,注重吸纳具有较高法律知识素质的人才充实公务员队伍,适当加大公务员招录和考核中法律知识的比重,杜绝"法盲"。另一方面要加强法治素养教育,落实依法行政教育,切实在行政实践中提升公务员的法治水平,严格处罚违法违纪行为,对法治思维不强、法治素养不高的人不予重用。只有将慎权、尊法、崇德作为公务员晋升的重要标准,纳入绩效评价指标体系,使公务员能以法治思维和法治方式行政,才能切实发挥法治政府建设的责任主体作用。

三、目标实现

法治政府绩效评价关于目标实现的内容,主要针对法治政府各项目标的实现程度,这是法治政府绩效评价结果导向的集中表现。根据《法治政府建设实施纲要(2015—2020年)》的要求,法治政府的建设目标除了前述提到的内容外,还包括:政企分开、政事分开,政府与市场、政府与社会的关系基本理顺,政府的经济调节、市场监管、社会管理和公共服务职能基本到位。中央政府和地方政府之间、政府各部门之间的职能和权限比较明确;法律、法规、规章得到全面、正确实施,法制统一,政令畅通,公民、法人和其他组织合法的权利和利益得到切实保护,违法行为得到及时纠正、制裁,经济社会秩序得到有效维护。政府应对突发事件和风险的能力明显增强;高效、便捷、成本低廉的防范、化解社会矛盾的机制基本形成,社会矛盾得到有效防范和化解。行政权力与责任紧密挂钩、与行政权力主体利益彻底脱钩。行政监督制度和机制基本完善,政府的层级监督和专门监督明显加强,行政监督效能显著提高;行政机关工作人员特别是各级领导干部依法行政的观念明显提高,尊重法律、崇尚法律、遵守法律的氛围基本形成;依法行政的能力明显增强,善于运用法律手段管理经济、文化和社会事务,能够依法妥善处理各种社会矛盾。当然,在法治政府绩效评价的具体过程中,以上目标需要进一步的细化:

一是法治政府应当是决策合理的政府。决策被定义为"人们为了达到一定目标,在掌握充分的信息和对有关情况进行深刻分析的基础上,用科学的方法拟定并评估各种方案,从中选出合理方案的过程"。[①] 信息的质量和数量直接影响决策的水平,然而受外部

---

① 张石森,欧阳云主编.哈佛 MBA 战略决策全书[M].北京:远方出版社,2003:76.

环境的影响,不能完全掌握信息,以至于在决策的过程中满意原则而并非最优原则。所以要求政府决策合理,即要求政府在尽可能掌握更多信息的情况下做出成本最小但可以使受众人群最大化且事后带来最小负外部性的科学合理的决策。政府的决策必须要有预见性,鼠目寸光的政府是不被允许存在的,任何一个政府都不能仅仅着眼于决策所带来的短期收益,必须认识到每一个决策都并非单独存在和孤立的,而是与其他问题相互关联,形成相互交织的网络和系统,所以必须系统考虑问题,把每一个决策都带入到大局中去考虑,从而做出科学合理的决策。

二是法治政府应当是政务透明的政府。政务透明的政府就是指政府行政权的行使,行政管理的过程,及其结果都应当公开,让权力在阳光下运行,从而接受来自人民和社会各方面的监督。阳光政府应当是政务公开的,真正体现让人民赋予的权力在阳光下运行,政府部门处理行政和社会事务要公开透明,充分满足人民群众的知情权和监督权。信息公开透明有利于防止暗箱操作现象的出现,确保政府行政公平、合理、合法,有利于提高政府工作效率,改变公务员消极工作,缺乏进取精神的现状。有利于建立政府与公众之间良好的信息联系,维持政府的形象和威信;对于民众来说,有利于保障人民的知情权和监督权,调动广大人民参与民主政治建设热情和信心,更好地维护自身的民主权利。

三是法治政府应当是执法规范的政府。政府执法规范的探讨主要起因于随着当代法律制度的日益完善,政府自由裁量权受到限制。所谓自由裁量权就是指法律法规对行政监督检查、行政处罚等行为只作原则性授权,具体如何处理,由执法人员视当时情况而定的一种行政酌情处理权。政府执法规范要求政府在行使自由裁量权的时候必须遵循合法性、适当性、公正性的原则,正确的使用国家和人民所授予的权力。习近平提出要把权力关进制度的笼子里,同样,手握自由裁量权的政府机构人员,受外界环境的影响,难免在权力的行使过程中出现自由裁量权被滥用和私用的情况,这种现象的发生背离了法律赋予行政执法机关自由裁量权的初衷和目的,从而对社会公正稳定的秩序造成危害。同时,可以建立健全相关监督机制,从而确保权力行使公平公正,政府机关同样可以接受来自人民和社会监督,接受来自社会各界的批评和建议,不断改进,从而确保执法规范。法治政府的建设过程必须要求政府依法行政,规范执法建设公平正义的社会发展环境。

四是法治政府应当是行政有效的政府。1997 年,世界银行发表《1997 年世界发展报告——变革世界中的政府》指出,变革的世界需要一个有效政府。经济和社会的可持续发展所需要的,既不是"小政府",也不是"大政府",而是有效政府,报告强调"如果没有有效的政府,经济的、社会的和可持续的发展是不可能的"。有效政府不仅是要求政府行政有效,还要求政府具备行政效能和行政行为的有效性,有效政府是有限政府、法治政府、民主政府、服务型政府和学习型政府等多重特性的统一,是对政府综合行政能力的较高层次上的要求,打造有效政府是建设法治政府中非常重要的一部分。[①] 有效政府的构

---

① 张艺缤. 科学发展观指导下效率与公平问题论析[D]. 上海大学,2011.

建首先要防止以权谋私现象的出现,禁止政府机关在执行公务的过程中利用手中的公权力来谋取本部门或私人的利益。面对当今世界环境的改变和社会的进步,有限政府在实践和理论方面都相继受到重视,为适应世界发展的潮流,必须要求有效性作为法治政府的根本价值取向,从而建立有效而不是有限的政府,才能更好地促进中国法治政府的建设。

四、法治成本

法治成本本质上而言就是法治的自身成本,包括立法、司法和实施过程中所要付出的费用或代价,它包括立法成本、司法成本和实施成本。[1] 法治政府绩效评价关于法治成本的内容,主要针对政府在履行各项法治职能的过程中所投入的成本。法治成本既包括了政府在履行各项法治职能的过程中投入的公共财政资源,如维护社会治安所投入的行政成本、建设法律服务站所投入的财政收入等;同时也包括政府完成各项法治职能时所耗费的社会资源,如政府"限牌"、"限外"等决策给社会公众造成的负担。

法治的立法成本。它包括直接成本和间接成本,其中直接成本包含:立法机关必备资金和人员的付出;为收集资料的调研费用和征求意见耗费的成本;文本费用。间接成本包含:为准本法律实施支付的全部费用;为宣传解释法律而支付的饿费用;法律教育和传播费用。法治的司法成本。它指的是法律的适用成本,即因追究法律责任而耗费的成本,包括刑事侦查、起诉、审判、执行环节上的费用支出。它是法治自身成本由潜在转向实际运用所必须支付的费用。

法治的实施成本。它通常包括法律的遵守、法律的执行和法律的适用。具体包括:来自社会公众和个人投入的守法成本。人们解决纠纷和制裁违法行为需要耗费一定的时间和金钱,这就是法治的守法成本。国家为维护法治实施机关的正常运转而投入的费用,如法官的开支;执行机关办公费用等耗费支出;保持执法队伍必需的支出和必要的设备费用。

此外,还存在法治的社会成本和机会成本。法治在社会的总支出称为法治的社会成本,它由私人成本和法治的外部成本组成。私人成本是私人寻求法律保护所花费的费用;法治的外部成本指由于法治实施的外部效应所引起的成本。法治的机会成本是法治本身选择的成本存在导致对于选择其他适用机会的丧失。法律对于某些领域的介入,即排除可能有效适用的其他习惯和民间调解等,这些都是机会成本的丧失。[2] 通常用边际的法治成本以描述制定和实施一个部门的法规所支出的社会成本和机会成本。对于法治的机会成本,若违法的机会成本(违法者放弃的守法收益)高,则法律易于实施;守法机会成本(守法者放弃的违法收益)高,则法律难以实施。由于法律实施受惠的市场主体承

① 张悦. 法治的社会成本分析[D]. 辽宁师范大学,2012.
② 王海峰. 论法治成本——兼析中国转型期法治的阶段性高成本[J]. 江淮论坛,2007,04:68-72.

担的私人成本小于社会的平均成本,因此许多私人的社会组织寻求影响立法和参与立法等途径,承担更多的立法成本,而政府部门因此也存在寻租机会。

因此,精简行政法治的运作流程在提高法律运行效率的同时,要减少法律制定和运作时的制定成本和实施成本,法治政府绩效评价应将法治成本作为重要考量维度。

五、社会满意

法治政府绩效评价强调公众满意,体现公共行政的回应性要求。政府行政基本原则是人民主权,政府一切工作核心都是围绕人民来进行展开,因此政府工作的回应在一定程度上既可以反映政府工作的水平,又反映了公众对政府工作的认可度。[①] 一个真正意义上的法治政府所做出的任何决策和政策实行必然得到公众关于推崇或提出批评建议的相关回应,进而政府在收集足够的信息后对过去的决策或政策进行相关修订以更好的使其适用于本地民众。在此良性循环下,公众对政府工作的满意度不断提高,政府的公信力也随之不断增强。

法治政府绩效评价关于公众满意的内容,主要针对公众对政府各项法治职能履行情况的满意程度,这是法治政府绩效评价公众满意度导向的集中表现。评价内容进一步分为三个层面:一是与"法治政府"直接关联的政府作为,如政策公平、执法公正、政务公开满意度等,二是对"法治政府"要求的政府具体表现满意度,如政府服务态度、政府服务效率、政府廉洁、市场监管满意度等,三是对"法治政府"产出关联较大的社会状态与政府总体表现满意度,如社会治安、政府总体表现满意度等。

法治政府建设提高公众满意度的关键在于提高广大人民群众参与法治建设的热情和信心,调动公众的积极性,从而使公众有人民主权意识,让民众深刻地认识到政府法治建设与其生活息息相关,与利益密切联系,才能更好地促进公众参与到法治建设当中。[②] 此外,政府法治建设应保障公众的知情权,畅通公众表达诉求的渠道,这样才能更好地接收来自社会各界的意见和建议,从而进行改正,以更好地满足人民对于法治建设的诉求。通过法治政府绩效评价公众满意度评价可以使政府接受来自公众的建议和批评,有利于保证法治政府建设不偏离根本方向。

法治政府绩效评价引入公众满意度评价不仅有利于保障民众自身的利益,更有利于促进我国法治政府的建设。公众满意度同样是一定程度的监督,监督政府依法行政,执法规范,从而不断提高政府行政能力和行政水平,促进法治政府的早日建成。

---

① 黄小勇. 行政的正义——兼对"回应性"概念的阐释[J]. 中国行政管理,2000,12:53-56.
② 张文显. 法治与国家治理现代化[J]. 中国法学,2014,04:5-27.

第五章　二级指标设计及三级指标遴选

法治政府绩效评价维度（一级指标框架）的确立为开展法治政府绩效评价二三级指标设计和遴选奠定了基础。二三级评价指标的科学性和合理性在很大程度上影响着评价活动的质量和水平，其不仅是评价维度的进一步分解与具体化，更是法治政府绩效评价价值导向的载体，评价目的的具体实现形式。事实上，评价理念、评价维度和评价指标被视为评价指标体系研究的三大核心问题，在评价理念与评价维度已成确立条件下，如何设计及遴选出科学有效的二三级评价指标成为法治政府绩效评价指标体系研究题中之意。本章将重点探讨评价指标（针对二级、三级指标）设计及遴选过程。

第一节　二级指标设计

从法治政府绩效评价目的来看，二三级指标既要体现法治政府价值追求及政府绩效评价理念，又要成为现实中推动法治政府建设的工作推手。因此，在完成法治政府绩效评价维度构建的基础上，需依据评价维度的内涵进一步分解出二级指标和三级指标，并且使其具有导向性、实用性和可操作性。其中，二级指标是在科学理论依据指导下的主观选择过程，主要通过比较国内外法治政府评价相关实践二级指标构成，基于法治政府的价值追求和政府绩效评价理念，围绕法治政府绩效评价五个评价维度的内涵，结合《法治政府建设实施纲要（2015—2020年）》具体目标和任务，再根据规范分析直接设计出二级指标。

一、二级指标设计思路

二级指标应是对一级指标内涵的分解，重在确定指标体系具体评价方向。从系统论角度来看，本项研究所建法治政府绩效评价指标体系是由多个层级子系统逐级嵌套形成的系统。整个指标体系是由全部一级指标子系统构成，一级指标子系统由若干个二级指标子系统构成，二级指标子系统由若干个三级指标构成，这些三级指标又包括有客观评价指标和主观评价指标，即专家评议指标和公众满意度指标。整个指标体系应具有严密的科学性和逻辑性。

此外，由于我国是单一制国家，法治政府建设是由自上而下驱动，法治政府绩效评价指标体系不仅要体现现代法治政府的基本理念和一般法治原则及精神，也必须要符合我国法治政府建设的基本要求和目标。因此，指标体系的主要评价方向应与党中央国务院关于于法治政府建设的基本目标相一致。

为使二级指标体系的评价对象和内容更具有针对性,笔者还广泛查阅了英、美等西方国家以及国内广东、湖北等法治政府绩效评价试点所采用的指标体系,充分吸收国内外相关评价二级指标的理念和做法。在此基础上,对二级指标的设计思路、逻辑关系和指标取舍进行调整和实证研究。

最终笔者确定二级指标设计主要从两个方面进路展开:

一方面,二级指标围绕法治政府绩效评价指标体系的法制建设、过程推进、目标实现、法治成本和社会满意等五个方面评价维度,在设计二级指标时候针对评价维度侧重点进一步细分,同时注意兼顾主客观评价指标之间合理布局。其中,"法制建设"是法治政府建设的前提,可分解为法律法规体系、立法立规程序和法律法规内容;"过程推进"是建设成效(产出效果)的保障条件,对应于法治建设组织保障与公务员法治素养两项二级指标;"目标实现"基于《法治政府建设实施纲要(2015—2020 年)》要求,确定为政府职能履行、重大行政决策、宪法法律实施、行政权力运行和人民权益保障等五项二级指标;"法治成本"包含直接财政成本和间接社会成本;在"社会满意"维度,考虑到评价涉及内容的专业性,以及现实条件下民意调查的环境条件和公众理性表达偏好的能力,采用专家评议和公众满意度评价相结合的方式,以降低系统误差。同时,为进一步贴近实际,互补互证,专家评议和公众满意度又划分为整体和分项两个部分。

另一方面,为使绩效评价指标体系能够有效服务于法治政府建设具体实践,本项研究二级指标设计主要依据《法治政府建设实施纲要(2015—2020 年)》关于法治政府建设目标、衡量标准的相关内容,使法治政府绩效评价二级指标评价指向更加具有针对性。《纲要》所提出的建设目标为"经过坚持不懈的努力,到 2020 年基本建成职能科学、权责法定、执法严明、公开公正、廉洁高效、守法诚信的法治政府"。法治政府建设的衡量标准为"政府职能依法全面履行,依法行政制度体系完备,行政决策科学民主合法,宪法法律严格公正实施,行政权力规范透明运行,人民权益切实有效保障,依法行政能力普遍提高"。

在此基础上,采取专家问卷咨询方法对二级指标体系进行进一步审视和完善。

二、二级指标的设计结果

根据上述二级指标基本设计思路,我们将法治政府绩效指标体系一级指标的 5 个方面细化为 14 个二级指标。具体评价内容如下:

(一)法制建设维度的二级指标

1. 法律法规体系

法律法规体系主要强调完整性。完整性是任何"体系"的基本要求,完整的法律法规体系则是法治政府建设的基本前提,为法治政府建设提供坚实制度保障。《纲要》指出应完善依法行政制度体系,即"构建系统完备、科学规范、运行有效的依法行政制度体系,使政府管理各方面制度更加成熟更加定型，为建设社会主义市场经济、民主政治、先进文化、和谐社会、生态文明，促进人的全面发展，提供有力制度保障"。完整的法律法规体系是一项复杂的系统工程，应同法治政府建设实践相符合且具有全面性，防止在一些重要领域和关键环节出现制度空白。法治政府绩效评价需要从宏观层面和微观层面考量法律法规体系的完整性：宏观上，法律法规体系不是简单堆砌，而是必须具有逻辑性和条理性；微观上，法律法规体系内容全面涵盖政府工作各个方面。

2. 立法立规程序

立法立规程序主要强调合法性。行政立法必须符合法律、法规和规章规定的程序。政府立法立规过程中，必须坚持遵循规律、实事求是，以人为本、与时俱进的精神，认真地做好调研、立项、试点、起草、修改、论证、发布试行等各项工作。《纲要》在完善依法行政制度体系的措施中提出要加强规范性文件监督管理、完善规范性文件制定程序，落实合法性审查、集体讨论决定等制度，实行制定机关对规范性文件统一登记、统一编号、统一印发制度。法治政府绩效评价则需特别强化对立法立规过程中诸如听证、公示和废止等关键性程序环节的考评。

3. 法律法规内容

法律法规内容应具有科学性。"科学性"含义丰富，但其最根本的含义就是"符合客观规律"，因此法律法规内容的科学性首先体现为符合社会自然规律。从宏观来看，政府所制定的法律法规内容要符合人类社会的发展规律、社会主义的建设规律和党的执政规律[①]，并且要不断探索、发展和深化。从微观上看，需要符合政治、经济和文化等社会规律，甚至是符合人民的心理和行为规律，使制定法规具有针对性、严密性和可操作性。《纲要》指出要探索委托第三方起草法律法规规章草案，定期开展法规规章立法后评估，提高政府立法科学性，对不适应改革和经济社会发展要求的法律法规规章，要及时修改和废止。当前我国政府立法立规总体上反映了科学性，但某些具体制度的科学性并不如意，所以对于法律法规内容科学性的考评是法治政府绩效评价一项重要任务。

（二）过程推进维度的二级指标

1. 法治建设组织保障

法治建设组织保障就是要加强政府的法治建设组织保障，包括了法治政府建设领导、组织、协调和奖惩等方面，从而提高法治政府建设的凝聚力和推动力。组织保障是推进法治政府建设工作的基本需要，为全面推行法治政府建设提供坚实的组织保证。《纲要》明确指出各级政府及其部门要自觉接受党的领导，切实增强建设法治政府的使命感、紧迫感和责任感，加强组织领导，强化工作责任，一级抓一级，层层抓落实。2010年，国务院《关于加强法治政府建设的意见》已明确指出，法治政府建设必须加强组织领导和工作

---

① 王光华. 提高党的制度体系建设科学化水平的问题与对策[J]. 理论探讨，2013,06：108－113.

保障。① 加强政府法制机构和法治人才建设,充分发挥政府法制机构和各部门法制机构在推进依法行政中的统筹规划,综合协调、督促指导、政策研究和情况交流等作用。② 其中,建立健全法治政府建设配套的领导协调组织,选好配套组织的人员成为法治政府绩效评价重要考量依据。

2. 公务员法治素养

法治政府建设离不开政府工作人员法治素养的提升,公务员法治素养高低直接影响依法行政能力,这是落实法治政府建设计划和实现法治政府目标对政府人员的基本要求。《纲要》提到,要加强对政府工作人员的法治教育培训。政府工作人员特别是领导干部要系统学习中国特色社会主义法治理论,学好宪法以及与自己所承担工作密切相关的法律法规。纲要还提出要完善政府工作人员法治能力考查测试制度,加强对领导干部任职前法律知识考查和依法行政能力测试,将考查和测试结果作为领导干部任职的重要参考,促进政府及其部门负责人严格履行法治建设职责。优化公务员录用考试测查内容,增加公务员录用考试中法律知识的比重。实行公务员晋升依法行政考核制度。法治政府绩效评价基于结果导向理念就是要评价公务员法治素养。

(三)目标实现维度的二级指标

1. 政府职能履行

《纲要》明确提出法治政府建设应使政府与市场、政府与社会的关系基本理顺,政府职能切实转变,宏观调控、市场监管、社会管理、公共服务、环境保护等职责依法全面履行。宏观调控职能主要指政府应制定合理的经济发展规划,完善主要由市场决定价格的机制,加强财政税收、金融管理等配套政策措施制定和实施,转变政府经济发展的角色定位,大幅缩减政府定价种类项目并且予以公开,进一步向社会开放竞争性领域商品和服务,确立企业市场主体地位,促使经济健康发展和社会财富更加公平分配。加强市场监管职能重构建全国统一市场环境,破除各类区域或行业垄断。通过完善法律法规,创新市场监管方式,严格执法,从而加强对于市场主体行为的事中事后监管,主要表现为对生产安全、食药安全和公平竞争市场秩序等依法维护。生态环境保护也是法治政府必须履行的重要职能,需要依法完善和严格执行对于绿色发展、可持续发展和循环经济具有有效约束力的法律法规,推行资源有偿使用制度和生态补偿制度,加大对于环境污染行为的处罚力度和责任追究。

2. 重大行政决策

《纲要》提出要推进行政决策科学化、民主化、法治化。增强公众参与实效,事关经济社会发展全局和涉及群众切身利益的重大行政决策事项,应当广泛听取意见,与利害关

---

① 国务院. 国务院关于加强法治政府建设的意见[N]. 人民日报,2010 – 11 – 09(016).
② 法治政府建设的有效保障[J].宁波经济(财经视点),2015,07:28 – 29.

系人进行充分沟通,并注重听取有关人大代表、政协委员、人民团体、基层组织、社会组织的意见,各级行政机关特别是市县两级政府要加强公众参与平台建设,对社会关注度高的决策事项,应当公开信息、解释说明,及时反馈意见采纳情况和理由。推行文化教育、医疗卫生、资源开发、环境保护、公用事业等重大民生决策事项民意调查制度。决策是一种创造性的思维活动,决策行为不仅受到客观环境的影响,而且还要受主观因素的制约。决策科学性是指政府在一定的约束条件的限度内所做出的选择或决定适合实现政府绩效目标。① 决策民主性和法治化是对政府决策规范性的要求,它不是考核政府实际做出的决策是什么样的,而是从程序性和制度化层次考量政府怎么样进行决策。因此法治政府绩效评价不仅要评价政府做出的决策是否合理,而且要评价是否体现民主性和符合法律程序。

3. 宪法法律实施

宪法法律实施具体表现为政府对法律法规落实的全面性,执法公正性和合法性,以及对政府人员徇私枉法等违法违规行为追究问责。习近平同志在许多场合谈及依法治国都明确指出,全面贯彻实施宪法和各项法律是建设社会主义法治国家的首要任务和基础性工作,宪法以及法律的生命和权威在于实施。② 《纲要》提出改革行政执法体制,理顺行政强制执行体制,科学配置行政强制执行权,提高行政强制执行效率。纲要还提出要完善行政执法程序。建立执法全过程记录制度,制定行政执法程序规范,明确具体操作流程,重点规范行政许可、行政处罚、行政强制、行政征收、行政收费、行政检查等执法行为。"法治政府"的核心内涵是依法行政,而程序合法则是法治政府和民主社会的重点。因此,法律法规实施不仅是我国法治政府建设的重要组成部分,也是法治政府绩效评价的重要方面。根本上而言,法律法规实施指向行政执法,所谓行政执法既包括赋予权力和权能的行政许可,也包括剥夺权力和权能的行政处罚等行政行为。法治政府建设要推进行政执法的合理规范化,特别是强调行政执法依据、行政执法程序、行政执法行为、行政执法手段和行政执法标准的合理规范性,目的在于实现理想的行政执法效果。

4. 行政权力运行

行政权力运行强调行政权力运行的受约束性和公开性。《纲要》提出强化对行政权力的制约和监督,要健全行政权力运行制约和监督体系。坚持用制度管权管事管人,坚持决策权、执行权、监督权既相互制约又相互协调,完善各方面监督制度,确保行政机关按照法定权限和程序行使权力。此外,《纲要》还提出要全面推进政务公开。坚持以公开为常态、不公开为例外原则,推进决策公开、执行公开、管理公开、服务公开、结果公开。政府在做出重大行政决策时要公开透明,即政府应做到政务透明,又称"阳光政府",主要指通过立法和程序规定,政府机关主动或者根据相对人的申请对相关的政务活动向社会

---

① 王炳书.浅论决策合理性的标准[J].青海社会科学,1997,04:55-60.
② 徐汉明.法治的核心是宪法和法律的实施[J].中国法学,2013,01:39-45.

公开,凡是公民有权接触并使用的信息,政府都有责任和义务在规定的时间、地点向全体公民开放。因此,有效落实行政公开,防止暗箱操作和利益输送,加强权力监督,把权力关进制度的笼子成为法治政府绩效评价目标实现的重要评价指向。

5.人民权益保障

人民权益保障是现代法治政府的一个重要的理念,是依法治国的基本原则,也是法治政府民主取向和责任取向的必然结果。从法理上说,虽然政府是人民授权而成立的,政府与人民形成了一种契约关系,但拥有庞大公共权力的政府往往具有优势地位,而人民则处于独立无援的分散状态。因此,强调法治政府对人民权益保障旨在重新平衡两者之间的关系,促使政府不至于成为"利维坦"(意即"拥有绝对主权的统治者统治下的国家")。从法治政府建设内部而言,人民权益保障主要指向加强行政复议工作及时纠正违法或不当行政行为;政府部门应将诚实守信和廉洁奉公作为法治政府建设基本原则,保护公众信赖利益,对于由于不当行政行为或行政行为更改对公众利益造成的损失予以赔偿;完善行政调解、行政裁决、人民调解制度和信访制度等多重行政救济渠道,多种救济方式合理运用有效化解社会经济矛盾和促进社会和谐。行政诉讼制度有效落实也是法治政府建设重要方面,政府能够积极应诉,依法有据参与诉讼才能体现政府切实尊重和遵循法治精神与规则。

(四)法治成本维度的二级指标

1.直接财政成本

直接财政成本指向政府依法为社会提供公共商品和服务,以及依法履行政府职能(如经济调节、市场监管、社会管理和公共服务等)中所付出的价值消耗。本质上而言,法治政府建设直接财政成本就是政府法治建设的自身成本,包括财政为行政立法、行政执法和行政复议过程中政府部门及其工作人员所要支出的费用或资源。[①] 直接财政成本一般包含:行政立法的必备资金和人员的付出,为收集资料的调研费用和征求意见耗费的成本和文本费用;行政执法成本指行政法律法规的实施成本,国家为维护政府机关的正常运转而投入的费用,如人员开支、执法机关办公费用等耗费支出,以及保持执法队伍必须的支出和必要的设备费用。对于法治政府直接财务成本评价的关键还在于跟踪和控制政府预算资金的执行情况,确保政府的财务支出是按照预算和预定的情况来使用,并且衡量出政府的投入产出比,提高政府的行政效率。

2.间接社会成本

间接社会成本指向由于法治政府建设造成在社会、经济以及生态等方面公共管理的社会负担。间接社会成本有多种表现形式,但是多数都不是能直接用货币来计算和估量的代价。一般包含:为准备行政法规实施社会所支付的全部费用,如为宣传解释法规所

---

① 张悦.法治的社会成本分析[D].辽宁师范大学,2012.

支付的费用；来自社会公众和个人投入的守法成本，以及人们为解决行政纠纷或承担违法行政行为所需要耗费一定的时间和金钱。它是法治自身成本由潜在转向实际运用所必须支付的费用。为了使社会经济代价得到合理的控制，就必须对法治政府行政中发生的社会成本予以合理计量和有效监管，以达到用尽量少的社会代价，获得最大的社会效益的目的，这是法治政府绩效评价需要考量法治政府建设间接社会成本必要性所在。

（五）社会满意维度的二级指标

1. 公众满意

自 1970 年代以来，随着企业管理理念逐步向公共管理领域的渗透，顾客至上和客户满意引导当代政府绩效评价导向逐渐由基于内部管理水平提高转向对外部公众满意度的提升。因此公众满意度评价也成为法治政府绩效评价重要方面，只有对于公众满意的重视和推崇，才能体现法治政府对于以人为本和人民民主等法治精神的追求。当前世界各地以及我国许多地方法治政府评价将公众满意度作为衡量政府法治建设质量的重要指标。公众满意评价实质上是在传统以行政效率为标准政府绩效评价基础上，进一步强化以问责制和结果导向为价值导向的评价理念，重在评价政府法治建设的社会效果。此外，公众满意度评价有效扩充了公民有效参与法治政府建设的有效渠道，扭转过去政府只是关注自上而下评价的弊端，促使法治政府责任主体"归为"本源，切实对公众负责，而不仅仅是对上级部门负责。[①]

2. 专家评议

随着法治政府建设的深入，法治绩效成为评价政府的重要标准，但对于法治政府建设做出客观公正和专业性评价就成了法治政府评价的重点和难点。虽然公众满意评价可以转变政府"只唯上，不唯下"的态度，促使政府法治建设以公共利益为基本出发点，但法治政府本身是一个极其复杂事物，普通公众对于法治政府理解往往带有片面性和情绪性。相对而言，相关领域专家更加全面深入了解法治政府建设状况以及能够更为理性做出评价，并且专家可以保持中立的身份，减少或者杜绝利益冲突，从角色上做到客观公平，流程和结果上保证了专业性和合理性。

三、二级评价指标的主要特点

（一）主观与客观评价相结合

法治政府绩效评价的本质是主观评价，但是由于所采集的信息具有不对称性等原因，评价必须基于客观事实，从而实现主观评价与客观评价的逻辑统一，达到功能互相补充的特点。无论是"公共回应性"还是"决策合理性"都是包含有客观和主观的考评因素

---

① 尹艳红，刘旭涛. 公众评价政府绩效的探索与创新——以北京市公众评价数据库构建为例［J］. 新视野，2012，05：64－68.

与角度在其中,而像"程序合法性"和"公众评价"则分别偏向于客观评价和主观评价,使得整个二级指标既包含客观评价,又包括主观评价,体现了法治政府绩效评价的主要特点,又提高了评价的客观性和准确性。

(二)多维度全面评价

法治政府建设具有广泛性、复杂性和系统性的特点,法治政府建设评价必须对各个方面的内容进行逻辑分析、归纳整理,形成系统化的评价体系。[①] 本指标体系的二级指标以我国现行法治政府运作过程和建设结果为基础,基于逻辑模型展开分析,并根据一级指标的定位和所涉及的方面进行内容分解,覆盖整个法治政府绩效评价的领域内涵。本指标体系的二级指标作为领域内涵层的内容,主要考虑从制度建设、组织落实、目标达成和主观评价等四个维度的组合,例如"制度建设"这一级指标包括"系统完整性"、"程序合法性"和"体系科学性"等三个二级指标。并且,本指标体系的二级指标还包含"直接财政成本"和"间接社会成本"等财政、成本相关的指标,确保法治政府建设的投入产出效率。

(三)强化法治政府理念

法治社会所维护的自由、平等、有序等价值理念,以及民主政治、人权保障和权力制约等政治功能的实现都需要一个高效控权的法治政府。法治政府应体现出有限政府、责任政府、透明政府、诚信政府和人本政府等特征。法治政府建设必须体现依法行政的现代法治理念:合法行政、合理行政、程序正当、高效便民、诚实守信、权责统一等方面内容。[②] 本指标体系二级指标比较充分地反映了这些理念,如"程序合法性"、"组织配套"、"过程推进"、"政务透明性"、"公共回应性"等。

四、二级指标专家咨询结果

二级指标专家咨询样本同一级指标,按照先前设计二级指标咨询调查其相对重要性。在客观领域层,法律法规制度建设包含法律法规体系、立法立规程序、法律法规内容3项二级指标;法治政府过程推进包含法治建设组织保障、公务员法治素养2项二级指标;法治政府目标实现包含了政府职能履行、重大行政决策、宪法法律实施、行政权力运行、人民权益保障5项;法治政府建设成本包含直接财政成本和间接社会成本2项,社会满意度包括专家整体评议和公众整体满意度2项。二级指标重要性专家咨询结果详见下表。

---

① 郑方辉,冯健鹏. 法治政府绩效评价[M]. 新华出版社,2014:131.
② 罗豪才,宋功德. 链接法治政府——《全面推进依法行政实施纲要》的意旨、视野与贡献[J]. 法商研究,2004,05:3-16.

表 5 - 1　法治政府绩效二级指标得分(百分制)

一级指标	二级指标	行业专家	政府官员	社会公众	理论专家	平均分
法律法规制度建设	1. 法律法规体系	33.1	35.2	32.1	36.9	34.3
	2. 立法立规程序	81.6	80	80.2	79.1	80.2
	3. 法律法规内容	57.3	55.5	58.1	60.2	57.8
法治政府过程推进	4. 法治建设组织保障	78.2	87.1	73.9	67.3	76.6
	5. 公务员法治素养	60.2	60.9	61.8	62.7	61.4
法治政府目标实现	6. 政府职能履行	87.2	93.7	90.4	89.8	90.3
	7. 重大行政决策	44.9	43.8	45.7	48.1	45.6
	8. 宪法法律实施	39.3	38.3	42.1	43.4	40.8
	9. 行政权力运行	71.7	68.1	72.2	70.1	70.5
	10. 人民权益保障	51.2	48.1	51.3	50.2	50.2
法治政府建设成本	11. 直接财政成本	63.6	60.7	59.8	65.9	62.5
	12. 间接社会成本	78.3	75.6	75.6	81.7	77.8
法治政府社会满意	13. 专家整体评议	68.1	73.3	71.9	77.2	72.6
	14. 公众整体满意度	68.5	71.4	78.3	72.3	72.6

　　由表可知,法律法规制度建设领域层所对应的 3 项二级指标中,得分最高的是立法立规程序,得分最低的法律法规体系,说明目前法规制定程序最受关注;法治政府过程推进领域层所对应的 2 项二级指标中,法治建设组织保障和公务员法治素养得分最高,说明两者重要性相似;法治政府目标实现领域层所对应的 5 项二级指标得分从高到低排列,依次为政府职能履行、行政权力运行、人民权益保障、重大行政决策、宪法法律实施,说明法治政府建设主要还在于外部性的实现;法治政府建设成本领域层所对应的 2 级指标中,间接社会成本得分略高于直接财政成本得分,说明当前法治政府建设要注意减少社会法治成本;法治政府社会满意度领域中专家整体评议和公众整体满意度得分差距不大说明两项主观评价开展同样重要。

　　进一步地,从得分平均数表来看,得分较高的是政府职能履行和间接社会成本,表明受访者对这 2 项指标的重视程度比较高,得分较低的是宪法法律实施,表明受访者对这项指标的重视程度还不够。总的来说,专家对各项项目指标认同比较高,总体较为一致性。

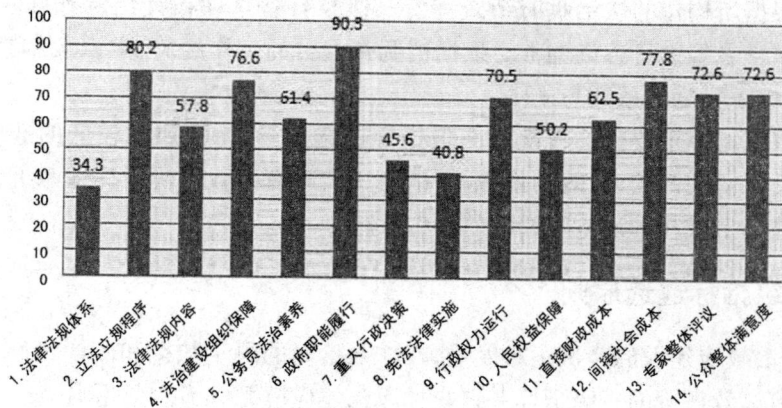

图 5-1　法治政府绩效二级指标平均得分（百分制）

第二节　三级指标遴选

三级指标是法治政府建设绩效评价付诸实践的关键层面,这个层次的指标数据可获得性对于评价结果分析至关重要。因此,三级指标的设计应将可行性的原则作为准入门槛,最大限度地满足法治政府绩效评价的实际需要。本项研究的三级指标是在二级指标体系的构建基础上,依据既定三级指标遴选原则,运用关键绩效指标法构建备选指标库,然后在专家咨询调查结果的基础上遴选出的具体指标。

一、三级指标遴选思路

从目前国内已有的法治政府评价指标体系来看,法治政府绩效评价的三级指标构建主要遵循两种路径,一种是地方政府以国务院历次所发布的法治政府建设指导性文件为蓝本,对其进行分解细化一种是研究机构根据其自身对法治政府的内涵理解设定出若干指标。笔者以为,完全依据国务院文件所设定的指标过于繁杂,而且多数为过程性指标,难以反映法治政府建设的真实绩效;然而,研究机构对法治政府的内涵理解设定出的三级指标又同我国推进法治政府建设存在一定的偏离。故本项研究三级指标的遴选试图将两者进行有机结合,具体思路如下:

首先,借鉴国内外已有的研究成果和相关实践成果,遵循法治政府绩效评价的基本理念及其三级指标构建原则,在二级指标体系的基础上,依据国务院相关文件内容确定三级指标备选库。

其次,召开小型专家座谈会,对初步构建的法治政府绩效评价三级指标备选库进行研讨和磋商,对指标名称表述达成基本共识,删减和合并一些内容和信息相对重叠的指标,从而减少专家咨询过程的工作量,提高咨询结果的科学性与合理性。

再次，根据所构建的法治政府绩效评价三级指标备选库设计出调查问卷，对相关政府官员、专家学者等进行咨询调查。根据被调查人员的工作经验、学识素养和个人判断，获得各项指标重要度的系数与排序。

最后，根据指标重要性的程度和三级指标遴选原则，将重要度较低的选项酌情删除或调整，保证保留关键的、有效的指标，并结合法治政府绩效评价指标体系的价值导向和考评重点，遴选出最终的法治政府绩效评价三级指标。

二、三级指标遴选原则

由于法治政府建设的产出很难度量，在缺乏定量的科学数据和测评标准支撑的前提下，法治政府绩效评价的三级指标备选指标库构建应遵循以下两个原则。

一是典型性原则。从指标结构而言，法治政府绩效评价是关键性评价，因此遴选出的三级指标必须具有一定代表性，既能够反映较多的有关法治政府的信息，又能够在一定程度上反映其他落选指标的信息。从价值理念而言，三级指标还应充分贯彻"依法治国"的理念，突出强调地方政府"依法行政"和"服务型政府"的价值导向。从评价维度而言，三级指标能够反映当前我国的法治政府建设阶段性目标，诸如科学决策、公正执法、廉政建设、有效救济等，将鲜明的时代特征与可持续发展的依法治国战略规划相互统一。

二是独立性原则。从指标敏感性而言，遴选出来的三级指标应对不同的评价对象变化或各评价对象之间的差异敏感，且区别能力强，可以明显地区分出评价对象之间的差异。从指标特异性而言，所遴选的三级指标反映内容不能被指标体系中的其他指标替代，可以独立反映法治政府的某方面内容或信息。从指标简明性而言，由于作为评价对象的法治政府具有复杂性，因此需要系统全面的指标体系，但正因为其复杂性，也更需要指标体系简明。只有简明的指标体系，才可以方便分析应用，也可以在某种程度上更加有利于提高评价的准确度。

此外，在三级指标的具体遴选还应遵循以下原则：一是体现关键指标评价理念，克服现有体制内考评指标体系庞杂的缺陷，以方便操作、降低工作成本；二是每项二级指标至少对应一项（一般2—3项，包括主观客观）三级指标，以确保二级指标内涵的全面性和有效性，使评价目标得以全面落地执行；三是指标应有稳定可靠数据来源，以保证评价的可行性及结果的可信度；四是主客观指标互补与互证。[①]

三、三级指标备选库构建

如前所述，本项研究构建法治政府绩效评价三级指标备选库的基本出发点既要反映国务院相关文件对于法治政府建设目标和任务，又要避免出现同类评价指标体系过于繁杂弊端，故在三级指标备选库遴选构建过程中主要遵循了关键绩效指标法。运用关键绩

---

① 郑方辉，邱佛梅. 法治政府绩效评价：目标定位与指标体系[J]. 政治学研究，2016.02：1—14.

效指标法构建法治政府绩效评价三级指标备选库,要通过多种方法获取备选绩效指标的相关信息,进而依据一定的原则选择关键绩效指标。笔者在借鉴国际及国内相关指标体系设计实践的基础上,通过文献调查法、理论分析法和访谈法相结合的方法,对法治政府绩效评价三级指标进行备选绩效指标的收集和设计。

具体而言,法治政府绩效评价三级指标遴选库的构建,从法治政府绩效评价理念和目的为出发点,在参阅大量相关理论和文献的基础上,借鉴英、美等西方国家、香港地区以及广东、湖北、浙江、江苏等国内多个省市关于法治政府绩效评价指标体系,充分吸收国内外的最新理念和做法,提出供专家咨询调查的三级指标备选。从技术上看,保留尽可能多的绩效信息为后期指标遴选决策提供更广阔的视野,因为咨询结果只是设计指标及权重的重要因素,并非全部因素。最终所构建出含有60项三级指标的备选库,其中客观指标20项,主观指标40项(其中又分为专家评议指标20项和公众满意度评价指标20项)。具体如下:

表5-2 法治政府绩效评价备选三级指标列表

客观评价	主观评价	
客观指标	专家评议	公众满意度
1.法规听证公示清理完成量	1.法律法规体系完整性	1.立法立规公众参与满意度
2.组织机构设置完备	2.法律法规内容科学性	2.法规政策公平性满意度
3.法规合法合规性审查率	3.立法立规程序合法性	3.公务员守法意识满意度
4.法规定期评估清理率(量)	4.公开征求民意制度完备性	4.公众收入满意度
5.人均GDP发展速度	5.法规制定程序制度完备性	5.市场监管满意度
6.生产安全事故死亡人数	6.法规评价反馈制度完备性	6.食品药品安全监管满意度
7."三废"排放及治理率	7.公务员法治意识	7.生产安全监督满意度
8.治安刑事案件发生率	8.法治政府建设措施有效性	8.环境保护满意度
9.重大民生决策咨询听证率	9.依法行政考评机制完备性	9.社会治安满意度
10.违法违规追究问责率	10.重大决策科学合理性	10.政府决策科学性满意度
11.贪污渎职犯罪发生率	11.专家论证评审制度有效性	11.政府决策民主性满意度
12.政府网站绩效指数	12.行政审批规范性	12.政府部门服务态度满意度
13.信息公开完备率	13.行政执法合规性	13.法定期限办事满意度
14.行政业务办理及时率	14.法律法规实施全面性	14.执法公正性满意度
15.违规执法投诉率	15.信息公开力度	15.政务公开满意度
16.行政诉讼胜诉率	16.行政监督有效性	16.行政权力监督满意度
17.政府主动应诉率	17.行政救济有效性	17.政府诚信满意度
18.重大群体性事件发生量	18.行政手续合理便捷性	18.政府廉洁满意度
19.一般公共服务支出占财政支出比	19.社会维稳成本	19.政府服务效率满意度
20.行政执法信息化水平	20.法治政府建设成效	20.政府依法行政满意度

四、三级指标专家咨询调查结果

法治政府绩效评价三级指标客观评价中,共有 20 项备选客观指标。调查结果表明①,(以 5 分制设定分值范围)其中得分最高的是法规听证公示清理完成量(4.9 分)和政府网站绩效指数(4.9 分),其次是行政胜诉率性(4.1 分),得分最低的是重大群体性事件发生量(1.1 分)。

表 5 - 3 三级指标客观指标专家咨询评分(5 分制)

指标	得分	指标	得分
1.法规听证公示清理完成量	4.9	11.贪污渎职犯罪发生率	1.3
2.组织机构设置完备	4.7	12.政府网站绩效指数	4.9
3.法规合法合规性审查率	1.2	13.信息公开完备率	3.1
4.法规定期评估清理率(量)	1.9	14.行政业务办理及时率	1.2
5.人均 GDP 发展速度	2.8	15.违规执法投诉率	1.3
6.生产安全事故死亡人数	1.9	16.行政诉讼胜诉率	4.1
7."三废"排放及治理率	2.0	17.政府主动应诉率	1.2
8.治安刑事案件发生率	1.9	18.重大群体性事件发生量	1.1
9.重大民生决策咨询听证率	2.8	19.一般公共服务支出占财政支出比	3.6
10.违法违规追究问责率	2.3	20.行政执法信息化水平	1.2

法治政府绩效评价三级指标主观评价中,共有 20 项备选专家评议指标。调查结果表明,(以 5 分制设定分值范围)20 项三级指标平均得 4.26 分。其中得分最高的是法律法规内容科学性(4.1 分),其次是法治政府建设成效(4.0 分),得分最低的是法规评价反馈制度完备性(1.2 分)和依法行政考评机制完备性(1.2 分),再次是行政手续合理便捷性(1.3 分)。

表 5 - 4 三级指标专家评议指标专家咨询得分及筛选结果(5 分制)

指标	得分	指标	得分
1.法律法规体系完整性	3.6	11.专家论证评审制度有效性	1.8
2.法律法规内容科学性	4.1	12.行政审批规范性	2.0
3.立法立规程序合法性	2.1	13.行政执法合规性	1.8
4.公开征求民意制度完备性	1.9	14.法律法规实施全面性	2.5
5.法规制定程序制度完备性	1.3	15.信息公开力度	3.0
6.法规评价反馈制度完备性	1.2	16.行政监督有效性	2.0
7.公务员法治意识	2.6	17.行政救济有效性	2.0
8.法治政府建设措施有效性	1.9	18.行政手续合理便捷性	1.3
9.依法行政考评机制完备性	1.2	19.社会维稳成本	3.0
10.重大决策科学合理性	3.7	20.法治政府建设成效	4.0

① 专家咨询调查问卷的样本结构已在第四章介绍,此处不再赘述.

　　法治政府绩效评价三级指标主观评价中,共有 20 项备选公众满意度指标。调查结果表明(以 5 分制设定分值范围),其中得分最高的是政府依法行政满意度(4.9 分),其次为执法公正性满意度(2.8 分),得分最低的是法定期限办事满意度(1.3 分)和生产安全监督满意度(1.3 分),其次是食品药品安全监管满意度(1.8 分)。

表 5－5　三级指标公众满意度指标专家咨询得分及筛选结果(5 分制)

指标	得分	指标	得分
1.立法立规公众参与满意度	2.1	11.政府决策民主性满意度	2.1
2.法规政策公平性满意度	2.0	12.政府部门服务态度满意度	2.2
3.公务员守法意识满意度	2.7	13.法定期限办事满意度	1.3
4.公众收入满意度	2.0	14.执法公正性满意度	2.8
5.市场监管满意度	2.1	15.政务公开满意度	2.7
6.食品药品安全监管满意度	1.8	16.行政权力监督满意度	2.0
7.生产安全监督满意度	1.3	17.政府诚信满意度	2.1
8.环境保护满意度	2.7	18.政府廉洁满意度	2.3
9.社会治安满意度	2.6	19.政府服务效率满意度	2.3
10.政府决策科学性满意度	2.1	20.政府依法行政满意度	4.9

五、三级指标遴选结果

　　在专家咨询调查结果的基础上,基于三级指标相对重要性评分,结合前文所述三级指标遴选原则,考虑到指标层次间的逻辑性、指标关联度、数据来源及宜少不宜多等可操作原则,笔者对法治政府绩效评价三级指标进行取舍,具体如下:

　　删除了专家相对重要性评分较低的部分指标,如贪污渎职犯罪发生率、违规执法投诉率、政府主动应诉率、重大群体性事件发生量、公开征求民意制度完备性、法规制定程序制度完备性、法规评价反馈制度完备性、法治政府建设措施有效性、依法行政考评机制完备性、政府部门服务态度满意度、法定期限办事满意度等 11 项指标。

　　删除了部分不具有代表性或数据来源不具有可操作性的指标,如法规合法合规性审查率、行政业务办理及时率、行政执法信息化水平、行政执法合规性、行政手续合理便捷性等 5 项指标。

　　合并了部分主客观指标内涵重叠指标,实现指标体系的简洁,如将“法规定期评估清理率(量)”、“立法立规程序合法性”并入“法规听证公示清理完成量”,将“信息公开完备率”并入“政府网站绩效指数”、将“食品药品安全监管满意度”、“生产安全监督满意度”并入“市场监管满意度”。

　　最终将 20 项备选的客观指标遴选为 11 项,20 项备选的专家评议指标遴选为 11 项

（包括法治政府建设成效一项综合性指标），20 项备选的公众满意度指标遴选为 16 项（包括政府依法行政满意度一项综合性指标），如下表所示。

表 5-6　法治政府绩效评价指标体系三级指标遴选结果

一级指标	二级指标	三级指标		
		客观指标	主观评价	
			专家评议	公众满意度
法制建设	1. 法律法规体系		1. 法律法规体系完整性	
	2. 立法立规程序	1. 法规听证公示清理完成量		1. 立法立规公众参与满意度
	3. 法律法规内容		2. 法律法规内容科学性	2. 法规政策公平性满意度
过程推进	4. 法治建设组织保障	2. 组织机构设置完备		
	5. 公务员法治素养		3. 公务员法治意识	3. 公务员守法意识满意度
目标实现	6. 政府职能履行	3. 人均 GDP 发展速度	4. 行政审批规范性	4. 公众收入满意度
		4. 生产安全事故死亡人数		5. 市场监管满意度
		5. "三废"排放及治理率		6. 环境保护满意度
		6. 治安刑事案件发生率		7. 社会治安满意度
	7. 重大行政决策	7. 重大民生决策咨询听证率	5. 重大决策科学合理性	8. 政府决策科学性满意度
				9. 政府决策民主性满意度
	8. 宪法法律实施	8. 违法违规追究责任率	6. 法律法规实施全面性	10. 执法公正性满意度
	9. 行政权力运行	9. 政府网站绩效指数	7. 信息公开力度	11. 政务公开满意度
			8. 行政监督有效性	12. 行政权力监督满意度
	10. 人民权益保障	10. 行政诉讼胜诉率	9. 行政救济有效性	13. 政府诚信满意度
				14. 政府廉洁满意度
法治成本	11. 直接财政成本	11. 一般公共服务支出占财政支出比		
	12. 间接社会成本		10. 社会维稳成本	15. 政府服务效率满意度
结果满意	13. 专家整体评议		11. 法治政府建设成效	
	14. 公众整体满意度			16. 政府依法行政满意度

第六章　指标权重分配与评分标准

　　一般而言,权重体现了指标在指标体系中的地位,权重越大说明指标考评内容的评价价值越大。评分标准是人们在评价活动中应用于评价客体的价值尺度和评价指引。权重分配和评分标准体现法治政府绩效评价理念和价值导向,两者的科学性和合理性直接影响整个指标体系的客观性、真实性、公正性和可靠性。

第一节　权重分配研究说明

一、权重分配基本方法概述

　　权重值是以某种数量的形式对比、权衡被评价事物在总体中相对重要程度的量值。权重值能否客观反映现实情况,是评价结论可靠性的基石。根据计算权重值的数据来源不同,赋权形式可归为两类:一类是主观赋权法,其原始数据主要由专家根据经验判断所得;另一类为客观赋权法,其原始数据由各指标在评价中实际数据形成。前者优点是专家可根据实际问题,合理快捷地确定各指标权系数间的排序,虽然说也具有客观基础,但随意性较大;后者无须征求专家意见,切断了权重分配主观性来源,使系数具有绝对的客观性,但所确定的权系数有时与指标的实际重要程度相悖。

　　指标权重作为指标体系构建的重要内容,应遵循系统性、典型性、独立性、可比性、可操作性等原则。从某种意义上说,权重分配过程本身是一种决策分析,学者们对此做了大量的研究,提出了许多有效的权重分配方法,如层次分析法、多元统计分析法、结构方程模型求解法、专家咨询法等。但这些方法都有一定的适用范围和局限性:层次分析法和专家咨询法带有主观经验性;多元统计分析法(主成分分析)只能科学地求得综合指标(主成分)的权值,而不能给出单个指标的权重,决策者仍然不能得到影响系统的关键性因素;以结构方程模型求解指标权重,因条件苛刻也受到限制。实践中,权重的确定受评价者主观偏好影响较大,如何提高赋权的客观性,降低人为主观因素的影响,科学准确地确定指标的权重,是综合评价中的难点问题,也是法治政府绩效评价权重分配关键所在。

　　求解各指标的权重系数,应首先判断评价体系中各指标间是否存在相互的影响,有的评价指标之间无关联或者低关联,有的评价指标之间关系密切,在运用评价方法时应有所区别。例如,法治政府绩效评价属于综合性评价,指标之间关联度较低,即每层指标体系或每个子系统都从特定的角度去审视和评价政府法治建设成效,体现法治政府绩效评价的价值导向,三级指标之间互斥性较强、影响较小,指标采用层次分析法实现评价定性分析与定量计算的有效结合就更为合理;如果评价体系指标之间关联度较高,如公务员法治素养评价,则可以应用结构方程模型这种客观赋权的方法,求解相关指标的权值,最大限度地避免人为主观因素的干扰,并揭示出各指标间的客观权重关系。

二、指标体系权重分配说明

层次分析法在政府绩效评价指标体系设计中应用较为广泛。一般层次分析法是将与决策有关的元素逐步分解成目标、准则、方案等层次,借此进行定性和定量分析,包括按"两两比较"的原则确定层次中诸因素间的相对重要性,再转为对这些元素排序,以确立各元素的权重。"两两比较"的基础数据来源于专家座谈会或专家问卷调查。具体过程包括:一是基于评价目标与理念,设计一级指标;二是考虑指标独立性与相互隶属关系等因素,遵循一定原则对一级指标进行分解,形成二级、三级指标体系结构;三是经过专家论证(咨询调查),计算各项指标权重。根据前述层次分析法特例思路,笔者将每个层级各指标相对重要程度的总均值作为其权重设定的参考值,即按照各层指标相对重要程度的总均值来分配权重。公式为:

$$
T_j = \frac{M_i}{\sum\limits_{i=1}^{N} M_i} \times Y_{j-1} \qquad \Bigg| \quad T_i = \frac{M_i}{\sum M_i} \times 100\%
$$

其中 M_i 为 i 个同一级指标中同属上级指标的相对重要程度总均值,T_j 为第 j 级指标对应的权重系数,Y_{j-1} 为 T_j 对应的上一级指标对应的权重系数,N 为同一层级指标序号最大值(注:①同级全部指标的权重之和为100%;②权重的分配从高往低依次递分,即目标层往三级指标逐步分配)。

如计算法治政府绩效评价指标体系的"主观评价"权重系数:首先确定与"主观评价"同属一个上级指标的本级指标有"客观评价",其相对重要程度总均值依次为:63.5 和 36.5,而它们上一级指标的权重系数为100%,所以有:

$$
T = \frac{63.5}{63.5 + 36.5} \times 100\% = 63.5\%
$$

同理,计算其他各级各层的指标权重系数。

第二节　权重分配结果

如前所述,指标体系权重分配主要依据专家咨询调查对一、二、三级指标层次的相对重要性评分,即采用李克特5级量表(5分制),由受访者针对各级指标重要性进行评分。

随后自上而下计算出指标权重,先直接计算一级指标权重,每项下级指标权重由其对应的上级指标权重和它在本级同属指标中的重要性加权均值计算,并尽可能取整数。本项研究各级指标体系的具体权重分配结果如下:

一、主客观指标权重分配结果

依据专家咨询问卷调查结果,主客观指标得分率分别为63.5%和36.5%。进一步比照部分省市体制内部依法考评体系中主观评价的权重,以及公众知情程度的有限性、专家评议的重要性、客观数源不易获取性等现实因素,最终确定客观评价与主观评价权重分别为40%和60%,详见下表。

表 6 - 1　主观评价与客观评价权重占比

评价类型	专家平均分	权重(%)
主观评价	63.5	60
客观评价	36.5	40

在主观评价中,根据之前的专家咨询结果,公众评价和专家评价的重要性平均得分分别为:56.9%和43.1%。综合考虑专家评议和公众满意度评价的利弊差异,最终确定专家评议占比30%,公众满意度占比30%,详见下表。

表 6 - 2　主观评价专家与公众权重占比

评价类型	专家平均分	权重(%)
专家评议	43.1	30
公众满意度	56.9	30

二、一二级指标权重分配结果

按照专家咨询调查结果,5项一级指标制度建设、过程推进、目标实现、法治成本、结果满意得分率依次为21.9%、13.2%、85.6%、13.3%、11.8%。按照权重分配说明,由于5项指标的总权重值为100分,5项一级指标权重在综合考量相关其他因素和取整后,具体权重分配如下表所示。

表 6 - 3　一级指标权重分配结果

一级指标	专家平均分	权重
法制建设	21.9	15.0
过程推进	13.2	9.0
目标实现	85.6	59.0
法治成本	13.3	9.0
社会满意	11.8	8.0

同样，二级指标权重分配是依据专家咨询结果所得到相对重要性赋值，但是，由于每项一级指标的权重及其所含的二级指标个数不同，因此权重并非按照二级指标之间绝对重要性分配，而是按照其中一级指标当中的相对重要性分配，具体计算结果依然是按照权重分配说明得到，随后综合其他因素和取整确定最终权重值，详见下表。此外，社会满意权重仅体现专家整体评议和公众整体满意两项指标，其他主观评价指标（专家评议和公众满意度）分项的权重，已分别纳入所对应的二级指标和一级指标权重。

表6-4　二级指标权重分配结果

一级指标		二级指标		
指标名称	权重（%）	指标名称	专家平均分	权重（%）
法制建设	15.0	1. 法律法规体系	34.3	3.0
		2. 立法立规程序	80.2	7.0
		3. 法律法规内容	57.8	5.0
过程推进	9.0	4. 法治建设组织保障	76.6	5.0
		5. 公务员法治素养	61.4	4.0
目标实现	59.0	6. 政府职能履行	90.3	18.0
		7. 重大行政决策	45.6	9.0
		8. 宪法法律实施	40.8	8.0
		9. 行政权力运行	70.5	14.0
		10. 人民权益保障	50.2	10.0
法治成本	9.0	11. 直接财政成本	62.5	4.0
		12. 间接社会成本	77.8	5.0
社会满意	8.0	13. 专家整体评议	72.6	4.0
		14. 公众整体满意度	72.6	4.0

三、三级指标权重分配结果

法治政府绩效评价指标体系三级指标权重分配亦在一二级指标体系框架和权重确定基础上，参考专家对三级指标的相对重要性评分。[1]　三级指标权重计算按照自上而下原则，按照对应的上级指标权重和它在本级同属指标中的重要性加权均值计算，并尽可能取整数。具体而言，三级指标的权重赋值过程主要依据专家咨询调查结果，统计相对重要性获得相应权重赋值初步结果，最终结合指标数量、数据采集信度和取整等确定最终权重分配结果，详见以下列表。

---

① 专家咨询调查问卷中有关问题（备选三级指标）采用李克特5级量表（5分制），由受访者进行评分.

表 6-5　客观指标权重分配结果（5 分制）

一级指标	三级指标	专家平均分	权重
法制建设	1. 法规听证公示清理完成量	4.9	5.5
过程推进	2. 组织机构设置完备	4.7	5.0
目标实现	3. 人均 GDP 发展速度	2.8	3.0
	4. 生产安全事故死亡人数	1.9	2.0
	5. "三废"排放及治理率	2.0	2.0
	6. 治安刑事案件发生率	1.9	2.0
	7. 重大民生决策咨询听证率	2.8	3.0
	8. 违法违规追究问责率	3.2	3.5
	9. 政府网站绩效指数	4.9	5.5
	10. 行政诉讼胜诉率	4.1	4.5
法治成本	11. 一般公共服务支出占财政支出比	3.6	4.0

表 6-6　专家评议指标权重分配结果（5 分制）

一级指标	三级指标	专家平均分	权重
法制建设	1. 法律法规体系完整性	3.6	3.0
	2. 法律法规内容科学性	4.1	3.5
过程推进	3. 公务员法治意识	2.6	2.0
	4. 行政审批规范性	2.5	2.0
目标实现	5. 重大决策科学合理性	3.7	3.0
	6. 法律法规实施全面性	3.1	2.5
	7. 信息公开力度	3.6	3.0
	8. 行政监督有效性	2.3	2.0
	9. 行政救济有效性	2.4	2.0
法治成本	10. 社会维稳成本	3.7	3.0
结果满意	11. 法治政府建设成效	4.9	4.0

表 6-7　公众满意度指标权重分配结果（5 分制）

一级指标	三级指标	专家平均分	权重
法制建设	1. 立法立规公众参与满意度	2.1	1.5
	2. 法规政策公平性满意度	2.0	1.5
过程推进	3. 公务员守法意识满意度	2.7	2.0
目标实现	4. 公众收入满意度	2.0	1.5
	5. 市场监管满意度	2.1	1.5
	6. 环境保护满意度	2.7	2.0
	7. 社会治安满意度	2.6	2.0
	8. 政府决策科学性满意度	2.1	1.5

续表

目标实现	9.政府决策民主性满意度	2.2	1.5
	10.执法公正性满意度	2.8	2.0
	11.政务公开满意度	2.7	2.0
	12.行政权力监督满意度	2.0	1.5
	13.政府诚信满意度	2.1	1.5
	14.政府廉洁满意度	2.3	2.0
法治成本	15.政府服务效率满意度	2.3	2.0
结果满意	16.政府依法行政满意度	4.9	4.0

第三节　指标评分标准与评价周期

评分标准对评价对象的绩效得分具有直接影响,是评价主体主观愿望规范化反映,也是绩效评价原则与思想的量化体现,因此法治政府绩效评分标准应体现法治政府价值追求和政府绩效评价理念。

一、指标评分标准编制意义

作为保证评价结果有效可信的控制手段,评价标准对具体指标得分,各领域层指数的构成和不同区域、不同发展阶段的评价对象之间的公平性均有影响。法治政府绩效评价体系中的部分评价目标及评价标准难以操作化,只能定性描述,导致部分三级指标在一定程度上难以量化测量。许多情况下,法治政府绩效评价三级指标边界比较难以界定,具有不确定性,只能采用程度不同的模糊性等级评价标准。来自不同领域的评价主体具有不同的评价视角,有特定的主观感受,[①]为了能够相对规范化和标准化地开展法治政府绩效评价,往往需要使用统一的评分标准。此外,法治政府绩效评价研究在国内属于探索期,相关评分标准的研究还不够深入,缺乏一个科学、系统且全面的法治政府绩效评价评分标准,这些都是评分标准编制意义所在。

从实践来看,当前我国各地法治政府建设的进程相对缓慢,各区域情况复杂,法治建设进度不一,因此设立法治政府绩效评价指标体系评分标准是促进法治政府建设的必然要求。具体表现为:其一,可规范、促进政府和公务员的行为。通过评价标准的横向对比,得出各项指标得分,从而使政府及其工作人员"知不足","补短板",进而激励其提高法治理念、规范廉洁行政,为法治政府建设保驾护航。其二,多元价值评分标准促使政府"全面完善"。纵向增量对比,防止法治退步;横向区域对比,作为测度分析,为地方法治建设提供动力。

---

① 申喜连.政府绩效评价创新研究——基于对企业绩效评价的比较和借鉴[D].中央民族大学,2012.

二、指标评分标准编制思路与方法

　　法治政府绩效评分标准编制的基本理念应为"针对增量，兼顾存量"，即指标评分标准应充分体现在评价周期内（如一年），政府主动作为所导致的法治政府建设改善情况，而不应将非政府作为（作用）而出现的变化也视为法治政府建设绩效。编制思路为 11 项客观指标评分标准，应在体现法治政府绩效评价理念，又兼顾存量和关注增量变化的前提下，依据指标属性采用线性评分、比较得分、分段评分等方式。专家评议和公众满意度两项主观评价指标的评分标准可由 10 级李克特量表问卷直接生成，但由于专家评议指标内涵较为复杂，故本项研究也可设定相应的评分标准，以便根据评价需要供专家评议时参考。

　　一般而言，为保证政府绩效评价结果有效可信，单个具体指标的评分标准编制方法主要采用指数法、指数增量法以及兼顾增量和存量的评分方法，下面分类进行介绍：

　　一是指数法，指用某具体指标的实际值与该指标的标准值进行比较，取其比值作为该项指标的绩效指数。这种方法反映了某些指标期末实际值和标准值的比较，计算了存量绩效，但没有考虑该指标在期末的时候相对于期初时的增量，因此不能反映评价期该指标的绩效，忽视了指标增量的影响，并且缺乏纵向比较。

　　二是指数增量法，指用某一具体指标在评价期间内的期末值与期初值进行比较，取其比值作为该项指标的绩效指数。这种方法反映了某些指标期末值与期初值的比较，计算了增量的绩效，但却忽略存量的绩效，同样有可能使评价结果失真。

　　三是兼顾增量和存量的方法。为了弥补上面两种方法的缺陷，在对指标属性进行区分的前提下，考虑到增量和存量存在内在联系，可采用"立足增量，兼顾存量"的评分方法。显然，这种方法统筹考虑了存量和增量对政府绩效的影响，较上述两种方法更为全面和科学，并具有强化针对性、较好的操作性、客观性、可比性和区分度等优点。但因不能很好区分增量和存量对政府绩效的影响权重，还需再进行专家咨询，具有一定的主观性。①

　　实际上，尽管法治政府绩效评价指标多样，但从评分标准设计的角度，大致可分为几种情况：针对"增量值"的评分标准、体现相对比较结果的评分标准、主观满意度主观评分标准以及"立足增量、兼顾存量"的评分标标准等。具体如下：

　　一是针对"增量值"指标。被评价政府部门指标"增量值"与其他被评对象对应指标"增量值"进行比较，确定"增量值"的相对位置，以此作为标准得到具体指标的得分。增量值指标又分为正向指标和负向指标。正向指标考察内容与政府绩效存在简单正相关的指标为正向指标，即指标"增量值"越大，绩效越高。负向指标考察内容与政府绩效存在简单负相关的指标为逆向指标，即指标"增量值"越大，绩效越低。

　　二是体现相对比较结果。直接采用指标"存量值"与预先设定的目标值进行比较，或者将同时评价的其他对象平均值作为基准，这种方法实质上就是比较的方法，属于一种

---

　　①　邱天朝. 试论人口—资源—环境与经济的协调发展[J]. 中国人口. 资源与环境，1993，04：19－23.35.

标杆管理的方法。作为评分标准设计的思路，可以先确定某个标准值，然后确定不同评价对象的相对值，①超过目标值的即为满分超过部分一般不加分，但"存量值"低于目标值的进行阶梯式扣分，如"人均GDP"增长以公平和可持续发展为基本理念，故评分标准可设定为人均GDP增长高于同区域水平即为满分，对超过部分不加分，反之每低百分之一扣1分，扣完为止。

三是针对满意度指标。法治政府作为服务型政府，应当强调公众满意，强调人口、资源、经济的协调发展。② 因此，公众满意度指标一般通过公众抽样调查的方式取得数量值。调查内容设计由公众最关心、最直接、最现实的与法治政府绩效直接或间接相关的问题。问卷可采用10级量表，由被访者根据满意程度打分，无须再设计具体评分标准。

为方便实际操作，评分标准大多采取扣分法，各项指标评分全部通过比对预设评分标准，如无特别说明均在该指标总得分中扣除，直至扣完为止。

三、具体指标释义

为了保证评价达到指标预设的评价目的，评分标准还需要根据具体指标释义来设定。如前所述，逻辑上法治政府绩效评价具体指标释义，即三级指标的基本内涵和评价目的也可在三级指标遴选结果之后做出说明，但鉴于设定或使用评分标准时均需要参考具体指标释义才更加科学合理，同时可作为指标体系技术规范性组成部分，本书将具体指标释义安排于此。

（一）客观指标释义

（1）法规听证会公示清理完成量。法规听证会公示清理是指被评估对象是否按规定在法规制定时进行听证公示，并定期开展法规清理工作该指标主要从完成度方面考量。特别是法规清理完成量是法治政府建设成效的一项重要考核指标，实行行政法规、规章、规范性文件目录和文本动态化、信息化管理，根据规范性文件对立改废情况及时做出调整并向社会公布，是法治政府建设的必然要求。

（2）组织机构设置完备。组织机构是指把人力、物力和智力等按一定的形式和结构，为实现法治建设的目标、任务或利益有秩序有成效地组合起来而开展活动的单位。法治政府建设组织结构设置比较合理和完备，才能从组织角度使效率提高和更有保障，起到事半功倍的效果，从而更好推进政府法治进程的发展。

（3）人均GDP发展速度。人均GDP发展速度就是国内生产总值的人均增长率，被公认为衡量国家经济发展状况的最佳指标。GDP是政府考核的一个重要指标，但随着经济的发展，不单纯考核GDP总量，而且要考核GDP质量。如前所述，市场经济本质上就是

---

① 卓越. 政府绩效评估指标设计的类型和方法[J]. 中国行政管理,2007,02:25-28.
② 秦晓蕾. 地方政府绩效考评指标量化设计创新——基于江苏省13个地方政府考评指标体系的实证研究[J]. 行政论坛,2011,06:48-52.

法治经济,故人均 GDP 发展速度成为考核法治政府建设综合性指标中的一项重要内容。

（4）生产安全事故死亡人数。生产安全事故死亡人数是指在一次生产安全事故中所造成的人员死亡的数量。保障安全生产是法治政府的重要职责,政府只有通过严格执行安全生产法律法规,强化监督检查和执法力度,依法严惩非法违法生产经营行为,有效打击各类安全生产领域的失职渎职、权钱交易等腐败现象,建立起规范完善的安全生产法治秩序,才能够降低安全生产事故死亡率。因而生产事故死亡率也是集中反映政府以人为本理念,严格执法的综合性指标。

（5）"三废"排放及治理率。"三废"排放及治理率指在工业生产中,采取环保治理措施的治理量占所产生的废气、废水、废渣的排放总量的比例。"三废"排放及治理情况相关指标包括工业废气排放量（万吨）、工业废水排放量（亿立方米）、工业固体废物排放量（万吨）、工业废水排放达标率、工业烟尘去粉尘达标率和"三废"综合利用等。环境保护关系广大民众福祉,西方发达国家实践证明,环境问题的解决有赖于两个基本工具手段——科学技术和法律政策。环境法的实施过程,实质上就是以国家强制力为后盾,通过行政执法、司法、守法等多个环节来调整,其中政府充分履行监管职责和严格执法又是最重要环节。"三废"排放及治理情况能反映政府在可持续发展的理念下依法行政和守法尽责的程度。

（6）治安刑事案件发生率。治安刑事案件发生率是指具体某一段时间内某地区的治安刑事案件占总案件的比例。治安刑事案件的发生是评价社会稳定的最重要方面,因为无论地方政府通过何种方式来维护社会稳定,如果尖锐的社会矛盾客观存在,必然要以某种方式表现出来。治安管理是法治政府建设的重要内容,政府只有通过严格执行与治安管理相关的法规,强化执法力度,依法严惩违法分子,加强治安管理队伍建设,才能更好地降低治安刑事案件的发生率。因而治安刑事案件的发生率是集中反映政府法治建设成效的重要考核指标。

（7）重大民生决策咨询听证率。重大民生决策咨询听证率是指政府在具体某一段时间内作出重大民生决策时举行咨询听证会的次数占总的重大民生决策数的比例。重大民生决策咨询听证会是指为推进政府决策的民主化、科学化,提高决策质量,提升政府对重大事项的决策力和执行力的一项制度。重大民生决策的民主化、科学化是法治政府的一个重要表现。重大民生决策关系到广大人民群众,政府采取咨询听证的决策方式是政府敢于接受公众监督的一个重要表现,是法治政府要求下的重大进步。

（8）违法违规追究问责率。违法违规追究问责率是相对于《全面推进依法行政实施纲要》提出的"推行行政执法责任制","建立执法过错或者错案责任追究制"而言的,是指发生行政执法过错时对行政执法过错行为问责的次数占总的行政执法过错次数的比例。违法违规追究问责制是有法必依、违法必究的重要表现。有法必依、违法必究是法治政府的必然要求。通过严格执行相关法律,惩处违法违规行为,追究相关行为人的责任,有利于整顿不良之风。违法违规追究问责率的高低反映出政府职能履行的好坏。因此,违法违规追究问责率也是法治政府建设的重要内容。

（9）政府网站绩效指数。政府网站绩效指数是指专职调查小组按照一定的政府网站绩效评估指标体系对我国政府网站建设和运行维护情况进行一年一度的调查研究而获得的使用方（企业和社会公众）对政府网站的认知度和满意度。信息时代，电子政府建设，网上政府公开是法治政府建设的重要内容。政府网站是公众监督其行政权力运用的一个重要平台。政府在其官网上及时更新其工作内容，与公众互动，让社会公众了解其行政事务、财政收入支出等情况，有利于公众了解其职能的履行情况，塑造政府的公信力和权威。反之，网站长期处于无人管理状态，则会让公众产生不满。所以政府网站绩效评估是法治政府建设的重要内容。

（10）行政诉讼胜诉率。行政诉讼胜诉率是基于行政诉讼制度而言的，即政府在行政诉讼案件中胜诉比率，即行政胜诉率 = 政府胜诉数/一个时段全部诉讼案件的数 ×100%。行政诉讼制度是法治政府建设的一个重要部分。行政诉讼制度是人民群众维护和保障自身利益的重要途径，人民群众可以向法院提起诉讼，从而维护自己的利益。通常行政相对人都是基于自身利益受到侵犯或受到不公正对待的判断而提起行政诉讼，故法院行政案件量一方面是政府依法行政的合理性、正当性和程序性的重要参考，另一方面"民告官"的行政诉讼案件是法治政府建设中外部监督制约力量的体现，诉讼结果则是直接体现政府是否合理作为的重要指针。

（11）一般公共服务支出占财政支出比。一般公共服务支出占财政支出比 = 一般公共服务的支出金额/财政总支出金额 ×100%。公共服务支出指主要用于保障机关事业单位正常运转，支持各机关单位履行职能，保障各机关部门的项目支出需要。公共财政本质上是公众监督的法治化财政，一般公共服务支出占财政支出比相对较高，则说明政府未能合理安排财政预算收支数额，并且财政预算收支完整性、分类的规范性和详细程度、信息公开程度不符合法治化要求，客观上反映出政府法治建设成本不合理的综合性指标。

（二）专家评议指标释义

（1）法律法规体系完整性。法律法规体系完整性是指法律法规的完善性和齐全性。完整的法律体系有助于法治政府更好地运行。法律法规体系的完整性需要做到严格落实立法规定，坚持立改废释并举，完善行政法规的系统性、针对性、有效性。重要行政管理法律法规要防止部门利益和地方保护主义法律化。法律法规体系完整性是法治政府建设是重要前提。

（2）法律法规内容科学性。法律法规内容科学性是指要符合客观事实的标准，富有科学依据。法律法规内容的确定要从实际出发，在制定法律的过程中立法者要理性分析，有利于立法后法律的实施。科学的法律法规对于建设法治政府起到极大的作用。定期开展法规规章立法后评估，对不适应改革和经济社会发展要求的法律法规规章，要及时修改和废止，加强行政法规、规章解释工作。

（3）公务员法治素养。公务员法治素养是指公务员对法律法治意识的敏感度，时刻要把法律记在心中，在工作中要依法办事，切不可滥用权力。公务员作为政府内部人员，在法治政府建设过程中是一个非常重要的角色,起到非常关键的作用。公务员法治意识的提高,有利于提高行政效率,更好地推进法治政府建设,更好地依法履行职责和为公众服务,所以公务员法治素养是法治建设需要考虑的一个重要指标。

(4)行政审批规范性。行政审批规范性是指在行政审批的过程中做到依法办事,以相关法律或行政审批规范性文件为依据,实事求是,不弄虚作假。行政审批规范性是有法必依的一个重要表现,是法治政府建设重要的一部分。行政审批规范性有利于社会的有序运行和构建有限政府。提高社会的自我规范性,一定程度上可以提高行政的办事效率和行政公平。因此,行政审批规范性是法治政府职能履行的重要考量因素。

(5)重大决策科学合理性。重大决策科学合理性是指政府决策的民主化、科学化,提高决策质量,提升政府对重大事项的决策力和执行力。政府运用其权力来做出重大决策,对于政府职能履行的影响非常大。法治政府建设必然要求决策更加科学合理,通过专家评议可以较好从整体上判断重大决策质量,避免非理性因素导致的评价偏差。

(6)法律法规实施全面性。法律法规实施全面性是指在法治社会的要求下,社会依据法律有序地运行。因此,法律法规实施要具有全面性,涉及社会的方方面面。法治政府建设必然要求法律法规应得到全面性实施,不能够选择性执法或者不作为。法律法规实施全面性是有法可依的重要保障,是法治政府建设的一个重要目标。

(7)信息公开力度。信息公开力度是指政府信息公开的程度,也是政府信息透明度的程度。法治政府建设必然要求政府更加的公正公开和公平。法治社会下,政府除了要接受法律的监督外,显然也要接受社会公众的外部监督。政府接受社会公众的外部监督同行政信息透明化密切相关,信息公开力度决定了公众监督有效,这是法治政府建设不可或缺的一部分。

(8)行政监督有效性。行政监督有效性是指行政监督应该确实有效,行政监督机构要发挥其实质性的作用。现在我国的行政内部监察存在着缺陷,行政监察权力体制双轨。因此,在法治政府建设的过程中,要保证行政监督确实实地发挥作用,那么就必须先保障行政监督的有效性,有必要把行政监督有效性纳入法治政府建设与评价范围。

(9)行政救济有效性。行政救济是公民、法人或其他组织认为具体行政行为直接侵害其合法权益,请求有权的国家机关依法对行政违法或行政不当行为实施纠正并追究其行政责任。[①] 行政救济是保障人民权益的重要手段,要发挥其实质性的作用。依法严惩行政违法行为,更好地实现行政救济的有效性,人民群众才能有效地运用法律手段去维护自身的合法权益。

(10)社会维稳成本。社会维稳成本总的来说就是国家为维护社会稳定,以法外方式解决、特殊处理一些可能影响到国家稳定的行政成本。[②] 一般认为,维稳成本是国家政府

①　林莉红. 行政救济基本理论问题研究[J]. 中国法学, 1999,01:41-49.
②　笑蜀. 高昂维稳成本为何难降[J]. 领导科学, 2009,17:19-19.

机关为应付国家社会形态特殊现状,而在国家基本制度之外多出来的管理成本。因其不具有常规性,而且其原始性、粗放性、不可复制性,注定其成本之高超乎寻常。社会维稳成本高低客观反映了法治政府成熟度,理论上社会在法治下有序地运行,政府社会维稳成本应该较低。

(11)法治政府建设成效。通过对法治政府建设工作进行整体检视来确定法治政府建设取得了哪些实际成果。如政府是否依法规范约束自身行为,依法行政观念和能力是否明显增强,是否深化行政管理体制改革,政府职能是否进一步转变,是否建立健全行政决策机制,是否科学决策、民主决策、依法决策等。该指标属于一项综合性评价指标。

四、具体指标评分标准

根据上述法治政府绩效评价评分标准编制思路与方法,以及主客观具体指标的释义,本项研究最终设定出三级指标的评分标准。其中,客观指标评分标准如下表所示。

表6-8 客观指标说明与评分标准

一级指标	三级指标	指标说明与评分标准
法制建设	1. 法规听证公示清理完成量	该指标旨在考查被评估对象是否按规定在立法立规制定进行举行听证、是否对所制定法规及时予以公示,是否定期开展法律法规的评估及清理工作。 本项满分4.5分,被评估对象每年度重要法规全部举行听证或专家咨询得1分;及时公布了所制定法规得1分;定期清理法律法规,得1.5分,及时向社会公布具体清理工作完成量得1分。由于各地清理周期及其起算点可能会有所不同,以距离最后一次的清理作为观测点。
过程推进	2. 组织机构设置完备	该指标旨在考查法治政府建设机构设立、岗位设置及人员配备能否为当地法治政府建设提供高效的组织保障和公共服务,完备性主要根据《法治政府建设实施纲要(2015—2020年)》及相关文件要求评价。 本项满分4分,组织机构设置完整合法合理得3分;组织机构人员行政办事效率高、协调能力好得2分,一般得1分;组织机构不合理不健全,或人员协调性差,行政效率低的得0分。
目标实现	3. 人均GDP发展速度	人均GDP是许多重大社会经济决策必须参考的基础性指标,旨在作为社会经济指标发展的指针衡量法治政府职能在社会经济发展方面履职情况。 本项满分3分,人均GDP高于同区域内水平,得3分;低于同区域内水平,得2分;低于国内水平,得1分;负增长,得0分。
	4. 生产安全事故死亡人数	该指标反映安全监管和人权保障的重要评价指标,旨在作为社会各项安全监管工作的指针衡量法治政府职能在市场监管方面履职情况。 本项满分2分。生产安全事故死亡人数低于同区域内水平,得2分;高于同区域内水平,得1分;超出国家平均水平得0分。
	5. "三废"排放治理率	该指标反映政府保护生态环境、推进节能减排的基础性指标,旨在衡量法治政府建设过程中政府在生态环保方面的履职情况。 本项满分为2分。"三废"排放治理率高于同区域水平得2分;同区域水平得1分;未达到国家标准得0分。

续表

一级指标	三级指标	指标说明与评分标准
目标实现	6. 治安刑事案件发生率	该指标反映政府在维护社会治安及打击刑事犯罪方面的重要评价指标,旨在因为衡量法治政府建设过程中政府在维护社会稳定和打击犯罪方面履职情况。 本项满分2分,治安刑事案件发生率低于同区域水平得2分;高于同区域水平,但低于去年平均水平得1分;高于去年水平得0分。
	7. 重大民生决策咨询听证率	该指标旨在考查政府是否依照有关规定实施重大民生决策咨询听证制度,重在反映法治政府所要求的行政决策的科学性和民主性,以及重大行政决策听取意见制度和推行重大行政决策证制度完备性。 本项满分3.5分。重大民生决策咨询听证率高于80%得3.5分;处于60%－80%之间得2分;处于40%－60%之间得1分;低于40%得0分。
	8. 违法违规追究问责率	该指标旨在考查被评政府对执法过错、错误决策和违法违纪等方面责任追究率,体现法治政府建设是否有效落实相应的行政执法责任制和违法违规追究问题制度。 本项满分为4分,违法违规追究问责率高于同区域内水平得4分;低于同区域内水平,得3分;低于国内水平且高于区域内水平,得2分;低于国内水平且低于区域内水平,得1分;低于国内水平且低于区域内水平二分之一,得0分。
	9. 政府网站绩效指数	该项指标旨在衡量评价政府是否贯彻落实《政府信息公开条例》公开的政府信息的规定,切实为公众提供便利的信息查阅机会和条件,切实利用网络为公众提供便捷的网上行政业务办理条件。 本项满分4分,政府网站绩效指数高于同区域内水平,得4分;低于同区域内水平,得3分;低于国内水平,得2分;低于国内水平且高于区域内水平,得1分;低于国内水平且低于区域内水平,得0分。
	10. 行政诉讼胜诉率	该项指标通过考查被测评政府参与行政诉讼胜诉率,反映法治政府建设中行政行为合法合规性和合理性水平。 本项满分为5分,行政诉讼胜诉率高于同区域内水平,得5分;低于同区域内水平,得4分;低于国内水平,得3分;低于国内水平且高于区域内水平,得2分;低于国内水平且低于区域内水平,得0分。
法治成本	11. 一般公共服务支出占财政支出比	该项指标通过考查政府一般公共服务支出占财政支出比例,从而间接反映法治政府建设直接成本,法治政府重要表现就是政府日常行政办公经费能够得到有效控制。 本项满分为4分,一般公共服务支出占财政支出比重低于同区域内水平得4分;高于同区域内水平,得3分;高于国内水平且低于区域内水平,得2分;高于国内水平且高于区域内水平,得0分。

　　理论上,专家评议指标可以完全由专家依据个人判断做出评分,但为了使本套指标体系能够更加规范化和广泛适用,也编制相应评分标准,如下表所示。

表6-9　专家评议指标说明与评分标准

一级指标	三级指标	指标说明与评分标准
法制建设	1. 法律法规体系完整性	该指标重在考量区域内是否构建了同法治政府建设实践相符合且具有全面性，防止在一些重要领域和关键环节出现制度空白的依法行政制度体系；是否依照法律法规制度，细化、量化法律法规执行标准，规范行政裁量范围、种类、幅度。 本项满分3分，比较完整3-2分，一般2-1分，不太完整1-0分。
	2. 法律法规内容科学性	该指标重在考量法律法规内容合理性、适用性和规范法规，法规内容是否符合客观事实的标准，具有合理依据，是否从本地实际出发，具有可操作性，是否符合上位法规定，相互之间不冲突等。 本项满分3.5分。法律法规内容比较科学合理，适用性强和不冲突，得3.5-2.5分；一般，得2.5分；比较差得1-0分。
过程推进	3. 公务员法治意识	该指标重在考量政府机关工作人员是否具备依法行政意识、知识及能力，是否能够自觉主动公正文明执法。 本项满分2分，公务员具有较强的法治意识，自觉懂法守法得2-1分；一般或较差，得1-0分。
目标实现	4. 行政审批规范性	该指标重在考量行政审批内容和程序是否合理规范，是否以激发市场、社会的创造活力，增强社会治理有效性和服务利民为基本出发点。 本项满分2分，行政审批较为规范性，得2-1分；一般或较差，得1-0分。
	5. 重大决策科学合理性	该指标重在考量政府重大决策是否以人为本，以民为本，从本地实际出发，符合客观规律，具有民意基础，体现科学合理性。 本项满分3分，重大决策科学合理性较强得3-2分，一般得2-1分，较差得1-0分。
	6. 法律法规实施全面性	该指标重在考量政府是否在行政各个环节中全面落实各项法律法规规定，以及执法公正和规范，对政府人员徇私枉法者追究问责。 本项满分3分，法律法规实施比较全面得3-2分，一般得2-1分，较差得1-0分。
目标实现	7. 信息公开力度	该指标重在考量区域内政府是否致力于建设透明政府、将公开透明作为政府工作的基本制度，为人民群众生产生活提供全面、高效、便利的政务信息公开服务。 本项满分3分，信息公开力度较大得3-2分，一般得2-1分，较差得1-0分。
	8. 行政监督有效性	该指标重在考量政府是否通过强化行政监督，完善政府内部层级监督，建立健全常态化、长效化监督制度使行政监督更有力度。 本项满分2分。监督行政有效性比较好，得2-1分；一般或较差，得1-0分。
	9. 行政救济有效性	该指标重在考量区域内行政救济渠道是否切实发挥实质性的作用，能够及时纠正侵害公民、法人或其他组织合法权益行政行为并进行追责赔偿，保障人民合法权益。 本项满分2分。行政救济比较有效得2-1分；一般或较差，得1-0分。
法治成本	10. 社会维稳成本	该指标重在考量区域内政府为维护社会稳定，以法外方式解决、特殊处理一些可能影响到国家稳定的行政成本，一般而言政府缺乏法治会间接使社会维稳成本更高。 本项满分3分，社会维稳成本较低得3-2分，一般得2-1分，较差得1-0分。
结果满意	11. 法治政府建设成效	该指标主要考量政府推动法治政府建设措施是否有效，从总体上对法治政府建设是否所取得实质成效给予评分。 本项满分4分，政府法治建设措施得当，取得较大实质性效果4-3分；取得一定效果得3-2分；效果一般得2-1分；基本未见成效得1-0分。

五、评价周期

绩效评价周期，也叫绩效评价期限，是指多长时间进行一次绩效评价，很明显绩效评价是时间函数概念。一般来说,不同性质的绩效评价,其评价周期是不一样的。由于绩效是在周期内开展的工作,有效的绩效评价必须是在设定的周期内。确定合适的评价周期有利于对绩效工作的过程和结果进行合理性、科学性和稳定性分析,因此确定合适的周期是绩效评价的重要一环。目前我国政府绩效评价研究和实践起步不久,缺乏制度性保障。现有评价的技术体系,包括评价周期设立存在着较大随意性,直接影响评价的科学性和公信力。事实上,评价周期过长或者过短都会影响到绩效评价,评价周期太短会导致评价期与政府职能实现周期错位,评价周期太长,则难以发挥绩效管理的监督和激励作用。因此,如何设计合理的周期成为重要的技术和导向问题,直接影响了评价结果的公正性。①

本书认为绩效评价周期的确定与评价对象本身、评价需求、岗位类型等有关系,需要在综合考虑评价对象内外诸多影响因素的基础上确定,而且评价周期最好是以法规方式规范体现出来,通过评价报告的发布时间及频数、评价计划的修正周期等形式,以提高评价的公信力、合理性和合法性。根据时间划分,绩效评价周期通常分为定期评价(如每周、旬、月度、季度、半年、年度等)和不定期评价两种。定期评价周期有及时考核绩效,便于沟通工作和反馈的效果。但同时,过短的评价周期评价效果会减低,会导致资源浪费,甚至是产生评价周期与政府职能之间的倒置。过长的评价周期,容易令近因因素影响整体评价,难以实现绩效评价的监督和刺激作用。

政府绩效评价周期的长短不仅要考虑上述影响因素,还要联系其他影响绩效工作的周期因素,如经济发展周期、财政预算周期和行政周期等,这些周期存在相互影响和制约作用。经济发展周期在经济学上是指在经济运行过程中,产生的总体趋势有规律扩张和收缩,在总体上它是一个循环往复的一种现象。在政府领域,可以是指政府人为地把这种经济节点划分成几个时间。在中国,政府根据国民经济和社会发展状况,会制定出一个五年为周期的规划,简称五年规划。在每个五年规划中,政府面临的经济问题不同,政府职能的重点相对不同,政府绩效评价指标和标准也会随之相应改变。这就要求政府绩效评价周期要与经济发展周期相适应。财政预算周期是由政府编制、经立法机关审批、反映政府一个财政年度内的收支状况计划的过程。政府财政预算周期一般以一个财政年度为一周期,不同国家不尽相同。政府财政预算周期长短,预算编制,关系到整个国家的财政支出情况,直接联系到政府的财政使用。财政是政府履行职能的基础,财政预算周期也直接影响到绩效评价周期的长短。行政周期是指由于政府管理在时间上的时断时续、在力度上的时强时弱、在手段上的时紧时松,导致管理事项相应呈现周期性发展的一种行政管理现象,主要表现为各种各样的"集中整治"、"战役"、"运动"等。② 政府制定与实施相关政策时,有复杂性、联系性且效果周期不确定性的特征,政府管理更是综合的政策实施过程。但过短的绩效评价周期,会令政府人员产生短期投机行为,不顾长期政

①　郑方辉,覃事灿. 政府绩效评价周期及其实证检验[J]. 中国行政管理,2010,11:117-120.

②　郑方辉,覃事灿. 政府绩效评价周期及其实证检验[J]. 中国行政管理,2010,11:117-120.

策施行的效果。

综上考虑，法治政府的绩效评估周期选择每年度一次的定期评价与三年一次的审视性评估相结合。每年度一次是考虑到财政周期和经济周期的时间跨度，一年较为合适，能减少短期评价的资源浪费，又能产生一定的监督积极性。采取三年一次周期的审视性评估，是考虑到行政周期因素，政策的制定与实施的过程周期的长短不同，一年一次的定期评价也许会考核不出政策的效果。三年以上的审视性评估，主要目的不是在于激励政府人员有效工作，而是通过长周期比较性评价发现深层次问题，并可以弥补年度定期评价的片面性。因此，本书指标体系构建所设定的评价周期为每年度一次的定期评价与三年进行的审视性评价相结合，具有一定的科学、合理与稳定性。

第四节　指标体系构建结果

法治政府绩效评价指标体系除了可评价现有的法治政府建设状况，还对法治政府建设起到引导和推动作用。从逻辑上说，从法治政府建设评价向法治政府绩效评价的转变是时代发展的要求，立足于结果导向和公众满意导向的法治政府绩效评价，不仅可以将评价结果运用到政府法治建设之中，更可以"倒逼"政府依据民意来推动法治建设。同时，引入第三方评价和公众满意度评价可以切实对政府法治建设进行实质性检验，真正提升政府法治建设的公信力与执行力。

从指标体系构建来说，在确定指标框架、指标设计与选取、指标权重分配和评分标准的制定上，笔者尽量遵循科学、合理、可操作性等原则，运用层次分析特例法，在专家咨询调查结果整理的基础上，再考虑到实际情况进行调整，使指标体系与结构尽量优化。在最终改良后的指标体系中，笔者将法治政府绩效评价评价指标体系以递阶层级分为3个级别，一级指标是宏观层面的目标层，主要有法律法规制度建设、法治政府过程推进、法治政府目标实现、法治政府建设成本、社会满意主观评价5个维度构建，从而全面反映了政府法治建设的实施、产出、成本和效果，体现了评价的基本价值和目的。二级指标是对一级指标的分解，三级指标是更为具体的操作性指标。

为突出法治政府建设与评价重点，笔者对每一层级的指标赋予了相应权重，这权重赋值是经过咨询专家，再进行科学统计后，尽量客观的、合理的、科学的赋值，因权重会直接影响到评价结果，所以这方面操作非常严谨。从指标层级来看，5项客观一级指标权重依次为15%、9%、59%、9%和8%，14项二级指标权重最大者为政府职能履行（18%），其次为行政权力运行（14%），权重最小者为法律法规体系（3%）[①]。为直观比较，将客观指标、专家评议指标、公众满意度指标与二级指标相对应，从主客观指标权重分配来看，客

---

　① 关于"法律法规体系"权重最低在专家访谈中也做了进一步咨询，多位专家表示在当前我国社会主义法制体系形成的大前提下，法治政府建设关键在于依法行政和严格执法等方面，故法律法规体系相对重要性比较低.

观指标权重占40%,主观评价权重占60%,其中专家评议各项累计权重占30%,社会满意度各项累加权重占30%。①

最终结合一二级指标设计结果,三级指标遴选结果及其整体权重分配结果,笔者所构建法治政府绩效评价指标体系②,如下表所示。

表6-10　法治政府绩效评价指标体系(权重:%)

一级指标		二级指标		三级指标						
				客观指标		主观评价				
指标名称	权重	指标名称	权重	指标名称	权重	专家评议		公众满意度		
						指标名称	权重	指标名称	权重	
法制建设	15.0	1.法律法规体系	3.0			1.法律法规体系完整性	3.0			
		2.立法立程序	7.0	1.法规听证公示清理完成量	5.5			1.立法立规公众参与满意度	1.5	
		3.法律法规内容	5.0			2.法律法规内容科学性	3.5	2.法规政策公平性满意度	1.5	
过程推进	9.0	4.法治建设组织保障	5.0	2.组织机构设置完备	5.0					
		5.公务员法治素养	4.0			3.公务员法治意识	2.0	3.公务员守法意识满意度	2.0	
目标实现	59.0	6.政府职能履行	18.0	3.人均GDP发展速度	3.0	4.行政审批规范性	2.0	4.公众收入满意度	1.5	
				4.生产安全事故死亡人数	2.0			5.市场监管满意度	1.5	
				5.“三废”排放及治理率	2.0			6.环境保护满意度	2.0	
				6.治安刑事案件发生率	2.0			7.社会治安满意度	2.0	
		7.重大行政决策	9.0	7.重大民生决策咨询听证率	3.0	5.重大决策科学合理性	3.0	8.政府决策科学性满意度	1.5	
								9.政府决策民主性满意度	1.5	
		8.宪法法律实施	8.0	8.违法违规追究问责率	3.5	6.法律法规实施全面性	2.5	10.执法公正性满意度	2.0	
		9.行政权力运行	14.0	9.政府网站绩效指数	5.5	7.信息公开力度	3.0	11.政务公开满意度	2.0	
						8.行政监督有效性	2.0	12.行政权力监督满意度	1.5	
		10.人民权益保障	10.0	10.行政诉讼胜诉率	4.5	9.行政救济有效性	2.0	13.政府诚信满意度	1.5	
								14.政府廉洁满意度	2.0	
法治成本	9.0	11.直接财政成本	4.0	11.一般公共服务支出占财政支出比	4.0					
		12.间接社会成本	5.0	10.社会维稳成本	3.0			15.政府服务效率满意度	2.0	
结果满意	8.0	13.专家整体评议		4.0		11.法治政府建设成效	4.0			
		14.公众整体满意度		4.0				16.政府依法行政满意度	4.0	

---

① 专家评议又分为整体评议(权重占4.0%)与分项评议10项(权重占36.0%),公众满意度又分为整体满意度(权重占4.0%)和分项满意度15项(权重占36.0%)。

② 本项研究关于指标体系构建思路与具体指标选择方面充分采纳了导师研究思想与指导性建议,构建过程中充分借鉴和吸收了国内其他学者已有研究成果以及国外内实践经验,采用层次分析特例法,在专家咨询问卷的调查结果基础上形成,该研究部分成果已在《政治学研究》发表,参见郑方辉,邱佛梅.法治政府绩效评价:目标定位与指标体系[J].政治学研究,2016.02:1-14.

第七章 指标体系实证应用及检验

构建具有科学依据和广泛适应性的指标体系是法治政府绩效评价的核心问题，但作为技术工具的指标体系只是实现评价目的的基本手段。况且，"不论采用什么样的体系，最终都要付诸于实践，接受实践的检验"。[①] 基于"事先可以推导，事后可以检验"的科学逻辑，本章以 GZ 市（2015 年度）为例，利用前文构建的指标体系进行实证研究，并在结果基础上对指标体系进行有限检验。这样做的目的，在于审视指标体系的科学性、可行性与合理性，从而为进一步完善指标体系提供依据。

第一节 实证评价说明

本研究虽初步构建出法治政府绩效评价指标体系，但是诸如该指标体系所涵盖的指标是否具有相关性、评价是否存在信息重叠、指标数量是否合理等问题需要相应的实证检验，以保证指标体系的科学性。通过 GZ 市为例展开实证测量，不仅可以检验法治政府绩效评价指标体系的可行性和有效性，而且可以进一步判断各层次指标设计和选取的合理性，为进一步优化指标体系奠定基础。

一、评价范围与对象

GZ 市是南方某省省会城市，是国务院定位的国家中心城市，经济实力在全国前列，其实证结果极具示范性。GZ 市下辖 LW 区、YX 区、HZ 区、TH 区、BY 区、HP 区、PY 区、HD 区、NS 区、ZC 区等 11 个区。自国务院《全面推进依法行政实施纲要》颁布以来，GZ 市紧紧围绕推进依法行政、建设法治政府的目标，不断改进行政执法工作，在 2013、2014 年获得中国政法大学法治政府研究院"中国法治政府评价"项目的法治政府评价总分第一。本项研究法治政府绩效评价实证研究范围为整个 GZ 市，具体评价对象为 GZ 市所辖各区政府。

（一）选择 GZ 市的原由

本项评价实证研究之所以选取 GZ 市为例，主要基于个案的代表性、结构的典型性和数据可获性三个方面的原由：

从个案的代表性而言，GZ 市是我国众多城市之中具有较大影响力的特大城市之一，但 GZ 市并非国家政治中心、经济中心或行政特区，城市整体公共管理、经济发展、文化教

---

① 廖鹏洲. 地方党政组织考评体系及其法制化研究 [D]. 华南理工大学，2015.

育、公共服务水平较为均衡,不完全依赖于特定行政资源、市场资源和自然资源。同中国绝大多数城市一样是中央政府统一领导,按照党中央国务院的部署,结合本地实际情况开展法治政府建设,因此非常具有代表性。

从结构的典型性而言,GZ 市级政府管辖 11 个区,各区级政府下辖若干街道办,具有我国大多数城市的政府层级,相对于部分不设(区)县市更具有典型性。GZ 市既有处于城市核心区、城市化程度和经济社会发展水平非常高的辖区,如 TH 区和 YX 区,也有处于城市郊区,发展水平不太高的辖区,如 ZC 区、CH 区,以及介于两者之间辖区,如 HP 区、PY 区等,所辖区数量为 11 个,后期进行比较研究和实证检验较为合适。GZ 市国际化程度和开放度较高,本地人占主体、外地人较多和部分外籍人士,市场主体当中国有、私有、个体以及外资比较均衡,社会组织和公共领域发育较为充分。因此,整体来看评价范围内评价对象及其评价影响都比较具有典型性。

从数据可获性而言,由于笔者主要在华南地区学习和开展相关研究,对于 GZ 市情况比较了解,客观指标数据比较容易收集和获取,能够接触到对于 GZ 市法治政府建设较为了解和能够针对 GZ 市进行法治政府绩效评价的相关领域专家,从而获得较为可靠的专家评议数据,便于开展公众满意度调查。

(二)GZ 市法治政府建设的基本情况

近年来,党中央国务院颁布一系列文件,积极推进法治政府的建设,GZ 市积极贯彻上级部署,加快法治政府建设的步伐。其中,根据《关于开展法治城市、法治县(市、区)创建活动的意见》,该市明确了法治政府建设的目标:"深入贯彻落实科学发展观,全面落实依法治国基本方略,以创建法治政府为目标,加强宪法和法律实施,弘扬法治精神,在社会主义民主法制建设方面先行先试,实现法治建设与经济建设、政治建设、社会建设、文化建设协调发展",营造良好的法治环境得以加强依法治市战略的推进。

GZ 市法治政府建设取得了阶段性成果,具体表现为:

一是地方立法质量的提高。坚持科学立法、民主立法和合法立法是 GZ 市政府的立法原则,法规、规章主要围绕科学发展、改善民生、规范社会管理等和落实《珠江三角洲地区改革发展规划纲要》的有关要求。公众参与立法的渠道扩宽,特别是电子政务的兴起和听证会的实质进行,公众参与得到有效性增强。起草法规、规章机制方面亦进行了改革创新,部门利益倾向的苗头得到了压制。立法程序清晰,法规审议水平提高。法规、规章出台后还建立起有效的评价制度,对立法成本效益进行分析。注重立法的同时关注法规、规章的清理制度。在经济领域的法制建设是立法的重点,使经济行为合规合法化,保障市场经济的有效运行,市场监管、社会信用制度的规范是个人、企业、政府发展的前提,通过建立企业信用系统及信用预警机制,实名制信用信息体系(组织机构代码和身份证号码),营造了诚实守信、和谐有序的市场法制环境。同时,在环境保护、节能减排、防控大气污染方面,完善监管体制并用环境保护法律法规予以确定。国有资产相关监管模式的创新,提高各类企业依法经营的自觉性,增强各类企业行业经营的合规性,监督各类企业积极遵守相关行业准则,法律规章。

二是积极落实法治政府建设的各项任务。GZ 市依据国务院《全面推进依法行政实施纲要》以及《关于加强市县政府依法行政的决定》,建立了政府常务会议集中学法制度,推进公务员主动学法,提高法律意识,增强公务员的法律素养。深化行政管理体制改革,科学地配置行政管理职能,实现政企、政资、政事分开,政府是政府,市场是市场。除此之外,开展行政审批制度改革,实施简政放权,减少行政审批事项,优化审批程序,大力清理、压减行政审批、备案事项,提高审批效率。对市场和社会能够自我调节的事项取消行政审批,对社会组织能够承担的事项转移给社会组织,对各区政府能够实施的事项进行下放。GZ 市政府还进一步完善了重大行政决策合法性审查制度,在决策程序和行政决策反馈纠偏以及决策责任追究制度方面有所创新,推进了决策的科学化、民主化,增强了决策透明度,从各个层次、各个领域扩大公民有序政治参与。在依法执政方面,政府运行部门和领导干部起带头作用,积极维护宪法和法律的权威,党委和人大、政府、政协及其他国家机关的关系得到了规范,并积极发挥人大在依法治市当中的主导作用、"一府两院"在依法治市当中的执法主体作用和政协的民主监督作用,工会、共青团、妇联等人民团体的监督作用以及群众监督、舆论监督的作用得到发挥。改进了行政复议审理方式,畅通行政复议渠道,提升行政复议公信力,以推进行政复议规范化建设为主线,修订行政复议规定,拓宽行政复议受案范围,实现复议案件听证、庭审等公开审理方式常态化,实行全市行政复议决定网上公开。积极开展平安 GZ 创建活动,在依法行政中,以落实社会治安综合治理和领导责任制两方面采取相应的措施,建成社会治安全方位视频监控系统,基本覆盖 GZ 全区域。

三是积极完善法治政府建设保障与监督体系。市政府在积极开展依法行政工作时,每年要向市人大常委会报告相关工作,各区政府每年要向同级人大常委会和上级政府报告依法行政工作创建活动的进展情况。各地法制创建活动设立相应机构或安排人员负责,并要求其积极加强创建活动日常工作的联系、沟通和指导,以便迅速把握相关地区和部门法治建设的信息动态。针对政府工作人员积极进行相关专业培训,补充其法律相关理论,提升法律意识,将干部队伍的法治素质作为提高政府的法治建设的一个关键要点。各级党委把法治政府建设工作纳入党委的重要议事日程,进行较完备的规划部署和任务分配,并建立法治评价指标体系,将法治评价工作与评价各级领导干部政绩相结合。各市直部门及各区政府要根据本地区的情况制定年度计划,政府和各部门制定实现法治政府目标的相关意见和方案,并将目标层层分解、细化工作、明确责任,以便按计划有序推进。将党委监督、人大监督、政协监督、行政内部监督、专门机构监督、新闻舆论监督和人民群众监督结合起来,各类主体发挥监督作用,提高监督效力。同时,完善了举报制度和举报网络,以充分保障公民和社会组织的检举权、控告权、申诉权。另外,还要加强对党政机关和领导干部的廉政监督,建立健全惩治和预防腐败体系。

总的来说,GZ 市多方面积极推进法治政府建设,但从结果导向和公众满意度导向来看,其法治政府建设成效如何依然无法判定。因此,针对 GZ 市开展法治政府绩效评价不仅对于检验本项研究所构建法治政府绩效评价指标体系具有重要意义,而且对于评判 GZ 市法治政府建设成效具有实际意义。

二、基础数据来源

本章实证研究的基础数据来源主要分为三个方面:

客观指标主要来源为官方统计源、相关职能部门协助查询、网页搜索统计分析和第三方机构数据源,其中人均 GDP 发展速度、生产安全事故死亡人数、"三废"排放及治理率、治安刑事案件发生率和一般公共服务支出占财政支出比等 5 项指标属于国家统一口径统计源数据,通过查询 GZ 市及其各区统计年鉴获得;组织机构设置完备、重大民生决策咨询听证率、行政诉讼胜诉率、违法违规追究问责率等 4 项指标通过申请相关职能部门协助查询获得;"法规听证公示清理完成量"指标由于统计年鉴及职能部门均无相关口径的统计数据,主要依靠网页搜索统计分析获得;"政府网站绩效指数"指标属于第三方机构数据源,是工信部和中国软件评测中心按年度发布的综合指数。

专家评议指标基础数据主要依靠专家评议问卷调查获得。所调查专家主要是对法治政府建设及 GZ 市相关情况较为了解或熟悉,并且具备相关专业知识或实务经验,做事公正的相关领域人士。专家选取在结构上具有一定的代表性,覆盖了法治政府建设所涉及的不同领域与层次,具体而言包括高校及研究机构从事法治政府绩效评价相关研究人员、在法院、检察院、律师事务所等组织的法律人士、政府咨询决策、行政执法和行政监督等职能部门官员以及具有相应评议能力的各界社会人士。

专家评议调查问卷共发放 110 份,其中回收有效问卷 97 份,经编码后利用软件 Epidata 进行数据录入,在 SPSS 19.0 统计软件进行数据处理和分析。其中研究人员 19 人、法律人士 27 人、政府官员 35 人,社会公众 31 人。从专家群体的性别、学历和年龄结构来看也比较合理。

公众满意度调查主要采取街边截访和电话调查方式开展。街边截访主要选取了商业中心、办公大楼、企业厂区和社区广场等人流较大,并且比较具有代表性点。其中,公众满意度调查问卷共发放 2010 份,其中回收有效问卷 1982 份,经编码后利用软件 Epidata 进行数据录入,在 SPSS 19.0 统计软件进行数据处理和分析。从样本的性别、学历和年龄结构来看也比较合理,具体如下:

一是调查问卷内容。调查问卷包括甄别问卷及正式问卷。甄别问卷设计 6 个问题,涉及公众的基本情况,包括性别、户籍、年龄、学历、职业、收入,作为样本偏差检验和控制的依据与交互分析的变量。正式问卷采用十分制,得分越高代表满意程度越高。另外,还设计了 4 个问题,收集公众对法治政府建设的具体意见。

二是调查对象和配额。调查对象为 18 岁以上 75 岁以下具有合法权益的公民,包括户籍人口和非户籍常住人口。考虑到本项调查的一些具体要求,如被访者应具备一定的涵养(可独立回答问题)或接受过政府部门相关服务,再增加相应的辅助条件(主要针对农民)。最终设定的有效对象是:具有正常判别能力,年龄为 18-75 周岁,具有合法权益的常住人口。

在抽样方面,采取判断抽样与配额抽样相结合的方法。为避免样本分布不均匀或抽样地区过于集中,保证最低层级样本量的统计意义,每县(区/市)按经济发展程度差异性,各抽取 3-5 个街道,每个街道再抽取 3-5 个点,每个拦截点不超过 20 人。同时,调查按照性别、年龄以及户籍进行现场或电话访问配额。

三是有效样本量。我们对 2015 年 GZ 市下辖的 11 个区的政府工作进行了公众满意度调查,调查共发放 2350 份问卷,合格 2289 份,样本合格率为 97.4%。

四是样本结构。1)性别结构。男性占样本总量的 49.8%,女性占 50.2%。其中,各区的性别结构基本稳定在 50:50 左右,调查样本中男女比例较为均衡;2)户籍结构。本市县的占样本总量的 53.2%,本省的占 27.6%,外省的占 19.2%;3)年龄结构。根据全省常住人口总体年龄分布设计 6 个年龄段。回收问卷样本年龄分布是:18-20 岁的占 10.3%,21-30 岁的占 19.7%,31-40 岁的占 20.3%,41-50 岁的占 20.1%,51-60 岁的占 19.6%,61-75 岁的占 10%;4)学历结构。学历根据国家认可的文凭分类分为六个等次,样本书化程度分布是中小学及以下的占总量的 5.9%,初中学历的占 19.6%,高中/中专的占 24.3%,大专的占 17.8%,本科的占 24%,研究生占 8.4%;5)职业结构。根据国家统计部门的职业分类,划分为 11 类职业,并给出开放式选项。统计结果显示,私企员工比例最高,为 13.2%,其次为国企员工,为 12.1%,自由职业者为 10.7%,科教文卫工作者为 9.9%,私营业主为 9.5%,农民为 8.9%,公务员为 8.1%,外企员工为 7.8%,学生与失业/下岗者的比例相当,均为 7.7%,比例最少的是其他,只占 4.4%;6)家庭总收入。统计结果显示:家庭年收入 10-15 万的所占比例最大,为 43.4%,其次是 5-10 万的,为 21.5%,再次是 15-30 万,比例为 18.5%,2-5 万的比例为 5.8%,30-50 万的比例为 5.7%,50 万以上比例为 2.7%,2 万以下的所占比例最少,为 2.4%。

第二节　2015 年度评价结果

一、总体评价结果

利用构建的指标体系和问卷调查数据,对 GZ 市 11 个区的法治政府绩效进行评分,分为公众满意度得分(占 30%),客观指标得分(占 40%)和专家评议得分(占 30%),总分 100 分,三类得分相加得出各区的评价得分整体均值为 65.5 分。整体来看,GZ 市法治政府建设取得了一定成效,但仍然有较大改善空间。如下表所示。

表7-1 2015年度总体评价结果

类别	LW区	YX区	HZ区	TH区	BY区	HP区	PY区	HD区	NS区	ZC区	CH区
公众满意度得分	15.03	18.27	24.38	16.50	23.38	17.07	16.35	18.28	17.89	21.20	16.86
客观指标得分	29.50	30.00	30.00	30.00	29.50	27.50	28.50	28.50	26.50	26.50	26.50
专家评议得分	18.84	19.40	18.36	19.38	17.37	18.93	19.06	17.89	18.22	18.04	16.97
总分	63.37	67.67	72.74	65.88	70.25	63.50	63.91	64.67	62.61	65.74	60.33

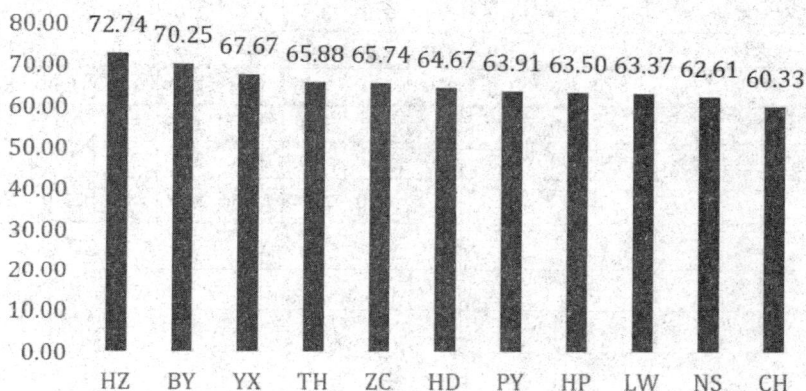

图7-1 2015年度总体评价结果柱状图

由上图可见,HZ区的评价得分最高,为72.74分;CH区的评价得分最低,为60.33分;两者相差12.41分;全市平均得分为65.52,高于平均值的有HZ区、BY区、YX区、TH区、ZC区等五个区,其中HZ区和BY区的总体得分远远高于全市平均得分,而NS区和CH区的总体得分远远低于全市平均得分。

二、客观指标评价结果

客观指标评价运用了12个指标来对各区政府的法治工作进行具体评价,并根据每个指标的重要性赋予了不同的权重,在打分时予以体现,最后将12项得分相加得出客观指标评价的得分,满分为40分,结果如下表所示。

表7-2　客观指标评价结果

类别	YX区	HZ区	TH区	LW区	BY区	PY区	HD区	HP区	ZC区	CH区	NS区
1.法规听证公示清理完成量	3.5	3.5	3.5	3.5	3	3.5	3.5	3.5	3.5	3.5	3.0
2.组织机构设置完备	3.0	3.0	3.0	2.5	3.0	2.5	3.0	3.0	2.5	2.5	2.5
3.人均GDP发展速度	1.5	1.5	2.0	2.0	2.0	1.5	2.0	2.0	1.5	1.5	2.0
4.生产安全事故死亡人数	1.0	1.5	1.5	1.5	1.5	1.5	1.0	1.5	1.5	1.5	1.5
5."三废"排放及治理率	1.5	1.5	1.5	1.5	1.5	1.5	1.0	1.5	1.5	1.0	1.0
6.治安刑事案件发生率	1.0	1.5	1.0	1.5	1.5	1.5	1.0	1.0	1.0	1.0	1.5
7.重大民生决策咨询听证率	3.0	3.0	2.0	3.0	3.0	3.0	3.0	2.0	3.0	2.0	2.0
8.违法违规追究问责率	3.0	3.0	3.0	3.0	3.0	3.0	3.0	2.5	3.0	2.5	2.5
9.政府网站绩效指数	3.0	3.0	3.0	2.5	3.0	3.0	2.5	3.0	2.5	2.5	3.0
10.行政业务办理及时率	2.0	2.0	2.0	2.0	2.0	1.0	2.0	2.0	1.0	1.0	1.0
11.行政诉讼胜诉率	4.0	4.0	4.0	4.0	3.0	3.0	4.0	3.0	3.0	4.0	4.0
12.一般公共服务支出占财政支出比	3.0	2.5	3.0	3.0	3.0	3.0	2.5	3.0	2.5	3.0	3.0
得分	29.5	30.0	30.0	30.0	29.5	27.5	28.5	28.5	27.0	26.5	26.5

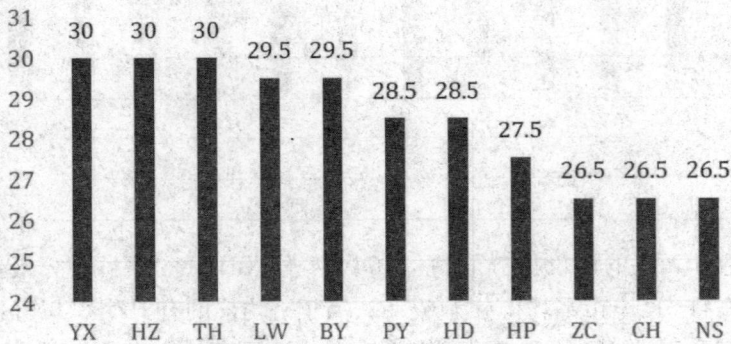

图7-2　客观指标评价结果柱状图

由上图可见,YX区、HZ区、TH区得分最高,为30分;ZC区、CH区、NS区得分在全市11个区中排名最低,得分为26.5分;最高分比最低分之间高3.5分,比最低分高了13.2%,各区之间得分没有明显差距,评分较为接近;全市11个区客观指标评价结果的平均得分为28.65分。

三、专家评议结果

专家评议分为20个指标,更全面地对政府工作进行评价,每项指标评分的满分为10分,并根据不同指标的特性赋予不同权重,在计算时得以体现,最后得出专家评议的得分,满分为30分,结果如下表所示。

表7-3　专家评议结果

评价对象、指标及评分	YX区	HZ区	LW区	TH区	BY区	HP区	HD区	PY区	NS区	CH区	ZC区
1.法律法规体系完整性	6.94	6.56	6.75	6.94	6.00	6.75	6.38	6.75	6.38	6.00	6.38
2.法律法规内容科学性	6.38	6.00	6.38	6.38	5.63	6.00	5.63	6.00	5.63	5.25	6.00
3.立法立规程序合法性	7.31	7.13	7.31	7.50	7.13	7.13	7.13	7.50	7.13	7.13	7.31
4.公开征求民意制度完备性	6.38	6.00	6.00	6.38	5.63	6.00	5.63	6.00	5.63	5.25	6.00
5.法规制定程序制度完备性	6.50	6.00	5.75	6.25	5.25	5.75	5.25	5.75	5.50	5.00	5.50
6.法规评价反馈制度完备性	5.63	5.25	5.63	6.00	5.25	5.63	5.25	6.00	5.63	4.88	5.63
7.公务员法治意识	6.66	6.00	6.19	6.00	5.44	6.00	5.63	6.38	6.38	5.63	5.63
8.法治政府建设措施有效性	6.19	5.44	6.00	5.63	5.06	5.81	5.44	6.19	6.19	5.06	5.44
9.依法行政考评机制完备性	6.38	6.00	6.19	6.38	5.81	6.00	6.19	6.19	6.19	5.63	5.81
10.重大决策科学合理性	6.19	6.19	6.19	6.38	5.81	6.00	5.81	6.38	6.00	5.63	6.00
11.专家论证评审制度有效性	6.75	6.38	6.38	6.75	6.38	6.38	6.00	6.75	6.38	6.00	6.75
12.行政审批规范性	6.75	6.25	6.75	6.50	5.50	6.25	5.75	6.25	6.25	5.50	5.75
13.行政执法合规性	6.38	6.00	5.81	6.00	5.44	5.81	5.44	5.63	5.63	5.25	5.44
14.法律法规实施全面性	6.00	5.63	5.63	6.00	5.25	6.00	5.63	5.63	5.25	5.63	6.00
15.信息公开力度	6.38	6.38	6.19	6.56	6.38	6.75	6.19	6.75	6.38	5.81	6.00
16.行政监督有效性	6.00	5.81	5.63	6.00	5.81	5.81	5.44	6.00	6.00	5.44	5.81
17.行政救济有效性	6.00	5.63	6.00	6.00	5.63	6.00	5.63	6.00	5.63	5.63	5.63
18.行政手续合理便捷性	6.25	6.00	6.50	6.25	5.75	6.25	6.00	6.38	6.25	5.63	6.38
19.社会维稳成本	6.38	6.56	6.56	6.75	5.63	6.38	6.38	6.38	5.63	5.25	6.00
20.法治政府建设成效	6.75	6.56	6.56	6.75	6.00	6.75	6.56	6.56	6.56	6.00	6.19
得分	19.40	18.36	18.84	19.38	17.37	18.93	17.89	19.06	18.22	16.97	18.04

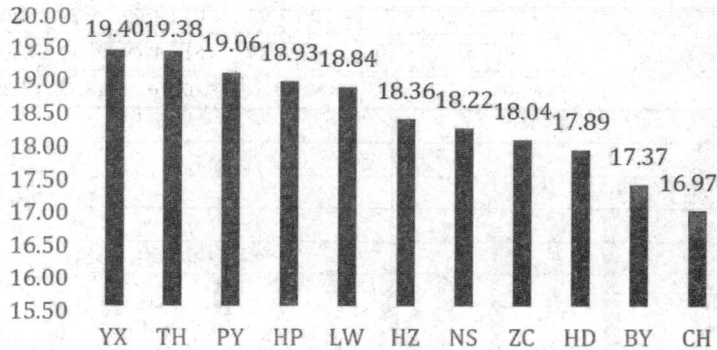

图7-3　专家评议结果柱状图

由上图可见,YX区的专家评议结果得分最高,为19.40;CH区的专家评议结果得分最低,为16.97。最高分与最低分两者相差2.43分。占最低分的14.3%。全市11个区专家评议结果的平均分为18.41,共有5个区高出平均值,6个区低于全市均值,其中,CH

区较均值相差较大。

四、公众满意度评价结果

公众满意度评价采用了 16 个指标,对各区的公众进行调查,通过打分得到其对政府各项工作的满意程度,不同指标赋予了不同的权重,公众满意度评价的满分为 30 分,各区得分如下表所示。

表7-4 公众满意度评价结果

类别	LW区	YX区	HZ区	TH区	BY区	HP区	PY区	HD区	NS区	ZC区	CH区
1.立法立规公众参与满意度	4.87	4.95	7.78	4.58	8.18	4.53	4.96	5.70	5.25	6.84	4.55
2.法规政策公平性满意度	4.22	4.98	8.27	4.96	8.02	5.13	4.54	5.58	5.50	7.09	5.00
3.公务员守法意识满意度	7.03	7.53	8.07	6.84	7.94	6.88	8.08	7.50	7.03	6.88	6.85
4.公众收入满意度	5.69	6.20	8.07	5.98	7.01	5.80	4.88	5.55	6.47	6.92	5.53
5.市场监管满意度	4.87	6.27	8.44	5.74	7.86	5.59	5.52	6.24	6.21	7.21	5.76
6.环境保护满意度	4.87	6.16	8.19	5.52	7.89	5.67	5.38	5.72	6.01	7.23	5.79
7.社会治安满意度	5.64	5.54	8.25	5.21	8.10	5.46	6.03	5.37	5.29	7.12	5.17
8.政府决策科学性满意度	5.67	6.37	7.82	5.77	7.65	6.22	5.85	6.40	6.37	6.93	6.15
9.政府决策民主性满意度	5.35	6.01	7.74	5.46	7.93	6.05	5.77	6.47	6.08	7.00	5.83
10.执法公正性满意度	4.62	5.72	7.84	5.33	8.05	5.62	5.40	6.24	5.71	7.01	5.46
11.政务公开满意度	5.17	6.37	8.55	5.73	7.88	5.88	5.43	6.39	6.41	7.23	5.82
12.行政权力监督满意度	6.17	6.92	7.90	5.96	7.24	6.34	6.25	6.56	6.75	6.94	6.14
13.政府诚信满意度	4.22	6.55	8.33	5.61	8.10	5.73	4.94	6.11	5.75	7.28	5.87
14.政府廉洁满意度	4.30	6.25	8.41	5.36	7.86	5.73	5.22	5.71	5.95	7.33	5.56
15.政府服务效率满意度	4.42	5.32	8.24	4.70	7.72	5.04	4.79	5.77	5.63	7.13	5.08
16.政府依法行政满意度	4.16	6.15	8.04	5.39	7.49	5.52	4.69	6.12	5.55	6.96	5.49
得分	15.03	18.27	24.38	16.50	23.38	17.07	16.35	18.28	17.89	21.20	16.86

图7-4 公众满意度评价结果柱状图

由上图可知,HZ 区的公众满意度最高,得分 24.38 分;LW 区的公众满意度得分最低,为 15.03 分;两者得分相差 9.35 分,HZ 区的满意度比 LW 区的满意度高 62%,相差较为悬殊;全市 11 个区的公众满意度评价结果的平均分为 18.66 分,共有 HZ 区、BY 区、ZC 区等三个区超过了均值,且远高于均值,表明这三个区的公众满意度较高。

第三节 不同指标组合方案检验

在本项研究所构建法治政府绩效评价指标体系中,由于一级指标框架主要基于理论分析获得和二级指标主要基于法治政府基本内涵以及《纲要》具体内容设计出来的,相对而言已经比较合理和全面。三级指标本身在构建指标备选库时数量就比较多(60 个备选指标),通过专家咨询结果及筛选原则选取了 38 个指标,但这样必然造成相关绩效信息的损失。目前指标体系中设置 38 个三级指标是否合理,增加指标或减少指标数量是否会造成评价结果巨大偏差,这成为本项指标体系检验的核心问题。因此,本研究将利用在 GZ 市实证研究数据库,针对不同数量三级指标的组合方案进行了检验。

一、检验方法与方案

本研究三级指标检验主要借鉴了运筹学方法,通过比较不同数量三级指标的组合方案对评价结果影响,从而观察三级指标的数量变化对于指标体系影响,进而确定指标体系的科学性。从运筹学角度来看,不同数量三级指标的组合方案就是不同组参数输入,指标数量和权重就是变量,其组成矩阵方程经数学运算理论上可以得出一个最优解。

人们对绩效评价指标体系的关注在于:不同的指标组合会不会影响评价结果,如果会,有多大的影响?一般认为,选择及采用指标愈多,指标覆盖领域内涵层愈广泛,越能体现被评价政府的实际绩效,但另一方面,同一领域内涵层的指标具有相关性或替代性,取得更多指标的统计值意味着付出更大的代价,甚至在现实条件下不具操作性。因此,所谓指标体系检验即是以实证方案及结果为参照,在预设条件下,比较不同指标组合下的绩效指数结果差异,以相对误差值与可操作性(如数据可获取)为平衡依据,选择更具适用性的评价指标体系,或为完善这种体系提供依据的技术过程。[①]

为此,可利用数量分析手段,比较各种可能方案,主要技术参数是:

第一,数据来源:2015 年 GZ 市区两级政府法治政府绩效评价指数,即实证结果。

第二,对象范围:GZ 市所辖的 11 个法治政府建设方面存在一定差异的区级政府。

第三,基本思路:在实证方案基础上,选择若干比照方案,如 3 套不同三级指标组合,通过将三级指标数量由 38 个增加到 45 个和减少到 30 个的指标组合方案进行比较分析。

---

① 郑方辉,何志强,邓霖. 第三方评政府整体绩效:指标领域层及实证检验[J]. 广东行政学院学报,2014,05:5－10.

第四，判断依据：不同方案下，指标组合变化对评价结果（平均绩效指数、指数结构及全市排序）的影响程度。

这种理念下，依据现实可能性，我们设计了3套有代表性的比照方案，分别是：方案1为增加三级指标到45个（详见下表），方案具体变化为：客观指标中增加了贪污渎职犯罪发生率（Z1）、行政业务办理及时率（Z2）和违规执法投诉率（Z3）3项指标；专家评议指标中增加了法治政府措施的有效性（Z1）、行政执法合规性（Z2）和行政手续合理便捷性（Z3）3项指标；公众满意度指标中增加了政府部门服务态度（Z1）1项指标，同时对指标体系权重按比例进行了调整。

表7-5 法治政府绩效评价指标体系（45项三级指标方案）

一级指标名称	权重	二级指标名称	权重	客观指标名称	权重	专家评议名称	权重	公众满意度名称	权重
法制建设	15.0	1.法律法规体系	3.0			1.法律法规体系完整性	3.0		
		2.立法立程序	7.0	1.法规听证公示清理完成量	5.5			1.立法立规公众参与满意度	1.5
		3.法律法规内容	5.0			2.法律法规内容科学性	3.5	2.法规政策公平性满意度	1.5
过程推进	9.0	4.法治建设组织保障	5.0	2.组织机构设置完备	5.0	Z1.法治政府措施的有效性(增)			
		5.公务员法治素养	4.0			3.公务员法治意识	2.0	3.公务员守法意识满意度	2.0
目标实现	59.0	6.政府职能履行	18.0	3.人均GDP发展速度	3.0			4.公众收入满意度	1.5
				4.生产安全事故死亡人数	2.0	4.行政审批规范性	2.0	5.市场监管满意度	1.5
				5."三废"排放及治理率	2.0			6.环境保护满意度	2.0
				6.治安刑事案件发生率	2.0			7.社会治安满意度	2.0
		7.重大行政决策	9.0	7.重大民生决策咨询听证率	3.0	5.重大决策科学合理性	3.0	8.政府决策科学性满意度	1.5
								9.政府决策民主性满意度	1.5
		8.宪法法律实施	8.0	8.违法违规追究问责率	4.0	Z2.行政执法合规性(增)		Z1.政府部门服务态度满意度(增)	
				Z1.贪污渎职犯罪发生率(增)		6.法律法规实施全面性	2.5	10.执法公正性满意度	2.0
		9.行政权力运行	14.0	9.政府网站绩效指数	5.5	7.信息公开力度	3.0	11.政务公开满意度	2.0
				Z2.行政业务办理及时率(增)					
				Z3.违规执法投诉率(增)	4.5	8.行政监督有效性	2.0	12.行政权力监督满意度	1.5
		10.人民权益保障	10.0	10.行政诉讼胜诉率		9.行政救济有效性	2.0	13.政府诚信满意度	1.5
								14.政府廉洁满意度	2.0
法治成本	9.0	11.直接财政成本	4.0	11.一般公共服务支出占财政支出比	4.0	Z3.行政手续合理便捷性(增)			
		12.间接社会成本	5.0			10.社会维稳成本		15.政府服务效率满意度	2.0
结果满意	8.0	13.专家整体评议	4.0	4.0		11.法治政府建设成效	4.0		
		14.公众整体满意度	4.0	4.0				16.政府依法行政满意度	4.0

　　方案 2 为本项研究所确定的指标体系方案,不再赘述。

　　方案 3 减少三级指标到 30 个,删减原则是保证每项二级指标至少保留一项客观指标或专家评议指标和公众满意度指标,方案具体变化为:客观指标中删除了生产安全事故死亡人数、治安刑事案件发生率、政府网站绩效指数 3 项指标;专家评议指标中删除了政府网站绩效指数、行政监督有效性 2 项指标;公众满意度指标中删除了法规政策公平性满意度、政务公开满意度和政府廉洁满意度 3 项指标,同时对指标体系权重按比例进行了调整。

表 7 - 6　　法治政府绩效评价指标体系(30 项三级指标方案)

一级指标		二级指标		三级指标						
				客观指标		主观评价				
指标名称	权重	指标名称	权重	指标名称	权重	专家评议		公众满意度		
						指标名称	权重	指标名称	权重	
法制建设	15.0	1.法律法规体系	3.0			1.法律法规体系完整性	3.0			
		2.立法立规程序	7.0	1.法规听证公示清理完成量	5.5			1.立法立规公众参与满意度	1.5	
		3.法律法规内容	5.0			2.法律法规内容科学性	3.5	2.法规政策公平性满意度	1.5	
过程推进	9.0	4.法治建设组织保障	5.0	2.组织机构设置完备	5.0				
		5.公务员法治素养	4.0			3.公务员法治意识	2.0	3.公务员守法意识满意度	2.0	
目标实现	59.0	6.政府职能履行	18.0	3.人均 GDP 发展速度	3.0	4.行政审批规范性(删)	2.0	4.公众收入满意度	1.5	
				4.生产安全事故死亡人数	2.0			5.市场监管满意度	1.5	
				5.“三废”排放及治理率	2.0			6.环境保护满意度	2.0	
				6.治安刑事案件发生率	2.0			7.社会治安满意度	2.0	
		7.重大行政决策	9.0	7.重大民生决策咨询听证率	3.0	5.重大决策科学合理性	3.0	8.政府决策科学性满意度	1.5	
								9.政府决策民主性满意度	1.5	
		8.宪法法律实施	8.0	8.违法违规追究问责率	4.0	6.法律法规实施全面性	2.5	10.执法公正性满意度	2.0	
		9.行政权力运行	14.0	9.政府网站绩效指数	5.5	7.信息公开力度	3.0	11.政务公开满意度(删)	2.0	
						8.行政监督有效性(删)	2.0	12.行政权力监督满意度	1.5	
		10.人民权益保障	10.0	10.行政诉讼胜诉率	4.5	9.行政救济有效性	2.0	13.政府诚信满意度	1.5	
								14.政府廉洁满意度(删)	2.0	
法治成本	9.0	11.直接财政成本	4.0	11.一般公共服务支出占财政支出比	4.0				
		12.间接社会成本	5.0			10.社会维稳成本	3.0	15.政府服务效率满意度	2.0	
结果满意	8.0	13.专家整体评议	4.0			11.法治政府建设成效	4.0			
		14.公众整体满意度	4.0					16.政府依法行政满意度	4.0	

二、检验结果及分析

(一)各区整体绩效指数均值变化

　　以 2015 年度 GZ 市法治政府绩效评价实证数据进行分析。从全省平均值来看,方案

1 为 65.6,方案 2 为 65.5,方案 3 为 60.7,可见方案 3 与实证方案 2 比较偏差值最大,约为 7.4%,方案 1 与实证方案 2 结果基本接近。11 个区法治政府建设的结果整体上与全市类似,但各区的情况不尽相同。相对于实证结果,方案 3 偏差率大约在 15% 左右,原因在于尽管三级指标组合有别,但各方案的一二级指标一致且指数目标值均为 100,指数值差距有限。

表 7-7　三种方案各区整体绩效指数均值比较

方案	LW 区	YX 区	HZ 区	TH 区	BY 区	HP 区	PY 区	HD 区	NS 区	ZC 区
方案一	55.49	69.52	78.96	60.75	75.12	61.33	68.18	69.24	57.44	63.66
方案二	63.37	67.67	72.74	65.88	70.25	63.5	63.91	64.67	62.61	65.74
方案三	48.84	78.77	53.65	60.78	86.26	42.93	67.85	77.19	47.32	50.28

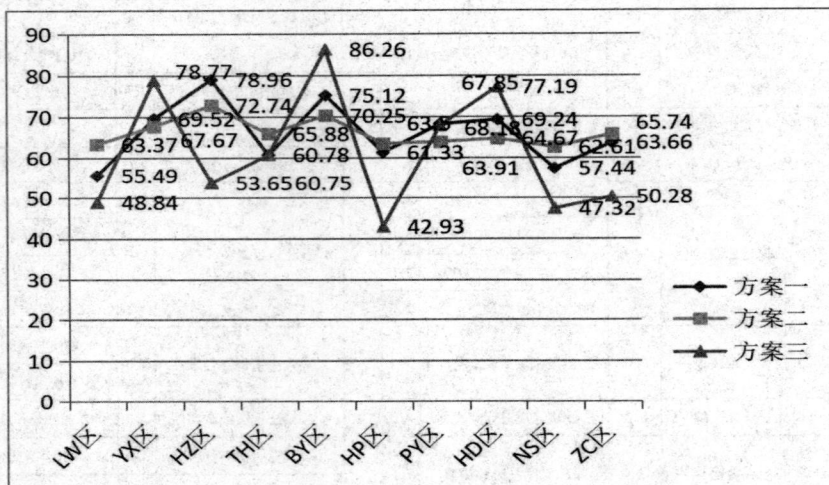

图 7-5　三种方案各区整体绩效指数均值比较

(二)各区整体绩效指数排序变化

相对而言,被评价对象在整体中的排序变化更为敏感地反映出不同方案对评价结果的影响程度与方向。将 3 套方案中 11 个区绩效指数在全市排序置于雷达图中。结果发现,方案 1 和方案 2 总体排序格局没有极大变化。但 3 条排序的曲线不同程度上分离,三分之二的区在区级政府排序中有 1—5 位变化,如图所示,变化较大的区有 TH 区、H 区、ZC 区等。

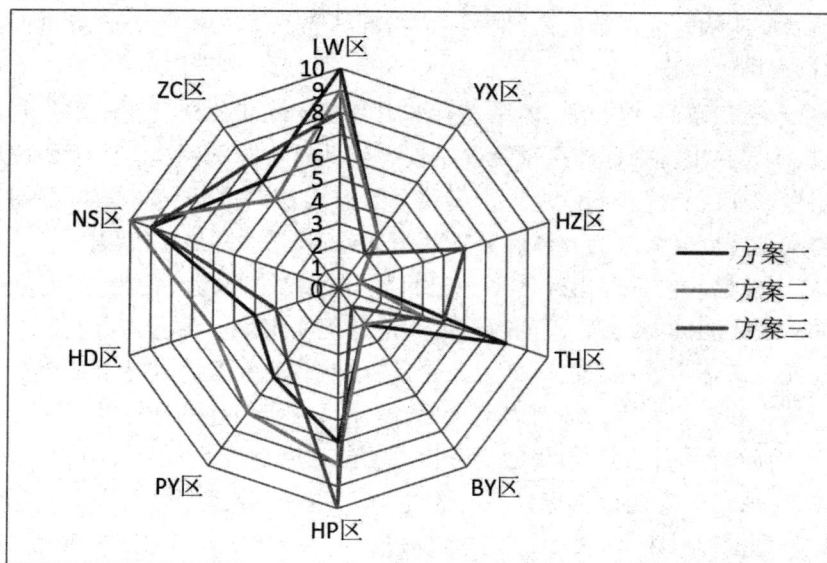

图 7 - 6　三种方案各区整体绩效排序比较

　　综合两个方面的检验结果,可以看出无论均值还是排序,方案 1 和方案 2 所得都相对接近,整体差距不大,但方案 3 则偏离较大;不仅如此,前两种方案在反映 GZ 市各区结果时比较平稳,而方案 3 使之出现了大幅波动,说明后者相对于不同评价对象的差异性来讲,其适用性不如前两者,可将其排除。那么仅对前两个备选方案,因为两者评价结果十分接近,应该说携带了几乎等量的信息,这种情况下考虑到方案 1 比方案 2 增加了 7 个指标,基于指标体系能简不繁(节约评价成本)的原则,我们认为方案 2 在三种备选方案中处于最优。

第四节　同类指标体系比较及专家评议检验

一、同类指标体系比较结果

　　在通过量化的技术方法进行不同方案之间结果比较以及检验的基础上,为更好地发现所构建指标体系的优势或不足,我们拟选择国内目前已付诸操作的另一项同类评价指标体系进行对比,从定性的角度来观察并力求有所启发。综合考虑各项因素,我们选择广东省法治政府建设评价指标体系作为参考的对象,主要因为:一方面该指标体系在现实条件下相对全面,对法治政府建设内容及目标有着较好的涵盖性;另一方面该指标体系已在广东全省范围内用于评价实践,取得评价结果,其适用性得到一定程度检验。[1]

　　① 王全宝. 法治政府的广东实验 广东实验"法治 GDP"[J]. 中国新闻周刊,2014,37:36 - 39.

将本项研究所构建的法治政府绩效评价指标体系与广东省法治政府建设评价指标体系进行对比，可以发现：

第一，广东法治政府建设指标体系没有采用专家评议和公众满意度评价相结合这种结合方式，从而导致出现指标体系系统误差较大或远离实际的困境。本项研究所构建指标体系采用专家评议和公众满意度评价相结合的方式，为进一步贴近实际，互补互证，专家评议和公众满意度又划分为整体和分项两个部分，较好的降低系统误差。

第二，广东法治政府建设指标体系还以目标与过程控制性考评为主，将其作为法治政府建设的手段和驱动力，面临理论逻辑的悖论与现实困境，存在评判纠偏功能不足，对于法制政府建设实际效果区分度较低等问题，同法治政府建设绩效评价所倡导价值导向与评价效果还存在较大差距。面对以上情况，本项研究所构建的指标体系是以结果导向型考评为主，有效避免以上问题，极大提升促进法治政府建设的实际效果。

第三，广东法治政府建设指标体系评价主体单一，缺少公信力。广东省出台的两部法制政府评价指标体系中，二级指标都是以政府为第一视角设计，考核都是由政府法制部门制定并组织相关人员进行，基本没有以社会公众的角度设计的二级指标，缺少公众的参与和专家的评审。① 特别是在法治政府评价中，体现行政监督、政府服务方面的二级指标，如"信访、投诉渠道畅通"、"健全社会矛盾预防和化解机制"、"依法接受人大监督"，都是由政府进行自评自督，而没有政府服务对象的评价或者政府监督机构的指标，使得指标体系易于走过场，流于形式，缺乏公信力。本项研究所构建法治政府绩效评价指标评价体系主体是多样的，不仅仅局限于某一主体，有较高的公信力。

第四，广东法治政府建设指标数量冗杂而不全面。广东法治政府建设指标体系的二级指标共有 40 个，三级指标 108 项，相对而言属于非常丰富的数量，但是像财政、税务等一些重要的、直接影响着行政合法性的、也是社会公众所关心的行政执法行为指标却并没有涉及。本项研究所构建法治政府绩效评价指标体系采用关键性指标评价法，有一定的侧重点，但又包涵了法治政府建设的主要内容，考评结果较为全面和准确。指标体系结构和指标数量比较合理（14 项二级指标，38 项三级指标），涉及范围适当，便于操作。

总体来讲，本项研究所构建的法治政府绩效评价指标体系体现关键指标评价理念，克服现有体制内考评指标体系庞杂的缺陷，以方便操作、降低工作成本；每项二级指标至少对应一项（一般 2－3 项，包括主观客观）三级指标，以确保二级指标内涵的全面性和有效性，使评价目标得以全面落地执行；指标有稳定可靠数据来源，以保证评价的可行性及结果的可信度；主客观指标互补与互证，公众满意度侧重于对客观评价指标的互补，专家评价（专业性判断）强化对客观评价指标的互证。故相对来讲，这一指标体系较为有效地避免了现有同类评价指标体系存在的问题，其简明性、科学性、可操作性都有所改善。

---

① 沈峰. 民生重大决策理应让民众"当家"[J]. 法治与社会，2013,06:16－16.

二、专家评议结果

进一步地，作为对指标体系设计质量的综合性评价，我们引入国内外通用的"同行评议"方法，即针对论证及检验后形成的相对成熟的方案，邀请相关领域的权威专家进行评价。专家评议主要采用通讯评审和深度访谈的方式，由受访专家就给定的方案，在其结构与内容、合理性及可操作性等方面提出评价意见。受访专家包括理论专家和实务专家两类，覆盖法学、政府绩效评价和地方政府治理等相关领域。基于代表性、有效性、结构性和可及性原则，在全国范围共访问 13 人，执行时间为 2016 年 3－4 月。对所有反馈的专家意见进行整理，我们提炼出具有针对性的观点，列举如下：

C1（理论专家）：法治政府绩效评价体系是一个由评价主体、评价指标、评价标准、评价模型与评价方法等要素构成的有机系统。本项研究所构建的法治政府绩效评价指标体系构建是一项基础性工程，我对该指标体系推动法治政府建设充满期望。

D1（实务专家）：法治政府绩效评价体系对法治政府建设具有导向作用，第三方或政府官员可依据这一评价指标体系开展工作，可以极大的提高工作效率。

G1（理论专家）："法治"国家的建设离不开法治政府建设，而法治政府建设就需要一套有效法治政府绩效评价体系来对政府工作进行规范化、系统化和法制化。

H1（理论专家）：目前我国的评价体系强化过程控制，必然将政府工作中各个节点分解，转化为评价内容和指标，成为一个庞杂的体系。

L1（理论专家）：建立健全科学的法治政府绩效评价体系，是贯彻落实科学发展观和正确的政绩观的一项重要任务。在完善法治政府绩效评价体系的过程中，应进一步体现导向性、客观性、定量分析为主、动态性、分类指导的原则，这样才具有可操作性。

N1（实务专家）：目前我国法治政府绩效评价体系不完善，由于起步较晚，法治政府绩效评价体系还处于初级阶段，因此要结合国情和政治环境，对我国法治政府绩效评价体系进行改进；要保证评价的制度化，以公民评价和专家评价促进政府绩效；树立以公众为本的评价理念。

W1（理论专家）：构建法治政府绩效评价体系是建设法治政府的内在要求与保障条件，涉及理论体系、组织体系、技术体系、制度机制、信息系统等主要元素。目前如何发挥法治政府绩效评价指标体系及其考评的积极作用是更大问题。

专家评议的结果显示：被访专家对于开展法治政府绩效评价持有积极肯定的态度，他们认为法治政府绩效评价体系建设对于法治政府建设具有举足轻重的作用，同时他们一直希望法治政府绩效评价能够达到预期效果。被访专家认为系统厘清法治政府建设、法治政府评价、法治政府绩效评价的逻辑关系，构建法治政府绩效评价体系是推进法治政府、法治中国建设的客观要求。总体来说，针对本项研究所构建法治政府绩效评价指标体系，专家普遍认为在现有条件下，该指标体系具有科学依据，适用性和可操作性，适合委托第三方评价，因而是一种考虑各项因素之后相对理想的设计。

第八章　完善指标体系思路与建议

十八大提出到2020年基本建成法治政府,法治政府绩效评价作为衡量、评价法治建设成效的手段,要实现这一目标,需要政府自身的法治建设与推动,同时在绩效考评的基础上,使目标更明确,路径更精确。如何发挥出指标体系的引导、评价和预测对我国法治政府建设非常重要。① 笔者认为,推进法治政府指标体系建设工作虽然取得了较大进步,但仍然需要进一步完善。

第一节　现有指标体系存在问题及原因

在指标体系构建过程中,绩效评价对象层次较多,不同层级的政府部门在法治建设过程中发挥的作用不同,如何使指标体系成为一套覆盖评价对象不同需求的指标体系,并非易事。在具体指标遴选过程中,每个维度实际上都是由相应的多个具体指标组成的,这些具体指标在构建过程中的如何选取及权重分配,直接影响到评价结果。目前初步建立的法治政府绩效评价指标体系虽然基本可以应用于实践,但从评价的实践过程与评价结果来看,指标体系仍存在一些亟需解决的问题。

一、存在问题

(一)指标体系构建的顶层设计理念不够清晰

自我国提出依法治国战略以来,对于将权力关进制度笼子里的认识已经得到高度认可,党中央国务院在法治政府建设上做出了总体部署,但是具体落实上有效措施尚缺。随着2004年国务院《纲要》的出台,法治政府建设目标与具体要求的提出,地方政府积极探索法治政府建设的路径,各地法治政府评价指标体系的构建热情高涨,②纷纷采取制定法治政府指标体系来细化相关要求,以推进地方法治政府建设工作。地方法治政府建设与评价提供了丰富的经验,但是一个重要的问题——"单打独斗",指标体系设计具有自发性,操作性不强,存在着明显的为了量化而量化的倾向。十八大提出法治政府基本建成这一目标,这对于各级政府来说是一项重大且急迫的任务,但是问题依旧,各地对法治政府的由于认识不一样,一些地方只能根据本地的经济、政治、社会等发展条件来制定评

---

① 袁曙宏. 关于构建我国法治政府指标体系的设想[J]. 国家行政学院学报,2006,04:12 – 14 + 62.
② 如广州市2010年制定的《广州市全面推进依法行政建设法治政府5年规划(2010—2014年)》;深圳市2009年通过的《关于加快法治政府建设的若干意见》;苏州市2011年通过的《苏州市法治政府建设2011—2015年规划》.

价指标体系,缺乏能够适用全国的法治政府评价体系。本书所构建评价指标体系一定程度上也具有地方属性,可以对于特定地区的法治政府建设成效进行评价,评价结果无法针对不同地区法治政府成效进行比较,其真实性与可信度也因此受到质疑。正是由于缺乏国家层面的指导和推进,各地关于法治政府建设的诸多问题都不能够准确把握,特别是关于法治政府的评价标准,目前在国家层面没有形成一个统一、系统的标准,导致评价指标体系构建的顶层设计理念不够清晰,地方法制部门和学界呼吁国家层面进行顶层设计。

(二)评价价值导向与功能定位仍存有疑惑

推进法治政府建设不仅是政府本身关切的问题,也是普通公众迫切关注的问题,法治政府建设的时间表能否真正的形成压力推动法治政府的实现,特别是对于我国有着几千年封建历史、法治精神没有根基的国家来说①,如何短时期内要实现真正意义上的法治依旧是一个值得思考的问题。纵观西方法治国家的发展路径,法治是一个长期的建设过程。本书研究的法治政府评价指标体系主要依据国务院颁布的《纲要》、《决定》、《意见》中对法治政府的内涵界定及评价标准,并结合最新的《法治政府建设实施纲要(2015—2020)》而设计的,指标体系的目的最终服务于法治政府建设,但是每个阶段的目标都不一样,即使在同一阶段,不同地区的目标也不一样,指标体系设计以法治政府建设目标为评价价值导向是否正确仍有待研究。围绕目标而建的指标,一旦这个目标是错误的,将造成严重的后果。

此外,指标体系功能定位不科学、不合理,势必影响最终的评价结果,所构建指标体系如何能够客观反映各地法治政府建设的全貌,现实中依旧没有形成统一共识,各地的指标体系构建实际上是"摸着石头过河",风险依然很大。从目前出台的各地区法治政府指标体系来看,关于指标体系的设计哪些指标需要纳入考核的范围中,多是依据国务院的《纲要》、《决定》和《意见》,如广东省法治政府建设指标体系中的108个三级指标、深圳市的225个三级指标,在实际考核中并没有全部进行考核,因为进行这些考核需要大量的时间和资源,被评单位疲于应付,这样指标体系构建的功能定位和价值何在?事实上,由于法治是一个包罗万象的社会现象,可供量化的指标量很大,并且在实际考量中为了提高评价结果的信度与效度,往往需要较大的样本。理论上可行,实践上如此大的样本和考核内容同时进行时,会出现评议者敷衍了事,流于形式,失去了评价的价值。本书所构建的指标体系基于独立第三方评价的视角,用于广东省的实证研究中发现有些客观指标的数据很难获得,即使有政府的统计数据辅助,但依然不齐全;另一方面,政府为了本地的业绩,可能只提供有利于自身业绩的数据,这直接影响最终评价结果。

(三)具体指标遴选和考评方法不完善

从具体指标遴选的科学性而言,目前学界尚未形成统一的法治政府评价标准共识,

---

① 参见张永理《当代中国政治生活中的封建残余研究》,知识产权出版社,2004:98－262.

各地实践存在较大主观性和随意性，没有经过科学、合理的论证，为量化而进行指标设定趋势明显，主观指标与客观指标、特性指标与共性指标、软指标与硬指标、长期指标与短期指标的设定不合理，法治政府有些指标具有共性，有些指标则具有特殊性，这些指标之间应当合理划分并且适当配比。① 从目前各地评价指标的设置来看，普遍缺乏约束力和指标分类，多数为引导性、预测性指标的软指标，而评价性的硬指标不足。此外，从法治指标构建的依据性而言，国务院的《纲要》、《决定》、《意见》等规范性文件是法治政府指标体系的重要依据，这也是应当和必然的。但是党的十八大提出了 2020 年法治政府基本建成的目标，这个目标是在原有的法治政府建设基础上的一个更高、更新的要求，是当前法治政府考评的重要内容之一，相应的指标体系构建对 2020 年法治政府目标如何理解考评，如何将这个新目标、新要求纳入到法治政府评价指标体系之中去，亦是新问题。因此，对于考评主体来说，针对 2020 年法治政府基本建成这个目标，在指标体系分解和考评中依然困难重重。本书所构建的法治政府绩效评价指标体系对于 2020 年法治政府基本建成的这一目标在指标体系设计的目标定位、内容依据和措施保障等方面也存在考虑不足进而无法有效地操作，

从考评方法科学性而言，法治政府考评方式、路径需要达到可测量、可反复、可验证，但是现实中由于各种原因，很难实现。法治政府指标体系构建，不仅要包含对相关法律制度的考评，而且还需要考评相关机构是否以相关的法律制度和规范为基础真正落实了依法行政行为以及实施的最终效果。在实践中，各地实际推行的法治政府评价指标多是依据相关法规内容进行考评，测量行政机关是否实施过相关行为，考评本质上是以自上而下的规章制度为基础，因此不可避免的形成只是自上而下的考评，结果有可能沦为形式主义，甚至变为自圆其说，与社会、公众关系不大。因此，本书法治政府绩效评价指标体系的构建引进政府绩效考评理念，加入公众满意度的调查与分析，增加公众参与评价路径，可以部分减少政府内部考评的"走过场"，但又无法有效解决数据资料来源不依赖于政府而独立收集问题，特别是在占较大比重的客观指标数据收集方面。

此外，目前多数地方法治政府指标体系划分很细，特别是三级指标，为了评价的全面性，有些指标体系考核达上百项，导致考核过程中不仅考核主体的工作量和成本大大提升，而且被考核者疲于应付，敷衍了事。相应的，政府每年的工作重点又存在差别，当年的某项重点工作需要在指标设计时赋予更多的分值权重，如何有针对性根据工作重心设计指标，分配考核权重，也是问题所在。总之，法治政府建设作为一个系统性工程，从决策到执行、考评都很重要，而且相互之间紧密相关。此次，笔者在法治政府绩效评价指标体系中根据广东省法治政府建设实际工作重点，结合政府官员、专家意见和群众意见，筛选指标，分配权重，但在实践检验中，依然存在指标针对性被质疑的问题。

---

① 杨小军，宋心然，范晓东. 法治政府指标体系建设的理论思考[J]. 国家行政学院学报，2014，01：64－70.

（四）指标体系应用于实践实证不足

在法治政府指标体系应用于实践实证研究过程中,笔者发现两个问题:一是考评结果的应用问题;二是实证结果的有效性问题。从以往很多考评研究中发现,普遍存在法治政府评分较高,各个被评地区评价几乎都是非常接近的分值,甚至只是在后面的小数点上有所差距,或者为了考评"和谐",考评结果只反映好的,如被评结果有优、良、合格档次,而缺少不合格,这样使考评效果和作用大打折扣,成了形式主义上的考评,即"为考评而考评"。一般来说,考评结果应该是有所差距的,这样才能反映法治政府建设的状况,但是由于各种原因,出现考评结果一个样,考评数据的真实性会被减弱。此次,在针对GZ市用本书所构建的指标进行实证研究,虽然考评结果体现出相应的差距水平,但是在客观指标的数据收集上存在着很大的困难,一些指标数据不齐全,一些指标数据收集成本很大,耗时长。另外,由于不同地方政府及其部门之间存在差异,而考评指标又是同一套指标,考评的公平性问题就难以完全解决。在主观指标的设计上,很多指标数据应考虑到受访者的差异,但目前指标体系只有一套,而受访者的差异却很大,这样得出的结果是否可靠。总之,虽然笔者引用了硬性指标的设定来拉开考评结果的差距,但是由于对被考评对象缺乏约束力,考评结果依旧难以反映实际,主观指标的评议主体差异性较大,且公共参与意识普遍偏低。

二、原因分析

从发展时间与路径来看,法治政府绩效评价是一个新兴事物,其理念与技术方法主要来源于国外政府绩效评价,适应中国本地特色的法治政府绩效评价还有待进一步研究,特别是中国受传统观念的影响,加之法治意识和基础薄弱,法治政府建设的要求与标准需要循序渐进。在目前这样一个法治环境背景下,指标体系构建是法治政府绩效评价的核心内容,如何将法治政府建设这样一个包罗万象的社会管理活动用科学、合理的指标去衡量,是一个有意义又艰难的课题,需要逐步探索。笔者以为出现上述问题,主要原因在于:

一是缺乏统一的标准。绩效评价作为一个舶来品,本身存在着需要调试的过程,法治政府绩效评价是建立在政府绩效评价的理念基础上,是政府绩效评价的一个分支。由于中央没有一个完整划一的法治政府绩效评价体系及原则,地方政府只是探索性的寻找本地区的法治政府评价模式。因此,各地区的指标体系内容虽然主要是依据国务院的相关《纲要》、《决定》、《意见》等,但是各地区的经济、政治、文化、社会水平存在较大的差异。不一样的指标内容直接会影响到评价的结果,更有甚者,不一样的指标内容使得不同地区不能进行相互比较,各个地方各干各的,受政绩的影响,难免会出现虚假的、形式主义的"为评价而评价",或者是打着"评价"的旗号进行竞技游戏。中央一直没有一套完整的法治政府建设评价的法律规范或者制度体系,现有的指标体系构建缺乏一个稳定不变的概念内涵,使评价主体、评价对象、评价范围、评价内容、评价周期等都无法统一或者有参考标准，这是地方法治政府建设评价存在各种问题的重要原因。因此，有必要进行顶层设计，以规范法治政府建设评价，促进法治政府建设评价在推动法治政府建设中发挥作用。

二是法治内涵的模糊性。指标体系构建的关键首先是厘清评价对象的内涵与外延，但是由于法治本身是一个主观的社会现象，其概念内涵一直具有争议性。不同的法治观念导致不同的指标体系，法治有形式法治与实质法治的区别。一般来说，形式法治强调"依法治理"、"民主合法性"及"形式合法性"等①，而实质法治更要求法律必须体现公平、正义、自由和尊严的要求，追求的是法的实质平等，强调不同问题区别对待，因而注重结果平等。指标体系构建以政府为评价对象，以政府的法治建设为内容，但究竟政府的"法治"是以哪种蓝本而展开评价的，依然是一个需要明晰的问题。"法治政府"的概念是抽象的，它需要借助其他相关事项加以阐述，而一个概念的包容性越大，其指标体系构建就会更为复杂，在构建广东省法治政府绩效评价评价指标体系过程中，我们在分析与解读法治政府与绩效评价的概念时，分别借鉴了国务院的纲要和绩效评价的本质理念进行设计，但实际操作过程中仍然出现评价对象与评价范围的反复斟酌问题。

三是主客观因素对指标设定的影响。指标体系的构建就是对抽象的法治政府评价的具体化、数字化，通过具体的指标来测量评价对象。但是如果指标设计不科学、不合理，那么就有可能造成无法有效评价法治政府建设成效，或者只能评价其中的一部分。在指标设定时，受到主观因素的影响，主要是确定指标的专家水平高低和认知直接影响到最终确定下来的指标是否能真正测量和反映法治政府建设实效。而进行这一步的前提是我们要选取专家，如何选取相关的专家进行评议，专家的结构都会影响到最终的指标确定。此外，客观因素主要是指设计指标的路径与方法是否正确也会影响最终的结果，如影响各级主客观指标的确定及其相应权重分配。在确定客观指标时还要考虑数据收集和数据来源的可靠性问题，一般来说，数据主要来源于官方的统计调查、政府的内部数据、法律文本及文献等都存在着一定的限定与不足，特别是对于我国信息公开不完善的情况下，如何确保所需的指标都有相应的真实数据也是一个很大的问题。因此，可以说指标体系构建是一个复杂的系统性工程，受到主客观等多种因素的影响，通常会出现有用的指标无法列入到指标体系中去，也就无法真实反映法治政府建设的实际成效。

第二节　完善指标体系需处理的若干关系

一、主观评价与客观评价关系

法治政府绩效评价应该采取主观评价与客观评价相结合的方法。一般而言，由于绩

---

① Brian Z. Tamanaha. On The Rule Of Law：History，Politics，Theory[M]. Cambridge University Press，2004.

效评价的理念中蕴含着经济、效益、效率、公平四组变量,主观评价与客观评价相结合存在必要性。主观评价是通过社会各阶层的主观价值判断,而客观评价是通过客观的数据统计而进行的评价,不同评价的类型及不同的测量工具会影响测量结果,主观评价与客观评价的占比类型必须有科学、合理的依据。具体而言,主观评价基于专家、利益相关者、重要人物、社会公众和服务对象主观上的价值判断,通过访谈或者问卷调查获取相关的评价信息。① 一方面通过专家评议法对相关指标的初选,然后召开专家评议会议,对设定的指标进行筛选,以最终确定指标体系,另一方面社会公众和服务对象的评价主要是用于指标体系确定后的实证研究与检验环节中,通过确定评议者的资格,展开访谈或者进行问卷调查。专家评议是针对指标本身设定而展开的,主要是基于专家的专业知识和理性评价,社会公众和被服务对象评价主要使指标体系在法治政府建设的绩效评价与检验实践中得以应用,进而提高法治政府建设与评价的公信力。客观评价是指通过数据收集客观信息而进行的评价,客观信息的收集与数据的可靠性会直接影响到评价的结果,这些客观数据一般来自于政府内部或第三方的统计数据,数据的真实性和有效性对于评价结果至关重要。

二、专家评议与公众满意度关系

专家评议主要是指采用函询调查,将初选的指标体系向有关专家提出,并将专家的回答进行意见整合、归纳、处理,再对指标进行筛选,保留最终的指标。专家评议法中最为关键的一步是确定专家,如果被邀请的专家不具备与指标体系内容相关的的专业知识,那么就不可能给予正确的意见并做出相应的有价值抉择。在邀请专家时,要注意这几个方面问题:一是被邀请专家是属于绩效评价领域内具有经验的专家;二是要既有精通本领域的专家,还要有法学与政府管理的专家;三是专家人数要适度,不能太多也不能太少,主要是因为太多的话难以组织,太少的话无法保证最终指标筛选的科学与精确性。专家评议应该是独立完成的,组织机构要汇总专家们的意见,然后再反馈给专家,再循环往复,最后进行统计分析,对哪些指标进行保留,哪些指标删掉,以确定最终的指标体系。公众满意度是指公众对政府法治建设成效的主观评价,即满意程度,一般来说可以通过单个问题进行测量,但是由于法治政府是一个抽象的概念,而且具备多种维度,因此在具体指标设计时,公众满意度评价内容应该更为具体,使公众更加清晰明了,以便客观的给出评价,并且方便实际操作。公众满意度主要是主观指标,一般包括政府法治建设过程中的政策制度公平满意度,也包括服务效率和建设成效的满意度等。通过公众满意度测量增强政府的责任感,拓展政府服务的回应性,是现代民主政治发展的要求,故公众满意度不仅在评价,也是为了更加清晰了解公众的需求,提升政府公信力。专家评议与公众满意度都是指标体系构建不可或缺的部分。

---

① 李文彬,陈晓运. 政府治理能力现代化的评估框架[J]. 中国行政管理,2015,05:23 – 28.

三、关键指标与日常指标关系

关键绩效指标是对导致政府组织内部运作成功的主要因素的归纳并提炼,这样可以使繁琐的评价内容进行有效的简化,重在可以体现关键绩效维度。它是一种目标式的量化管理指标,主要是通过对组织内部流程的输入端、输出端的关键参数进行设置,把政府目标分解为一个个可操作的工作目标。相对而言,日常性指标主要是指与评价对象有关的所有指标,日常性指标虽然可以详尽的反映评价对象的内容,但是日常性指标冗杂,执行效率低,成本巨大,且缺乏针对性。因此,本研究在对法治政府绩效评价指标体系设计中并没有采用日常性指标,而是借鉴关键绩效指标选取方法,在将法治政府内涵界定清晰的前提下,筛选出能反映法治政府建设的关键性绩效指标来组成最终的评价指标体系,对于关键性绩效指标的遴选还需要引入更多有效方法进行验证。

四、内部考评与第三方评价关系

内部考评主要是指政府内部自上而下的考评,是体制内的评价主体主导,如党委、人大、政府等。在体制内评价的流程中,通常需要被评价单位的自评,评价组织者通过所提交的自评资料,进行书面评审和实地考察,最后运用数据统计方法进行评价并分析问题所在,内部考评存在的优势主要是信息掌握比较充分,对评价对象比较了解,实际操作起来比较方便,效率高、成本低,但是这种内部考评常常公信力不足。第三方评价是一种体制外的评价,其评价主体主要有高校机构、社会组织、科研院所和企业等。第三方评价具有公信力和专业性强及独立性等优势,但是在数据系统收集方面则是先天不足。[①] 因此,评价信息收集的合理性对于第三方评价显得尤为重要。独立第三方与委托第三方的区别是独立第三方必须依靠严谨的科学方法在有限的资源中找到自己所需要的信息,而委托第三方可以借助委托方的权力,比较容易取得体制内部评价的相关信息。第三方评价一般需要根据评价对象性质,采取专家评议的方式,来设定可以考评评价对象的科学、合理的指标内容。还可以引入满意度调查,对利益相关者的公众进行实际评价,得到相应的主观评价,作为评价的一部分参考。内部体制考评与第三方评价相结合是目前法治政府评价的主要形式,即可以相互补足,也可以提高评价的公正性,促进评价的"助推器"作用。

五、指标评分中的增量与存量指标关系

在经济学中存量是指系统在某一时点的所保有数量,增量则是指在一段时间内系统中保有数量的变化。从数学意义上讲,增量是指数的变化值,即数值的变化方式和程

---

① 郑方辉,张文方,李文彬.中国地方政府整体绩效评价:理论方法与"广东试验"[M]北京:中国经济出版社,2008:16.

度。增量本身也是一个数值,变化有增加和减少两种情况:当增加时,增量为正;当减少时,增量为负;增加或减少的越多,增量的绝对值就越大。指标体系构建中应将经济学中的存量与增量概念相结合。只考虑指标的存量或者增量,对两者的关系认识不足的话,其最终的评价结果可能会失真。为此,在对指标属性进行区分的前提下,我们可以采取"立足增量,兼顾存量"。一般来说,法治政府绩效评价以目标为导向,在一定时期内是一个变化量,即增量就可以反映成效;但是由于指标的种类和性质,某一些指标的增量是离不开存量的,或者说,存量水平不一样的基础上,增量所表示的法治政府绩效也是不一样的。因此,对于这类指标来说,不仅要考察增量的水平,还要关注存量的水平。

第三节　完善指标体系的基本原则与思路

一、基本原则

一是科学合理性原则。科学合理原则主要是针对指标体系内容,指标的权重和分值分配。法治政府绩效评价指标体系的科学性、合理性会直接影响到评价结果的客观性与准确性。每一项指标的确定与筛选都应该有相应的依据和程序,确保最终保留下来的指标是能够有效的反映法治政府建设成效的,例如有些指标虽然能够精确的表现法治政府建设成果,但是这些指标数据难以获得或者操作比较困难,则应该合理予以考虑舍弃,或者减少此指标的权重。此外,确保评价结果的客观性、全面性的前提下,指标体系还应当尽量简化。

二是价值导向性原则。法治政府绩效评价目的不是简单的测量当年或者一个阶段内的法治政府建设成效,不是单纯的为了获得评价结果或者进行排名评出优劣,更为重要的是通过评价来推动法治政府的建设,使其朝向正确的方向与目标发展,也即绩效评价是一种管理手段,其目的是推动目标的实现。因此,在设计指标体系时应该根据评价对象的自身特点进行,有针对性的设计相应的指标,比如法制建设这个一级指标,需要二三级指标的进一步解释,二级指标和三级指标选择时必须通过一定价值导向的反映法制建设的目标。

三是可操作性原则。法治政府绩效评价指标体系的构建必须考虑到质量、效率与成本的关系,指标内容应该易懂和易操作,特别是对于主观指标部分,用于公众评议的那些指标要求内容明确可理解。对于可以量化的指标要尽量量化,不能量化的指标要找出可替代性指标用于测量,对于最终确定下来的指标用现有工具是可以测量到的。如果一套指标体系看起来很完美,面面俱到,但实际操作却无法展开工作,那么这套指标体系既浪费了前期设置的精力和资源,又无法正常发挥测量作用,失去了它存在的意义。无论是定性评价指标还是定量评价指标,指标数据要比较容易获取,信息来源渠道必须通畅,并且容易数据整理,要有标准的、规范的指标值计算方法,数据源可靠性较强。

二、基本思路

（一）区别绩效评价与目标考核的异同

现阶段我国各地法治建设评价的本质仍为目标考评。推行法治政府绩效评价逐步对其取代，应在认清现状的基础上，区分绩效评价与目标考评的共性与差异，同时基于法治政府绩效评价的内涵及我国国情和现实需要，对其进行合理的功能定位，或说在兼容目标考评功能的基础上发挥绩效评价的作用。

目标考评之所以在我国政府内部考评体系中占据主导地位，源自其三个强大的功能和两个重要的特征。三个功能是：第一，导向功能，即在确定总体目标后，所有的相关工作都必须以实现该目标为最终导向；第二，整合功能，即目标的设立及达成需要全体成员共同确定及执行，要求集体各个部分各司其职、相互配合，以及个人目标与集体目标相统一；第三，激励功能，即明确的目标可以激发个体工作的积极性，激励其为完成目标不断努力。两个特征是指：第一，目标在主观上具有绝对的权威性，目标一经制定即成为一切行为的最终导向，不允许被质疑，一切背离目标的工作都是无效的，至于在外界看来该目标若有不当之处，除非将其及时反馈到目标考评工作中，否则不影响工作的进行。第二，目标考评的主动权在考评部门，考评部门对考评工作进行整体控制。因此目标责任制考评实质上是一种自上而下的考评方式，强调上级（考评主体）对下级（考评客体）的监督控制以及下级对上级制定的目标负责这一过程导向。这也是保障目标考评顺利进行的必要程序。

目标考评的作用不容忽视，同时其局限性备受诟病。而绩效评价可以在一定程度上弥补这些局限，更符合当前的国情需要。绩效评价遵循结果导向与公众满意导向，以政府作为满足社会公众需求作为评价的风向标，强调公民的广泛参与而不是自上而下的单向考评。绩效评价以"4E"为评价内容：经济性——政府能否以最低的成本使服务达到预期的标准；效率性——政府能否以较低的成本获得较高的产出；效果性——行政工作的实际效果能否达到或超出既定的目标；公平性——民众能否公平地受益于政府提供的服务。"4E"弥补了片面强调GDP或经济效率的不足，更符合"以人为本"的执政理念和科学发展观的要求。

（二）明确绩效评价的功能定位

法治政府绩效评价体系就如同一座灯塔，指引着政府部门及其官员的法治行动方向，有什么样的评价体系就有什么样的法治行政作为。通过实施"结果导向、动态管理、目标引领、公众满意"为核心内容的法治政府绩效评价，促使政府改革各项工作都在法治框架下做得科学、细致、扎实，达到职能优化、运行顺畅、效率提升、执行有力、群众满意的改革效果。

建立法治政府绩效评价制度是党中央、国务院为建设法治政府深入贯彻落实，促进树立正确的法治观念,全面提高政府依法行政能力和公信力而提出的重要任务,是深化行政管理体制改革,加快推进政府职能转变和管理创新的重要部署。"十三五"规划纲要强调,要推行法治政府建设与评价制度,发挥绩效评价对促进法治政府的导向和激励作用。因此,实施法治政府绩效评价,提高行政机关依法运作的效能、效率和效益,提高公民对政府的满意度,是深化行政管理体制改革的必然要求。法治政府建设的目标是使政府"职能更优、成本更小、服务更好、质量更高"。为此通过科学合理的绩效指标体系和工作机制,对政府法治建设的工作机制及其改革创新过程实施精细化管理,对其所取得的工作实绩、效率和效益进行综合考核评价,并运用考评结果,实施改革绩效问责,最终形成以评价提升绩效,以绩效促进法治的长效机制。

(三)导入公众满意度的价值导向

如果说法治政府绩效评价归根结底是为了解决"法治"的问题,那么"公众满意"作为"法治"的终极目标,导入公众满意的价值导向对构建法治政府绩效评价体系有重要意义。完善法治政府绩效评价体系,即将公众满意度纳入作为法治政府绩效评价的关键和导向性指标,需要处理好以下五种基本关系:首先,公众满意度与法治政府绩效的关系。满意度是通过一定方式来测量人民的主观感觉,而人民的满意度多种多样,将公众满意纳入法治政府绩效评价充其量只能评价一部分法治政府绩效,这样就要求处理好子集与全集的关系。其次,公众满意与政府法治的关系。满意度是人民的主观感受和内心满足,一部分来源于客观条件的改善,但更多归属于其他因素,这些因素并不必然都是政府的职责范围,由此人民满意度在多大程度、多大范围上属于政府责任,是一个需要在评价中慎重厘清的关键问题。再次,公众满意与政府绩效的关系。每个理性个体追逐自身满意的最大化都可能形成冲突,各级政府需要通过宏观政策实现所谓的"帕累托改善",但这样的结果却会造成作为总体的政府绩效损失。政府应妥善处理好局部与整体、短期与长期利益之间的矛盾,用有限的物质精神实现人民满意又不耽误政府绩效。最后,满意与"被满意"的关系。满意度作为评价指标引入法治政府绩效评价,也可能产生为了"绩效"而选择性收集数据的人为干扰,即评价出来的只是某一部分人的满意,因此处理好满意与"被满意"是十分重要的技术问题。

(四)理顺绩效评价涉及的多重权力关系

法治政府绩效评价是涉及多部门、多程序、多环节复杂的系统工程,其中涉及多个部门之间评价权、评价组织权、实施权配置的复杂权力运行关系。合理的权力运行机制是保障绩效评价工作顺利进行的前提,剖析当前我国法治绩效评价工作中存在的问题,基本上可以从权力运行的方面寻找原因。理顺法治政府绩效评价过程中的权力关系是构建政府绩效评价体系的关键所在,是无法回避的难题。

考评权与考评组织权是当前我国法治政府绩效评价工作中最重要的权力。纵向上呈现等级清晰明确的金字塔结构,横向上是专业化职能部门的各自为政,这是目前我国行政体系的一大特点。在我国传统的组织考评中，考评组织权居于核心地位，由于在实际运行中各个部门都存在扩张权力的冲动，热衷于提高本部门的权威，因此围绕绩效评价组织权的博弈在所难免。随着我国政府绩效管理与评价工作的不断深入，呈现出日趋多元化的特点，相应地需要理顺更加多样化的权力关系，包括考评组织权，知情权、监督权、主导权、选择权，以及与外部评价主体息息相关的其他权力关系。权力关系能否理顺既关系到各个部门在法治绩效评价工作中的配合程度及态度，也关系到外部主体能否参与法治政府绩效评价工作、发挥其应有的优势和作用，可以说决定了法治绩效评价工作的质量。

第四节　完善指标体系的具体建议

一、树立以评促建理念，构建法治评价环境

法治作为现代政府管理的主要形式，已经成为共识。法治政府绩效评价指标体系不是"单打独斗"就能顺利完成的，一套科学、合理的指标体系一定需要当地政府结合各地实际情况制定相应的考评办法、考评结果公开方法、考评结果运用办法等一系列相关配套性文件，促进法治政府绩效评价工作更加完善，更加明确以评促建的理念。法治建设与法治环境是不可分割的两部分，是对立统一的辩证关系，法治环境对于法治建设会产生很大的影响作用，法治环境的塑造和建设也是法治建设必不可少的一步。从一定意义上说，法治环境的塑造和建设，实际上就是法治建设的主要内容和核心所在。[①] 良好的法治环境是法治政府建设与评价的基石，法治政府建设与评价离不开相应的法治环境构建，因为法治环境不仅影响法治政府建设，也会影响法治政府评价效果，法治政府绩效评价指标体系构建必须对法治环境加以考虑。良好的法治环境是推行法治政府绩效评价展开的外部条件，"没有法治，何谈评价法治"。一般来说，法治环境包括法律制度、法治意识及法律素养等，其中提高政府人员和普通市民的法律素养，营造良好的法治氛围是推动法治环境构建的有效途径，同时良好的法治环境转型升级离不开政府对于法治的引领和推动。

二、加强政府依法行政能力与评价建设

当前中国建设法治政府，政府需要担负起推进依法行政的主要责任，从目前的实际情况来看，依法行政也明显具有的政府推动特征。因此，坚持把依法行政作为法治政府建设的重点来抓。在实践中，不断深化行政管理体制改革，合理划分各级政府的职责和权限，推进政府职责有效落实、机构和编制的法制化，深化行政审批制度改革，转变政府职能，执法有法可依，有据可考；注重完善行政决策机制，认真执行重大行政决策程序规

---

① 城市法治环境评价体系与方法研究课题组. 试论法治及法治环境的内涵[J]. 公安大学学报,2002,02:16－21.

定,完善重大行政决策听证制度、专家咨询论证和风险评估机制,严格执行重大行政决策合法性审查制度,使决策程序规范;注重完善行政执法体制和机制,深化行政执法体制改革,推进综合执法,严格执行行政执法程序;注重创新政府管理方式,坚持向社会公开财政预算决算、公共资源配置、重大建设项目和社会公益事业建设等方面的信息,加强电子政务和公共资源交易平台的建设。但是政府发挥主要作用并不是说就是完全靠政府自我推动。一般来说,推进依法行政不仅需要政府的自我推动,还需要社会的由外向内的压力驱动,形成政府依法行政的动力新机制,促进政府依法行政的发展。政府的权力必须在法制的框架内运行,政府的执法行为应该及时公开,让民众知悉。特别是对于利益相关者,依法行政的对象来说,更应该建立畅通的渠道,获悉执法情况,使其能够通过主观评价对政府法治建设的满意度予以评判。正是这种自上而下与由外向内的驱动,要求指标体系构建的内容不止是对政府执行力的考核,还要引入公众满意度的调查,促进政府公信力的发展。

三、培育与法治政府绩效评价相适应的法治文化

法治文化是社会公众法治意识和法治精神的体现,是法治建设的先导性、基础性工作。因此,要坚持把大力培育法治文化作为法治政府建设与评价的基础工作来抓。在实践中,注重通过开展全民普法、"法律进机关、进乡村、进社区、进学校、进企业"等活动,弘扬社会主义法治精神,强化公民法治意识,在全社会营造自觉学法守法用法的良好氛围;注重利用党校、行政学院和公务员培训机构等各种场所,采取各级中心组学习、法制讲座、法制培训、法律知识考试等各种形式提升公务员法治素养;加强法治文化传播体系和设施建设,注重加强法治宣传教育阵地建设,加强法治文化产品创作和推广,广泛开展群众性法治文化活动;加强高校法学学科专业建设,为法治文化形成提供理论支持。在普及法律的过程中要多用通俗易懂的群众语言,及时用法律来为群众排忧解难,提高法律法务水平,使广大群众能从法治实践中增强法治观念和法律素质。现代公民培育法治意识,应该注重把学习法律知识与法治精神相结合,懂得用法律来维护自己的权利,但同时要践行法律规定的义务,将两者结合起来,切实提高自身依法办事、依法表达诉求、依法维护权益的意识和能力。政府组织人员及其他工作人员应当牢固树立学法、用法、守法意识,对自己履行的岗位职能相关的法律、政策和业务知识熟悉并能有效运用,带头依法决策、依法执行,不断提高依法处理问题的意识和能力。

四、优化法治政府绩效评价的技术路径

在前期已经确定的指标体系,及用于实证研究后存在的问题,显示了法治政府绩效评价指标体系构建的技术路径仍需要完善,主要包括以下方面:

一是程序上的完善。法治政府绩效评价指标体系构建的常规程序包括:初期的信息收集、评价对象的确定,评价对象内涵的梳理,评价目标选定、评价标准建立、评价指标的

初步筛选、评价指标的最终确定，评价结果的反馈等环节。程序的完善主要体现在指标内容的确定和指标的筛选过程，除了通过层次分析法的改良和专家评议两种方法，还可以引入结构方程模型等方法重新对评价结果反馈的指标进行科学、客观、合理的筛选，使各个最终指标能够反映法治政府建设的实际水平，经过实证结果反馈后的指标体系能够清晰了解前期指标设计中存在的问题，并将这些问题向有关专家反馈，形成修改意见。

二是增强评价指标的信度和效度。评价信度是判断测评指标设计质量的主要方法之一，它是评价指标可靠性、稳定性及一致性程度的判断标准。一般来说，如果评价信度比较低的话，其结果就缺乏可靠性。评价指标效度是指评价指标在多大程度上描述了评价对象的特征范畴并反映了评价目的，即评价指标反映评价对象客观要素的准确程度。通常一套完善的指标体系要能够反映评价对象各个方面的情况，但是受到客观因素的制约，有可能在法治政府的绩效评价中，有些设定的指标不能反映或不能完全反映政府法治水平这一评价对象的特性要求，这样，该套指标体系的效度就会大大的降低。本书研究的指标体系在实证研究中发现有些指标无法反映法治政府建设水平，有些指标虽然反映了法治政府建设，但是数据很难收集，这都会使信度和效度大打折扣，在指标体系完善时应该予以考虑，比如组织机构完备率，人均 GDP 等指标。

三是系统化的指标选取。法治政府绩效评价指标体系是一个系统性工程，指标体系的每个指标是独立存在的，但又是相互影响、相互作用的。一级指标有五个维度：法制建设、过程推进、目标实现、法治成本、结果满意，二级指标是对一级指标的五个维度的进一步解释，三级指标是具体的操作指标。每一级指标都是一个子系统，三个子系统一共形成一个完整的指标体系，整个系统具有严密的科学性和逻辑性。每个指标或每层体系应能从特定的角度去研究和评价法治政府建设成效，一定程度上体现法治政府的本质，以量化和数字化形式满足法治政府管理和认同的目的。

四是科学合理的分配权重。指标权重的确定是指标体系构建的一个重要环节，权重的设定体现了不同的指标在指标体系中的相应地位。权重是人们对认知评价对象某项工作或内容的重要性最直接表现。权重越大，说明某项工作或某项考核在法治建设工作中处于重要一环，具有重要的评价价值。权重分配的科学性和合理性直接影响整个指标体系的客观性、真实性、公正性和可靠性。为达到上述目标，法治政府绩效评价指标权重设定还应充分运用层次分析和因子分析法等权重分配方法，结合实证结果进一步科学合理对指标体系的权重分配优化。实际过程中，还要考虑法治建设的发展阶段，根据不同发展阶段，法治政府建设的内容不一样，指标的权重分值分配也不一样。

五、丰富法治政府绩效评价的指标内容

指标内容的确定是在对法治政府概念、职能、目标明晰的前提下设置的，一般会在法治政府目标的基础上进行分解。由于十八大提出关于 2020 年法治政府基本建成的目标，与之相配套中共中央国务院《法治政府建设实施纲要（2015—2020 年）》也明确规定

了实现法治政府基本建成的奋斗目标的总体要求、主要任务和具体措施、组织保障和落实机制，并且明确规定了法治政府的衡量标准。各地区各部门作为全国法治政府推进的组成部分，纷纷展开法治政府建设规划，结合实际认真贯彻执行。因此，在本书指标体系设计过程中，将新纲要作为制定和筛选指标的重要参考标准之一。一般来说，政府绩效水平不能仅仅由政府内部资源投入和结果产出来决定，还包括利益相关者满意、关键议题解决、运行管理状况等都会产生一定的影响。法治政府绩效评价指标体系在构建的过程中，也需要适当考虑这些因素，将不同维度的内容合理纳入到指标体系构建中来，通过专家评议来决定哪些具体的指标可以作为绩效评价指标，所设计的指标体系应在对政府法治建设的充分理解前提下具有可测量、可比较性。具体而言：

一是指标内容要反映现实需求。绩效评价指标设计是出于对法治政府建设进行绩效考核的现实需求，评价对象涉及到政府的每一级政府组织和每一个政府部门，指标内容的设计应当考虑法治政府建设的实际情况，每一项指标内容都针对政府法治建设的具体职能定位。同时由于每一个单位和每一个人对考核的目的、考核的内容都有不一样的想法，即使是同一个评价对象，可能绩效评价指标也会不一样，但指标体系不能将每一个需求都反映出来，或者指标内容不可能是所有评价对象的所有工作的反映与考察，因此，在指标设计时应该有所侧重，同时又能够作出客观、合理的评价。

二是指标选取的平衡。在评价目标确定的前提下，会对评价对象进行指标设计。一级指标是目标在宏观上的维度拆分，主要是对评价对象的内涵进行初步释义，一级指标是对应的二级指标和三级指标，三级指标是具体的可操作性的指标，三级指标一般分成主观指标与客观指标，主观指标用于公众评议，反映公众对政府法治建设的满意度，反映政府的公信力，而客观指标反映政府法治建设的执行力。进行具体指标选择时，备选指标很多，筛选指标时应考虑被选指标与评价对象的关系，对能够有效反映政府法治建设的指标即关联度高的指标应该优先选择。有些指标例如投诉率、信息公开及时率、合法合规性审查率等，尽管能有效测量评价对象的绩效水平，但由于数据难以获取等各种原因，依然会被筛选排除。在理想情况下，绩效指标体系应该涵盖所有可能的绩效内容，然而在现实中却很难兼顾。

三是质与量的综合。法治政府绩效评价指标体系的内容理应反映法治政府职能范围内工作量的要求，也应该包括反映政府提供公共服务质量，满足公众需求程度的质。在指标设计时主客观的结合要出于这两方面的考虑，这也是民主政治的产物，民主政治要求公众更多的参与到政治中去，维护自身的利益与权益。让人民来评议政府，真正的听取民声，如公众对社会治安的满意度，公众对政府执法公正的满意度，这些指标直接反映了利益相关者的需求。但是受到公众参与意识和薄弱的法治意识限制，某些公众评议比较欠缺，数据的可信度降低。因此指标设计中还需要进一步注意采用质与量的结合，通过主观指标与客观指标的设计和权重分配来有效评价法治政府绩效。

附录

"三位一体"视角的法治社会评价体系构建

邱佛梅　谭玮①

一、引言

2012年，习近平首次提出"法治国家、法治政府和法治社会一体建设"的命题，十八届三中、四中和五中全会又一再强调建设法治国家、法治政府和法治社会的目标。三位一体法治建设作为国家决策层面的新命题受到社会各界的广泛关注。法治建设是全面实现依法治国战略的重要保障，如何衡量其建设水平和了解建设情况既是热点也是难点。事实上，近十年来，为契合全球法治发展背景下"世界正义项目"和"法治指数运动"的浪潮，我国各地对法治评价早已有研究和实证探索，主要以地方政府推动的依法行政考评活动和学术界开展的法治政府评价实证研究为主，"量化法治"已成为测量法治建设水平的"最优选项"。法治社会评价作为一个全新的研究领域，是法治建设的内在要求。法治社会被指数"量化"的背后，既在一定程度上反映社会民意及法治诉求，也为社会治理提供了可供参照的结构性标准，是法治社会可量化的正义。

顾名思义，法治社会评价即衡量、评定法治社会的发展水平，"通过定性化的标准和标准的定量化实现法律制度的符号化"②，最终得到直观量化的结果，以此反映评价周期内该地区的法治状况。法治社会评价是量化区域法治建设成果的工具手段，本身涉及法学、管理学和统计学等多门基础学科的融合。本书聚焦法治社会，基于"以评促建"的思维模式，围绕"为什么要评价→谁来评价→评价谁→评价什么→如何评价"的逻辑思路，从法学角度解析法治社会及其建设的相关内容，引入管理学的绩效评价方法为技术工具，旨在构建法治社会评价体系，主要又是对评价主体和指标体系展开讨论，原因在于，评价主体决定评价公信力，指标体系决定评价科学性③。

二、法治社会评价的内外动因

有建设就会有评价。法治社会评价的根本动因在于推动法治建设，二者具有密切联系，主要体现为：法治社会评价是法治建设成效的水平性评价，本身也是法治建设的重要组成部分；法治社会评价与法治建设共同推进区域法治化进程，但都不是最终目的，二者皆为

① 邱佛梅，华南理工大学法学院博士研究生；谭玮，华南理工大学法学院博士研究生．

② 钱弘道，戈含锋，王朝霞等．法治评估及其中国应用[J]．中国社会科学，2012(04)：140-160．

③ 郑方辉，邱佛梅．法治政府绩效评价：目标定位与指标体系[J]．政治学研究，2016(02)：67-79．

促进社会实现现代法治价值和理性法治建设的一种手段;此外,法治社会评价具有"协调平衡利益冲突、提供修复受损秩序载体、优化法治资源配置、搭建创新制度安排平台以及实现公平正义等功能"①。某种程度上,法治社会评价与法治建设是同生同构、互相促进的关系。

(一)法治社会评价的内部动因

从评价自身角度讲,法治社会评价是法治建设的"检测仪"和"助推器",符合评价作为组织管理手段的工具理性特征,也吻合体制内自上而下的管理属性,是集权优势下推进法治建设、提高法治效率的法治实践创新模式。在建设社会主义法治国家已成为共识的前提下,法治社会评价所具有的工具理性特色与政府推进型的法治建构模式具有天然的亲和性②,基于"以评促建"的理念,法治社会评价对法治一体化建设具有推动作用。首先,法治社会评价具有价值导向功能。法治评价为公权力机关提供"应该做什么"的价值导向,并通过评价形成良性的倒逼机制,督促公权力机关正确、高效地履行法治职能。同时,评价机制的导向功能更多贯穿上级政府的法治理念及其实现路径③,更加注重民主、法治和社会公众的关系,为法治建设明确工作导向,体现价值导向。其次,法治社会评价具有监督功能。评价过程本身也是对政府推动科学立法、严格执法、公正司法、全民守法工作成效的监督,有助于促进法治建设最终目标的实现。再次,法治社会评价具有纠错功能。尽管目前尚无制度规定,评价的初衷是要形成问题反馈和改善机制,以便政策施行者发现制约某个区域法治建设的主要问题、不足之处以及内在缘由,从而转变路径,推动法治建设向正确的方向前进发展。最后,法治社会评价具有优化功能。"建设评估是转型时期的过渡性评估,基于法制与法治理论,社会指标理论和绩效评估方法,由政府主导,旨在推动法治的生成"④,法治社会评价有助于优化法治建设的软环境,优化社会治理方式,促进社会法治价值共识的生成,传播、倡导法治精神,让法治的力量深入人心。

(二)法治社会评价的外部动因

从法治建构模式的发展程度来看,发现法治供给与法治需求的匹配度和平衡性矛盾症结,是法治社会评价的外部动因。法治评价具有强烈的价值属性,本质上反映了客体法治功能与社会主体需求之间的关系,是社会主体基于自身法治期待对法治现状的价值判断与评价。评价即是对法治效果的质量检验,关注法治价值的实现程度。而评价系统的终端程序是结果回应性,法治评价对社会公众需求的回应性是评价的特色,旨在改善公权力机关为社会提供高质量的法治产品与服务的能力。可以说,法治评价是实现良法善治的有效途径,因为"回应性越大,善治的程度就越高"⑤。但法治建构模式下,由于区

①　徐汉明,林必恒,张孜仪. 论法治建设指标体系和考核标准的科学构建[J]. 法制与社会发展,2014(01):21 – 27.

②　钱弘道,戈含锋,王朝霞等. 法治评估及其中国应用[J]. 中国社会科学,2012(04):140 – 160.

③　郑方辉,尚虎平. 中国法治政府建设进程中的政府绩效评价[J]. 中国社会科学,2016(01):117 – 139.

④　孟涛. 论法治评估的三种类型——法治评估的一个比较视角[J]. 法学家,2015(03):16 – 31.

⑤　俞可平. 权利政治与公益政治[M]. 社会科学文献出版社,2000:118 – 119.

域经济、政治、文化等条件差异导致地方法治供给扭曲和错位，部分地方供给过剩与部分地方供给不足的现象常有。实际上，法治供给与社会需求不一致必然要求开展法治社会评价。此外，政府外部拥有对法治评价的权力和能力。公民权的积极发展，民主化程度的提高，各类非政府组织的产生，触发了社会组织站在民意的立场启动法治评价，为社会公众参与法治实践和表达利益诉求提供了组织保证和活动平台。

三、法治社会评价的关联主体

我国各地"法治社会"内部考评发展已数十年，其大多数的考评指标均服务于体制内自上而下的目标考评，具有高度的类同性，包括立法评估、执法评估（法治政府建设考核或依法行政考评）和司法评估等方面的考核评价。"以评促建、以考代评"理念根深蒂固，使各地实践过分依赖于政府主导，凭借目标管理手段推进法治建设，在考核内容上基本一致，指标数量繁多，可操作性不强，客观数据真实性遭质疑，严重缺乏公信力和科学性。[①] 以法治社会第三方评价模式推进法治建设，推动法治评价从"内部控制型"模式向"外部责任型"模式转变，是我国走向法治一体化建设及社会治理创新的必然选择。

（一）体制内法治考评主体的现实矛盾

第一，自上而下的目标考评。考评主要是针对法治建设目标实现程度的测量和检验，本质上是自上而下的法治建设目标考核，其根本逻辑是以实现组织工作目标为导向，是一种对自身法治建设工作日常性、常规性的绩效评估。传统的目标考评模式只是一种理想情形，在逻辑上假定目标的正确性，即目标应清晰、具体并与战略目标一致，法治信息充分、准确，但上级部门在设置目标时可能受政绩驱使、部门利益等因素影响。更甚的是，政府主导评价还可能会在目标设定和评价过程中扭曲法治理念。此外，自上而下考评模式中，行政机关更注重使用下级对上级绝对服从的指令和问责方式，其强制色彩较为浓厚，手段也较为刚性单一。这样一旦下级行政机关和公务人员不能认同，出现有形或无形的抵制时，法治政府建设的动力也就难以长久的维持。[②] 实际上，目标考评能否实现理想化效果取决于评价主体对考评目标进行价值选择和决策时的行为倾向和利益判断，以及评价主体对抽象法治理念的实践转换能力。但由于缺乏社会参与和监督，体制内评价体现为一个相对封闭、固守的评价系统，即便考评有着较为清晰的问题导向，但目标纠错机制依旧尚未形成且难以形成，原因是"自上而下的目标考评"旨在追求政府内部行政执行力，受到"行政系统科层制"的影响，指标体系的设置层层沿用和分级适用，旨在推动下级行政机关实现上级预设的目标。"对上级设置的评价目标进行反馈和纠偏，并对评价体系进行实践反思和动态调整"成为摆设。

第二，评价主体垄断性。现行体制下，我国内部考评的评价权一般归属于上级党委

---

① 邱佛梅."中国特色"的法治政府绩效评价：沿革、标准与实践[J]. 地方法制评论（第三辑），2016.

② 杨小军，宋心然，范晓东. 法治政府指标体系建设的理论思考[J]. 国家行政学院学报，2014，01：64 – 70.

和政府,成立以党委书记为首的领导小组,下设专门办公室或者挂靠某个政府部门作为牵头单位行使考核组织权。① 评价主体垄断于体制内某些部门,导致考评权虚设、实施权单一和组织权分散,难免出现评价主体单一、政府主导一切、评价结果失真并缺乏公信力、地方政府部门"只唯上不唯下"、缺少社会公众和专家代表参与等弊端,导致无法适应社会多元利益主体的需求。对于内部而言,由某些政府部门牵头组织评价活动具有正当性与可行性,但不可避免受其他平级政府及部门的制约。由此也出现了权责背离、利益割据等现象,关联主体在争取"部门权力"及"潜在利润"最大化的过程中难免陷入互相推诿、回避责任的"现实困境"。因此,理顺评价权责体系是完善我国法治评价(考评)实践的重要内容,遵循权责理论才能协调关联主体的利益割据局面,摆脱"责任困境",实事求是地衡量和评价法治社会的实现程度。

第三,评价主客体不分。考评的本意是对法治建设及其成效的评价,实际操作上却是对具有法治建设职责的政府部门的工作考核,可以说,体制内法治社会考评的主体和客体均为党政部门,评价的主体与客体不分。自我评价必然导致评价主体难以中立,因为"要求公共组织对自己的行为作出客观公正的评价实非易事"②。政府部门及官员既当"运动员"又当"裁判员",评价过程缺少公众参与,完全由政府部门根据自己的利益来决定"谁来评、评什么、怎么评",甚至可能为避免测评结果"难看"出现造假现象。显然将主导权交予政府手里,无法有效追究违法责任。"为了评价而评价,为了考核而考核"的形式主义评估和运动式评估,仅将法治评分的高低作为奖惩的依据,只会加剧政府部门利益割据的矛盾,并不能真实、有效地反映问题、剖析根源,那么就会陷入"评价悖论"。

这样,囿于自我评价的窘境,以及独立第三方评价主体具有立场超然、技术专业等特点,法治评价应采取"独立第三方评价"模式。此外,应把地方法治建设绩效考核与法治评估逐渐分离,并改变由地方政府主导地方法治建设评估的局面。③

(二)第三方评价法治社会的理论逻辑

法治社会评价是一个包含价值判断的"应然"模式,可作为法治建设推动力的理性工具。由第三方评价法治社会具有独立性、客观性、专业性、透明性和公正性等优势,其正当性基础在于测量法治社会水平,发现法治在社会运作中的问题并予以纠错、指正方向。第三方评价作为一种外部制衡机制,弥补了政府自我评价的缺陷,能够有效整合社会资

---

① 根据国务院《全面推进依法行政实施纲要》中关于"上级行政机关应当加强对下级行政机关贯彻本纲要情况的监督检查"的相关规定,各地方政府基本上都采取了上级政府对下级政府进行考评的办法。但各省、市在政府依法行政考评的组织实施主体选择上均有所不同,主要分为以下几种:一是上级政府的法制机构,一般是政府法制办公室。例如南京、河北、湖北、湖南、吉林、海南、四川等省份均采取此种考评模式设置考评机构;二是上级政府推进依法行政领导小组、依法行政考评小组或依法行政工作领导小组。例如北京、广东、安徽、广西、江苏、辽宁、甘肃等省份均采取此方式.

② 汪全胜. 法律绩效评估机制论[M]. 北京:北京大学出版社,2010:146.

③ 付子堂,张善根. 地方法治建设及其评估机制探析[J]. 中国社会科学,2014(11):123-143.

源，合理规避权力寻租，过程公开透明，结论相对客观，是破解评价角色重叠的现实途径①。

第一，法治社会评价是民主性评价。评价模式上，第三方评价法治社会通常以公众法治满意度的形式，将结果导向置于以公众满意为标准的社会公众评判之下，确保法治建设方向与人民需求以及社会需求相匹配，贯穿社会公众的意志和诉求，并对此承担法定责任，体现追求法治公信力的目标属性。评价组织上，社会组织第三方评价机制是以一种民间形式对政府的法治建设工作及法治发展水平做出的民主评价，其价值在于了解民意，促进社会公众对法治建设的民主参与，实现政府、公民和社会的三维良性互动，并进一步推动法治的生成。

第二，法治社会评价是水平性评价。第三方评价法治社会的"边界"在于未强行介入体制内相关部门基于"内控"意图开展的法治建设考评，其根本意图不是"工作反馈控制"，而是"异体检查测量"。可以说，第三方评价法治社会是作为一种有效的外部检测器而开展的水平性评价：一是有利于构建更能体现法治价值和公众满意导向的指标体系，通过引入第三方组织实施法治社会公众满意度评价，使整个指标体系结构和内容更科学公正，更好地测量现实社会与理想法治社会的差距；二是有利于引导法治社会评价脱离政府管控，使其在实践中区别于法治政府评价和目标责任制考核，不再是单纯地检验政府完成了多少目标任务，而是通过构建符合法治社会内涵和价值的指标体系，推进法治国家、法治政府和法治社会一体化建设。

第三，法治社会评价是社会性评价。第三方评价法治社会又可称为社会评价，主要包括公民个人、专家群体、社会组织等通过社会公众评议和专业人士评议等方式，并配合相对应的客观指标，直接或间接、正式或非正式地评估法治社会水平。第三方评价法治社会的"社会性"集中体现为：一是第三方组织在行使社会权力进行评价的过程中基于自身信用能较好地获得社会公众的认可与信任，虽然评价结果并不直接用之于政府管理，但由于这些评价结果具有较强的社会公信力，使得它们成为一个国家或地区法治水平的风向标，成为倒逼政府推进依法行政的利器②；二是第三方评价凝聚社会力量，充分利用社会性资源，接受同行评议和社会全方位的监督，打破法治评价的管理主义倾向；三是通过第三方评价的方式，有效带动整个区域的政府和社会组织的法治转型，推动社会朝着'善治'方向发展③。

第四，法治社会评价是协同性评价。法治社会评价是法治建设的重要组成部分，有助于推动法治建设进程和保障法治建设成效。将第三方评价引入法治评价之中，其逻辑

① 吴佳惠，王佳鑫，林誉. 论作为政府治理工具的第三方评估[J]. 中共福建省委党校学报，2015（06）：17 – 22.

② 郑方辉，尚虎平. 中国法治政府建设进程中的政府绩效评价[J]. 中国社会科学，2016（1）：117 – 139.

③ 何志强，邱佛梅. 国内法治评价指标体系：现状与评析[J]. 华南理工大学学报（社会科学版），2016（03）：71 – 78.

前提在于:第三方评价法治社会是协同治理的创新模式。第三方评价法治社会何以具有协同治理的功能? 原因在于第三方评价法治社会契合了治理主体多元化的要求,由政府以外的社会组织和社会公众参与法治协同治理,对法治社会进行评价,本质上是公共权力下放与政府的社会功能转移,实现了政府、社会和公民之间的良性互动,体现了政府治理模式的创新和管理职能的转变。促进第三方评价主体的多元化,构建多元主体协同参与的综合性第三方评价机制,是推进政府治理方式创新的必要举措。

四、法治社会评价指标体系

指标体系是法治社会评价的关键要素,决定评价结果的科学性和公信力。法治社会评价指标体系构建应遵循贯彻依法治国的重要方略,服务于经济与民生建设,体现结果导向、流程优化导向与公众满意导向结合的思路。本书指标体系构建遵循以下路径:"确定领域层结构——分解领域层内涵——初步选取指标——确定指标权重——设计评分标准——二次筛选指标——调整指标体系——确定指标体系"。初选指标后进行专家咨询问卷调查以相对重要程度确定指标权重,并根据咨询结果二次筛选指标并设计评分标准,再而调整指标体系形成现实方案,最后完成法治社会评价指标体系的构建。终端指标的遴选需要综合考虑指标内涵结构、指标关键性、指标权重值和指标可操作性等四个因素,以及主客观指标相互补充印证、区分综合满意度和分项满意度、区分专家满意度和公众满意度等三个方面。

(一)法治社会评价内容与维度

法治社会是立法、执法、司法、守法各层次互动与社会化的社会存在方式,既包括纵向上国家机器内部的立法、执法、司法等机关的分工与制约,又包括横向上社会共同体全面法治化,即正义、自由、秩序等法律价值与法治精神贯穿于整个国家和社会。基于此理念逻辑,可将立法、执法、司法和守法四个维度作为法治社会评价内容的分析框架,如图1所示。

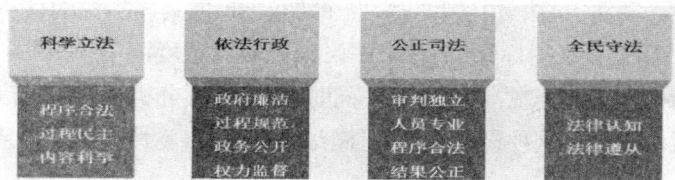

图1 法治社会评价内容与维度

首先,立法意指立法机关经由审慎思考而进行的创制法律律令的活动,且这种机关是专为此项目的而设立的，并且能够在正式法律文献中对这种法律规定做出明确表述。[①] 从评价的普适性考虑，我国立法评价的客体为法律律令和地方性法规的立法水平。其次，执法评价应与司法评价一同考量，分别对应执法水平和司法水平两类客体。法治社会就是要改变"囚禁在国家机器之中"的弊端，通过法律评价活动把法律从政治统治工具转变为约束政府权力的利器[②]。在国家机器活动中，政府行政权力的运行和各级法院、检察院、公安机关的司法权力的行使直接涉及执法与司法两个法律实践环节，显得尤为关键。最后，守法的客体应为全体"社会人"，也即全社会的公众。个体人的元素在守法环节尤为突出，法治社会评价客体不能脱离"社会人"，因为如果一个社会大多数人对法律没有信任感，认为靠法律解决不了问题，那就不可能建成法治社会[③]。

（二）法治社会评价的指标体系

结合上文对法治社会内涵和评价客体的解读，我们将法治社会评价领域层明确为科学立法、严格执法、公正司法和全民守法四个方面。其中严格执法从权力行使的角度来说，是规范行政权力的法治进程，与依法行政概念一致，而依法行政的提法相较于严格执法普识性更高。因此，我们采用依法行政替代严格执法，确定一级指标为科学立法、依法行政、公正司法、全民守法。四个方面均应以客观指标为主、主观指标为辅的方式测量，其中主观指标包含专家评议和公众满意度，公众满意度可进一步细分为总体满意度和分项满意度。以科学立法为例，《立法法》总则中，"五个应当"[④]强调立法应当遵循宪法基本原则，依照法定权限程序，体现人民意志，从实际出发，考虑到针对性和可行性，简单来说即要求程序合法、过程民主和内容科学。客观指标方面，基于可操作性和相对合理性原则，遴选法规规章报备率、重大民生决策民调率和法律法规合法性审查率三个客观指标为代表；主观指标方面，专家可从程序合法性、论证专家参与度和法律法规内容适用性进行评议，公众也能就立法参与和政策公平进行满意度评分。把握主线层层分解法治社会评价内容，最终构成三级评价指标体系。

法治社会评价是一个全新领域，不同于法治政府评价，它是对特定地区法治建设状态与发展情况的综合测量与评判。借鉴国内外经验，基于前文分析，我们认为，以第三方为评价主体，可构建包含立法、执法、司法和守法四个维度、36项具体指标的评价指标体系，如表1所示。这一体系涵盖客观指标评价、专家评议和公众满意度测量。其中：专家评议指标8项，公众满意度指标13项，客观指标15项。同时，作为层次分析法，参考专业人士咨询调查结果，逐级赋予指标权重。这种设计方法，可满足公信力、科学性与可行性要求。

---

① ［美］E. 博登海默. 法理学：法律哲学与法律方法［M］. 邓正来译. 北京：中国政法大学出版社. 1998：431.
② 任帅军. 论法律评价的三种精神［J］. 青岛科技大学学报（社会科学版）. 2015（12）：68－73.
③ 吴爱英. 推动全社会树立法治意识［J］. 中国律师，2015（04）：6－9.
④ 五个应当的表述分别出现在《中华人民共和国立法法》第三、四、五、六条中.

附表 1　法治社会评价指标体系及权重(%)

一级指标	二级指标 分项指标	三级指标 公众满意度 总体满意度	分项满意度	专家评议	客观指标
科学立法	立法立规程序合法性	政策(法律法规)公平性(2.0)		立法立规程序合法性(2.5)	法规规章报备率(3.0)
	立法立规过程民主性		立法立规公众参与(1.5)		重大民生决策民调率(4.0)
	法律法规内容体系科学性			法律法规内容适用性(2.5)	法律法规合法性审查审核率(4.5)
依法行政	行政主体人员廉洁性	依法行政(2.0)	政府廉洁(2.5)	反腐败措施力度(3.0)	贪污渎职犯罪重刑率(3.5)
	行政执法过程规范性		政府(部门)服务态度(1.5)	政府(部门)执法规范性(3.0)	违法决策引发群体上访率(4.5)
	行政事务公开透明性		政务公开(2.0)		政务信息申请公开答复率(4.5)
	行政违法可追究性		权力监督(2.5)	行政监督有效性(2.5)	行政复议纠错率(3.5)
公正司法	司法主体独立性	执法(司法)公正(1.5)	司法审判独立性(1.5)		司法干预问责制度完备性(3.5)
	司法人员专业性			司法人员选拔制度合理性(2.0)	司法人员持证上岗率(2.5)
	司法程序合法性			陪审及法援制度执行效果(2.0)	法院法定审限内结案率(2.0)、裁判文书公开率(2.5)
	司法结果公正性		审判公正性(1.5)	案件错判问责追究力度(2.5)	国家赔偿发生率(4.5)
全民守法	法律法规认知(普及)程度	全民守法(2.0)	全民法律意识(2.0)		公民普法参与率(5.0)
	法律法规遵从程度		社会治安(2.5)		民事案件申请执行率(4.0)、刑事案件万人发案率(4.0)

五、法治社会评价的现实困境与出路

我国社会的现代化水平比西方发达国家仍落后 100 年左右①。内地法治指数评价实

---

① 李斌. 中国人均 GDP 与美国等发达国家差距超过 100 年[EB/OL].人民网.

践的开展至今不到十年，存在各种问题和缺陷。首先是理论上的问题。学者们对"法治国家、法治政府和法治社会一体化建设"中三个建设内容理念各有解读，经常出现概念混淆，边界模糊的现象，其中以法治政府和法治社会概念混为一谈最为常见。这导致法治社会评价理念论述不明确，评价维度和具体指标的逻辑关联性不强，出现重复测量和空白测量的情况，指标量化环节存在较多争议。其次是实践上的问题。一是评价主体难以中立。在内地众多法治社会评价实践中，评价主体都是政府内设机构或是内部临时机构，即使标榜第三方机构评价的余杭指数，区委区政府实质上是评价主体，全程参与和资助，第三方是实施主体[①]，无论是实施工作还是经费支撑均受到政府干预，容易使评价结果偏离真实状况；二是评价数据难以获取。由于体制的原因，法治社会评价的大部分客观数据来源于政府法制办和公检法司等部门，然而政府部门及有机构信息公开程度有限，保密程度极高，非从内部无法获取数据，从而严重阻碍第三方评价的开展。

正视我国法治社会评价的困境，明确发展方向是推进法治建设的重要问题。作为全新的领域，法治社会评价在国内刚刚起步，要充分发挥"以评促建"的功能，我们以为：一是大力培育"独立第三方"评价主体。评价主体性质决定着评价的走向，构建我国法治社会评价主体多元化格局，引入"独立第三方"评价是提升评价科学性、客观性和合理性的必由之路。应努力创造"独立第三方"评价的环境条件，提供政策支持，降低准入门槛，建立专家库，以确保第三方法治评价服务市场健康发展。二是搭建"互联网＋法治"数据源共享平台。法治社会评价的量化数据源涉及政府多个法制及执法部门，以第三方独立评价机构的身份协调多个部门困难较大，成本过高，效果存疑。因此，应依靠科技手段，多部门联动搭建法治数据共享平台，给予有资质进行研究的专业机构查询权限，最大限度降低数据搜集基础工作难度。三是顶层设计由上至下推进。世界正义工程法治指数影响力日增的一个重要原因就在于它将100多个国家及地区置于同一个体系中进行结果的横向比较，但目前国内各省市法治建设评价实践，虽提供了探索经验，但呈现碎片化格局，评价体系及标准因地而变，难以进行横向纵向比较。为此，迫切需要顶层设计，制订全国相对统一的评价办法及指标体系。因为没有评估，就不能管理。[②] 第四，正确看待法治评价中的可量化正义与不可量化因素的价值，实现定量评价与定性分析的有机结合。[③]在我国法治社会建设中，以评价之微观手段驱动法治社会的宏观目标实现符合管理科学原理，是全面依法治国的战略体现，契合了20世纪80年代之后在全球兴起的以"评估国家"来代替"管制国家"的改革浪潮。[④]

---

① 张保生，郑飞. 世界法治指数对中国法治评估的借鉴意义[J]. 法制与社会发展（双月刊），2013（06）：3－13.

② Joan Magretta, Managing in the New Economy(ed.)[M]. Boston Cambridge: Harvard Business Press, 1999: Introduction Ⅷ.

③ 郑方辉，陈磊. 法治政府绩效评价：可量化的正义与不可量化的价值[J]. 行政论坛，2017（03）：86－92.

④ 郑方辉，尚虎平. 中国法治政府建设进程中的政府绩效评价[J]. 中国社会科学，2016（01）：117－139.